JEAN-CLAUDE CARRIÈRE
COMMANDANT AZZEDINE

C'ÉTAIT LA GUERRE

Algérie 1954-1962

PLON
12, avenue d'Italie
PARIS

ISBN : 2-259-02619-2

PRÉSENTATION

J'ai rencontré le commandant Azzedine à Alger, chez Lakhdar Hamina, il y a une dizaine d'années. A l'époque, il m'offrit son livre. Quand je publiai *La Paix des braves*, en 1989, je lui rendis la politesse et lui envoyai le mien. Il le lut et vint aussitôt me voir à Paris, en compagnie de Serge Michel, qui fut un compagnon de route des combattants algériens, dès la première heure.

Nous déjeunâmes chez moi et je lui parlai d'un projet de film, auquel je rêvais depuis quelque temps — depuis que la productrice Véronique Fregozzi m'en avait parlé : faire *ensemble* une œuvre de fiction, de préférence pour la télévision, où nous entremêlerions nos deux mémoires autour d'une même histoire.

Azzedine sauta sur l'idée. Il sauta même physiquement : je le vois encore bondir sur sa chaise. Nous parlâmes pendant trois heures de ce que ce film pourrait être. Azzedine possède de la guerre une double mémoire, celle qu'il porte dans son corps, sous forme de treize blessures, et une documentation considérable et bien classée, qu'il garde chez lui. Quand il me quitta, sur le pas de la porte, ce premier jour, il me dit : « Il faut le faire, ce film, parce qu'il faut la finir, cette guerre. »

Il nous fallut trois ans, ce qui me semble, au fond, un délai raisonnable. Bien entendu, nous avons connu des difficultés, mais tous les projets en rencontrent. L'idée était toute nouvelle et s'avançait avec une vraie force. Le commandant Azzedine réunit son ami le réalisateur Ahmed Rachedi et le journaliste-écrivain Amezit Boukhalfa. De mon côté, j'en parlais aussitôt au fidèle Maurice Failevic, lui-même ancien d'Algérie. Serge Michel nous conseilla, Hervé Bourges et Philippe Dussart nous aidèrent.

Le travail fut long et minutieux. Plusieurs voyages en Algérie, sur les lieux mêmes, nous réunirent. Je me revois encore assis dans la voiture d'Azzedine. Il conduit et en même temps il me dit, en me montrant un bout de paysage : « Ici, nous avons tendu une embuscade. Elle a bien marché, celle-là. » Une embuscade où j'aurais très bien pu me trouver parmi les victimes. De mon côté, je l'emmenai dans la pièce où je travaillais autrefois, dans une caserne occupée aujourd'hui par l'armée algérienne. Des uniformes en remplaçaient d'autres. Au sommet du mât, le drapeau n'était plus le même. Dans la cour, des massifs de fleurs, qui n'étaient pas là de notre temps.

Revivre ainsi, côte à côte, une guerre commune, essayer de lui donner une forme nouvelle, chercher des lieux, des accessoires, des visages, ramener en Algérie quelques jeunes acteurs français, qui n'ont pas connu cette époque-là, les remettre dans nos tenues militaires, leur redonner nos vieilles armes, voir en même temps se constituer un groupe de jeunes acteurs algériens, qui eux-mêmes n'étaient pas nés au moment de la lutte, essayer de les habiller et de les armer, faire vivre et travailler les uns et les autres dans les déchirements de l'Algérie d'aujourd'hui, toute cette aventure, à chaque instant, non seulement nous rapprochait, au point de nous confondre, mais nous donnait un étrange et nouveau regard sur la cruauté, l'imbécillité, l'obscurité de ce qu'on appelle la guerre.

Nous publions aujourd'hui nos deux livres ensemble, pour présenter le matériel brut qui servit à *C'était la guerre*. Si je n'ai pas cru devoir retoucher *La Paix des braves*, qui est assez récent, en revanche le commandant Azzedine a considérablement remanié *On nous appelait fellaghas*. Sa documentation est aujourd'hui plus large, parfois plus précise, et surtout sa liberté d'expression est totale.

Nous voulons évidemment, par cette publication, compléter, prolonger le film. Nous voulons le faire dans le même livre, sans que celui-ci prenne l'apparence quelquefois aride d'un scénario — cet objet mystérieusement éphémère qui sert à plusieurs usages mais qui n'est pas fait pour être lu.

Nous voulons surtout, pour tous ceux qui apprécieront notre effort et qui peut-être un jour voudront le poursuivre — à propos de cette guerre ou d'une autre — offrir une sorte de témoignage, montrer de quoi nous sommes partis, et prouver que le champ du possible est parfois plus ouvert qu'on ne croit.

Jean-Claude CARRIÈRE

I

LA PAIX DES BRAVES

par

JEAN-CLAUDE CARRIÈRE

Parjure

— Entrez et fermez la porte.
— Mon colonel...
— Pas la peine de rester au garde-à-vous.
— Oui, mon colonel.
— Vous êtes sévèrement noté, je vois.
— Oui, peut-être, mon colonel.
— Vous avez été très souvent puni, pour irrespect et désobéissance.
— Oui, mon colonel.
— Vous avez fait souvent le mur, quand vous étiez en Métropole.
— ...
— Et qu'est-ce que c'est que cette histoire ? Vous quittiez le camp de Frileuse en douce, l'après-midi, pour vous rendre à Paris et faire de la télévision en direct ?
— ...
— Et vous vous déguisiez pour que votre capitaine et les autres officiers, qui regardaient la télévision au mess, ne puissent pas vous reconnaître ?
— Ils m'ont quand même reconnu, mon colonel.
— C'était quelle émission ?
— *La boîte à sel*, mon colonel.
— Écoutez ce que je lis : « S'est toujours fait remarquer par la saleté et l'allure particulièrement inélégante de son uniforme. »
— Je ne m'en rends pas compte, mon colonel.
— Vous vous en rendez très bien compte, ne faites pas l'innocent. « Pantalons démesurément larges qui traînent par terre,

toujours tachés de boue, capote trop courte, très étriquée, chemise en permanence en dehors du pantalon... » Et on vous a quand même nommé sergent ?

— Oui, mon colonel.

— Les officiers qui vous ont noté prétendent même que vous le faites exprès, de vous balader dans cette tenue de clown, pour ridiculiser l'armée à laquelle vous appartenez. En plus, bien que titulaire d'une licence ès lettres, et d'un diplôme d'études supérieures, mention Histoire, vous vous êtes arrangé pour ne pas faire l'École des officiers de réserve ?

— Pour raison de santé, mon colonel.

— Ça, c'est vous qui le dites. Vous avez essayé de vous faire réformer, naturellement, comme tout le monde. Seulement voilà : ça n'a pas marché.

— J'étais vraiment malade.

— Ils disent tous ça.

— Je sais bien.

— Vous n'êtes pas communiste, apparemment, et pourtant vous n'avez raté aucune occasion de manifester votre antimilitarisme. Je suis prêt à parier que vous n'êtes pas partisan de la cause de l'Algérie française. Si ?

— Mon colonel, je ne fais pas de politique et je ne...

— Si ça se trouve, vous vous en foutez éperdument, pas vrai ?

— ...

— Tout le monde s'en fout, d'ailleurs.

— ...

— Vous êtes un très, très mauvais soldat. Vous prétendez que vous n'arrivez pas à marcher au pas, que ça va contre votre « rythme intérieur ». Qu'est-ce que ça veut dire ?

— ...

— Pour faire le mur, ici au moins vous ne serez pas tenté. Et maintenant je vais vous poser une question. Vous m'écoutez ?

— Oui, mon colonel.

— Êtes-vous prêt à jurer sur l'honneur que vous ne répéterez jamais rien de ce que vous pourrez voir ou entendre pendant votre séjour réglementaire en Algérie ?

— Pourquoi jurer, mon colonel ?

— Parce que, si vous prêtez serment, je vous prendrai à mon côté et je pense que vous aurez une guerre intéressante.

L'adjudant-chef

Il marche lentement, lourdement, les joues rouges, la chemise entrebâillée sur des poils jaunes. A chaque pas la pointe de son pied droit s'écarte un peu, se rejette sur le côté, puis revient en place. Il a les épaules pesantes, les reins épais, le regard plein d'abattement ou de fatigue.

D'origine alsacienne, il est adjudant-chef dans l'armée d'active, le plus haut grade auquel puisse prétendre un sous-officier, avant la retraite. Engagé volontaire à dix-neuf ans, ancien d'Indochine, ivrogne sans joie. Personne ne peut dire au juste quelles sont ses fonctions dans le régiment. Il vit seul quelque part, dans une baraque peinte en jaune où personne ne pénètre. Il ne parle pas, il ne se frotte à aucun autre militaire, qu'il soit du contingent, qu'il soit d'active. On sait qu'il est « préposé au matériel » et qu'on trouve chaque jour une bouteille de Pernod vide dans sa poubelle. A partir de quatre heures de l'après-midi, c'est réglé, l'alcool le rend inutilisable. Il s'enferme dans sa baraque en planches. On l'entend quelquefois, quand on passe par là, frapper à coups de poing contre les murs. Il a près de quarante ans.

Son unique occupation, la raison même de son existence, est de faire sauter quelque chose chaque jour. Comme il a mystérieusement accès à la soute aux explosifs, il s'y procure, quand il le veut, comme il le veut, des charges et du cordeau Bickford. D'ailleurs il est relativement facile, pour chacun de nous, de se procurer des munitions, et même des obus de mortier, pour le simple plaisir du tir. Il suffit d'une signature quelque part.

On voit chaque jour l'adjudant-chef remonter la rue principale ou traverser la cour de la caserne. Il se dirige presque toujours vers la campagne, sans trop s'éloigner des remparts. Quelquefois des recrues ricanantes le suivent à distance, comme on suit les ivrognes dans l'espoir d'une chute, mais il ne semble même pas les entendre. Il va son chemin. Le pistolet accompagne sa cuisse. Il porte généralement le cordeau Bickford autour des épaules et charrie les explosifs à la main, dans un petit sac en toile bleue.

Son regard troublé, mouillé, inatteignable, qui pivote sous le képi, cherche un objectif, un arbre, un vieux pan de mur, une caisse oubliée, n'importe quoi. Il trouve toujours quelque chose. Alors on le voit s'accroupir, rejeter le képi en arrière avec le pouce, calculer, étudier le terrain, dérouler le cordon, disposer minutieusement les charges, chercher ou s'aménager un abri. Le reste du monde vient subitement de s'effacer. L'adjudant-chef est seul avec son objet-victime. Quand tout est prêt, quand il est convenablement abrité, il accomplit le geste fatidique et l'objet saute. Des éclats de terre et de paille volent un instant dans la poussière. Lentement tout revient au calme autour d'une petite ruine, une de plus. L'adjudant-chef se relève, ramasse son petit sac et rentre à la caserne de son pas alourdi, quelquefois vacillant quand il heurte une pierre. Il a joui. Il est calme.

Ces explosions retentissent presque toujours l'après-midi. Du bureau ou de la chambrée on entend tout à coup le bruit, qui n'inquiète que les bleus. Parmi les anciens, personne ne s'affole. Ceux qui dorment ne se réveillent même pas. Quelqu'un prend toujours soin de préciser : « C'est l'adjudant-chef. » On le savait.

Un jour, plus lourd encore, plus obscur, plus chancelant, il pénètre dans la cour principale et se met à enrouler son cordon autour du grand bac en bois où, en principe, viennent se désaltérer les chameaux (mais on n'a jamais vu un seul chameau dans cette cour). Pourquoi a-t-il choisi cette cible ? On ne sait pas. Il en rêvait peut-être depuis longtemps. L'adjudant-chef prépare habilement ses charges. Bien qu'un peu tremblantes, ses mains sont adroites. Nous ouvrons les fenêtres pour que l'explosion qui se prépare, cette fois sous nos yeux, toute proche, ne brise pas les vitres. Et nous regardons, comme d'une loge. L'adjudant-chef déroule le cordon, va s'abriter derrière un arbre de la cour, met en place son petit matériel, et le bac à chameaux explose. C'est très réussi. On applaudit, aux fenêtres.

Le soir même il est convoqué chez le colonel. La réprimande semble à la hauteur des dégâts. A travers la porte, nous entendons parler de « stupide manie qui doit cesser une fois pour toutes », de « spectacle ridicule donné aux recrues », de « matériel détérioré et irremplaçable. Où voulez-vous que je trouve un autre bac à chameaux maintenant ? » L'adjudant-chef ressort du bureau du colonel et passe auprès de nous sans un regard, la tête penchée en avant, la chemise entrouverte, les mocassins traînants. Avant de sortir, il se passe une main sous le nez et renifle.

Le colonel lui a ordonné de remettre le bac en état par ses propres moyens. Le lendemain matin de bonne heure, muni de plusieurs pots de colle forte, de ficelles et de pinceaux, il s'agenouille dans la poussière, au milieu même de la cour, et tente de recoller les morceaux du bac à chameaux, où aucun chameau jamais ne boira. Toute la journée, il s'y efforce. Dès que deux morceaux de bois sont collés par ses mains qui tremblent, il les attache avec un bout de ficelle, pour que ça tienne. Mais certaines parties du bac sont en miettes. Impossible de retrouver tous les éclats de bois. Les soldats passent autour de lui sans songer à rire, même les plus dégourdis. Il n'y a plus de quoi se marrer. On ne le regarde plus. L'adjudant-chef, humilié au plus dur du soleil, à genoux sur la terre, la sueur dégoulinant en permanence de son nez rouge, travaille à recoller les morceaux du bac à chameaux. Il n'y réussit pas. Quand la nuit tombe, il n'a rien mangé, il n'a rien bu, ses mains tremblent de plus en plus, et il est toujours au travail. Au fur et à mesure qu'il colle une partie, une autre partie se disloque. Il n'y voit presque plus, bien qu'on ait allumé quelques lampes, dans la cour. La tâche est bien au-delà de ses forces. De la part du colonel (sans doute), un homme vient lui dire de s'en tenir là. Il obéit, il ramasse avec lenteur sa colle et ses pinceaux, il s'en va sans un regard pour le bac, pour la cour, pour nous. On ne sait jamais ce qu'il regarde.

Une semaine plus tard, il est muté en Allemagne.

Dimanche

Notre colonel — brave homme, cinquante-cinq ans, breton, catholique — aime le ski. L'hiver, en Algérie, la neige tombe assez fréquemment. Sur les hauteurs, elle peut tenir plusieurs semaines. Sur le Djurdjura, par exemple.

Assez souvent, le dimanche, après la première messe, le colonel part de la ville avec une escorte — une douzaine d'hommes et un sergent. Généralement, ce sont les baroudeurs d'élite, comme on les appelle, le sempiternel coiffeur, maigre et mou, le cuistot, quelques secrétaires, tous les tire-au-cul qui ronchonnent parce qu'on les a tirés du lit. Nous montons dans un camion, parfois dans deux jeeps, et en route.

Arrivés au pied de la montagne, il faut installer deux hommes de garde auprès des véhicules, avec des fusées d'alarme (c'est le règlement), et continuer à pied jusqu'à la neige. Un soldat porte sur son épaule les skis du colonel, un autre les bâtons. On garde un œil inquiet sur le paysage. Le colonel s'avance en tête, le pistolet à la ceinture. Des bouffées de buée le précèdent.

Il parvient à l'endroit qu'il a choisi, qu'il commence à connaître. Pendant qu'il attache ses skis, qu'il saisit ses bâtons, je dispose les hommes le long de la piste qui n'existe pas, dans la neige vierge. Placés de cinquante mètres en cinquante mètres, ils tiennent leurs armes braquées sur la montagne silencieuse. Ils ont le dos tourné à la piste. Le canon des armes tremble de froid.

Quand tout est prêt, quand toutes les dispositions sont prises (comme on dit), je fais un signal et le colonel s'élance pour une petite descente tranquille. Il descend correctement, un peu raide, sans se presser, gardé par les soldats postés, immobiles, qui surveillent avec attention les abords, au cas où.

Parvenu au bas de la piste, il remonte lentement, puis il redescend. Il recommence encore une fois, ou deux. Quelquefois, quand le souffle lui manque un peu, il ne remonte pas jusqu'en haut.

Une fois, il est tombé. Dans ces cas-là, il ne faut pas lui porter secours, sauf blessure. Il est important de ne pas quitter son poste. Le colonel, d'ailleurs, se relève tout seul. Rien de grave. Il repart en douceur.

Ça dure une heure, une heure et demie. Quand il en a assez, je regroupe les hommes, en rappelant d'abord les plus haut postés. Ils ont eu généralement très froid, et moi aussi, tandis que le colonel est tout rouge et transpire presque. Nous rejoignons les véhicules, auprès desquels les hommes de garde nous attendent, toujours transis, et nous rentrons à la caserne, où nous arrivons parfois en retard pour le déjeuner.

Situation

Les féroces batailles des années 1958 et 1959 sont terminées. Au profit de qui ? On ne sait pas. Les combattants de l'Armée de libération nationale diront plus tard qu'ils tenaient la guerre pour gagnée dès 1956, dès que la population algérienne, qu'il fallait avant tout convaincre, le seul objet de cette guerre, commença massivement, de gré ou de force, à leur porter appui, à les absorber, à les informer, à les nourrir.

De leur côté, en 1960, les Français affirment et croient sincèrement qu'ils sont vainqueurs et que le territoire est entièrement pacifié. Ils en donnent pour preuves que les embuscades se font très rares, que les Français vont où ils veulent — à condition d'y aller avec prudence, en groupe, avec de l'armement — que les « rebelles » des wilayas, et plus particulièrement de la wilaya IV, ne se montrent plus à visage découvert et ne forment plus que de tout petits groupes traqués, forcés de se déplacer sans cesse. De Gaulle, fort de ce qu'on appelle « le succès du plan Challe » (un quadrillage général des hauts plateaux à grand renfort d'effectifs) — le même Challe qui devait se soulever un an plus tard avec trois autres retraités —, de Gaulle a parlé de la « paix des braves ». Personne ne sait exactement ce que cela signifie. Une demande de reddition ? Peut-être. De toute manière, le FLN a rejeté l'offre, qui lui parut une capitulation pure et simple.

Au mois de septembre 1959, d'ailleurs, à la surprise du pays, de Gaulle a franchi avec un bel aplomb une autre étape verbale en parlant pour la première fois d'une « autodétermination ». Certains ont pris ce mot pour l'annonce à peine déguisée d'une indépendance prochaine, d'un référendum. Et le résultat d'un référendum ne fait aucun doute. D'où ces barricades énervées qui ont soulevé Alger pendant quelques jours, en début d'année.

Mais d'un autre côté de Gaulle flatte l'armée, propose aux « insurgés » une mise à bas des armes, annonce un voyage personnel en Algérie qu'on appellera la « tournée des popotes », assure qu'on ne laissera jamais tomber le sol algérien, et ainsi de suite. Est-ce calcul dissimulé ou véritable incertitude ? Ou les deux à la fois ? N'est-il qu'une grande et molle feuille morte qui se laisse porter par le vent de l'histoire ? Comme dit mon copain Delavier, qui est chauffeur de taxi dans le civil, « il parle pour faire causer, ça c'est sûr ».

Paradoxe de cette année-là : les deux camps restent en présence sur le terrain. Chacun prétend à la victoire. De bonne foi, chacun est victorieux.

Le temps travaille pour quelqu'un, comme à l'ordinaire. Les années, demain, nous diront pour qui ; les mois, peut-être.

En réalité, de part et d'autre, par un de ces accords qu'on appelle communs, on semble connaître l'inutilité profonde de cette guerre, comme de toutes les guerres, qui ne servent le plus souvent qu'à décider théâtralement, dans un vif éclat de trompettes, d'un événement inévitable, qui eût surgi de toute manière et qu'on eût pu coucher dans l'histoire en quelques phrases pacifiques, dans le calme un peu solennel des chancelleries. On sait que la solution, si solution il y a — mais les choses ne peuvent pas durer ainsi, elles coûtent trop d'argent d'un côté, trop de sang de l'autre, là aussi le temps est au travail —, ne sera qu'une solution politique, et jusque-là tout engagement militaire semble superflu, presque ridicule, sans parler du danger possible, et des morts possibles, dont la presse de gauche, qui n'attend que ça, ne manquerait pas de faire une couverture teintée de rouge.

Aussi les uns et les autres restent-ils sur leurs positions, qui sont des positions stables d'un côté, changeantes de l'autre, en s'autorisant quelques bavures de temps en temps, qui viennent à point nommé troubler l'ordre artificiel, réveiller les journalistes qui ont tendance à s'intéresser à autre chose, et rappeler à la Métropole et au monde qu'il existe une guerre et que toute guerre doit tuer.

A l'exception de ces éruptions rapides, clairsemées, qui ne sont plus comparables aux flambées des années précédentes, tout est presque calme. Un long barrage édifié le long de la frontière tunisienne, et baptisé ligne Morice, maintient tant bien que mal les combattants de l'extérieur. La grande tempête se déchaînera dans quelques mois, là où peu d'experts l'attendent, dans les villes, à Alger surtout.

Plus tard encore, au mois d'avril 1961, quand on verra se rapprocher l'inévitable indépendance algérienne, on annoncera tout à coup la tragi-comédie du putsch des généraux, à Alger. Ils seront quatre, le Challe du plan et trois autres, Zeller, Jouhaud et Salan, qu'on dit opiomane. Ils prendront le pouvoir au balcon, pour sauver l'Algérie et la France. Une panique assez extravagante s'emparera de la Métropole, tremblante à l'idée d'un vol de parachutistes s'abattant comme sauterelles sur la République exposée. Plus calme, théâtral, et revêtu pour la circonstance de son uniforme, traitant les révoltés de « quarteron de généraux en retraite » (il est lui-même en retraite), de Gaulle réglera l'affaire à l'antique, en un seul discours radiodiffusé et télévisé.

Ce discours fera naître quelques situations nouvelles, sans précédent dans l'histoire militaire. De Gaulle, chef de l'État, demandera clairement aux soldats du contingent de cesser d'obéir à leurs chefs, si ceux-ci ralliaient le quarteron d'Alger. Ordre de désobéir. Du jamais entendu. Si dans la plupart des cas tout se passa tranquillement — une fois de plus l'armée attendait — on vit aussi des soldats narguer, insulter et même menacer leurs chefs, ce qui donna quarante-huit heures de folles escapades, d'ivresse et d'anarchie. Après quoi, le pouvoir central l'ayant clairement emporté, l'ordre traditionnel se reforma, oubliant ces fissures étranges qui ne laissèrent au cœur de quelques-uns que le souvenir délectable, inespéré, fantastique, d'un monde provisoirement à l'envers.

Nous n'en sommes pas encore là.

Printemps-été 1960. Les uns pansent leurs plaies dans la montagne, aident les paysans à faire les moissons (les bras manquent), les autres organisent astucieusement leur vie de caserne, les gardiens de pitons mélancoliquement se masturbent près de leurs fusils-mitrailleurs, l'état-major proclame l'imperméabilité de la ligne Morice, qu'on fait visiter à des hôtes de marque, avec champagne et petits fours ; pendant ce temps Radio-Tunis publie quotidiennement un vibrant bulletin de victoire, abat nombre d'avions français, salue Nasser du titre de grand frère, et de Gaulle perplexe attend, le monde entier attend.

On raconte même que des contacts secrets ont lieu, assez régulièrement, entre commandants des wilayas et colonels français, pour tenter de vivre sur la même terre dans un ordre des choses provisoire, de se connaître, de se dire : on ne dépassera pas cette crête, c'est promis, nous avons besoin de ce point d'eau, n'empruntez pas ce bout de route en pleine nuit. Il s'agit sans doute de rumeurs, mais tenaces, vraisemblables.

Dans cette guerre qui ressemble à la paix, dans cette paix qui n'oublie pas la guerre, toutes les voix se font entendre, les acharnées, les défaitistes, les attentistes, les désabusées, les désespérées, les sereines. Chacun donne son opinion, et toute opinion se défend. Dans le présent, personne n'a raison, personne n'est absolument sûr de l'avenir, même si la morale des peuples ne semble pas à l'aise dans notre giberne. Mais la morale des peuples et le droit des gens, il faut bien l'avouer, sont les dernières choses dont se soucie le troufion de service, par une chaleur africaine, l'après-midi, alors que son ventilateur vient une fois de plus de tomber en panne et qu'il lui reste plus de trois cents jours à passer ici.

Le troufion ne pense qu'à la quille. Son talisman, son fétiche, l'objet de son culte quotidien, son crucifix, c'est le calendrier, qui peut être un simple calendrier des Postes où chaque matin, au lever du soleil, une plume raye le jour accompli, mais qui le plus souvent est un calendrier dessiné, fabriqué, placardé à l'intérieur du casier. Chaque jour, avec une application de miniaturiste, le troufion remplit un petit carré avec de l'encre bleue, verte ou le plus souvent rouge. Il sait exactement le *combien au jus*, le nombre de jours, de nuits et même d'heures qu'il lui reste à vivre avant la quille. C'est une sorte de mot de passe, quand on se rencontre, la question qu'on entend soixante fois par jour :

— Combien au jus ?

— Cent quarante-six. Et toi ?

— Deux cent vingt-quatre, salaud.

Et chacun dessine et découpe à sa manière le quadrillage de son temps d'armée, de ces jours qu'il lui faut « tirer », il les découpe en forme de carrés, de rectangles, de croix, de quilles de différentes tailles, de femmes nues (et le jour libérateur s'y voit naturellement placé au bas du ventre de la pin-up, ou sur le rebond de ses fesses). J'ai vu un quadrillage en forme de carte de France (la Corse comptait pour deux jours), d'autres en forme d'automobile, de navire (avec des jours dans la fumée), d'avions, de téléphone, d'oiseau aux ailes très largement ouvertes. J'ai vu un oiseau qui laissait tomber une fiente et cette merde marquait le jour de la liberté. Toute une différence de dessins, qu'on étalait sur les murs ou qu'on regardait furtivement, plusieurs fois par jour, dans le petit secret d'un agenda, avec une légère inquiétude, ou un très vague espoir, comme si certaines de ces formes possédaient le pouvoir magique d'accélérer le passage invisible des heures ou même d'annuler des jours, sait-on jamais, avec même la secrète assurance que mon temps, inscrit sur les ailes d'un oiseau ou sur la fumée d'un navire, passe plus vite que le sien, que les autres — tout bêtement inscrits sur une grosse quille en bois.

On ne voit qu'en prison (et encore) pareille obstination méthodique à vieillir. Car ce temps-là, celui qu'on raye, il ne compte pas, c'est un temps perdu, un temps volé. Le vrai temps, c'était hier et ce sera demain. Nous sommes ici entre parenthèses. Peu importe que chaque matin les cellules de notre corps aient vingt-quatre heures de plus. Cette vie algérienne, occupée ou désoccupée, fébrile ou assoupie, n'a pour seule raison d'être que le petit carré qui de blanc devient rouge, qui d'aujourd'hui devient hier, qui fait du passé une victoire.

Aussi toutes les convictions politiques, comme reléguées dans une arrière-boutique, se confondent-elles en un seul désir, un seul espoir : foutre le camp d'ici. Pour foutre le camp, on ne compte pas trop sur le plan Challe et sur les succès de nos armes. L'Algérie française vacille depuis longtemps et de toute manière, puisqu'elle ne peut pas se maintenir sans notre présence, elle est ennemie de la quille. Ce n'est que par l'indépendance de l'Algérie, à condition qu'elle soit rapide, qu'on peut espérer rendre son paquetage et, du pont du bateau, voir s'éloigner la côte et la haute ville blanche.

Mais en 1960, l'indépendance de l'Algérie, à nos yeux, reste une chose floue, un songe, un mot. C'est pourquoi, en maudissant les classes creuses et ce service interminable, il ne reste qu'à faire semblant de vivre et à saisir son stylo rouge, à chaque lever du soleil, pour affirmer qu'à petits pas notre liberté se rapproche ; à la même vitesse pour tous, peut-être, si on se raisonne, mais de ça on n'est pas vraiment sûr.

Gibier

Deux jeunes gens, tout fraîchement sortis de l'école de Cherchell — ils promènent leur premier galon, une barrette en métal jaune sur l'épaule — sous-lieutenants tous les deux, vingt-deux, vingt-trois ans, hissés depuis deux ou trois semaines dans la caste des officiers, bonnes familles, bonnes manières, étudiants dans le civil, aucun désir de se faire une vie dans l'armée, des appelés comme les autres, mais puisqu'on doit tirer son temps, ses vingt-huit mois, peut-être plus, autant se présenter aux yeux du monde avec la barrette de l'officier, signe indiscutable d'initiation, gage de qualité, petit bout de laiton qui permet l'exercice délicieux du commandement, sans compter que ça rapporte, ça rapporte même beaucoup après les dix-huit mois réglementaires quand on est « maintenu sous les drapeaux », et puis on se sape, des treillis retaillés comme ceux des parachutistes, des chaussures rangers modèle américain, des lunettes noires à montures minces, une part d'arrogance, une part de curiosité, parisiens, pas gras, le pistolet battant la cuisse dans un étui en grosse toile (c'est le meilleur genre, un peu bas le pétard, comme dans les westerns, tant pis si ça gêne pour marcher), les manches retroussées en bon ordre jusqu'à l'exact milieu des biceps, bronzés, chaînettes d'or, même une croix autour du cou, pour l'un des deux.

Quatre jours après leur arrivée, alors qu'à peine on connaît leurs noms, vers trois heures de l'après-midi, moment torride où toute sieste se pardonne, un sergent les rencontre à la porte de la caserne. Ils ont à la bretelle deux fusils de chasse, armes splendides apportées de France dans l'idée d'une villégiature outre-mer, et les deux automatiques à la ceinture. Rien de plus.

Le sergent, appelé lui aussi, comptant plus d'un an d'Algérie, se permet de leur demander où ils vont ainsi. Respectueusement, comme le veut la règle. Sans même s'arrêter, par-dessus l'épaule, ils répondent qu'ils vont chasser.

En Algérie, depuis le début de la guerre, le gibier, peu traqué, s'est multiplié. On voit du lièvre et du perdreau. Quelquefois, les officiers et même les hommes du contingent organisent une partie de chasse, mais ils le font avec la prudence acquise, jamais moins de douze hommes, pour la moitié munis d'armes de guerre (qu'on peut échanger en cours de journée), interdiction de se perdre de vue, appels fréquents, fusées de signalisation, points de rassemblement prévus.

Les récents jeunes officiers, sortant à peine de l'école, ignorent tout de ces coutumes, qu'ils jugeraient sans doute absurdes ou excessives. Le sergent, qui les suit un moment dans la rue, leur dit qu'une telle expédition semble bien légère, qu'on ne sait jamais, que mieux vaudrait demander une escorte, ou renoncer.

Mais la barrette jaune creuse un fossé entre les hommes. On sait par exemple que, sur un tournage de cinéma, pour un film de guerre, si on distribue aux simples figurants, tous choisis à la même agence, des uniformes d'officiers et des uniformes de simples soldats, ceux que l'assistant a choisis comme officiers font aussitôt bande à part, s'asseyent dans un coin bien précis, ignorant les pauvres troufions. Le cas échéant, cela s'est vu, ils vont jusqu'à leur donner des ordres.

A plus forte raison quand c'est pour de vrai.

Les deux sous-lieutenants répondent, comme si le sergent les ennuyait, qu'ils ne vont qu'à un kilomètre ou deux, qu'ils ne risquent rien (ils montrent leurs pistolets) et qu'on les verra de retour avant la tombée de la nuit. Coupant court à la discussion avec un mépris souriant, ils pressent le pas.

Le sergent veut essayer de dire que ces pistolets automatiques, de fabrication française, n'offrent qu'une illusion de défense, qu'ils bougent tellement dans la main qu'au-delà de cinq mètres les balles fichent le camp dans la nature, mais les deux jeunes gens s'éloignent sans écouter. Le sergent n'ose pas insister. Il n'ose pas davantage les dénoncer. Il va le regretter.

A six heures et demie, les deux jeunes gens ne sont pas rentrés. Quelqu'un les cherche, pour on ne sait quelle besogne. Introuvables. Ni dans leurs chambres, ni au mess. Le sergent décide à ce moment-là de prévenir le colonel et de raconter leur départ, à trois heures de l'après-midi. Il se fait houspiller pour n'avoir pas cafté.

Ce sont des bleus, vous le savez bien, dit le colonel, fallait m'avertir illico.

Une dernière chance : qu'à leur retour ils se soient enfermés dans un des cinémas de la ville. On envoie des soldats demander à haute voix dans les salles, en cours de projection. Pas de trace. Personne. On visite les cafés, les restaurants, même les restaurants indigènes, les bains, l'église. Rien.

Branle-bas vers huit heures. On appelle divers officiers et sous-officiers. Jeeps, camions, blindés : alerte générale, rassemblement dans la cour. Sur une carte, dans le bureau du colonel, on distribue les rôles, on se partage le terrain. Telle section ici, telle autre là. En pleine nuit. Les deux hommes peuvent être blessés, perdus, encerclés quelque part. Hors de question d'attendre le matin.

Vers dix heures et demie du soir, armés, casqués, avec des vivres et de l'eau, six ou sept cents soldats se lancent dans la nature obscure pour un ratissage. Les plus hauts gradés qui nous accompagnent sont les capitaines. Commandants et colonels, au privilège et l'âge, dînent et vont dormir.

Longue marche hésitante dans une campagne métamorphosée par la nuit. Les soldats, en files interminables formant autour de la ville un cercle lumineux, torches électriques en guirlandes comme les bouchons d'un filet de fête, avancent en heurtant les pierres. Au fur et à mesure qu'ils marchent le filet s'élargit et finalement se disloque. Des groupes se forment et se perdent. Le hasard reprend le commandement.

Comme chaque nuit, mais avec plus de persévérance cette nuit-là, les chiens aboient dans la campagne. Une chèvre réveillée détale. Des animaux rampants se défilent dans l'herbe sèche. Les grillons chantent sans faiblir.

Troublés par cette étrange randonnée nocturne, les hommes parlent peu, oubliant même qu'ils ne dorment pas, qu'ils devraient rouspéter, se plaindre. Tout à la battue, ils cherchent. Ils cassent des branchages secs. Des chevilles se tordent dans le noir. Pause réglementaire d'un quart d'heure toutes les deux heures, juste proportion de repos. Rire absent.

Une demi-heure avant le lever du jour, une fusée qui éclate dans le ciel nous dit : trouvés. Quelques groupes de torches électriques se rapprochent, tandis que le ciel s'éclaire à l'orient rose.

Une dizaine de soldats, commandés par un caporal-chef, ont en effet trouvé les sous-lieutenants juste à la lisière d'un bois. Leurs corps ont été coupés en morceaux à la hache. Premier mouvement :

se protéger, placer des sentinelles. Les autres détachements sont si loin, après une nuit de marche dans des directions opposées, qu'ils ne peuvent pas nous rejoindre avant des heures. La plupart, prévenus par radio, rentreront directement à la caserne. Nous resterons une soixantaine à proximité des morceaux.

Personne n'ose bouger dans cette ombre qui s'achève, par crainte d'écraser un peu de chair entre les broussailles. Tout le monde se tait pendant que le jour se lève, révélant lentement une horreur. Il est presque impossible de regarder. Un soldat qui tente de se lever, de bouger un peu, écrase des lunettes noires. C'est tout juste avant l'aube, racontent les légendes orientales, que les cruelles créatures de la nuit ont le plus de force. C'est tout juste avant l'aube, lit-on dans les manuels d'infanterie, que l'ennemi lance véritablement son attaque, alors que le sommeil finit par écraser les épaules des défenseurs.

Dispersés en dix ou douze tronçons, ils sont là, tous les deux, près de nous.

Le capitaine qui nous commande discute à voix basse avec quelques sous-officiers et décide d'envoyer à la caserne une vingtaine d'hommes, avec mission de rapporter des sacs en matière plastique, pour y enfermer les restes épars. Nous attendons trois ou quatre heures tout autour des débris, des têtes, des bras, des couilles. Rien n'a été laissé des armes, des chaussures, des chaînettes et de la croix en or. On dirait, à voir du bois coupé tout près de là, qu'ils ont rencontré des bûcherons. Un certain gibier.

Leur sang, qui a giclé partout, est sec. Ils sont morts depuis la veille au soir.

Quelques soldats dorment à leur poste, d'autres vomissent, d'autres chient. On manque d'eau. Quelques-uns se déplacent prudemment pour se prêter des bidons, des sèches. Singulière matinée funèbre sous le soleil qui monte. Les voix sont des murmures. On ne touche à rien, comme dans les films policiers avant l'arrivée des spécialistes. Les lignes du paysage se remettent en place pour la journée, l'ombre et la brume se retirent. Tout est clair.

Vers onze heures les autres reviennent avec les sacs. On commence à sentir la chair morte, mais peut-être n'est-ce qu'une impression. Il faut maintenant tenter de reconstituer les corps déchiquetés, de mettre ensemble les bons morceaux de l'un et de l'autre, chacun dans un sac. Nous faisons de notre mieux, nous enfermons un pied gauche et un pied droit, sans être sûrs qu'ils appartiennent au même homme.

Beaucoup de soldats ne le supportent pas. La matinée n'a pas suffi pour que l'horreur devienne une habitude. Il faudra ramener trois ou quatre garçons sur des brancards, jusqu'aux jeeps qui attendent. L'épuisement, le sang, la soif.

Dans l'après-midi les sacs arrivent à la caserne. Tout, immédiatement, est plombé dans des cercueils aux formes simples. Les hommes silencieux mangent ou ne mangent pas, puis ils vont dormir, cassés de fatigue. « Vacherie de nuit », dit quelqu'un.

Le colonel me demande alors de rédiger le télégramme officiel qui va prévenir les familles. Ce n'est pas le meilleur moment de la journée. Nous y travaillons tous les deux. Les deux jeunes officiers sont naturellement déclarés morts au combat, avec les avantages que cela comporte. J'essaye de résister au sommeil. Je bâille.

Deux jours plus tard, dans une des cours de la caserne, en présence des familles en noir venues de France pour pleurer, les honneurs sont rendus comme il se doit, avec drapeaux, tambours, tréteaux fleuris, avec même une allocution. On y parle d'une jeunesse ardente et courageuse, de la guerre qui est dure, d'un sang qui ne sera pas versé en vain. Ce qu'on dit dans ces cas-là.

Et c'est la fin d'une partie de chasse. Les familles ont demandé vivement que les corps leur soient montrés une dernière fois. Faveur refusée. Les corps ne sont pas présentables. Rassemblés à la hâte, au jugé, on n'est même pas sûr qu'ils soient complets.

Tout repart pour la France.

Trois ou quatre jours plus tard, sur la place de la ville, en sortant du cinéma, j'aperçois le sergent qui a rencontré les deux sous-lieutenants au moment de leur départ. Debout, un pied posé sur un des bancs de la place, il fume une cigarette en rigolant avec un copain. Il parle d'autre chose.

Regards

Des Algériens, des hommes, et surtout des hommes d'un certain âge (les jeunes sont ailleurs, en prison, à l'étranger, dans la montagne, ou morts) sont assis sur les parapets ou bien sur les bancs, presque immobiles, parlant assez peu, manipulant quelquefois une canne. D'autres hommes, jeunes ceux-là, qui sont les soldats de l'armée française, passent et repassent devant eux, sur les trottoirs de la ville, sur la place, sur la chaussée, mais les Algériens n'ont pas un battement de paupière à leur passage, pas un glissement de l'œil pour les suivre, à vrai dire ils ne les voient pas, comme si toutes ces silhouettes en inutile mouvement n'existaient pas, fantômes ne méritant pas d'accrocher un instant un regard, venus vainement agiter cet air chaud qui les ignore, qu'ils ne réussissent pas à troubler. On peut éprouver le sentiment d'un vide, d'une absence, de ne pas être vraiment là, devant ces regards intensément inexpressifs qui vous passent à travers le corps pour aller se poser sur autre chose, un arbre, un toit, une crête lointaine. C'est peut-être dans ces yeux qui ne nous voient pas qu'il serait possible de découvrir, par pure sensation, la preuve même de notre étrangeté, de notre imposture, car en fait, nous qui prétendons être chez nous, défendre et piétiner un sol qui nous appartient, il est clair que nous ne sommes pas là, en ce moment précis, que l'essentiel de notre personne est resté sur une autre rive, sur une autre terre, puisqu'il suffit maintenant d'un regard pour nous effacer.

Peinture

Comme il est de tradition dans un certain nombre d'armées, paraît-il — ça s'appelle « l'utilisation des compétences » —, on a confié la garde de la soute à munitions au plus gros fumeur du régiment. C'est un appelé du contingent, un garçon de vingt-deux ou vingt-trois ans, plutôt gros, le cheveu plaqué, portant d'épaisses lunettes et fumant à grosses bouffées sans interruption.

Élève des Beaux-Arts, il est, dans la vie, peintre abstrait.

La soute à munitions s'ouvre comme une grotte menaçante au centre de l'immense caserne qui date des années 1880. S'y entassent des tonnes d'explosifs, roquettes, obus de tous calibres, caisses de grenades et de balles, pains de dynamite. De quoi faire sauter toute la ville comme un rien.

Tranquille et absorbé dans cet immense danger, les bras libres dans un tricot léger de couleur bleue, une médaille autour du cou, la cigarette ardente, permanente, le préposé fait de la peinture abstraite, le plus près possible de l'entrée car la lumière, quand on pénètre dans les profondeurs métalliques de la grotte, va vite s'affaiblissant. Il a trouvé une combine pour faire venir d'Alger ses toiles, ses pinceaux, ses tubes (il est assez remarquable, d'ailleurs, qu'à la caserne chacun puisse se procurer à peu près tout ce qu'il désire).

Ses toiles sont à dominantes grise, noire et bleue. Des cercles, des pointes, des envolées, des hachures, des mouvements divers. Tout en peignant, quand d'autres (avec prudence) vont lui rendre visite, il affirme que l'art abstrait, qui n'obéit à aucune tradition culturelle et qui « ne raconte que le vécu », que l'art abstrait, donc, constitue un moyen de communication idéal entre les inconscients collectifs, et même individuels, d'ethnies fondamentalement diverses. Qu'est-ce que ça veut dire, mais qu'est-ce que ça veut dire, « représenter » ? Ça veut dire rendre présent, point final. Le figuré, le copié, l'imité ne peuvent que nous séparer les uns des autres, car les formes de la représentation sont partout différentes, toute peinture est une convention, modelé en deçà des Pyrénées, à-plat au-delà, d'ailleurs l'Islam a interdit de représenter, comme on le comprend, sans oublier que l'empereur de Chine, recevant en cadeau, après échange d'ambassadeurs, un grand portrait équestre de Louis XIV, a demandé : « Mais pourquoi le roi de France, quand il se présente en public, se peint-il la moitié du visage en brun ? »

Tandis qu'avec l'abstrait, le jailli, le tout-profond...

Il peut pérorer sur cette matière-là pendant des heures. Il a du bagou, de la conviction. Il va jusqu'à soutenir que plusieurs Algériens illettrés, qui revenaient de la torture dans un bâtiment voisin, ont eu la larme à l'œil devant ses compositions non figuratives.

Il possède une vraie palette, bien croûteuse, mais il nettoie ses pinceaux dans des douilles d'obus, qu'il a fait scier à sa convenance.

En général, il va pieds nus.

Deux fois par an, quand il estime que son œuvre le mérite, il organise un vernissage. Il dessine lui-même ses invitations, les reproduits sur une Ronéo du bureau et les envoie par un planton, avec le courrier ordinaire. Cela fait, il achète ou se fait donner des olives, des cacahuètes, une ou deux boîtes de pâté, des boissons diverses, il prépare ses petits sandwiches, ses gobelets et il accroche ses toiles parmi les obus, comme il ferait dans une galerie. Vingt ou trente toiles, au moins, assez semblables, disposées çà et là. Entre les toiles, on aperçoit les explosifs, brillants et gris.

Dans les cinq ou six jours qui précèdent l'événement, l'artiste apparaît prodigieusement affairé. La nuit, à grandes volées de marteau, il prépare ses châssis. Dans la journée, si on se hasarde à venir lui demander quelques munitions, il vous envoie paître. Il a autre chose à faire, et pour les obus, vous repasserez. Ce sera toujours ça de moins, ajoute-t-il à haute voix, qu'on foutra sur la gueule aux habitants du coin.

Il est très nerveux, dans ces moments-là. On l'a même vu fumer deux cigarettes en même temps.

Et puis vient le jour.

Quand la grosse chaleur s'est dissipée, les invités lentement arrivent, parmi lesquels des officiers amateurs d'art et même des civils de la ville, pieds-noirs et indigènes, l'instituteur, le boucher, un patron de restaurant. Le verre en main, oubliant la menace luisante qui les entoure, oubliant la guerre, oubliant tout, ils discutent pendant une heure ou deux de volumes, de rythmes, de couleurs, d'équilibre des formes, en se goinfrant de cacahuètes. Très satisfait, et très élégant pour la circonstance (nœud papillon et uniforme repassé), le peintre va d'un groupe à l'autre, attentif aux compliments qui le pressent, offrant de l'anisette et du vin rosé rafraîchi. Il parle volontiers de l'évolution de son œuvre, qui n'est nullement « réfléchie ». Si quelqu'un se permet d'émettre un doute sur l'avenir de la peinture abstraite (on parle d'une crise, à Paris), l'artiste lui dit aussitôt, en lui posant une main sur le bras :

— Permettez, permettez…

Tout aussitôt lancé dans un aperçu séculaire de l'histoire de la peinture, disons Delacroix, disons même Goya si vous voulez, le Goya de la fin, vous savez que son dernier tableau, une laitière, pourrait être signé Renoir, et puis, si vous le voulez bien, passons rapidement sur les impressionnistes, tous des petits-bourgeois, qui peignaient leurs bonnes femmes, leurs bébés, leurs jardins et leurs haricots verts, Van Gogh bien sûr, mais Van Gogh c'est à part, on ne peut rien comprendre à Van Gogh sans la religion, et Gauguin, oui, Gauguin c'est bien, mais c'est plus de la philosophie que de la peinture, Toulouse-Lautrec si vous voulez, c'est parfait pour Albi, s'ensuit un haussement d'épaules pour les cubistes, c'est un truc, le cubisme, d'ailleurs pas un seul peintre n'est resté cubiste toute sa vie, le cubisme c'est un hôtel de passe, tout commence réellement avec Picabia, et il ne faut pas oublier la photographie, on ne le dira jamais assez, la photographie détruit toutes les illusions réalistes de la peinture, elle peut tout faire, la photographie, même de la sculpture, même de la musique, alors la peinture a trouvé la seule voie possible, et quand il ne reste qu'un chemin chacun sait que c'est le bon, c'est l'abstraction, le pur jeu des formes libres, expression directe de l'inconscient, et le voilà reparti sur les communications secrètes entre les races et sur les Algériens qui ont pleuré en revenant de la torture, de l'autre côté de la cour.

Cela se passe en général vers la fin de l'après-midi, heure des cocktails. Quand la nuit tombe, quand les cacahuètes s'épuisent, chacun revient à son quartier. L'artiste empile les bouteilles vides dans un carton, devant sa porte, il balaie les cendres, range ses œuvres contre un des murs de la soute. Demain, il se remettra au travail.

Tous les mois, du fin fond de l'Algérie, je tiens une chronique dans la *Revue de la pensée française*, qui est principalement diffusée au Canada. Cette chronique s'appelle « La Vie parisienne ». Composée à l'aide de quelques lettres et de journaux venus de Paris, elle en vaut bien une autre. J'y parle de livres, de spectacles, de toutes les manifestations artistiques de la capitale. C'est ainsi que je consacrai une douzaine de lignes à notre ami, en situant son vernissage dans une galerie « bien connue » de Saint-Germain-des-Prés, à laquelle je donnai un nom imaginaire. L'article, élogieux et obscur, alla modestement grossir l'océan quotidien de nouvelles-mensonges. Quelques dizaines de personnes l'ont sans doute lu, au Canada. L'artiste n'en prit jamais connaissance. Ce fut pourtant le seul article qu'il eût jamais.

Extérieur intérieur

Au mess des officiers, le lieutenant Pipot de Gaqueray, un cyrard de vingt-trois ans au visage de lapin pâle, les dents en avant, le nez mince, un jeune homme fragile, émotif, extrêmement distrait, plutôt sympathique, prend une cuillerée de haricots verts en disant :

— Si nous perdons un jour cette guerre, si nous décidons de la perdre, si nous partons d'ici, ce sera à cause des résistants de l'intérieur. L'armée de l'extérieur, on en parle beaucoup, en fait elle ne joue aucun rôle. De la propagande, oui. Et encore. En fait, la ligne Morice la tient bien, et d'ailleurs ont-ils vraiment envie de franchir le barrage ? Je me le demande. Ils donnent des réceptions au Tunisia Palace et sous prétexte de faire des études à Prague, ils vont sauter des étudiantes tchécoslovaques, qui ne rêvent que d'Arabes. Sans parler de ceux qui font du cinéma, comme ce cinéaste yougoslave dont le nom m'échappe, il tourne en Tunisie des films qui sont supposés se passer en Algérie, il fait sauter des poteaux électriques tunisiens, d'ailleurs il a eu des ennuis avec l'autorité tunisienne, tout est de la frime, quand on connaît un peu le cinéma ça se voit tout de suite, du bidon, du bidon complet, de la mise en scène. Si seulement notre Action psychologique trouvait le moyen de dénoncer tout ça. Ce sont des mondains et des rigolos, ceux de l'extérieur. Ils attendent bien à l'abri. Des politiques.

Le lieutenant de Gaqueray reprend des haricots verts et dit encore au gros lieutenant Thibaud, qui vient de finir son steak et se cure les dents derrière sa main grasse :

— Ceux de l'intérieur prennent tous les risques. Un simple paysan qui refuse de parler, qui cache une arme, qui préfère mourir que de dire à quelle heure est passée la katiba, ce paysan nous fait plus de mal que mille « soldats » de l'extérieur. Retenez bien ça.

Le gros lieutenant Thibaud trempe un dernier morceau de pain dans sa sauce et hoche la tête. Il n'a pas d'objection. On a même l'impression qu'il s'en fout.

La vache

Récit d'une mission spéciale :

Pour le simple plaisir, après quelques canettes de bière chaude, de tuer quelque chose en faisant du bruit, trois soldats de notre régiment, au retour d'une expédition de routine, descendirent à la mitraillette une pauvre vache, dans un champ sec.

Assez maladroitement, de retour à la caserne, ils s'en glorifièrent.

Un paysan n'avait pas d'autre bien sur la terre que cette vache. Il la trouva percée de balles et sans doute il se lamenta. Puis, bien conseillé, il décida de porter plainte en bonne et due forme contre l'armée française, et plus précisément contre notre régiment, à travers la justice ordinaire.

Le colonel me convoque et m'explique l'histoire de cette vache assassinée, histoire que je connais bien, comme tout le monde, mais que je parais découvrir. C'est un principe absolu de toute conduite militaire : en savoir toujours moins que son chef.

— Cette histoire de vache est très embêtante, me dit-il. Vraiment très embêtante. Non seulement ces idiots l'ont mitraillée, mais ils l'ont raconté partout. Voir assigner le régiment devant les tribunaux, surtout en ce moment, franchement je n'aime pas ça.

Je ne sais pas pourquoi il précise : « surtout en ce moment ». A vrai dire, cette histoire eût embêté n'importe quel colonel à n'importe quel moment. Mais il se servait à tout bout de champ de cette expression : cette affaire est délicate, c'est un problème difficile à résoudre, « surtout en ce moment ».

Il se lève et fait trois pas vers sa fenêtre, qui donne sur une petite cour mal fleurie.

— Ces abrutis avaient bien besoin de tuer cette vache ! Qu'est-ce qui leur a pris ? C'est le soleil qui leur a tapé sur la tête, ou quoi ? Ils avaient bu ?

— Je ne sais pas, mon colonel.

— Alors voici ce que vous allez faire, puisqu'il faut en passer par là. Je vous donne cet argent (il me tend une enveloppe) et vous allez me trouver une vache pour remplacer celle qui est morte. Vous avez carte blanche. Mais faites ça le plus rapidement possible, et que le paysan retire sa plainte.

— Bien, mon colonel.

— Qu'en pensez-vous ?

— Je suis d'accord, mon colonel.

D'abord je constitue, pour m'accompagner, une modeste équipe de fantassins de fortune. Comme je n'ai pas le droit de choisir des hommes parmi les unités dites combattantes (qui prétendent avoir besoin des effectifs complets, on se demande bien pourquoi), je prends comme d'habitude un des coiffeurs, un des cuisiniers, un autre secrétaire et nous voilà partis avec un chauffeur et un camion fragile pour fouiller tous les marchés des hauts plateaux.

Mes hommes d'escorte, arrachés à leur train-train pépère, n'acceptent pas sans geindre. Aucun désir de grand air ne les anime. A vrai dire, ils sont même furieux. Aller glandouiller sur les routes, quel fléau. J'ai dû faire miroiter, pour les décider, l'image mensongère d'une permission supplémentaire.

Nous allons à Aumale, à M'sila, et jusqu'à Médéa, jusqu'à Blida. Dès le premier marché, il est clair qu'avec l'enveloppe du colonel, j'ai de quoi m'acheter trois poules. Quant aux vaches, d'ailleurs assez rares dans ces régions, elles sont réellement inabordables.

Après deux semaines de déplacements inquiets, le fusil toujours à la portière, au milieu des geignements et des frayeurs des hommes d'escorte, retour à la caserne et compte rendu de mission. Échec évident. Nous avons brûlé de l'essence et dépensé quelque argent en cours de route, mais de vache, point.

De mauvais poil, car le procès est confirmé, le colonel décide alors de lever une discrète collecte parmi les officiers et les sous-officiers. Sous quel prétexte ? Je ne l'ai jamais su. Sans doute n'a-t-il pas dit la vérité. Le résultat de la collecte — assez pitoyable — m'est remis en supplément et nous repartons sur les marchés arides.

Ça ne suffit toujours pas. La moindre vache coûte le double de ce qu'on m'a donné. J'envisage déjà de retourner bredouille à la caserne (mes hommes commencent à gueuler, tout ça leur paraît vraiment trop con, faut pas pousser, ils disent, on va y laisser la santé), quand finalement, quelque part dans un bled du Sud, en fin de journée, à côté de trois chameaux branlants et d'une demi-douzaine de moutons tristes, nous trouvons une vache solitaire, contre un petit mur, au soleil couchant. Le propriétaire ne l'a pas vendue. Peut-être trouve-t-il trop pénible de la ramener à la maison. Après deux heures de marchandage, à la nuit noire, elle est à nous.

C'est la vache la plus lamentable des hauts plateaux, une bête au regard vague, les os des hanches comme des oreilles de renard, chancelante, accablée de mouches, la peau flasque et traînante. A croire qu'elle ne peut plus marcher, qu'elle accomplit à chaque instant son dernier pas. A grand-peine nous la hissons dans le camion, une corde rogneuse autour du cou, et nous rentrons, dans la nuit dangereuse, l'estomac creux.

La vache pénètre à deux heures du matin dans la cour de la caserne, après de sévères discussions avec le poste de garde (« Qu'est-ce que c'est que cette vache ? A qui vous l'avez piquée ? Vous avez un papier pour l'amener ici ? »), nous nous reposons quelques heures sans prendre le risque de l'extraire du camion et dès le jour suivant, toujours avec la même escorte renfrognée, nous la conduisons jusqu'au paysan.

Celui-ci vit dans une mechta où n'accède aucun chemin carrossable. Nous arrêtons le camion à trois ou quatre cents mètres des maisons, en contrebas, trois militaires vont chercher l'homme, il arrive, je lui exprime en termes avantageux notre marché, qui évite des ennuis au régiment et au propriétaire de la vache des frais de procédure, il m'écoute en hochant la tête, après quoi, non sans quelque cérémonie, nous ouvrons l'arrière du camion et, pareille à une jeune mariée, nous faisons apparaître la vache. Elle fait de son mieux, lentement, avec précaution, elle descend du camion en vacillant, les jambes pliées comme de vieux tréteaux, et se tient immobile devant l'homme attentif.

Celui-ci la regarde un moment. A vrai dire, un coup d'œil lui suffit, mais sans doute ne veut-il pas donner l'impression d'être capricieux, ou hostile. Il fait même lentement le tour de la bête, en la regardant de haut en bas, puis de bas en haut. La vache se laisse examiner. Elle balance faiblement sa queue.

Nous attendons le verdict.

L'homme achève son tour de vache, revient auprès de moi, secoue la tête de droite à gauche, sans aucune hâte, puis il dit simplement :

— Non.

J'essaye de m'étonner, de protester. Mais à peine a-t-il formulé par un simple mot sa réponse que, fermant toute négociation possible, sans un regard de plus pour le maigre animal qui semble avoir perdu pour lui toute existence, le paysan fait demi-tour et remonte vers sa mechta, nous plantant là.

Mission manquée.

Pourquoi ne pas pousser la vache vers les petits bois qui nous entourent et l'abandonner ? La prendra qui voudra, après tout. Elle commence à nous casser les pieds.

— C'est pas un cadeau, la louloute, dit le coiffeur.

D'un autre côté, c'est notre vache. Nous l'avons choisie et achetée, nous en avons charge. Que diraient les autorités si nous rentrions la corde vide ?

— Allez, on l'embarque.

Il ne nous reste qu'à rehisser la vache dans le camion, ce qui ne va pas sans grandes peines, ahanement et vitupérations de toutes sortes de la part du coiffeur et du cuisinier.

Et nous la ramenons. Que faire d'autre ?

Maintenant, il ne nous manquait plus que ça, nous avons une vache à la caserne. Cette vache appartient au régiment, qui l'a bel et bien achetée. Il nous faut lui trouver un coin sous un hangar, à côté de quelques véhicules militaires hors d'usage, lui apporter de l'eau, de la nourriture, prendre soin d'elle. En quelques jours elle devient un personnage que les fantassins vont saluer, dont ils se racontent l'histoire, qu'ils appellent « Grassette » ou « Pouponnette ». Malgré les quolibets qui l'abreuvent, sa vie est paisible. On lui installe une litière. Certains troufions, en revenant d'une opération, coupent un peu d'herbe et la lui offrent. On lui apporte même des fleurs des champs. Trop chargée d'ans sans doute, pour que nos soins puissent la revigorer, il nous semble pourtant, à certains moments de la journée, que son œil généralement voilé brille davantage et qu'elle nous accueille avec des frémissements de la peau qui pourraient passer pour de l'amitié.

Nous l'observons pendant de longs moments.

Elle mange un peu, sans aucun doute, mais comment apprécier l'appétit d'une vache ? On trouve un troufion qui vient d'une famille d'éleveurs, dans l'Allier. Il est dans les transmissions. On le fait venir. Il examine l'animal avec un rapide dédain, sans même s'approcher, sans lui dire un mot, et tourne les talons en haussant les épaules. On le rejoint, on lui demande ce qu'il pense de notre vache. A-t-elle une chance de s'en sortir, de profiter un peu ? Il nous regarde avec une vraie commisération. Il demande :

— Une vache ? Où avez-vous vu une vache ?

Et il s'en va.

Nous ne savons rien sur notre vache, même pas son âge. Serait-elle une vache d'une espèce particulière ? Serait-elle un bœuf ?

— Un matin, vous la trouverez raide, nous dit quelqu'un. Elle a souffert, cette bête-là. Elle est marquée. Elle va passer l'arme à gauche.

Nouvelle convocation dans le bureau du colonel.

— Alors, cette vache ?

— Elle est toujours-là, mon colonel.

— Vous n'avez pas trouvé une solution ?

— Non, pas encore.

Il me confirme que le procès se rapproche.

— C'est réellement très embêtant, vous savez. Il faut en finir une fois pour toutes. C'est très, très embêtant.

Aussi, tout en insistant une fois de plus sur le fait que cette pénible affaire est véritablement très mal venue, surtout en ce moment, me donne-t-il une seconde enveloppe, qui contient un supplément financier très réduit (de quoi acheter trois bouteilles d'huile, par exemple) avec ordre de tout régler dans les quatre jours.

— Donnez-lui la vache et l'argent, et puis qu'il nous foute la paix.

La présence d'une vache squelettique dans des locaux à usage militaire a été rapportée aux autorités supérieures. Et franchement, ça la fout mal.

— Débrouillez-vous.

Au moment où il me remet l'enveloppe, le colonel baisse la voix et dit une phrase que j'ai un peu de mal à comprendre, quelque chose comme :

— Et si cette fois il n'est pas content, tant pis pour lui.

Qu'a-t-il voulu dire ?

Mal familiarisé avec le droit, je me renseigne auprès d'un jeune avocat incorporé (dans une armée, et c'est bien commode parfois, on trouve toutes les fonctions sociales). Que pourrait signifier cette menace marmonnée ? L'avocat téléphone à un de ses amis, à Alger. Cet ami connaît des officiers à l'état-major général, et ainsi de suite. L'histoire de la vache passe de bureau en bureau. Est-elle montée jusqu'à Paris ? Je n'en sais rien. Pas impossible.

Deux ou trois jours plus tard, le jeune avocat (nous nous rencontrons discrètement) m'apprend que toute loi peut être tournée en cas de pressions majeures, ce dont je me doutais un peu, que la justice qui se pratique en temps de guerre, même si la guerre porte un autre nom, est soumise à des variations, des déviations. Très probablement, me dit-il, des démarches souterraines mais puissantes sont en cours pour convaincre la magistrature, débouter le propriétaire de la vache abattue et sauver l'honneur menacé d'un régiment d'infanterie.

On croit savoir, en tout cas on peut imaginer, que des experts feront passer l'exécution de la vache pour un acte de guerre, une méprise nocturne par exemple, une opération de pacification nécessaire où la mort violente de l'animal ne fut qu'un accident, et non un simple et criminel caprice.

Bref, pour le dire clair, avant même que la procédure ait commencée, le paysan est en train de paumer son procès, après sa vache.

Faire vite.

Dès le lendemain matin, je réquisitionne la même fine équipe récalcitrante (« Ça va durer longtemps, ce binz ? »), le même camion et nous traînons la pauvre vache, qu'on appelle aussi miss Minceur, pour la hisser une nouvelle fois dans le véhicule sous les moqueries matinales. On nous dit qu'un peu d'exercice lui fera du bien, qu'elle commençait à s'empâter, que peut-être on pourrait l'emmener voir passer le train.

En route vers la même mechta.

Le camion s'arrête en contrebas des habitations, comme la première fois. Je n'ai pas eu le temps de faire prévenir le paysan et je vais le chercher moi-même, avec deux ou trois hommes en armes (le règlement). Il me reconnaît, il redescend avec nous vers le camion.

En chemin, je lui dis qu'on lui rapporte une vache et que cette fois il sera content.

— Ah, dit-il. Bien...

Il s'arrête à l'arrière du camion, hoche la tête et attend.

On ouvre.

La vache est arrachée du camion et fait son apparition flageolante. Nous l'avons bien nettoyée, avant de partir, bien astiquée. Elle a même une guirlande de fleurs autour des cornes, à l'indienne. Mais impossible de dissimuler ces maudites saillies des hanches. Je ne vois que ça.

Grâce à un plan incliné, où elle se hasarde, nous l'aidons à descendre pas à pas jusqu'au sol. Elle y parvient, non sans glissades.

Elle se tient debout.

Le paysan la contemple un instant en silence, sans exprimer par son visage aucun sentiment connu, il esquisse même un mouvement pour tourner autour d'elle, comme la première fois, mais il y renonce et nous dit enfin :

— C'est la même.

Je lui dis qu'en effet il s'agit de la même vache (loin de moi l'idée de mentir) mais qu'un séjour à la caserne l'a fortifiée et embellie. Ça ne fait aucun doute. Pourtant, l'homme semble en douter. Lui aussi, je le vois fixer les os des hanches.

Il est même sur le point de prononcer un second « non » définitif, irrévocable. Alors je le prends à part, je le tire un peu par son vêtement, nous faisons ensemble quelques mètres, pour tenir les hommes d'escorte, qui bâillent et boivent de la bière, à l'écart de ces transactions.

Je lui glisse dans la main l'enveloppe du colonel, qui contient quelques billets de banque, et je lui dis à voix basse qu'il doit prendre cette vache et cet argent, sinon il n'aura rien. Rien du tout.

Je parle lentement, avec des mots simples, car son français n'est pas très bon.

Il me regarde un moment de près, comme s'il cherchait à savoir ce que je veux dire. Une mouche poursuit un chemin mystérieux entre les sillons de son front. Ses yeux sont plissés, fixes. Nous sommes très près l'un de l'autre.

Je lui répète de prendre la vache et l'argent. Sinon il n'aura rien, rien de rien.

Il me regarde encore. Confiance ? Cet homme me connaît à peine. Qu'est-ce qu'il peut penser de moi ? Que j'essaye de l'avoir ou de l'aider ? Un long regard inoubliable.

Puis il baisse les yeux. Sans aucune parole inutile, sans même s'intéresser au contenu de l'enveloppe, il la cache dans son vêtement couleur de terre, puis il saisit la vieille corde de la vache et remonte vers la mechta.

L'affaire est terminée.

Les hommes d'escorte referment l'arrière du camion. Le chauffeur, qui n'est pas descendu de son siège, remet le moteur en marche.

Pendant quelques secondes, je suis des yeux la vache et le paysan, que je ne verrai jamais plus. Je les vois de dos. Ils marchent doucement, tous deux courbés vers la terre, fatigués et sans doute vieux. On dirait qu'à chaque pas les os des hanches vont trouer la peau de la bête. Elle suit cet homme qui tient la corde, elle marche comme elle peut parmi les pierres du chemin. Il ne la regarde pas une fois.

Paysages

Déclin du paysage. Effacement. Le kaki de nos uniformes, de nos bidons, de nos camions et de nos tentes déteint largement sur les feuillages, sur les fleurs, sur la terre, peut-être même sur le ciel. Une immense nappe, faite de cette couleur qui n'est pas une couleur (kaki, en hindi, signifie couleur de poussière), conçue pour ne pas se voir, pour se dissoudre, pour échapper à toute forme de regard, recouvre les vallées, les pentes des montagnes. Tout se perd dans cette invasion sans beauté. Le beau, c'est sans doute ce qui se voit. Nos souvenirs seront kaki.

Ce paysage, c'est aussi le danger possible de l'embuscade (mot déjà de légende, mot qui fait tressaillir). Des milliers d'arbres et de roches dissimulent celui qui va nous prendre en point de mire. Tout est menace et ennemi. D'un arbre, d'une touffe de lauriers-roses, on ne peut imaginer rien de bienfaisant. On marche, on roule en regardant en permanence ce qu'on ne voit pas : celui qui est tapi quelque part, le tueur vivant dans la nature qui le cache.

Toutes les gorges sont mortelles. Et même les sources font peur. Si par moments on se met à rêver, à bavarder, à rire, impossible de ne plus penser à cet alentour qui nous guette.

Peut-être la paix est-elle nécessaire à la contemplation de ce qu'on appelle un « beau paysage ». D'ailleurs, on n'a jamais su ce que c'est, un beau paysage. Tout dépend.

Je n'ai jamais entendu un seul soldat, en Algérie, dire : c'est beau.

A certains endroits précis, à Bou Saada par exemple, la « cité du bonheur », la « porte du désert », la curiosité s'attache à l'inattendu. Imprévisible : on se met à rêver. Un certain moulin en ruine, non loin de la ville, où Cecil B. De Mille vint tourner des séquences de *Samson et Dalila*, avec Victor Mature et Hedy Lamarr, est aujourd'hui lieu de pèlerinage, et pas seulement pour les cinéphiles. Le tournage — réalité agitée d'un instant — n'a rien laissé. Toutes les constructions, tout Hollywood est retourné au sable. On ne voit qu'un bâtiment ruiné, un oued amaigri, quelques plantes comme partout. Où vivaient les stars, les grands techniciens, le metteur en scène omnipotent ? Que mangeaient-ils, que disaient-ils, quelles passions les animaient ? Pourquoi cet endroit ? Pourquoi la Bible ici ? A croire qu'il ne s'agissait que de fantômes, d'un vol passager d'esprits anciens, de créatures éphémères qui se posèrent un moment par hasard sur ce coin de terre pour une occupation étrangement méticuleuse, dans un lieu qu'on appelle aujourd'hui théâtre des opérations.

Certains mesuraient le soleil et le regardaient dans un cercle bleu, ici même, d'autres polissaient des javelots ou peignaient une peau de faux lion, des femmes repassaient des tuniques antiques, des figurants couraient à la commande et tombaient morts. Sans parler des postiches, des faux cils, des chars si durs à la manœuvre, des sueurs qui gâtent les meilleurs fonds de teint, des coups de fouet, du sable dans les objectifs, des ordres obscurs, des longues patiences. Et Samson-Victor Mature défendait à l'acharné le passage d'un défilé — était-ce dans le coin ? peut-être — sur une montagne de cadavres. Et quand le roi des Philistins, qui avait des frisettes sur les tempes, demandait, tout fumant de colère : « Mais de quelle arme s'est-il servi pour vous écraser ? », son général anéanti lui répondait : « La honte soit sur nous ! De la mâchoire d'un âne ! »

Cette bataille légendaire, était-ce donc ici ? Là où nous trimbalons nos fusils-mitrailleurs, les pieds collés à la poussière ? Ce roi des Philistins, vivait-il près d'une piscine à Los Angeles ? Quelles traces invisibles subsistent ici de l'ancien combat en Technicolor ? Dans quelles particules, dans quelle matière ? Où est le songe ?

Et tout autour tant d'autres vraies batailles, sans doute, ici comme partout. Des batailles encore plus vraies, mais elles aussi ensablées, perdues. Paysage oublié, action oubliée. Vainqueur et vaincus effacés. On ne voit que les ruines d'un moulin, des arbres, de la terre sèche, un peu d'herbe.

A chacun ses souvenirs. Qui d'autre que moi, ici, peut penser à Victor Mature ?

Morts aujourd'hui, presque tous sans doute, ceux qui composèrent l'équipe du film, ils évoquaient alors des morts d'autrefois, des morts venus d'ailleurs, d'un grand livre de l'Orient, et dont nous ne savons plus rien, car le temps les a métamorphosés, à supposer qu'ils aient jamais vécu. Un jour on n'en saura pas davantage de Cecil B. De Mille et de Victor Mature, devenus petites légendes à leur tour.

Et notre tour viendra, plus mince encore, mémoire après mémoire, erreur après mensonge.

Quelle mémoire s'efface la première? Qu'est-ce qui reste? Qu'est-ce qui nous échappe, s'oublie, ou quelquefois se transfigure?

La guerre est comme une potion magique, un sérum de sincérité. On dirait que certains se révèlent et même s'affirment, comme s'ils trouvaient en eux-mêmes une vérité imprévue, latente, qui n'attendait que ça. Ils se montrent soudainement durs, arrogants, parfois même sanglants, sans une trace de pitié (eux jusqu'alors plutôt réservés, malléables), ils exhibent leur goût dévastateur du commandement, ou au contraire de la soumission, comme ils feraient avec une femme idéale. Ils découvrent l'arme, sexe de métal qui chauffe quand on l'utilise, la joie du bruit, de la secousse, de l'impact.

D'autres restent ce qu'ils sont, ou tout au moins ce qu'ils paraissent être. Ils s'obstinent même à ne pas changer, à persévérer malgré tout. Ils obéissaient, ils obéissent. Ils jouaient, ils jouent. Ainsi ce joueur d'échecs que je rencontre quelquefois mais dont je ne connais pas le nom, gros garçon plutôt lourdaud, empoté dans ses brodequins, le fusil mal fixé à l'épaule, et de larges lunettes que la sueur — la sueur, notre seconde peau — fait glisser sur son nez court et rond. Solitaire, peu causant, apparemment insensible à toute fatigue physique, bien qu'il marche comme je te pousse, heurtant du pied les cailloux des chemins.

On dit qu'il est un des meilleurs joueurs français, un professionnel peut-être. Il a gagné tel et tel concours, il est classé, il a même battu des Russes.

Dans sa main, comme soudée, se trouve une sorte de boîte en carton, garnie de trous dans lesquels se glissent des fiches, qui sont des figures sur un échiquier imaginaire. Il s'agit d'un jeu d'entraînement. A chaque instant, plusieurs fois par seconde, il change les fiches de place avec une rapidité phénoménale, répétant des parties célèbres (il en connaît des centaines par cœur), imaginant aussi des attaques, des stratégies.

Il nous apparaît comme hypnotisé. Algérie, épuisement, chaleur, danger, tout est indifférent. Partout, en marchant, en mangeant, en se reposant dans un mètre d'ombre au cours d'une pause, aux chiottes, et sans doute le soir dans son lit, quand les autres dorment, dans le secret d'une lampe de poche, il déplace à toute vitesse ses fiches de carton, qui sautent lestement d'un trou à l'autre, qui s'usent vite et qu'il doit remplacer. Activité assidue comme une respiration, ou comme la marche des étoiles. Ses lèvres remuent à la même vitesse que ses doigts, qu'elles accompagnent. Il ne voit rien d'autre et poursuit fatalement sa petite guerre dans la grande, sans une plainte, tout entier réfugié dans son paysage en carton.

L'antiquaire

A Bou-Saada, on connaît une femme seule. Elle est antiquaire. Elle a franchi les quarante ans, elle est brune avec un accent de Provence et des accroche-cœurs d'avant la guerre, comme si les changements de la mode arrivaient au désert en vagues alenties, on voit même une photographie dédicacée d'Henry Garat près de son bureau, toujours drapée dans des robes plutôt locales, mais retouchées, des tuniques fleuries d'Ouled-Naïl qu'elle a fendues pour montrer ses bas noirs, un autre personnage de cinéma, comme paralysée dans un rôle ancien, regrettant ses files d'attente et les jeunes premiers d'antan, mais la guerre n'est pas bonne pour le tourisme, la pacification non plus (encore moins si ça se trouve), alors la poussière de sable recouvre les tapis, les selles de chameau, les colliers et fibules, tous les trésors orientaux accumulés dans une longue grotte obscure.

— Avant, les Touareg m'apportaient de très belles pièces du Grand Sud. J'ai eu des masques achanti en or, et même une cire perdue du Bénin. Elle n'était pas ancienne-ancienne, mais quand même.

Elle fume, les jambes croisées. On s'attend à voir apparaître, soulevant une tenture, Pierre-Richard Wilm en légionnaire, ou Jean Gabin dans le meilleur des cas. Il y a sûrement Françoise Rosay qui tire tristement les cartes dans un bar clandestin, là derrière, et Dalio qui tremble quelque part.

L'antiquaire passe des disques parisiens (chansons grises) sur un phonographe à manivelle. Tout y est. Une Viviane Romance du bled, objets d'art en plus. On dit qu'elle fait le petit bonheur d'un lieutenant, de temps en temps. Oh, ça va vite. Il en passe tellement, des lieutenants.

— Les gens n'ont plus le goût des belles choses. C'est la guerre qui leur ferme les yeux, c'est fatal. Et ça ira de pire en pire. Un jour, les objets africains, on les fabriquera à Saint-Étienne.

Je lui achète un bracelet en argent strié, très mastoc. Marocain, dit-elle. Après quelques essais de marchandage — de sa part, pour la joie de parler — elle m'accorde une grosse remise, elle me le donne presque.

— C'est difficile à porter, c'est étroit, les Africaines n'ont aucune graisse au poignet, et puis ça pèse au bras. Mais ça peut servir de presse-papier.

Et c'est reparti, pendant qu'elle fait le paquet : les militaires ne s'intéressent absolument pas aux antiquités. C'est connu depuis longtemps, sauf pour la rapine, le sac, mais ça, c'est l'affaire des grands chefs. Les autres, ils passent à côté des merveilles sans les voir. Alors que faire, quand on est une femme seule à Bou-Saada ? Déménager ? Entasser tout son bazar dans des camions, traverser toute l'Algérie du sud au nord, mais avec qui ? Sous la protection de qui ? Sans parler des assurances ! Et puis s'embarquer pour la Métropole, ouvrir une autre boutique à Marseille : trop d'aventures, trop d'efforts.

— Plus tard, oui. Oh, oui ! Plus tard, vous verrez ce que je vous dis, vous êtes jeune, vous, quand tous ces pays seront indépendants, et ça leur pend au nez, alors on en verra des nouveaux riches enturbannés qui iront à Drouot racheter leurs ancêtres ! A des prix je ne vous dis que ça ! Tout ce que j'ai ici, pratiquement tout, c'est de la première qualité. J'ai des aquarelles de Dinet, j'ai de tout ! Et tout ça qui dort et qui s'abîme dans mes tiroirs. Dans une époque d'embuscades, que voulez-vous, qui se soucie encore du passé et de la beauté ?

Un voile de fumée passe lentement devant son visage et devant ses paupières sombres quand elle dit « de la beauté ».

Sa voix est claire, presque chantante : seul détail qui ne colle pas tout à fait avec le personnage. Au cinéma, elle serait rauque.

Sa main molle aux ongles vernis caresse des objets qui paraissent usés, comme rongés par une mer patiente, et qui se côtoient sur des guéridons incrustés de nacre.

Elle pose sa cendre dans un cendrier en cuivre.

Elle ramène sur ses cuisses son étrange peignoir bariolé, qui a tendance à s'entrebâiller sur le noir.

Tous les matins elle ouvre sa boutique, elle dispose quelques objets devant la porte. Tous les soirs elle rentre ces mêmes objets et elle referme la boutique. Je ne sais pas où elle dort. Chaque année elle est invitée à la fête du régiment. Elle vient dans une robe noire de Schiaparelli, avec des talons-aiguille et un éventail. Elle danse avec les officiers.

Elle aime aussi beaucoup parler de la vie, en offrant le café. Elle dit : « la vie vous apprend bien des choses », ou encore : « la vie, c'est jamais ce qu'on croit ».

Sous le voile de sa fumée, elle aime raconter de longues histoires de désert, des histoires d'hommes perdus qui marchent, qui marchent et qui s'écroulent dans le sable, comme on voit dans les livres pour enfants. Mirages et simouns. Traîtrise et mystère du sable, force du vent, paysages qui se déplacent, monde sans repère.

Elle connaît les règles à observer quand on s'égare dans les immensités du Sud. Si par chance on dispose d'une voiture, si elle s'enlise ou se brise, il faut se coucher dessous et survivre en buvant à petites gorgées, aussi rares que possible, l'eau du radiateur. Il faut enlever les roues de la voiture et brûler les pneus un à un, en les mouillant d'un peu d'essence. Le caoutchouc dégage une fumée noire qui rend plus facile le repérage par avion. L'erreur est de partir, de marcher, de s'élancer à l'aveuglette. Il faut rester couché, à l'ombre de la voiture immobile, en polissant la carrosserie pour qu'elle brille au soleil. Ne pas bouger, attendre, en « économisant ses forces ».

Néanmoins, que de convois égarés, que de jeunes gens mangés par le sable.

Elle connaît un caporal qu'on a laissé seul dans un coin montagneux du désert, avec des armes, une radio et un bon stock de vivres, pour une mission dont elle a oublié le motif. Au deuxième jour de sa solitude, radio en panne. Plus de contact possible. Il va rester seul deux ou trois mois. Attendre, manger, fumer, regarder, méditer. Un corbeau vient alors lui tenir compagnie. Solitaires, l'homme et l'animal se rapprochent. L'homme nourrit l'animal, le fait boire, lui parle doucement. L'espace qui les sépare rétrécit. L'oiseau s'est apparemment égaré. Il reste là, près de sa source de survie. Il se laisse toucher, un jour caresser, flatter. Puis il devient familier, il se perche même sur l'épaule gauche de l'homme seul. Celui-ci fume sans arrêt, une cigarette après l'autre. Son paquet est placé dans la poche de sa chemise beige. L'oiseau voit tout. Quand une cigarette va se terminer, il en prend une autre avec son bec, dans le paquet, et la présente à l'homme. Le geste devient rapidement ordinaire. L'homme ne le remarque même plus. Il tend la main, c'est tout.

On dirait une histoire exemplaire du temps des ermites anciens, qui fuyaient le monde menacé de mort soudaine pour chercher au désert un vertige de Dieu. Ils y apercevaient des prodiges, ils bavardaient avec les lions. On connut un berger qui se servait d'un ours pour garder ses troupeaux. L'armée renouvelle ainsi les légendes, toujours toutes prêtes à surgir. Qui ne souhaiterait avoir un corbeau pour ami ? Qui ne souhaiterait fuir la guerre, et même la paix ? Je pense à une phrase ancienne : « Dans les montagnes de Syrie, il y avait en ce temps-là une grande foule de solitaires... »

L'antiquaire donne l'impression d'avoir beaucoup vécu, elle s'y efforce en tout cas. Ce n'est pas toujours convaincant. Elle en fait un peu, dans le genre. Encore une mythologie proche de la pacotille, mais bien tenace. *La Bandera*, *Trois de Saint-Cyr*, les grandes capes blanches pour les hommes, les dentelles noires pour les femmes, les cartes, la fumée, le destin contre le progrès, et les terres gagnées et les femmes perdues dans les boxons d'Afrique.

S'intéresse-t-elle vraiment à l'Afrique, notre antiquaire à l'abandon ? On se le demande. Elle a quelques livres, bien sûr. Elle sait des choses.

Mais qui s'intéresse à l'Afrique ? Au voyage, à la découverte ? Je n'ai jamais vu un seul militaire du contingent qui profitât de son séjour ici pour apprendre l'arabe, pour connaître un peu mieux l'art islamique, ou saharien, ou tout simplement la géographie. Le monde n'intéresse pas les soldats. Au troisième chameau, on ne se retourne plus. Il est vrai qu'il est bien terminé, ce temps ancien des longues navigations anxieuses, quand on ne savait pas encore que tous les hommes sont les mêmes, que les monstres sont nés de nous, quand on pouvait encore espérer rencontrer, sur l'autre rive de chaque fleuve, les hommes à queue de Formose, les géants de Patagonie.

Même les touristes n'y comptent plus. Quant aux militaires, c'est la fermeture à tout ça. Aucun émerveillement n'est attendu, et donc possible. Les choses se passaient-elles ainsi, déjà, au temps des Croisades ? Sans doute. On marchait, on chevauchait, on couchait à la dure, on ne voyait rien, rien que des murailles à abattre, des femmes à violer, de l'or à empocher.

La guerre tue toute curiosité, surtout quand on est forcé de la faire, ce qui est presque toujours le cas des soldats. On espère vaguement que de cette vie entre parenthèses, si on s'en sort un jour, il ne restera strictement rien, pas même une trace. On refermera le mauvais livre, on le jettera. Et des années plus tard on s'apercevra — quel étonnement — qu'on n'a rien oublié de ces pages qu'on croyait ne pas avoir lues.

— Chacun de ces objets a son histoire, dit-elle (tous les antiquaires disent ça). Ah, s'ils pouvaient parler... Vous êtes jeune, mais vous savez, la vie est vraiment une drôle de chose...

Elle se lève de temps en temps pour jeter un regard, par une petite fenêtre, vers la rue, où il ne se passe rien.

Des bruits circulent : elle travaillerait avec le Deuxième Bureau. Mais on dit ça de tous les commerçants. Et que pourrait-elle savoir, elle à qui personne ne rend visite? Ou alors, elle invente.

La nuit, quelquefois, on entend le phonographe, dans la boutique. Elle reçoit peut-être un lieutenant et lui parle d'art africain, entre deux étreintes.

— Et puis partir, moi... Je suis venue ici avec mon mari il y a vingt ans, au début de la guerre. Il est mort d'une infection en 1951. J'ai continué, la guerre est arrivée, il a fallu qu'elle tombe sur moi, adieu le commerce. Partir, évidemment, partir...

Elle s'arrête soudain, elle accueille le silence, elle le goûte. Je la regarde, ma tasse de café à la main (chaque fois que je passe à Bou-Saada, je viens la voir) et elle cite un proverbe africain :

— Que vais-je faire aujourd'hui avant de me taire?

Elle ajoute même :

— C'est nzakara.

Je suis surpris. J'ignore tout des Nzakaras. Une mince brisure est apparue dans le cliché. A chacun son enclos discret.

Elle revient à la parole après un méandre de rêverie.

— Partir... Mais vous savez, c'est drôle à dire, je me suis habituée à l'endroit. Et je suis devenue frileuse.

Chambrée

— Ça cogne aujourd'hui.

— Ça, tu peux le dire. Ça cogne.

— Moi, je sue rien que de penser à la chaleur.

— Putain de bled. Putain de bled de merde.

— Et il paraît qu'ils parlent de rallonger la sauce. Y'a des mecs, à Sétif, ils en sont au trentième mois.

— Putain de sa mère.

— C'est les classes creuses qui foutent la merde. C'est ça, la vacherie. C'est les classes creuses.

— J'ai encore pété mon lacet. Ils sont pourris, leurs lacets, ma parole.

— Paraît qu'ils vont balancer le colon.

— Qui t'a dit ça ?

— Au mess.

— C'est une craque. Gros comme une maison.

— Non, non, paraît qu'ils vont nous foutre un colon de choc. Et qu'on va baver des rondelles.

— Putain de sa mère.

— De Gaulle a décidé de mettre le paquet. Il en a plein le cul, il paraît.

— Plein le cul de quoi ? Il l'a voulue, il l'a eue, sa paix des braves, merde !

— Il regrette qu'il a pas pu se battre contre les Allemands, alors il veut en tâter un peu, avant qu'il se fasse trop vieux.

— Tu déconnes.

— Mais non. Moi, je le comprends, cet homme. Il est général, après tout.

— Même qu'il prendrait le commandement en personne. Il étudierait les cartes, en ce moment.

— Alors là, chapeau les mecs. S'il faut retourner au baroud, moi je me casse. Je vous le dis, vous ferez ce que vous voudrez, moi je me casse.

— Raconte pas de conneries, Lulu! Comment tu te casses, tu peux me le dire?

— Je me casse. Je t'en dis pas plus.

— Y'a trois légionnaires qui se sont tirés, à Ghardaïa. Ils ont piqué deux jeeps, même un peu de fric il paraît, tout ce qu'il fallait, et maintenant ils sont bien peinards au Niger.

— Et qu'est-ce qu'ils glandent du matin au soir, au Niger?

— Tu parles d'une joie.

— Sans solde, en plus.

— Pour le pognon, on se démerde. Ils ont dû piquer du matériel et le revendre.

— Ça va pas loin.

— Et les tempêtes de sable, où ils se les mettent, les copains?

— Là où ils peuvent.

— T'as beau râler, Lulu, tu iras au baroud comme les copains. Et tu te feras crever le boudin comme un grand, moi je te le dis. Et on te filera une chouette médaille. Et tu seras content de la montrer à ton papa. Alors écrase un peu. Arrête de faire le mariole.

— Tu vas au ciné, Delavier?

— Mon cul, oui. Je suis de garde.

— Ça fait deux fois cette semaine. Tu fayottes pas un peu, des fois?

— J'ai posé une perme pour le mois prochain.

— Pour aller où?

— A Paname.

— Chapeau. Tu doutes de rien.

— J'ai ma femme qui est pas bien. J'en ai parlé au capitaine.

— Il s'en branle, le capitaine.

— Qu'est-ce qu'elle a, ta femme?

— Je sais pas. Elle est pas bien. Elle se fait des idées noires, elle travaille plus, elle bouffe plus. C'est ma belle-sœur qui m'a rancardé.

— Si ça se trouve, elle est en cloque.

— Ah, c'est drôle.

— Les mecs, si on me cherche je reviens tout de suite. Je m'en vais poser une pêche.

— Oublie pas de te torcher, cette fois.

— Arrête de me faire marrer, j'en ai pas envie.

— Le courrier est arrivé?

— Oui.

— Y'avait rien pour moi?

— Non.

— Chapeau.

— Et ton caméléon, au fait, on le voit plus?

— Une cigogne me l'a bouffé.

— Ah, la salope.

— Ça bouffe les caméléons, les cigognes?

— Ça bouffe tout.

— Et elle te manque, ta bestiole?

— Oui, je l'aimais bien.

— C'est quand même un drôle d'animal, avec ses yeux indépendants, comme les roues d'une jeep.

— Il se mettait dans mes cheveux et il dormait là, sous le calot. Les pattes bien agrippées pour pas tomber. Mais ces derniers temps il avait perdu l'appétit. Il tremblait un peu. J'ai cru qu'il avait froid, je l'ai posé au soleil sur le rebord de la fenêtre. Une putain de cigogne se l'est fait.

— Elles sont salopes, les cigognes.

— Il changeait pas vraiment de couleur, si?

— Non, il faut être sincère, pas vraiment.

— Tu l'as bien observé, tu es sûr?

— Je l'ai posé sur toutes les couleurs possibles, sur du bleu, sur du rouge.

— Même sur tes couilles, qui sont vertes?

— Toi, tu es vraiment poilant, tu sais.

— Je vais te dire : je trouve pas ça très attachant, un caméléon.

— Ça dépend.

— C'est quand même vachement loin de l'homme.

— Et l'homme, tu trouves ça attachant?

— Ça dépend aussi.

— Un jour je l'ai même placé sur une toile cirée multicolore. Elle a pas bronché.

— Pourquoi tu dis « elle »?

— Je l'appelais Ursule.

— C'était une femelle?

— J'y ai pas été voir. J'y connais pouic. C'est juste que ça me faisait plaisir, l'idée qu'elle soit une femme.

— Ah, le con.

— Si ça se trouve, c'était un mâle. Et puis je m'en fous, de toute manière, l'autre salope me l'a bouffé.

— Les fennecs non plus, c'est pas attachant.

— Ah bon?

— C'est jamais que des renards, c'est vrai.

— Et c'est cruel comme la vérole.

— T'as pas une pipe qui traîne?

— Tiens, sers-toi. Mais une à la fois.

— Le serre-pattes des transmissions, tu sais le petit blond, avec les oreilles en écoute-radar, eh bien il avait un fennec qui couchait avec lui, et une nuit il lui a mordu les couilles, le con.

— Tu charries.

— Je charrie rien du tout. T'as ma parole. Il me les a montrées, ses couilles. Hier matin, il me les a montrées. On voyait les traces des dents. C'est mauvais, ces bêtes-là, tu sais.

— Et si c'était quelqu'un d'autre qui les lui avait mordues, les roupettes?

— Qui? Le facteur?

— Des morpions, peut-être.

— Le facteur, c'est pas impossible. Ils sont tous pédés, aux transmissions.

— De toute façon, le petit blond, pour ce qu'il en fait, de ses couilles.

— Et toi, gros con, qu'est-ce que tu en fais, des tiennes?

— Ça te regarde?

— Même pas un coin tranquille pour pouvoir se branler en paix.

— Proteste. Fais une demande.

— Mon colonel, je voudrais me branler et je sais pas où.

— Ah, la putain de vie.

— C'est des vraies saloperies, les fennecs.

— Qu'est-ce qu'il en a fait, le petit blond, de son fennec qui lui a bouffé les œufs?

— Il l'a lâché dans la nature.

— Ça lui apprendra.

— Qu'il aille se taper les couilles des bics, et qu'il vienne plus faire chier le monde.

— Y'a quelqu'un pour une belote?

— Avec cette chaleur, macache. Moi quand je sue, je peux pas réfléchir.

— Je me disais aussi.

— Faut aller vivre dans l'Arctique. Tu seras le roi, au pays des cervelles froides.

— Tu veux que j'en parle au colon? Il peut te muter, tu sais.

— Putain de bled, putain de bled de merde.

— Ça, tu l'as dit. Tu te répètes.

— Même pas une gonzesse baisable dans le secteur. Rien, que dalle. Du travail pour la veuve, et c'est tout. Et encore : du pas confortable. Ah, connerie de saloperie. On n'est pas aidés, putain de sa mère.

— De toute manière, mon beau Loulou, s'il y avait une gonzesse baisable, ne regrette rien, parce qu'elle serait pas pour toi.

— Qu'est-ce que tu en sais, tête de nœud ?

— T'as pas le genre qui plaît ici.

— En tout cas je me demande où ils les cachent, leurs belles mousmés. Ce qu'on voit dans la rue, c'est pas vraiment jojo.

— Les belles, où tu crois qu'elles sont ? Elles sont à Paris, beau Loulou. Elles font la danse du ventre au « Shéhérazade ».

— Danse du ventre mon cul, oui.

— Et quand la guerre sera finie, elles seront femmes de ministres.

— Ou alors en tôle.

— Ou les deux.

— Arrêtez un peu de déconner, les mecs, j'essaye d'écrire une bafouille.

— A qui ?

— A mon patron.

— Qu'est-ce que tu lui racontes, à ton patron ?

— Tu lui dis que t'as du mal à te branler ?

— Qu'il fasse quelque chose pour ça, s'il a le bras long.

— Non, déconnez pas, c'est sérieux.

— C'est quoi ?

— Paraît que l'usine se modernise et qu'ils veulent supprimer mon poste.

— Et tu crois que ton patron il va la lire, ta bafouille ? T'es louf, ou quoi ? Il en a rien à foutre, ton patron.

— Je peux toujours essayer.

— Ah le con...

— C'était quoi ton poste, à propos ?

— Il coinçait la bulle.

— Non, j'étais au stock.

— Les enculés, ils profitent de ce qu'on est ici pour dégraisser. C'est le coup classique.

— Qu'est-ce que tu proposes ? On se fout en grêve ?

— Vos gueules, les mecs, qu'on roupille un peu.

— Celui-là, toujours à pioncer. Son paddock, si ça continue, il va l'emmener avec lui, à la quille. Collé à son dos.

— Combien au jus, Toto?
— Deux cent dix-sept.
— C'est comme si c'était fait. Et toi, beau Loulou?
— Quatre-vingt-quatorze.
— Chapeau.
— Vous allez fermer vos gueules, oui ou merde? Qu'on en écrase un peu. Ça aide à attendre le soir.
— Moi, de parler, ça me fait oublier.
— Moi, c'est le contraire. Tu crois que tu as parlé pendant une heure, tu regardes ta montre et tintin. Les aiguilles ont à peine bougé.
— Peut-être parce qu'on dit que des conneries.
— Et de quoi tu voudrais qu'on cause?

Le monstre puni

Il faut à chaque régiment une sorte de monstre et nous avons le lieutenant Thibaud. Gros et lourd, la brioche saillante, le bas du visage comme une poire tremblante, ses paupières s'affaissent en bourrelets sur ses yeux, égarant son regard. Le teint mat, les cheveux bruns, quarante ans, une étroite moustache noire d'avant-guerre, une impassibilité pesante sur tous les traits, le lieutenant Thibaud est cruel. Une convocation dans son bureau réveille toujours quelque crainte. Pour le vrai plaisir de faire mal, il peut imaginer les corvées les plus singulières. On l'a vu ordonner à toute une section, qui venait de gravir un flanc de montagne au grand soleil, de redescendre et de grimper à nouveau, avec armes et bagages, « au cas où vous auriez oublié quelques fellouzes en route ». En fait il s'agissait d'un jeu secret, gratuit, qui ne relevait d'aucune recherche de punition, même féroce. Le lieutenant Thibaud obéissait à un de ses caprices. Pendant cette double escalade, qui dura plus de deux heures, il resta pesamment assis dans une jeep entouré de quelques hommes de garde, fumant un train de cigarettes, sans que la moindre satisfaction se fît jour dans son œil que la paupière à chaque seconde menaçait d'éteindre.

On l'appelle *Le Sadique*, *Thi-pas-baud* et *Caligula*. Pour les Algériens, il les ignore, ils ne comptent pas. On sent qu'il leur ferait n'importe quoi. De temps en temps, du coin gras de la bouche, il dit : « C'est pas des hommes. »

Vers midi et demi, un jour comme un autre, dans la cuisine du mess des officiers. Le cuistot est du type classique, débraillé, boutonneux, mégoté, rigolard, avec un accent de campagne et un poste de radio. Un des serveurs, qui revient en cuisine avec un plateau, lui annonce :

— Le steak du lieutenant Thibaud!

Le cuistot répète, comme dans un rite :

— Le steak du lieutenant Thibaud!

Il met sa noix de beurre à chauffer dans la poêle et découpe une assez bonne tranche de viande. Avec une certaine dextérité, fruit de l'habitude, il saisit la tranche entre ses doigts, puis il fait un bruit amical avec ses lèvres et un chien s'approche, un chien très vieux, suintant, pustuleux, le poil collé, les pattes raides, une abomination de chien qui se traîne en silence dans les cuisines, sans nom, venant de nulle part. Un chien qui sait ce qu'on attend de lui. Un chien qui est là pour ça.

Il s'approche lentement du cuistot, se retourne et soulève sa vieille queue. Il montre ses chancres, cratères humides rougeâtres.

— Le steak du lieutenant Thibaud! dit encore une fois le cuistot.

A deux reprises, soigneusement, d'un côté puis de l'autre, il passe le steak du lieutenant Thibaud sur le cul épouvantable du chien. Puis le steak est jeté dans la poêle et le chien regagne sa place obscure sous un banc, devoir accompli, queue baissée.

A table, le lieutenant Thibaud découpe son steak avec son couteau personnel et le déguste lentement, sans parler. Il mange un steak chaque jour, sauf le vendredi.

Rumeurs

On dit que les fellaghas, l'année dernière, ont trempé la queue d'une bonne vingtaine de chats dans de l'essence, les ont enflammées, et ont lancé les chats affolés dans les moissons, incendiant ainsi les récoltes des colons.

On dit aussi que dans l'Ouarsenis un avion français a été abattu à coups de fusil.

Il paraît que plusieurs « rebelles », qui refusaient de parler malgré la torture, ont été emportés dans un hélicoptère jusqu'à une hauteur de mille mètres et précipités dans le vide, près de leur village.

Il paraît que lorsque le général Massu défile, on entend sa cervelle qui fait floc-floc à chaque pas. Mais personne ne le croit vraiment.

Quelques-uns rapportent comme une chose certaine que, dans un djebel aride, des fellaghas se sont mis entièrement nus pour monter à l'assaut d'une batterie française, se dissimulant ainsi en rampant sur des roches blanches. D'autres disent qu'on racontait la même histoire en Indochine.

On dit que dans le Sud, pendant toute la durée de la guerre, les hommes bleus, les Touareg, n'ont cessé de franchir en toute tranquillité les lignes françaises et algériennes en véritables seigneurs du désert, et qu'ils ont poursuivi sans trouble leur commerce. Mais l'antiquaire de Bou-Saada n'est pas d'accord.

Des Russes auraient été parachutés dans le Djurdjura. Des spécialistes.

On dit aussi, on affirme qu'il existe un certain nombre de BMC, Bordels militaires de campagne, longs camions couverts qui sont à l'intérieur divisés, par de simples rideaux montés sur tringles, en six ou huit compartiments. Dans chacun de ces alvéoles on trouve une couchette, ou peut-être un matelas, du linge, un peu d'eau, du savon et une femme. Ces camions parcourent l'Algérie en allant d'un poste à l'autre. Selon la densité des troupes, ils peuvent rester plusieurs jours au même endroit. Les filles, pour la plupart des Algériennes, sont médicalement surveillées. Ce service ambulant, organisé à l'initiative de l'Action psychologique, est un succès. Les soldats, qui bénéficient d'une autorisation spéciale, valable une heure ou deux, se pressent à l'arrivée du camion, où ils se font inscrire sur une petite table, et déposent leur obole. Ils attendent ensuite en file indienne, en plein soleil, qu'un alvéole soit libre. On annonce les numéros : « La 4!... La 2!... » On ne choisit pas. On ne sait pas qui on va trouver derrière le rideau.

En tout cas, c'est ce qu'on nous raconte. Ici, nous n'avons jamais vu un de ces camions de plaisance. Il est vrai que nous disposons, dans la basse ville, d'un petit bordel permanent.

Et puis, à ce que l'on murmure du côté de l'Intendance, on verse du bromure dans notre vin rouge, pour apaiser nos fringales sexuelles. Ce que certains appellent « la pacification ».

Il paraît que le fils aîné d'un maquereau de Pigalle, appelé sous les drapeaux, a fait venir à Oran trois filles qui travaillent pour lui. A chaque permission, tous les deux mois environ, il va leur rendre visite, encaisse la recette et l'envoie par la poste à son père. Puis il revient à la caserne. C'est un garçon sérieux, qui lit beaucoup, qui a peu d'amis.

Les parachutistes seraient tous pédés. Ils vivraient par couples à soixante-dix pour cent. Certains seraient même secrètement mariés, par des aumôniers militaires.

On dit aussi que certains officiers des régiments parachutistes ont soigneusement étudié les mémoires plus ou moins secrets se rapportant à la conquête de l'Algérie, sous Louis-Philippe. A leur tour, ils utilisent les techniques du célèbre Bugeaud. A son exemple, ils enfument les grottes, systématiquement, à tel point que « l'année dernière on voyait fumer les montagnes ».

On connaît un légionnaire, dans le sud, qui s'est fait tatouer le mot MERDE à l'intérieur de la main droite. Ainsi, chaque fois qu'il salue un de ses supérieurs — et ça arrive à tout bout de champ, dans l'armée — sa main ouverte, près de sa tempe, laisse clairement voir l'inscription, qui est ineffaçable.

Des hommes du train des équipages affirment que depuis le début de la guerre, un plus grand nombre d'hommes sont morts dans des accidents de camion que dans des opérations proprement dites. On confie des transports de troupes à de jeunes chauffeurs qui veulent épater la bleusaille, qui virent sec, et à nous le ravin.

D'autres racontent que dans certains endroits les colons pieds-noirs vendent l'eau aux soldats en opération. Ils précisent même qu'ils la vendent cinq nouveaux francs le litre, ce qui paraît exorbitant. Là encore, pas de confirmation.

En 1958, le gouvernement a décidé d'augmenter le salaire journalier des ouvriers agricoles. Mais les colons (dit-on) ont aussitôt décidé de faire travailler leurs hommes de l'aube jusqu'à midi et de ne leur payer qu'un demi-salaire, pour une demi-journée, c'est-à-dire moins qu'avant l'augmentation.

Le boucher de la rue principale tient de source sûre que des personnes de la famille du général de Gaulle (« très proches de lui ») qui possédaient des intérêts dans diverses entreprises algériennes, viennent de vendre leurs parts, ce qui est à coup sûr un très mauvais signe.

On assure qu'à plusieurs reprises, en pleine confusion, les soldats français ont tiré sur d'autres Français et qu'un capitaine a été descendu, une nuit. On ajoute que ce capitaine était un salaud, et que le tireur (peut-être) ne s'est pas trompé.

Une histoire d'interrogatoire : au cours d'une réunion secrète, à Alger, un groupe de combattants des villes cherche un sigle secret, une manière de se reconnaître. En ville, sur un journal, un d'eux a vu CECA. Ils décident de l'adopter et se séparent. Un peu plus tard, ce sigle tombe entre les mains du Deuxième Bureau. Ils arrêtent un chef de katiba et l'interrogent selon les méthodes habituelles. Que veut dire CECA ? Il n'en sait rien. La Communauté européenne du charbon et de l'acier, il n'en a jamais entendu parler. Les autres insistent, le brutalisent. Que pourrait-il répondre ? Les officiers français ont cru comprendre que ECA signifiait « École des cadres algériens ». Mais le C ?

Nous avons d'autres nouvelles des fellaghas, invérifiables. La nuit, quand ils font passer des chargements d'armes ou de vivres près de nos lignes, ils attachent des chiffons autour des sabots des mulets et ils leur mettent des bouchons dans le cul, pour les empêcher de péter.

On dit que le chef d'une wilaya, ou d'une katiba, se fait appeler Jean Gabin. Il ressemble vraiment à l'acteur (tel qu'il était dans les années trente) et travaille sans cesse à cette ressemblance : lèvres amincies, ton rogue, petits pieds en dedans, démarche courte. Il porte même une casquette, comme à Billancourt.

Tino Rossi, c'est sûr et certain, reste le chanteur étoile des fellaghas. Il est, en Afrique du Nord, prodigieusement populaire. Certains des combattants algériens affichent sa photographie dans leurs repaires, et fredonnent *Catarina tchi-tchi.*

On dit que Jean-Paul Sartre possède, sous un faux nom, une très jolie villa au bord de la mer, près de Bizerte. Cadeau de quelqu'un.

On dit que la Sainte Vierge est apparue à plusieurs reprises à une jeune marchande de bonbons de la région de Constantine. Mais on n'a jamais su ce que la Sainte Vierge avait à dire à la fillette. Les mauvaises langues prétendent qu'elle parlait très mal l'arabe, et pas du tout le kabyle.

Des racontars tenaces illustrent la résistance physique de nos adversaires. Par exemple : un groupe de fellaghas a été accroché à la fin du jour. A la faveur de la nuit, il a pu s'échapper. Un autre régiment retrouve le même groupe, le lendemain matin, à plus de quatre-vingts kilomètres de là — distance qu'ils ont parcourue à pied, la nuit, dans les montagnes, chargés et ne grignotant que quelques grains de blé dans le creux de leurs mains.

On dit aussi, en baissant la voix, qu'ils font de la magie pour deviner les mouvements les plus secrets de l'armée française, et que même ils feraient appel à des marabouts venus du Grand Sud, lesquels exigeraient d'être payés en poudre d'or.

Parmi les plus remarquables absurdités, un journaliste américain écrit que, pour se donner le droit d'infliger la torture, le général Massu s'est fait lui-même torturer.

Comptoir

Raconté beaucoup plus tard, par Mohammed Lakhdar-Hamina : Un des Algériens qui combat dans une wilaya a vécu pendant plusieurs années à Paris, près de Barbès. Il a rejoint son pays au début de la guerre, par patriotisme, et il se bat.

Mais de Paris il a gardé la nostalgie d'un bar, près du métro aérien, où il allait chaque jour boire un coup ou deux, discuter, rêver.

Il est là, dans la montagne de Kabylie. Il monte la garde. De temps en temps, quand il se croit seul (mais les autres l'observent, en cachette), il pose son flingue et s'approche, en se frottant les mains, d'un petit mur en pierres sèches qui se trouve là. Sur le mur, comme sur un zinc, il place le coude, il se penche un peu en avant et il dit à un garçon imaginaire :

— Tu me donnes un café, fils?

Il attend un petit moment en regardant, tout autour de lui, la prairie rocailleuse. Il voit les voitures qui passent devant lui sur le boulevard, qui s'arrêtent au feu rouge, qui redémarrent. Il les suit des yeux. Il lève un peu la tête quand tremble le métro aérien. Il est à Barbès. Le café arrive, il remercie le garçon d'un signe de tête, puis il le rappelle et lui dit :

— Tu me mets un petit calva?

Vient le calva, qu'il verse dans la tasse. Toujours appuyé sur le mur de pierre, la tasse invisible à la main, il salue les autres clients autour de lui. Tiens, salut, toi! Qu'est-ce que tu deviens? Tu as des nouvelles de là-bas? T'as pas le temps de boire un coup? A la prochaine, alors. Salut, fils.

Il boit lentement le café-calva. Il l'aime très chaud, même s'il se brûle.

Il allume une cigarette de rêve (le FLN interdit le tabac, pour ne pas alimenter un monopole français), il envoie la fumée vers le ciel de Kabylie, les yeux mi-clos. Autour de lui la terre aride, les pierres, le fusil posé contre un arbre. Il fume et boit tranquillement, il hoche la tête, il fait des gestes avec ses mains, on voit qu'il bavarde avec le garçon. Si ça se trouve, ils parlent politique.

Un petit coup d'œil à sa montre. Il n'a pas de montre.

— Tiens, tu me files un coup de blanc ? Il va falloir que je m'en aille. Fais vite, mon fils.

Décors

La France a percé la petite ville d'une rue rectiligne et plantée d'arbres qui mène à une place carrée. Les autres quartiers sont comme rejetés hors de cet axe et abandonnés à l'enchevêtrement qu'on imagine oriental. Le long de cette rue principale, à vrai dire la seule rue pour une ville de dix mille habitants, et surtout sur la place, on semble avoir posé la marque ferme d'une sous-préfecture : une large mairie, avec salle des fêtes, un jardin public semé de bancs verts, des réverbères (partout les mêmes), une petite église blanc cassé de l'autre côté, un bistrot avec terrasse en toute saison, un monument aux morts des deux guerres.

Il existe un modèle secret de petite ville française. On le rencontre, avec des variantes, dans toute l'Algérie, à l'exception du Sud, où l'architecture traditionnelle, l'architecture sans architecte, nous a par bonheur résisté. Ailleurs, les maisons, comme certains hommes, se sont couvertes de vêtements européens. Même la forme des portes et fenêtres, même les tuiles, les pierres des trottoirs, les balcons, les gouttières, tout imite la Métropole avec un petit air du XIXe siècle, cette époque optimiste où l'on croyait que tout allait durer et qu'au nom de nos vraies valeurs, de notre vrai dieu, de nos vrais remèdes et de nos machines, nous pouvions plaquer ailleurs toutes nos choses fabriquées, et imposer la forme d'une poignée de porte.

On s'y tromperait presque, à certains endroits. Là aussi, on dirait un décor bien construit, le terrain d'un studio. En passant derrière les maisons, on s'attendrait à découvrir qu'elles ne sont que des façades en toc, soutenues par des étais, prêtes à être jetées à bas, à grands coups de masse, au dernier jour de tournage.

Non, les maisons sont compactes, avec un toit, des fondements, des habitants. C'est assez banal, presque naturel, ça pourrait paraître authentique. Mais par moments ce décor, si précis soit-il, si ancien (certains de ces bâtiments ont cinquante ou soixante-dix ans) semble se désunir et se défaire au passage d'un burnous, d'un bourricot, au son lointain d'un muezzin. Une cohésion s'est brisée. Les maisons mentent : elles ne sont pas ici chez elles.

Ailleurs, dans les replis de la ville indigène, dans ce qu'il en reste, on trouve une mosquée, un restaurant tenu par des Algériens, le bordel (à l'écart), un ou deux cafés — et le bain maure. Nous ne sommes que trois ou quatre militaires français à nous rendre au restaurant, où toujours le même couscous nous est servi, et je crois être le seul, à mon arrivée, à me rendre au bain maure — assez loin de la caserne, dans une rue basse. L'établissement s'ouvre comme une grotte dans les parties souterraines de la ville, laquelle s'allonge sur une colline, encore entourée de remparts.

La première fois, quand je me présente seul à la petite porte du bain, en uniforme (un militaire ne peut jamais quitter cette marque) le préposé s'étonne un peu. Il se figure que je viens pour une formalité officielle, pour un renseignement. Je dis : non, je viens pour un bain. Il me demande alors — après conciliabule avec un autre — l'autorisation de me fouiller. C'est vite fait, je lève les bras, je n'ai pas d'arme.

J'entre, on me donne une serviette, j'enlève mon uniforme et nu, la serviette autour des reins, je suis un homme comme les autres. Ils sont plusieurs dizaines, de tous les âges. Les femmes viennent à une autre heure. J'entre dans une grande pièce aux formes antiques, creusée dans la colline, et je sens pour la première fois quelque chose de vieux, de vrai. Des voûtes larges et irrégulières, des bassins qui débordent, de l'eau qui court, de la vapeur très chaude, des hommes silencieux qui ne songent qu'à se laver minutieusement, ou bien à prier par moments. Aucun objet, aucun détail qui pourrait trahir aujourd'hui. Orson Welles résolut une pénurie de costumes, dans *Othello*, qu'il tournait au Maroc, en déplaçant toute une scène dans un hammam. La nudité des corps dans la buée efface toute couleur d'histoire, et ça peut se passer dans n'importe quel temps.

Je ne sais pas très bien comment me laver, dans cet endroit. J'essaye d'imiter les autres, de passer pour un habitué. Mais les vrais habitués ne remarquent personne. Ils vont et viennent, là aussi, sans me voir. Un savon traîne. Je m'en sers.

Quand je m'estime propre, je passe dans une autre pièce et je m'allonge, comme les autres, sur une espèce de bat-flanc dur. Un jeune homme s'approche et sans un mot, presque sans un regard, il me saisit les membres pour un étrange massage craquant, où les articulations en prennent un coup. Et couché là, sur ces planches, avec un Algérien à ma gauche, un Algérien à ma droite et un Algérien au-dessus de moi, tous les trois très certainement sympathisants du FLN, combattants clandestins peut-être, je suis à leur merci, je ferme les yeux, je me sens proche du sommeil.

J'y reviendrai souvent, au moins une fois par semaine. On ne me fouillera plus. Jamais un mot de trop, jamais un regard d'animosité ou de méfiance. J'entre, je paye, je me lave et je sors, comme font les autres. Pourtant, je ne suis pas des leurs. Ils le savent, et je le sais, même quand je suis nu dans la pièce commune et que personne ne parle. Mais il y a le charme de l'illusion : croire, essayer de croire, et la chaleur y pousse, que les différences sont abolies, que nous sommes ensemble quelque part dans un autre siècle, baignés par la même vapeur.

Ensuite, après le demi-sommeil sur le bat-flanc, il faut se rhabiller, remettre l'uniforme qui me distingue et sortir au soleil d'aujourd'hui.

Le colonel m'a recommandé d'être prudent. Mais ça veut dire quoi, « être prudent » ? Après deux ou trois mois, voyant que rien ne m'arrive et qu'apparemment j'y prends du plaisir, un copain m'accompagne, puis un autre. Je leur fais les honneurs des lieux. Ça leur plaît. En tout cas, ça fait passer le temps. Le massage par craquements les inquiète un peu, au début. Quand je leur demande ce qui les étonne le plus, ils me disent : c'est le silence.

Très fin de siècle, complexe et lourde, la caserne domine la ville. Comme des tentacules, hangars et entrepôts s'y sont peu à peu rajoutés. On y loge plus d'un millier de militaires, sans compter le passage. Les sous-officiers du contingent, dont je fais partie, sont par chambrées de huit, les simples soldats par dortoirs. Le colonel occupe une villa avec jardin, comme il est normal pour un chef, car la hiérarchie est le principe même de toute existence militaire. Hors de ce système, même s'il a des brèches, on ne comprend rien. Tout fonctionne par étages et, à chaque étage, par compartiments très étiquetés. Bien connaître les tiroirs, c'est le secret.

Les officiers et sous-officiers de carrière habitent dans des bungalows dispersés, quelquefois même en dehors de la ville, dans des HLM. Je me rappelle un déjeuner en famille, chez le très brave adjudant Favre qui vivait là avec sa femme. Pastis, pot-au-feu, tarte aux pommes, et un petit coup d'armagnac. Ça sent si bon la France, au fond. Rien ne vaut chez nous, et vive la quille.

La caserne : une grande cour, un poste de garde, des grilles, quelques arbres. Elle est si laide qu'on l'a tirée en carte postale, mais en couleurs.

Au fond, dans un bâtiment qui ferme à clé, en face de la soute aux munitions, le Deuxième Bureau a installé son matériel d'interrogatoire. La ville compte environ mille soldats, mille pieds-noirs (approximativement) et neuf mille Algériens. On dit que sept mille d'entre eux, au cours des cinq dernières années, ont été interrogés par nos services, d'une façon plus ou moins brutale. C'est dire que toute la population, à l'exception de quelques vieillards et des enfants, a connu son petit passage par la torture. La fameuse gégène est là, bien entendu, dissimulée sous une housse (à ce qu'on raconte, car je n'ai jamais pu l'apercevoir, en raison des portes strictement closes).

On voit chaque jour des files d'habitants qui viennent là sur convocation et qui attendent sagement sur un banc, devant le bâtiment des interrogatoires. Quand quelqu'un sort, une voix calme appelle : « Au suivant. » On se croirait dans une salle d'attente, pour de mystérieuses formalités. Mais chacun sait pourquoi il vient. D'ailleurs, certains reviennent pour la deuxième ou la troisième fois.

A l'intérieur, bien sûr, on ne torture pas toujours. La plupart des interrogatoires se déroulent même tranquillement : vérification d'identité, d'adresse, quelques questions d'usage, une bourrade, la routine. De temps en temps on élève la voix. A travers les murs on entend gueuler. On entend aussi, mais plus rarement, des cris de douleur. Les troufions qui passent par là disent : « Ça bastonne. »

Une deuxième classe a même certifié qu'un jour, en ouvrant inopinément la porte qui par hasard n'était pas fermée, il a vu un Algérien qui se torturait lui-même, sur ordre. Il se tordait la verge avec ses mains, en gémissant de peine, tandis que les interrogateurs lui criaient : « Plus fort! Allez, encore plus fort! »

Fantasme, qui sait?

La rumeur, la toute-puissante rumeur murmure qu'à l'intérieur les habitants avouent n'importe quoi, mentent, se contredisent, font semblant de ne pas comprendre. Il doit en résulter un formidable fouillis d'informations inutilisables. Mais l'essentiel n'est pas de savoir, c'est d'interroger.

Singulièrement, entre nous, on parle assez peu de la torture. Les gens du Deuxième Bureau font bande à part. Ils ont un étage dans le bâtiment administratif principal. A leur tête un capitaine presque invisible, qui va chaque semaine à Alger. Personne ne les aime et tout le monde les craint. La torture, la gégène, bien sûr, nous savons tous que ça existe, nous voyons les habitants de la ville aller et venir, de temps en temps ça nous effraie, ça nous turlupine, on en parle un peu et puis on oublie. Ces choses-là en viennent à faire partie de la vie. C'est du quotidien, du normal ; d'autant plus redoutable, évidemment.

Quand nous en parlons entre nous, et ça arrive tout de même, nos voix se baissent automatiquement et se font craintives, douteuses. Les mots portent des souvenirs affreux, alors on les fait glisser vite. On éprouve même quelque ressentiment pour celui, une fois de plus, qui a remis ça sur le tapis. Fallait-il vraiment en parler ? Mais on ne peut pas faire autrement. « J'ai entendu gueuler en passant près de la baraque », dit le coiffeur. Et le peintre abstrait, triturant toujours ses pinceaux, dans la soute en face, raconte : « J'en ai vu sortir un, aujourd'hui, il titubait et il saignait du nez. » Un autre se marre et lui dit : « Il avait dû prendre un coup de bambou. »

On rit comme on peut. Pas toujours facile. La plupart des soldats ont entre vingt et vingt-deux ans. La torture, ils ne savent pas vraiment ce que c'est. Ils ne désirent pas le savoir. Quand ils seront plus grands, peut-être... Mais dans ce territoire-là, quand on évoque la porte close et la pénombre incertaine du bâtiment des interrogatoires, ils ne se veulent pas encore adultes. Attendons un peu pour grandir. La torture, ainsi, repousse à l'enfance. Il vaut mieux, pour certaines choses que font les hommes, ne pas encore savoir, retarder le moment de comprendre. Alors on passe vite, on parle d'autre chose, du combien-au-jus, du putain-de-bled. Ça au moins, on sait ce que c'est.

Pas coupable

Dans un camion qui nous ramène alors que la nuit est déjà tombée — interdit de rouler la nuit, mais nous nous sommes attardés quelque part, il faut rentrer vite —, un adjudant de carrière, assis près de moi, un bras posé sur le rebord de la portière ouverte, les yeux sur les ombres qui passent, me dit :

— On trouve toujours plus malheureux que soi. Toujours. Ma mère disait ça, et c'est vrai. Moi, une fois, c'était à Mostaganem, avant le début de la guerre, je tombe malade du ventre, on m'emmène à l'hôpital et on m'enlève l'appendice, à tout hasard. C'était ça, c'était pas ça ? J'en saurai jamais rien. Toujours est-il que des complications se déclarent et on me garde un mois à l'hôpital. Rien de bien grave, finalement, puisque je suis toujours là. A côté de moi il y a un type de vingt-deux ans, un blond, il a sauté sur une mine perdue, il a fallu lui couper une jambe. Vingt-deux ans. Tous les soirs, on nous donnait une pilule pour dormir. Moi, les pilules pour dormir, zéro. J'ai toujours dormi comme ça. On me couche, on me ferme les yeux et je dors. Mon voisin, il avait vingt-deux ans, on venait de lui couper une jambe, je voyais bien que tous les soirs il prenait ma pilule en plus de la sienne, je le voyais bien. Mais je laissais faire. Moi je dors comme ça, à la seconde. Clac. Et lui, je sentais bien qu'il dormait mal, pourtant. Je le sentais quand la chaleur me réveillait. Il ne dormait pas. Vingt-deux ans. Je me disais : c'est à cause de sa pauvre jambe qu'il ne dort pas. Mais non. En fait, il ne les prenait pas, il les cachait. Après une quinzaine de jours, avec les miennes ça lui faisait une trentaine de pilules, il les avait toutes gardées en secret, une nuit il les a prises d'un coup, les trente pilules, et il a si bien dormi qu'il s'est jamais réveillé. Le matin il était déjà froid. Vingt-deux ans, et sa jambe en moins. Je me rappelle plus son nom. Un blond.

Le virage passé, on aperçoit les lumières de la petite ville, dans le fond. On approche.

L'adjudant reste une ou deux minutes songeur, puis il ajoute :

— J'y pense souvent. Ça fait déjà plus de dix ans de ça. Mais j'ai beau y penser, et y repenser, j'arrive pas à me sentir coupable.

Le lit

— Moi je dis qu'il mesure un mètre quatre-vingt-douze.

— Il mesure plus que ça.

— C'est grand, un mètre quatre-vingt-douze.

— C'est grand, mais il mesure plus que ça. Je peux te le dire, j'ai un cousin qui fait un mètre quatre-vingt-onze. Eh bien, lui, il est nettement plus grand.

— Tu le vois plus grand.

— Je le vois plus grand parce qu'il est plus grand.

— Mettons un mètre quatre-vingt-quinze.

— Au moins. Tu peux compter au moins ça. Moi, si tu veux mon avis, il fait deux mètres.

— Non, jamais de la vie, il fait pas deux mètres.

— S'il faisait deux mètres, ça se saurait.

— Mettons. En tout cas moi je dis que s'il mesure même deux mètres, allons jusqu'à deux mètres, bon, eh bien je dis qu'avec un lit de deux mètres vingt, même deux mètres quinze, c'est plus que suffisant. Mais il faut bien ça.

— C'est beaucoup deux mètres quinze.

— C'est beaucoup, mais il vaut mieux être trop long que trop court.

— Mille fois d'accord.

Cette discussion technique et grave se déroule dans une chambre ensoleillée qui donne sur la place centrale. Elle met aux prises un menuisier algérien, un menuisier pied-noir et deux sous-officiers français. Le problème, le voici : il faut rallonger un lit pour le mettre aux dimensions du général de Gaulle, qui doit visiter la ville dans trois semaines.

— Alors on marche pour deux mètres vingt ? C'est vendu ?

A ce moment le menuisier algérien va ouvrir la fenêtre, promène autour de lui un regard compétent et dit avec un bel accent :

— S'il veut se lever la nuit pour aller respirer un coup, et si le lit il fait deux mètres vingt, il pourra pas ouvrir la fenêtre.

— Il pourra pas ouvrir ?

— Non.

— C'est vrai. Il a raison, lui.

— Il faudrait une chambre plus grande.

— La plus grande, c'est celle-là.

— Alors on dit deux mètres quinze ?

— Remarque, s'il dort avec un traversin, et à plus forte raison avec un oreiller, ça relève la tête, ça fait gagner de la longueur. Le corps est moins étendu, tu vois. Il fait un coude dans le dos. Alors au fond, même en mettant les choses au pire, deux mètres quinze, ça suffirait.

— Même deux mètres dix, dit le menuisier algérien.

— A deux mètres dix, il peut ouvrir la fenêtre ?

— Oui, il peut ouvrir.

— Tu es sûr ?

— Je suis sûr. Tout juste il peut ouvrir, mais il peut.

— Mais est-ce qu'on sait s'il dort avec un oreiller ?

— Non, on sait pas.

— Quelqu'un doit le savoir, pourtant.

— Oui, mais pas ici.

— Il faudrait se renseigner, merde. Ça devrait se savoir, ces choses-là !

— Ça se sait sûrement, mais pas ici.

— Alors on marche pour deux mètres dix ?

— On marche pour deux mètres dix.

— Comment vous allez faire ? demande un sous-officier aux menuisiers. Vous sciez les montants et vous mettez une rallonge ?

— Scier les montants, ça pose un problème, dit le menuisier pied-noir.

— Quel problème ?

— Ça sera jamais solide comme avant.

— Et alors ?

— Alors, les montants, vaudrait mieux carrément les changer. Moi, je dis ce que je pense. Et puis, des montants rallongés, c'est pas beau.

Le menuisier pied-noir a exposé son point de vue et se tait. Le menuisier algérien, qui réfléchit la tête basse en fixant le lit et en se raclant le menton d'une main à laquelle il manque un doigt, n'a pas l'air d'être du même avis. Il dit finalement :

— Si c'est que pour une nuit, question solidité, c'est kif-kif.

— Oui, mais tant qu'à faire, autant que ce soit costaud. S'il fait près de deux mètres, il doit peser son poids, c'est sûr et certain. Et vaudrait mieux éviter que le lit il s'écroule au milieu de la nuit. Ce que j'ai à dire, je le dis.

— Il est pas si gras que ça.

— Il est pas gras, mais il a du bide.

— Oui, mais c'est pas le bide qui pèse. Et puis c'est pas le genre à bouger en dormant. C'est pas le genre à casser les plumards. Non, la solidité, c'est pas un problème. Reste la question esthétique. C'est vrai que les rallonges, ça manque d'élégance.

— Ça fait rafistolé. Ça fait minable. C'est le président de la République, quand même, merde !

— Mais vous croyez que c'est un homme qui irait examiner les montants du lit ?

— On sait jamais.

— Pour voir s'ils sont pas beaux ?

— C'est possible.

— Oh mais, alors, tout est possible !...

— Et puis il peut les voir sans chercher à les voir. Il peut tomber dessus. S'il dit sa prière, par exemple, s'il se met à genoux avant de se coucher, il peut les voir, les rallonges.

— C'est vrai, il peut les voir.

— Il la dit, sa prière ?

— Y'a des chances.

Un sous-officier demande à ce moment-là aux menuisiers :

— Qu'on change les montants ou qu'on mette des rallonges, c'est le même prix ?

— Ah non, c'est pas le même prix, répond le menuisier pied-noir. Où vous allez ? C'est pas du tout le même prix ! Le bois, si on change les montants, faut le faire venir de Constantine !

— De Constantine ?

— A condition qu'il leur en reste.

— Et si on les change pas ?

— Si on les change pas, à la rigueur on peut les fabriquer ici, les rallonges.

— Et ça coûtera moins cher ?

— Évidemment ça coûtera moins cher.

— Alors on dit qu'on les change pas ?

— C'est à vous de décider, dit le menuisier pied-noir, nettement vexé. Moi, vous me demandez mon avis, j'ai dit ce que j'avais à dire. Après, ne venez pas vous plaindre.

Ils discutèrent ainsi, tous autour du lit, pendant deux heures et demie. Finalement, après un coup de téléphone à Constantine, on ne changea pas les montants. Les menuisiers fixèrent les rallonges, les passèrent au brou de noix, et le général de Gaulle, trois semaines plus tard, après une visite ultra-rapide où il serra une soixantaine de mains, décida au dernier moment de continuer sa route et de coucher ailleurs.

Liliane

Quand elle danse sur la place, au bal du 14 Juillet, elle tourne sur elle-même en lâchant la main de son partenaire, et sa jupe cloche, de couleur bleue, se soulève assez haut. On voit ses jambes nues et brunes, avec des éclairs de culotte blanche. Elle tourne d'un côté, puis vivement de l'autre. La jupe cloche suit tous les mouvements de son corps. C'est à peine si elle la rabat discrètement avec sa main gauche, quand elle s'évase un peu trop, et sur la place tous les yeux des troufions regardent rêveusement les jambes de Liliane qui dansent.

Pas très grande, brune aux cheveux courts, fille de commerçants pieds-noirs, la taille toujours un peu trop serrée, un nez en l'air, les seins debout, pas maigre : elle est la plus jolie fille de la ville et elle le sait. Quand elle va au cinéma avec ses copines, elles s'installent au balcon, elle bien au milieu, et les autres vont lui chercher des esquimaux. En marchant dans la rue, elle regarde droit devant elle, les lèvres un peu boudeuses de dédain. Je sais que vous me voyez au passage, moi je ne vous vois pas, j'habite ici et je n'y peux rien. Jamais on ne peut la surprendre en délit de sourire. Plusieurs vagues de militaires ont essayé de l'aborder, au long des années, avec une grande besace de ruses. Baratin perdu. Elle vit sur une autre terre et son regard nous prive d'existence, comme celui des Algériens. Elle a appris à ne pas nous voir. Rien n'est plus dur, quand on est soldat, que de ne pas exister quand une jolie fille passe. Prestige de l'uniforme : vilaine blague.

Et rien de gai dans la célébration de la prise de la Bastille. Elle est même assez désolée, notre fête à nous : quelques guirlandes maigres et un pick-up. Il nous faut célébrer la fin de la tyrannie, mais en pays conquis. Les Algériens, bien entendu, boudent la danse. Ceux qui s'y frotteraient, aussitôt marqués collaborateurs, risqueraient gros. Mais on dit aussi le contraire : si Untel et Untel, qui sont des Algériens, se montrent à la fête, et serrent en souriant les mains des officiers français, cela signifie qu'ils ne risquent rien, qu'ils sont au mieux avec le FLN, et que par conséquent il faut se méfier d'eux. Logique imparable du double jeu, qui mène à toutes les impasses, et quelquefois à des erreurs de tir.

Les appelés eux-mêmes ne vont au bal que par petits paquets, sachant bien que de toute façon les rares filles ne seront pas pour eux. Seuls dansent les pieds-noirs, qui célèbrent étrangement, dans cet ersatz de sous-préfecture, la fin des anciens privilèges. Swing, paso doble et slow. Une java tous les quarts d'heure. De temps à autre, on passe un disque pour les vieux, un tango, une valse lente. Les jeunes s'asseyent pour sécher leur sueur. Les autres s'élancent, cinq ou six couples à peine, sans perdre une seconde de musique, comme si hier était de nouveau là, mais juste pour le temps d'un disque, et la voix de Tino Rossi, pendant trois minutes, réconcilie mélodieusement tout le monde.

Un sous-officier d'origine corse le disait un jour : « C'est lui qu'on aurait dû nommer président de la République, et non pas de Gaulle, qui est un faux-cul. »

Les Algériens ont tendu l'oreille quand Tino chantait. Quel est le secret de sa voix ?

La danse moderne reprend. Liliane se relève, saisit une main qui se tend, sans un regard, sans un sourire, et tout repart. Je suppose que les Algériens sont scandalisés par la vision dansante des jambes de Liliane, de ses cuisses rondes et nues, de ses souliers blancs sous sa jupe bleue, eux qui ne voient jamais rien de leurs femmes. Ou alors ils s'en foutent. C'est possible aussi.

Faire semblant. Persévérer.

Au mois d'avril 1945, dans l'Allemagne qui craquait, envahie de tous les côtés, les civils organisaient avec soin leurs vacances de Pâques, s'efforçant de trouver une chambre libre dans un hôtel, sur la mer du Nord, ou un chalet en Forêt-Noire.

« Liliane s'est tirée avec un mec marié ! »

Le cri du jour, soudainement. Elle serait dans la région d'Oran, prête à s'en aller en Espagne. Son père furibard est parti la chercher, avec la femme du ravisseur, un fonctionnaire qui a déserté son poste, et le père a pris son flingue, et la femme un pétard. Ils sont partis au milieu de la nuit. Ça fait un foin terrible.

Mais quel fonctionnaire ? Qui ? Quand exactement ? Est-ce qu'on est bien sûr de tout ça ? La libraire aurait dit que Liliane a rendu visite à une vieille tante. Et comment se fait-il que l'épouse délaissée, qu'on disait à Oran le pétard dans son sac, apparaisse soudain à la messe du dimanche ?

Toute la caserne est en émoi. Suppositions, présomptions, calomnies : on en parle même au mess des officiers, d'après le cuistot. Les troupes tiennent quelque chose d'intéressant, et le fait divers efface la guerre.

Et soudain elle réapparaît, elle est là, elle marche de nouveau dans la rue principale, hautaine dans sa petite taille, elle va d'un point à un autre, elle ne voit personne, comme si elle s'avançait sur des trottoirs vides, la taille plus serrée que jamais, les mains ballantes. Deux jours plus tard on la retrouve parmi ses copines, au balcon du cinéma. Du fonctionnaire, aucune nouvelle. Existe-t-il seulement ? Nous n'avons jamais su son nom.

On nous dit même qu'on l'a vue bavarder, près de l'église, avec la femme abandonnée, ou prétendue telle. Elles paraissaient amicales, comme parlant pluie et beau temps. Une fugue à Oran ? Ah bon ?

Ignorance, brouillard. Ces gens vivent tout près de nous, par moments nos murailles se touchent, nous nous croisons dans les mêmes rues, nous buvons la même eau, respirons le même air, et nous ne nous connaissons pas. Par goût de l'éphémère, sans doute, par désir ignoré de ne pas s'attacher ici, de ne pas établir de liens. Un peu comme avec la torture : on évite d'en savoir plus. Au cas contraire on risquerait de se mouiller, de prendre parti dans des histoires qui tout bien réfléchi ne nous regardent pas. Mieux vaut rester sur la touche, même si le jeu nous paraît confus. D'ailleurs, l'Action psychologique nous le conseille. Nous ne sommes ici que pour passer, le plus hâtivement possible. Les autres ont une vie. Nous n'avons qu'un temps.

L'année prochaine, au triste petit bal du 14 Juillet (s'il a lieu encore, car il est sûr qu'un jour on le supprimera), virevolteront encore sur la place les jambes bronzées de Liliane, comme deux insectes qui se cherchent, s'accolent, s'écartent, se poursuivent, ne se sépareront jamais. Et d'autres troufions les regarderont danser, à bonne distance, sous les guirlandes. Et d'autres rumeurs se glisseront subtilement dans la poussière, peut-être.

Quelques mots

Alors que tout milieu clos, professionnel ou carcéral, produit toujours, par nécessité vitale, un langage particulier, secret, inattendu, obscur, l'argot militaire est pauvre, comme si la banalité presque imbécile des mots voulait accompagner la monotonie de l'uniforme, l'anonymat de la pensée.

On aperçoit même au fil des semaines, chez de nombreux individus, un appauvrissement plus ou moins volontaire du langage personnel, qui semble un abêtissement consenti, comme si le but était de ne plus rien dire, par une sorte de paresse de l'être qui, ne parlant plus, n'existe plus. Le langage n'est ici ni recherche, ni code, ni espérance, ni révolte. Il est le souci de ne plus se distinguer des autres par les mots qu'on prononce, de ne plus être une voix, de devenir l'écho reposant d'un écho.

A la vérité, si l'on jouit d'une paresse extrême, au terme d'un affaiblissement bien mené, on peut répondre à toutes les questions, et par conséquent tout dire, avec les mots *positif* et *négatif*, qui signifient tout simplement oui et non, à quoi s'ajoutent trois expressions de base.

La première est : *Chapeau!* On l'entend vingt-cinq fois par minute. Elle marque l'étonnement sous toutes les formes possibles, l'admiration, la désillusion, la joie subite, l'amertume attendue. Un homme peu bavard, et qui n'aurait aucune sorte d'idée à communiquer, pourrait vivre avec les seules nuances de *Chapeau*!

Beaucoup se servent également de *Faut pas pousser*, autre expression-piédestal, qui signifie très clairement qu'on est au bord du gouffre, à l'extrême limite du supportable, que les choses vont bien assez loin comme ça, que toute servilité connaît des limites — ce que contredit l'emploi répétitif, systématique et docile de cette seule expression.

Enfin, à chaque instant, on constate avec tristesse qu'*on est pas aidé*, ce qui offre un son de misère, qui évoque une assistance générale, un secours souhaitable et très incertain. *On est pas aidé* se dit en toute occasion, quand les pommes de terre sont graisseuses, quand la route est dure, quand le sommeil tarde à venir. Tout ça n'est pas *jojo*.

Quelques mots d'argot donnent une idée peu agréable des choses de la vie militaire, ainsi *la graille*, qui est la nourriture. Aucun délice ne peut être espéré d'une chose qui s'appelle *graille*. Un soldat trop zélé, un lèche-bottes, est un *fayot*. Quand il en fait trop auprès des supérieurs, on dit qu'il *fayotte*. Relation peu claire avec les haricots. Un *deuxième pompe* est un soldat de deuxième classe, un *serre-pattes* est un sergent (car il fait mettre au garde-à-vous). Le *juteux* est le classique adjudant, probablement parce qu'il crache en hurlant, le sous-lieutenant est un *sous-bite*, le colonel est tout simplement le *colon*.

Dans cet argot terne, des vagues de tristesse vulgaire. Une sorte d'accablement, et même d'inertie, comme si l'armée anéantissait même le langage. Ainsi l'idéal de toute recrue paraît être de *coincer la bulle*, c'est-à-dire de dénicher une planque qui lui permettra de ne rien faire au sens strict du mot. L'expression vient sans doute de ces niveaux de géomètres ou de charpentiers, utilisés quelquefois par les artilleurs pour caler leurs pièces, où une bulle d'air capricieuse indique, quand elle s'immobilise, un équilibre, un calme plat. *Coincer la bulle* : rêve d'inaction, de non-vie.

Un individu est un *guss*, ce qui réveille un souvenir de cirque. Une affaire, surtout si elle est assommante ou complexe, est un *binz*. Peut-être un souvenir de business. Un homme ivre est *pété*, et même quelquefois *complètement pété*.

Autre expression, qu'on peut qualifier d'usuelle, car on l'entend au moins une fois par jour : *Et mon cul, c'est du poulet ?* Cette question est aussi une réponse à tout. Mais on l'utilise principalement pour montrer son incrédulité à l'annonce de telle ou telle nouvelle, son incrédulité ou son désaccord. Par exemple :

— Tu montes la garde à ma place, ce soir ?

— Et mon cul, c'est du poulet ?

Jusqu'à la gauche, très familier du temps de Courteline, a pratiquement disparu. On dirait plutôt *jusqu'à plus soif*, à cause du climat, peut-être. Quant au bidasse bien ahuri, qui ne sait rien et ne veut rien savoir, l'éternel hagard, le bon à rien, *il ne touche pas une bille*.

Vu l'arbre en boule ? demande une explication. Au cours de nos classes militaires, pour nous apprendre à nous repérer sur le terrain, ou bien à tirer au mortier, l'instructeur choisit une image fixe, généralement « un arbre en boule ». Je n'ai entendu cette expression qu'à l'armée, comme si le parler militaire transformait notre regard sur les choses, métamorphosait la végétation, les collines, les vallées — qu'on appelle assez mystérieusement des « talwegs ». *Vu l'arbre en boule ?* les classes finies, devient une expression courante qui signifie le plus souvent : Ça y est ? Tu as compris ? C'est clair ?

Autre utopie militaire : *glander*, c'est-à-dire, une fois de plus, avoir dégotté une planque, coincer la bulle comme pas un. *Glander* ajoute une nuance d'incompétence, de totale inutilité. Untel est un *parfait glandeur*. On admire presque.

Quand les choses vont mal, à quelque niveau que ce soit, pour un copain qui meurt ou un blouson qui se déchire, une seule voix : *C'est la merde*. Les jours vraiment sombres, *c'est la merde partout*.

Pour les outils qui devraient marcher et ne marchent pas, ils sont *naze*. L'expression élégante, mais utilisée par tout le monde, est *HS*, qui signifie Hors Service. On le dit pour un fusil, pour un poste de radio, mais aussi pour un être humain, pour soi-même : *Ce matin je me sens complètement HS*.

En revanche, si on se sent bien (ce qui est plus rare) on est en *pleine bourre*, et cela vient sans doute d'un bon chargement du fusil, naguère. Emprunté au langage des transmissions, l'expression *5 sur 5 : Je te reçois 5 sur 5, mon pote*. Cela veut dire : Je comprends ce que tu veux dire, je comprends même à demi-mot.

Faire le guet, c'est *chouffer*. Cela sert à se protéger les couilles, les *glaouis*. J'ai entendu un sergent manifester sa lassitude en disant : *J'en ai vraiment gros sur la culasse*. Je n'ai entendu cette expression que dans sa bouche. Sans doute une invention individuelle. Ça existe.

Pour le langage militaire proprement dit, partir en opération sur un terrain accidenté se dit *crapahuter*. Une action violente, mouvementée, est évidemment un *baroud*. L'adversaire — personne, à dire vrai, ne parle plus de l'ennemi — il faut se *le fader*, ou encore le *coxer* (en évitant de *se faire coxer* soi-même). Ces adversaires, on les appelle les *fellouzes*, les *fels*, les *bics* ou *bicots*, les *melons*, les *bougnouls*, les *ratons* : expressions courantes, qui vont survivre à la guerre.

Comment ils nous appellent ? Nous n'en savons rien. De jolis noms d'oiseaux, sans doute. On sait qu'ils n'aiment pas notre odeur. Nous trouvons la leur assez forte, mais ils disent, comme une évidence, que pour eux nous sentons le cadavre.

Vestiges

Entassées contre un des murs de la caserne, plusieurs centaines de stèles funéraires romaines. On a dû les arracher du sol, à l'occasion de quelque modernisation, et les jeter là. Personne ne s'en soucie, car pendant une guerre on n'a pas autre chose à faire que la guerre. Plus de la moitié des stèles sont brisées. Elles sont lourdes. Impossible pour un homme, même vigoureux, d'en soulever une. On y voit des inscriptions magnifiquement tracées dans la pierre, en lettres régulières, droites et belles, qui témoignent de l'ordre qui régnait jadis dans ce pays-là.

On y distingue clairement des sculptures de personnages, des hommes aux cheveux courts, vêtus de toges, des femmes aux cheveux relevés en chignons, parfois un couple. A leur mort, on les a réunis sous la terre, et aussi au-dessus de la terre, dans ces formes de pierre. Aucun détail, dans cette mort calme, dans ces visages classiques, ne permet de deviner l'Algérie d'aujourd'hui. Tout paraît incongru, comme des pierres venues d'ailleurs. Et pourtant, ces gens-là étaient des autochtones, nés ici, morts ici. Au cours de leur vie, sur ces plateaux agricoles, ils ressemblaient sans doute à ceux que nous rencontrons aujourd'hui. Or sur la pierre, même en imaginant d'autres vêtements, une autre coiffure, ils sont différents.

Par quel escamotage funèbre ont-ils mis, comme masques de morts, ces visages d'une autre terre ? Fallait-il attendre l'au-delà pour devenir un citoyen romain ? A-t-on décrété, au siège suprême, que dans tous les territoires de l'Empire, quelle que fût leur origine ou leur couleur, les morts auraient la même tête et que Rome imposerait ainsi dans la pierre funéraire, pour la suite des temps, son idéal, sa mode ?

Cela se passait bien avant les Arabes, bien avant l'Islam et les Barbaresques. Cela se passait dans le temps, à l'époque où saint Augustin était évêque, un peu plus à l'est, à l'époque où Rome imposait la paix par la guerre, où le christianisme s'avançait vite sur les voies tracées par les empereurs. Hannibal était loin, déjà, si loin. Et Jugurtha, et Massinissa. Rome installait ses colonies, ses légions, ses postes frontières. Elle repoussait les razzias du Sud, elle plantait des milliers d'oliviers. Tout semblait établi pour longtemps, pour toujours peut-être. Aujourd'hui, quand les spécialistes de l'armée française, à grand renfort de matériel perfectionné, étudient le meilleur tracé possible pour amener l'eau jusqu'à un village et commencent à creuser, ils retrouvent inévitablement les restes des canalisations romaines.

Ils y croyaient, les Romains. Ils y croyaient totalement, sûrs de pouvoir métamorphoser une culture en une autre, en changeant les noms et les formes, comme sur les stèles des morts. Ils y allaient carrément, brutalement, ils quadrillaient, ils creusaient des canaux, ils imposaient des céréales, ils déplaçaient des peuples. Quand ça résistait, ils cognaient dur. Et ils ont maintenu la paix, la paix romaine, une paix d'avant les nations, pendant des siècles : qui dit mieux ? Ou bien encore : la paix romaine, qui dit pis ? Un endroit de plus, dans le pas si vaste monde, pour méditer sur l'effritement des choses dures et la persistance du mou. Mais qui songerait ici à méditer ? Les bidasses ne pensent pas. Et par conséquent, comme dirait l'autre, ils n'existent pas.

Des chiens maigres rôdent entre les stèles, que personne ne songe à mettre à l'abri, ou à étudier. Passent aussi, accompagnés par un enfant distrait, des moutons, une chèvre ou deux, un habitant parfois. Pas un regard pour les stèles superbes où des visages d'immortalité très lentement s'effacent sous les grands vents de sable. Parfois des militaires français en treillis kaki, au retour d'une opération de nettoyage, l'arme à la bretelle, s'arrêtent et pissent en riant sur les pierres.

Paras

Ils ne tiennent pas leurs quartiers dans une ville de garnison comme la nôtre. Pas question. Ils vivent ailleurs, dans des endroits qui leur sont affectés, et ils vivent entre eux. Professionnels, troupes d'élite, ils ne se mêlent guère au commun des soldats. Nous ne sommes pour eux que de la basse viande. Même dans les opérations d'ensemble, ils ne se battent pas au côté de n'importe qui. Ils choisissent leur terrain, et ils ne sautent pas à n'importe quelle heure.

De temps à autre on les voit surgir de la poussière dans un cortège de véhicules camouflés, et se répandre dans la ville. Super-élégants (les parachutistes sont les dictateurs de l'élégance de la gent militaire, on ne discute pas leur mode), le jarret nerveux, le cheveu ras, le regard fier et lointain (aussi lointain que celui de Liliane), médaillés, des gourmettes en or, le treillis retaillé, aussi plaqué au corps que possible, la ceinture portée large, les manches retroussées mais qui s'arrêtent juste à la hauteur du coude (sinon ça fait plouc), ils vont méprisant les vitrines, certains marchent par couples et se tiennent par le petit doigt, quelquefois ils achètent du dentifrice ou sucent des glaces. Ils savent qu'on les regarde et ils aiment ça. D'ailleurs, c'est pour ça qu'ils sont venus, pour qu'on les admire un peu. Même s'ils dédaignent le reste du monde, ils s'astiquent soigneusement avant d'aller le visiter.

Pendant qu'ils se baladent, souvent deux par deux, le pétard bas, la tête haute, leurs chefs règlent quelques affaires dans les bureaux. Quand c'est fini, rassemblement rapide, et le cortège repart à grand fracas on ne sait où.

Avec la Légion étrangère — mais que de coups fourrés entre eux, que de jalousies, que de racontars — ils sont les grands coquets de l'armée, les dandys, les chouchous du haut commandement. Mais ils sont aussi le corps du mystère, les porteurs de faits d'armes, les bataillons des légendes affreuses; et depuis Diên Biên Phu, en plus, les sacrifiés, les massacrés pour rien, bref les héros.

Tout est grossi, comme il est normal. Ils sont au fond des pauvres types comme nous, mieux habillés et plus soumis, mieux payés aussi, mais c'est leur métier. Toute vie humaine a un prix, et même un tarif. On appelle ça « la prime du risque ».

Mais à part ça le bled, la solitude ensemble, l'ennui, l'exil, le danger, le soleil sont les mêmes pour tous.

Et les petits problèmes de la vie aussi. Exemple : une jeep de parachutistes pénètre un jour avec grande insolence dans la cour de notre caserne et s'arrête pile devant la porte du magasin. C'est toujours à qui conduira le plus sèchement sa machine. Faire crisser les pneus et jaillir le sable suppose une vraie technique. A l'intérieur, les passagers, quoi qu'il arrive, doivent se garder de manifester la moindre émotion. Même ballottés et secoués, même en dérapage au bord d'un gouffre, il faut rester froid et décontracté. A cette indifférence on reconnaît les hommes.

Dans la jeep ils sont quatre. Un d'entre eux descend — de l'arrière, en sautant bien sûr, très bon style — et entre dans les bâtiments. Il tient une enveloppe, il a quelque chose à régler. Les trois autres attendent, au soleil. Ça ne sera pas long, c'est clair, on ne fait que passer. On ne descend même pas de monture.

Les jeeps des paras ont ceci de particulier qu'on installe souvent un fusil-mitrailleur à côté du chauffeur. L'arme ne sert pas à grand-chose, elle pivote mal, bien entendu elle ne peut pas tirer en direction du chauffeur, ni en arrière, mais elle fait bien.

Pour l'installer, naturellement, il faut abaisser le pare-brise et le plaquer sur le capot; opération assez compliquée, mais ils ont des bricoleurs pour ça. Et puis ça en vaut la peine, ça a de la gueule. Le pied — toujours chaussé de rangers noirs — bien calé sur la tranche basse de la portière, le genou plié et légèrement écarté, l'avant-bras gauche doucement appuyé sur la crosse de l'arme, l'autre main sur la cuisse, le béret posé à la française, un peu sur le côté, juste assez enfoncé pour résister au vent, le regard dur, la bouche calme, ça vous donne un air conquérant, c'est vraiment très chic. Et ça va très bien avec l'uniforme peinturluré, qui est le clou de la collection militaire. D'autres mitrailleurs ont essayé de les imiter, mais sans les abstractions savantes du camouflage, et sans le béret, ça n'a pas du tout la même allure, ça fait même toc.

Un caporal-chef à longues moustaches le disait un jour : « Une arme, ça vous prolonge un homme. Comme un instrument de musique. »

Bref, le para ressort du bâtiment, sa petite affaire est terminée, il s'installe à l'arrière, on s'en va, le chauffeur tire sur le démarreur pour remettre la jeep en route. Rien. Il tire une deuxième fois. Rien de rien. Un bruit de ferraille toussoteuse, et c'est tout. Le moteur dit non. Le chauffeur tire une troisième fois : la bagnole râle et les grincements s'alentissent. Mauvaise affaire.

Le type au FM, assis à côté, semble ne rien entendre, ne rien voir.

Quelques troufions de l'ordinaire, qui traînent leurs patins par là, s'arrêtent pour jeter un coup d'œil. Tiens, tiens, la jeep des paras fait des siennes.

Un dernier coup de démarreur. La batterie halète. Bref entretien à voix basse entre les quatre hommes, parmi lesquels se trouve un sergent-chef, celui qui est entré dans le bâtiment. Indiscutablement, une panne. Alors, quoi ? Si la batterie est naze, on ne va tout de même pas se mettre à pousser la jeep sur les gravillons de la cour, avec ce cagnard, pour la faire démarrer, devant tous ces rigolos du contingent. De quoi ils auraient l'air, les paras, en train de pousser à la roue ?

Une seule solution : il faut réparer. Il faut voir ce qu'elle a, cette batterie de merde, il faut voir ce qui se passe sous ce putain d'enfant de bordel de capot. Mais dans le calme, dans la dignité, dans le respect de l'arme, comme disent les supérieurs. Sans montrer la moindre colère, sans un gros mot.

Seulement, voilà : pour soulever le capot, il faut redresser le pare-brise, et pour redresser le pare-brise il faut démonter le fusil-mitrailleur. Pas moyen de faire autrement. Et démonter le FM, c'est tout, sauf de la tarte. Le chauffeur, profondément mécontent, et même vexé, se lève sans un mot pour aller voir, dans le coffre, si par hasard on a les bonnes clés.

On n'a pas les bonnes clés. Ça commence à marquer vraiment mal, d'autant plus que le bruit se répand, et que les bidasses s'assemblent. Pour une fois qu'on a un spectacle. Certains se mettent même aux fenêtres, comme le jour où l'adjudant-chef fit péter le bac à chameaux.

Le chauffeur de la jeep va devoir s'humilier jusqu'à se rendre au magasin du régiment et prier qu'on lui prête des clés afin de démonter le fusil-mitrailleur. Il entre dans le bâtiment, il demande son chemin, il revient dix minutes plus tard avec deux loquedus du matériel, qui font le tour de la jeep, l'œil attentif. Ils la trouvent ancienne. Ils disent quelque chose comme : ça arrive souvent sur ces modèles-là.

En fait, ils sont aux anges. Les paras sont piégés. On va faire durer le plaisir.

Et ça dure. Ça dure des heures, à grand renfort de mauvaises clés et de sales conseils. On prétend donner un coup de main, et on casse un truc. Le malheureux chauffeur perd rapidement son quant-à-soi, il se met torse nu, il est bientôt tout suant, tout maculé, les clés patinent, les boulons résistent. Ceux du matériel jouent les connaisseurs : c'est le sable qui fait ça, il faut le savoir, il faut mettre ceci et cela pour se protéger, le filtre Machin, ça vaut pouic, ce qu'il faut c'est une huile spéciale, nous, généralement, on en a ici, c'est bien étonnant que les unités d'élite n'en soient pas pourvues, si vous voulez on peut vous en prêter un peu.

Et ainsi de suite. Autour de la jeep immobilisée et très lentement torturée, se forme un cercle de badauds aux pas traînants, aux clopes mous, qui regardent ce qui se passe avec un vrai bonheur intérieur. Ah, quelle joie, quelle délectation. Et quel terrible fourbi pour soulever le capot de la jeep ! Il aurait fallu y penser plus tôt, quand on a fixé le FM, et choisir des boulons d'un modèle standard ! Mais qui est le sagouin qui a bricolé ça ?

Pendant ce temps, ce très long temps (plus de deux heures), les trois autres parachutistes restent pétrifiés sur leurs sièges. On pourrait croire que ces mésaventures mécaniques ne les concernent en aucune façon. Ils planent. Ils gardent les yeux vagues et le visage indifférent de ceux pour qui les contingences ne sauraient ébrécher un instant l'essentiel.

Et plus ils en font dans la hauteur, plus les troufions se marrent et se poussent des coudes. Ils parlent de matériel pourri, d'absence de sérieux, ils disent que si ça marche comme ça, dans les troupes d'élite, sûr et certain qu'on va la perdre, l'Algérie. On va la repasser, la Grande Bleue, et vite fait encore. Ils ajoutent que les paras, « faut pas s'y fier », vieille astuce qui a traîné partout, ils parlent des parapets, des paralysés, des paraplégiques, et ainsi de suite.

En ce moment, nous avons à la caserne la fameuse vache efflanquée qui vacille sous un hangar. Quelqu'un propose d'aller la chercher et de l'atteler à la jeep, pour tirer la voiture jusque dans la rue, qui descend un peu. Un autre propose d'aller chercher une tente, car la journée s'avance, et les paras ne vont pas se risquer sur les routes en pleine nuit avec une pareille guimbarde. En plus, si le

FM marche aussi bien que la jeep... Qu'ils restent ici, on les emmènera faire un tour au boxon, s'ils ont les batteries à plat, ils ont peut-être les couilles pleines. Et comme ça pendant deux heures.

Les trois hommes immobiles dans la jeep ne bougent pas d'un poil. De temps en temps, ils allument une cigarette, c'est tout. Le soleil est au plus dur. Des gouttes de sueur qui se touchent presque descendent le long de leurs profils. On peut les voir en transparence. Leurs treillis retaillés, on pourrait les tordre.

Finalement, c'est réparé. La batterie est rechargée, on fait un essai, le moteur tourne. Les assistants, bien qu'un peu déçus, y vont d'un applaudissement timide.

Il est hors de question de remettre en place le fusil-mitrailleur. Les hommes le calent à leurs pieds, braqué vers le ciel. On laisse le pare-brise redressé : plus de temps à perdre.

Ils font demi-tour et s'en vont. Pas un mot d'adieu, pas un merci. Ils passent la grille et bonsoir. Si le chauffeur, débordé et sali, a quelquefois montré de l'impatience, les trois autres ont bien mérité de leur unité. Leurs chefs seraient très contents d'eux. Contre l'adversité, ils ont su tenir tête et garder leur contrôle. Un bel exploit, qui mériterait bien quelque décoration. De l'héroïsme.

Politique

— Paraît que c'est cuit.

— Qu'est-ce qui est cuit ?

— L'Algérie française. C'est mort.

— Et tu as trouvé ça tout seul ?

— Ils le disaient dans *L'Express*. J'ai un pote, aux transmissions, qui a ramené le canard de Paris. Ils disaient que c'est cuit, et que tout le monde le sait.

— Sauf nous.

— Dans *L'Express*, ils peuvent pas dire le contraire. Ils ont toujours été contre la guerre.

— Mais cette fois c'est sûr. C'est cuit. De Gaulle l'a décidé. Question de mois, ou de semaines.

— Moi je vais te dire : si c'est décidé, je fais mon paquetage et je prends la lourde. Je vais pas attendre des semaines pour rien.

— Tu feras ce qu'on te dira, comme les copains.

— Il veut toujours se tirer, celui-là. La dernière fois, tu te souviens, il voulait se planquer au Niger.

— Et pourquoi il l'aurait décidé, le grand Charles ?

— Parce qu'il peut pas faire autrement, qu'est-ce que tu crois ? Tu t'imagines que ça le fait jouir, de la bazarder ?

— Tu serais peut-être surpris.

— Oh, déconne pas, Loulou. On l'a appelé pour qu'il la garde. Et tu crois que tout à coup il la lâcherait ? Tu pousses un peu.

— Je dis : tu serais peut-être surpris. C'est un mec complexe, de Gaulle.

— Je te dis qu'il peut pas faire autrement. Tu penses bien que s'il pouvait la garder, il la garderait, surtout après ce qu'il a dit à Mostaganem.

— Pas certain qu'il l'ait dit.

— Comment ça, pas certain ? Il s'est même retourné vers un trois-étoiles, derrière lui, comme pour lui dire : vous voyez, je l'ai dit.

— Tu es bien renseigné.

— Je m'intéresse.

— Il a dit quoi, au fait ?

— Algérie française. Il l'a dit.

— C'est discuté.

— Il l'a dit.

— Mais s'il l'a dit, ça fait un bout de temps, les mecs. Et pendant ce temps il tourne, le moulin. La politique, c'est fait pour changer d'avis, c'est bien connu.

— Pourtant ils disent toujours qu'ils restent fidèles à leurs opinions.

— C'est vrai. Mais si elles changent, leurs opinions ?

— Le plus fort, quand même, c'est bien Guy Mollet, tu te rappelles ?

— Qu'est-ce qu'il a dit ?

— Sa phrase sur les maintenus.

— Ah, oui ! Est-ce que le service militaire sera prolongé, monsieur le Premier ministre ? Et lui, direct : Je suis heureux que vous me posiez cette question. Non, le service militaire ne sera pas prolongé, mais les appelés seront maintenus sous les drapeaux.

— Une grande phrase.

— Ça a fait date.

— « Je suis heureux que vous me posiez cette question. » Ah, l'enfoiré.

— Tu comprends, Loulou, les hommes politiques, ils changent pas d'opinion, ils changent d'avis. Tu saisis la nuance ?

— Pas vraiment.

— De Gaulle, au début, on va le chercher en grand tralala, il arrive, je n'ai pas envie d'être un dictateur et tout le toutim ; l'Algérie, il sait bien que ça sera coton, alors il veut mettre les pieds-noirs dans sa poche, il leur lance « je vous ai compris » avec les bras en sémaphore, et ils l'applaudissent comme des cons.

— Mets-toi à leur place.

— Petit à petit il se renseigne, c'est facile à la place où il est, il voit bien que c'est pas possible de rester ici, faudrait être vraiment borné pour pas le voir, d'ailleurs, si tu veux mon avis, c'est ce qu'il pense depuis longtemps et peut-être même les mecs qui l'ont appelé ils pensent pareil, alors il commence à lâcher du lest, et tout doucement il change d'avis.

— S'il le pensait depuis longtemps, alors il change pas d'avis.

— J'essaye de te faire comprendre. Pourquoi tu crois qu'il a parlé d'autodétermination, l'année dernière ?

— Pour causer un peu. Il aime bien ça.

— Mais déconne pas ! Essaye de suivre un peu ! Tu sais ce que ça veut dire, autodétermination ?

— Non, mais tu vas me l'apprendre.

— Ça veut dire indépendance, gros comme une maison. C'est râpé, je te dis, c'est cuit. De Gaulle, il a tourné avec le vent. Il est comme les copains. En plus flexible.

— Il a pas l'air flexible.

— C'est ça qui trompe.

— Et qu'est-ce qu'ils disaient d'autre, dans *L'Express* ?

— Que des contacts seraient déjà pris.

— Chapeau. Et avec qui ?

— Avec ceux d'en face. Ou bien en Tunisie, je sais plus. Quelque part.

— Tu te rends compte ? Ils discutent et pendant ce temps, nous, ici, on se fait crever la paillasse.

— Pas tellement percée, ta paillasse.

— Mais alors, qu'est-ce qu'on glande ici, tu peux me le dire ?

— Ça peut pas se faire comme ça. Il faut préparer l'opinion.

— L'opinion mon cul. Pour ce qu'elle en a à foutre, l'opinion.

— Ah ça, on sait jamais. Vaut quand même mieux la prudence.

— C'est un peu raide qu'on puisse pas le trouver ici, ce canard.

— On le trouve, mais c'est pas facile.

— Je suis sûr qu'ils le lisent, au mess.

— Remarque, en général, ils ont pas dit beaucoup de conneries.

— Ils ont des informateurs partout. Si ça se trouve, ici, c'est Beau Loulou qui les rancarde.

— Ils disent aussi que maintenant il faut s'attendre à des problèmes dans les villes.

— Ah bon ?

— Paraît que les pieds-noirs constituent déjà des milices et des commandos. Ils font venir des armes par la Corse.

— Ils se sentiraient largués ?

— Évidemment. Ces choses-là, ça se sent vite.

— Ils sont pas chez eux, remarque.

— Pas chez eux, pas chez eux, c'est vite dit. C'est quand même la France qui les a envoyés ici.

— Ils sont quand même pas chez eux.

— Et les Américains, ils sont chez eux, dans le Far-West ?

— Cela dit, c'est vrai, il y aura du pétard dans les villes. A Alger, ça remue déjà.

— Si ça se trouve, c'est dans le djebel qu'on sera peinard.

— On va changer d'ennemi. C'est du jamais vu. On vient ici pour défendre les pieds-noirs, et on va finir par leur foutre sur la gueule.

— Ils disent même qu'il y a des zigues, dans les bureaux, qui étudient déjà le rapatriement des colons vers la Métropole.

— De tous les colons ?

— De ceux qui voudront partir. Il y a déjà une commission pour ça. Et même des inscrits sur les listes.

— Et tu crois qu'ils vont se laisser embarquer ?

— Et comment, mon pote. Ils foutront le camp comme des péteux.

— Pas sûr.

— Avec tout le pognon qu'ils se sont fait.

— Il y a le boucher, l'autre jour, tu sais, à droite en descendant, qui me disait : moi, le jour où ça craquera, je ferai ma valise en dix minutes, j'ai rien ici, juste ces quatre petits murs qui valent rien, mon pognon il est parti avant moi, je reste autant que je peux rester, et puis barca.

— Je m'en fais pas pour le boucher.

— Tu aurais bien tort de t'en faire.

— Et Liliane aussi, elle va partir ?

— Demande-lui, Coco.

— Pour ce que tu en as à foutre, de Liliane.

— D'ailleurs, quand elle sera en France, plus personne la remarquera.

— Ça se fane vite, quand c'est né ici.

— Ici, elle est la seule. Alors forcément.

— Tu connais le syndrome de Charcot ?

— Charcot l'explorateur ?

— Oui, il avait un bateau fameux qui s'appelait, comment déjà ?

— Le *Pourquoi pas*.

— C'est ça. C'est le mec qui a exploré les pôles.

— Et c'était quoi, son syndrome ?

— Il a dit : « Après douze mois passés sur la banquise, même une femelle phoque vous paraît baisable. »

— Chapeau. Bien observé.

— Et puis il y en a d'autres qui disent que les pieds-noirs, on les enverrait au Congo.

— Au Congo ? Les pieds-noirs ?

— Oui.

— Tu es malade. Ils iront jamais, au Congo. Déjà qu'ici ils ont trop chaud.

— C'est marrant, déjà les juifs on voulait les mettre au Congo.

— Mais ils se sont pas laissés faire.

— Les pieds-noirs non plus, ils se laisseront pas manœuvrer. Tu peux leur faire confiance. Ils poseront jamais leur cul au Congo.

— Déjà qu'ils peuvent pas sentir les bics, alors les noirs à plus forte raison.

— Faudra quand même les mettre quelque part.

— Ils se démerderont, t'inquiète pas pour eux.

— Je m'inquiète pas. Ce que je dis, c'est que j'aimerais me tirer d'ici le plus tôt possible, et que si on décide de les envoyer au Congo, on n'est pas sorti de la merde.

— Je crois que tu as raison, Loulou.

— Le baroud dans la forêt vierge, excusez-moi, mais j'ai déjà donné.

— Il se prend pour un baroudeur, le beau Loulou.

— Tu sais quoi ? Il paraît qu'on connaît déjà le nom du futur président.

— Le président de quoi ?

— De l'Algérie indépendante.

— Oh ?

— Oui.

— Et c'est qui ?

— Me rappelle pas son nom.

— Si ça se trouve, il est encore à crapahuter dans les djebels.

— T'es louf, ou quoi ? Ces mecs-là, ils ont jamais crapahuté. La politique, c'est bon partout. Leur futur président, il est bien peinard dans un bureau.

— Il serait en Tunisie.

— Tu racontes n'importe quoi. Et mes couilles, tu peux me dire où elles sont ?

— Où tu les as perdues, mon pote.

— Et puis ils faisaient les comptes de la guerre. Paraît que ça coûte un paquet de flouze, mais pas tellement, au fond, pas autant qu'on croit. D'un certain côté, paraît même que ça rapporte.

— Comment ça ?

— Je me rappelle plus bien. Ce que je sais, c'est que pour le moment ça rapporte encore, mais que si ça continue, ça rapportera plus.

— Mais merde, Delavier, comment tu veux que ça rapporte ?

On est presque six cent mille ici, tu réalises ? Avec tous les camions, le matériel. Rien qu'en munitions, paraît que chaque soldat, tu m'entends bien, chaque soldat dépense plus de mille nouveaux francs par jour !

— Ça fait cent mille balles, ça ?

— Exactement.

— Chapeau, les mecs.

— L'adjudant-chef, à qui il fallait sa petite explosion quotidienne, tu te rends compte de ce qu'il coûtait à la France ?

— Et tout ce qu'on dépense en exercices, en tirs, en conneries ? Mais comment tu veux que ça rapporte ? C'est pas possible !

— Parce que tu crois qu'on les paye, les munitions ?

— Évidemment, on les paye ! Les industriels, ils vont pas t'en faire cadeau !

— Pas si simple.

— Qu'est-ce que tu veux dire : pas si simple ?

— Primo, ça fait travailler des ouvriers, ça fait tourner les usines, on en vend sûrement à l'étranger, si ça se trouve on en vend même aux fellaghas, on a vu des choses plus étranges. Et quand les usines tournent, il y a forcément des mecs qui se sucrent. Et qui d'une manière ou d'une autre ristournent du pognon au gouvernement. Ne t'inquiète pas pour la reine mère. L'économie, moi je vais te dire, c'est pas je gagne d'un côté et je dépense de l'autre, c'est beaucoup plus mariole que ça. Des trucs que tu soupçonnes pas, mon pote. Ce qu'on bouffe, ici, tes grolles, ton treillis, tes cigarettes, ça rapporte du flouze, à tout plein de gens. C'est vachement complexe, tout ça. Sans compter que, si on se tire, combien ça va coûter pour reloger les pieds-noirs ? Tu as une idée ?

— Si on les expédie au Congo, c'est pour rien.

— Je te dis qu'ils iront jamais, au Congo ! Tu veux parier ?

— Mais même en comptant les pieds-noirs, ils sont combien ? Un million, un million et demi, même si tu leur files un paquet de pognon à chacun, ça coûtera quand même moins cher que la guerre ! Faut pas pousser ! Tu as beau m'expliquer le contraire, je peux pas te croire !

— Tu oublies le pétrole.

— Quoi, le pétrole ?

— Hassi-Messaoud. Le pétrole du Sahara. Ils nous le feront casquer très cher.

— Qui ?

— Eux. Quand ils l'auront, quand il sera à eux.

— Mais du pétrole, il y en a tant qu'on en veut ! Il y en a partout ! N'importe qui est prêt à nous en vendre !

— Si tu nous le dis...

— Et de toute façon, ici, on en tire de moins en moins. Paraît que ça revient trop cher de l'amener du fin fond du désert, avec un gonze tous les cent mètres, jour et nuit, pour surveiller le pipe-line.

— J'y comprends rien. Tu dis que ça coûte cher de tirer du pétrole, et tu dis que ça coûterait cher si on n'en tirait plus. Alors quoi ? Qu'est-ce que tu préconises ?

— Je préconise rien du tout. C'est pas mon boulot, de préconiser.

— Si tu étais au gouvernement, Loulou, qu'est-ce que tu ferais ?

— Je donnerais la quille à tout le monde.

— Chapeau.

— Ce qu'ils disaient aussi, dans *L'Express*, c'est que du côté international ça se gâte.

— Comment ça ?

— Que les Américains sont plus tellement chauds pour nous soutenir, vu que de Gaulle c'est pas leur pote, et que les Russes ont mis carrément le holà.

— Les Russes mon cul, oui.

— Rappelle-toi Suez.

— Tu y étais, à Suez, pour me raconter ce qui s'est passé ? Tu peux me le dire ?

— C'était clair, en tout cas. On a sauté avec les Anglais, on a fait pan-pan, les grands ont dit : il faut réembarquer, les enfants. Et on s'est tiré vite fait.

— Oui, mais là encore, on me l'enlèvera pas de l'idée, il y a sûrement des tas de choses qu'on sait pas.

— Alors, pourquoi on parle ?

— Parce qu'on a une bouche pour parler.

— Et parce qu'on n'a pas autre chose à foutre.

— Moi je vous écoute dans mon coin et je vous dis qu'on n'est pas encore barrés d'ici. Faites-moi confiance. Ils étudient de nouvelles armes, ils installent des casernes modernes, des prisons. Et cette église qu'ils construiraient, à Alger ? Quand on construit une église, tu crois qu'on se prépare à partir ? Les autres, ils en ont rien à branler, du Saint-Père.

— Ils parlaient aussi de ça, dans *L'Express*. Ils parlaient d'un dernier sursaut, d'un baroud d'honneur.

— D'un baroud d'honneur dans une église ?

— Non, ils parlaient pas de l'église. Ils disaient qu'on ne s'en va jamais sans un dernier feu d'artifice. C'est pareil dans toutes les guerres. On pète très fort et on s'en va.

— Et nous, au fait ?

— Quoi, nous ?

— Qu'est-ce qu'ils disaient de nous, dans le journal ? On compte pour du beurre, peut-être ? Nous, ici, ce qu'on pense, ce qu'on voudrait, ce qu'on nous dit, ce qu'on nous dit pas ! On est six cent mille, quand même !

— Pour une fois tu as raison, Coco.

— Qu'est-ce qu'ils disaient de nous, dans le journal ?

— Je ne veux pas te faire énormément de peine, mais il me semble bien qu'ils n'en parlaient pas.

Bureau

Entre deux missions, ou déplacements, ou détachements, ou opérations, je fais du bureau. Le plus clair de mon temps, comme on dit, ou le plus obscur, se passe au bureau. Une pièce ordinaire, juste à côté du bureau du colonel. En face de moi, un adjudant de l'administration, un bureaucrate de l'armée, excellent homme, plutôt gros, périgourdin, et vers la fenêtre un secrétaire qui s'appelle Maurice Gruzinski. Sa machine à écrire est une vieille chose noire et huileuse, aux bruits inquiétants de ferraille.

Comme dans tous les bureaux, refuges des planqués, je n'ai rien à faire, ou presque : rédiger une note de service de temps en temps, un court rapport, ou une lettre personnelle que je marque d'un beau tampon confidentiel. Dans un coin plutôt sombre, je me suis aménagé une sorte d'abri, de casemate, derrière des remparts de dossiers inutiles, et là je lis, j'écris, je crayonne. Chez Jacques Tati, trois ans plus tôt, j'ai rencontré Pierre Étaix et nous écrivons ensemble, par correspondance, des courts métrages que nous souhaitons comiques. Nous cherchons des gags à distance, de part et d'autre de la mer. Très singulière occupation, qui m'oblige à rêver longtemps dans mon abri, à couvrir des pages de petits dessins, de signes techniques bizarres, et à rire par moments tout seul. Assez alarmés sans doute par ces rires soudains, l'adjudant et Gruzinski m'ont demandé à plusieurs reprises ce que je faisais exactement dans le civil, et pourquoi j'écris à mon copain, à Paris, deux fois par semaine, et pourquoi il m'envoie lui aussi, souvent, des lettres bien lourdes — que j'ouvre en me disant toujours : est-ce qu'il a aimé mon idée ? Est-ce qu'il croit qu'on y arrivera ? Et lui, qu'est-ce qu'il a trouvé cette semaine ?

Ils me demandent aussi pourquoi je ris en parcourant ces longues lettres, pourquoi je les relis en prenant des notes, et qu'est-ce que c'est que ce travail. J'ai beaucoup de mal à leur répondre. On ne peut jamais expliquer vraiment ce qu'on fait. Et le cinéma, c'est si mystérieux... Mais tu es bien payé pour ça ? Bien sûr que non. On cherche, c'est tout. On fait des projets. Un jour, peut-être...

Un lieutenant que je connais à peine, un homme mince et brusque, entre soudainement, en fin d'après-midi, et me dit :

— Tu viens à Paris avec moi demain.

A Paris ? Oui, oui, le colonel est d'accord. Sans problème. L'ordre de mission est déjà signé. Il s'agit d'aller chercher un nouveau contingent de bleus et de les amener ici.

— Trois jours à Paris, ça te dit rien ? On décolle d'Alger à quatre heures, l'après-midi. Départ demain matin à cinq heures. Tu as un réveil, ou je te claironne ?

Je n'en dors pas cette nuit-là. Demain Paris : deux mots magiques. Avant l'aube, départ sans escorte dans une 203 Peugeot noire, que conduit un chauffeur qui bâille. Traversée des gorges sombres, naguère terribles, comme l'écrivent les rapports : « théâtres d'embuscades sanglantes ». Immense théâtre escarpé, rocailleux, où passe vite notre voiture noire parmi les souvenirs des morts. Arrivée à Alger, un sandwich quelque part, et puis cet énorme avion pour nous deux, un des plus gros avions jamais construits, un Bréguet deux ponts. On dirait un immeuble de métal qui tremble et cliquette de toutes ses plaques avant l'envol. Je prends l'avion pour la première fois de ma vie.

Marseille, escale, et puis Paris, à la nuit tombée. Je n'ai pas pu prévenir ma femme, que j'appelle de l'aéroport. Oui, je suis là, je suis à Paris, j'arrive. Et très vite il faut ajouter : mais je ne suis là que pour deux jours, après je repars. Deux jours à toute vitesse, Étaix, la famille, quelques amis, une caserne ou deux, et un retour très lent, le train, une nuit à Marseille, et le bateau plein de soldats qui n'arrêtent pas de demander : c'est comment là-bas ? C'est dangereux ? Il fait chaud ? La bouffe, à quoi elle ressemble ? Et le capitaine, c'est quel genre ?

Retour au bureau, à l'inaction, aux dossiers-remparts. Trois jours qui n'ont presque pas existé, comme un film, comme une lecture. Pourtant, il me faut en raconter, des choses. Les gens, qu'est-ce qu'ils disent ? Qu'est-ce qu'ils en pensent, de tout ça ? Elle ne va pas bientôt finir, cette guerre à la con ? Et le temps ? Comme dans la chanson des *Vacances de Monsieur Hulot* : « Quel temps fait-il à Paris ? » Rengaine. Un jour il fait beau, puis ça change.

Le bureau sert à ça : chacun y raconte sa vie.

Je parcours l'annuaire des officiers, curieux des noms propres. Dans l'armée française, par tradition, la cavalerie (autrement dit, de nos jours, les blindés) accueille les membres de l'aristocratie.

Quelques noms relevés dans l'annuaire :

Gouze de Saint-Martin
Chodron de Courcel
Sablon du Corail
Jouslin de Pisseloup de Noray
De la Grua et Talamanca de Carini
L'Eleu de la Simone
Le Barbier de Blignières
De Rivière de la Mure
De Poulpiquet du Halgouet
De Quatrebarbes
Potiron de Boisfleury
Le Compasseur Créqui-Montfort de Courtivron
Georgette du Buisson de la Boulay (Jean-Charles)
Desrousseaux de Medrano
Benhamza Hamza ben Zoubir ben Hamza
Tardif de Petiville
Merle de la Brugière de Lavaucoupet
Désazars de Montgailhard
Des Portes de la Fosse
De Baizelaire de Lesseux
Galouzeau de Villepin
De Gaigneron Jollimon de Marolles.

Il m'arrive de fredonner ces noms à voix très basse, comme une chanson inconnue.

Notre chef de bureau, l'adjudant, n'a qu'un seul but dans sa vie calme : être nommé adjudant-chef avant de prendre sa retraite. Il a trente-huit ou trente-neuf ans, la retraite approche, et nous attendons l'annonce des promotions de l'année, sûrs qu'il sera du nombre. Bon adjudant, il fait bien son travail, serviable et consciencieux : une bouteille de champagne est déjà préparée quelque part. Gruzinski l'a cachée (enterrée, je crois).

Au matin du grand jour — ça y est, les nominations sont arrivées d'Alger par pli cacheté, elles sont chez le colonel qui en prend connaissance, tous les officiers et sous-officiers ont le cœur battant — notre adjudant, très énervé, se lève, s'assied, se lève, va ouvrir la fenêtre, revient, casse un crayon, soupire. Il a mis ce matin une cravate neuve, son pantalon est impeccable. Le colonel l'appelle, il y va tout joyeux, en nous clignant de l'œil, et nous l'encourageons de tous nos gestes.

Trois minutes plus tard il est de retour et il pleure. Il pleure vraiment, à grosses larmes, car il a été refusé, il n'est pas passé. Il tombe lourdement sur sa chaise. Son regard se perd sur tous ses papiers bien rangés, devant lui. A quoi bon tout ça, son goût de l'ordre, sa minutie, sa propreté ? Il n'est pas passé adjudant-chef. Toutes ces années de bons services. Ah, misère, ah, ingratitude. Est-ce le colonel qui l'a saqué ? Ou bien une main désinvolte, en haut lieu, dans l'anonymat des états-majors ? Il ne le saura jamais. Il pleure et s'essuie les yeux avec un mouchoir blanc. Maintenant, il va falloir rentrer, tout dire à sa femme. Gruzinski et moi, nous ne savons que faire devant cet homme qui est notre chef, notre aîné, et qui pleure. Je lui pose une main sur l'épaule et lui dis qu'il s'agit forcément d'une erreur. Ce sera rectifié, obligatoirement. Et Gruzinski : on va quand même la boire, cette bouteille.

L'adjudant se lève en reniflant, il ne sait que faire. Je lui conseille de rentrer chez lui.

— Mais le colonel ? Il faut que j'aille lui faire signer le courrier, ça va être l'heure.

— J'irai à votre place, mon adjudant.

— Il pensera que je lui en veux, si je n'y vais pas.

— Je lui dirai que ça vous a fait de la peine. Il doit bien s'en douter, d'ailleurs.

— Si ça se trouve, dit Gruzinski, c'est pas sa faute. Et il est aussi triste que vous.

J'ai quand même du mal à imaginer le colonel en train de pleurer de son côté.

Finalement notre adjudant sèche méthodiquement ses larmes, il prend le courrier, il raffermit sa position et se dispose à ouvrir la porte qui conduit dans le couloir, et de là chez le colonel. Mais au dernier moment sa main refuse. Il ne peut pas. Il me tend le courrier sans un mot et s'en va très vite.

Vivres

Un mot sur Gruzinski.

Ses parents tiennent une boutique de Comestibles à Paris, près de la porte d'Auteuil, et depuis l'âge de dix ans leur fils les aide à fabriquer leurs victuailles. A vingt et un ans, il est un cuisinier professionnel, pour qui la surface de la terre se réduit à une corne d'abondance d'où jaillissent le manger et le boire. Il ne vit que pour ça. C'est pourquoi, sans doute, on l'a désigné comme secrétaire dactylographe du colonel. Ignorant tout, lors de son incorporation, de la technique de la machine à écrire, il dut apprendre à taper, avec deux doigts d'abord, puis — après des cours par correspondance — avec les deux mains. Finalement, il se débrouille bien. Il lui arrive même de démonter son antique machine à écrire, de la graisser, de l'astiquer. Il est petit, brun, plutôt replet, le cheveu frisé, rapide dans ses mouvements, d'une excellente humeur constante.

Il a réussi à s'installer, lui, simple soldat de première classe — par quelle protection? quelle très habile démarche? — une chambre particulière, réduit de trois mètres sur trois, tout près du bureau où il travaille. Privilège extravagant, que personne ne met en question. Dans cette chambre, où chaque centimètre carré joue un rôle bien défini, deux réchauds à gaz, de l'aube au crépuscule, sont allumés. Toute la journée, et même quelquefois la nuit, même en rêvant peut-être, Gruzinski épluche, racle, tourne, assaisonne et goûte. Comme d'autres entrent en religion, il est entré en cuisine. Généreux par instinct, par une sorte d'évidence intérieure à laquelle il lui semblerait idiot de résister, et de toute manière inutile, il invite presque chaque jour tout le personnel des bureaux

— dont je fais assez souvent partie — qui ne demande pas mieux que d'échapper à la tambouille commune.

A partir de dix heures du matin, on le voit surveiller son réveil, posé près de sa machine à écrire. Cela montre qu'il a quelque chose sur le feu. Il s'interrompt tout à coup de taper pour passer vivement dans sa chambre et tourner un ragoût qui mijote déjà. Il revient entouré d'odeurs.

Un jour, alors qu'il s'apprêtait à sortir, le colonel surgit dans le bureau et lui tendit une note à taper d'urgence, sans attendre. Gruzinski blêmit mais resta vaillant. Il hocha la tête et se rassit à sa table, sans révéler au colonel que son rôti, dans la chambre voisine, était en train de virer au charbon.

Dès que la note fut tapée, il bondit dans sa chambre. Trop tard. Il revint la tête basse et nous annonça, pour le déjeuner, une salade et du saucisson sec.

Qu'on ne le prenne pas pour un gargotier graisseux, ou un gâte-sauce amateur. Gruzinski est un cuisinier sensible, raffiné, curieux, inventif. Par exemple, quand il prépare des frites, il les plonge d'abord dans une première bassine d'huile bouillante, où il les laisse à peine quinze secondes, pour les « saisir », puis il les retire et les plonge dans une seconde bassine, où elles finissent de dorer. Ainsi, dit-il, les frites perdent de la graisse et du « collant ». D'ailleurs, c'est bien simple : une frite doit être légère et craquante, presque blanche, et conserver son goût de pomme de terre. Là-dessus, il est formel. Il est péremptoire et impitoyable. Si les frites, pour une raison ou pour une autre, ne sont pas comme elles doivent être, elles vont tout droit à la poubelle, où les chiens maigres iront se les disputer, pendant la nuit.

Il lui arrive de se rendre aux cuisines officielles, où il est très connu, où il fait même autorité, mais seulement quand il a besoin de sel, de beurre ou de persil. Bien entendu, il ne montre que mépris pour les produits réglementaires et ne les utilise qu'en dernier recours, en avertissant ses invités : « Le poulet est d'ici. » Cependant, il se montre expert à choisir les morceaux de viande qui lui plaisent, les meilleurs, cela va de soi, et il les emporte sans la moindre gêne, au vu et au su de toutes les cuisines, sans que jamais personne lui en remontre. Au surplus, trois fois par semaine il fait son marché. Bien qu'il se montre très réservé sur la cuisine locale — qu'il goûte parfois du bord des lèvres — il rend visite aux restaurants algériens, bavarde, renifle, demande des spécimens d'épices, s'instruit.

Il est furieux, il peut perdre tout contrôle quand on lui parle du

Pernod en poudre, qu'on nous inflige quelquefois, et plus encore de cet abominable vin en poudre, qu'on transforme en boisson rougeâtre en y ajoutant l'eau tiède des bidons. Une horreur, c'est indiscutable. Que le gouvernement de la France (il insiste bien : de la France) tolère des choses pareilles, ça dépasse l'imagination, ça fait très peur, c'est une honte. Pour le dire très sincèrement, c'est beaucoup plus grave que la guerre.

Sa famille le surcharge d'envois. Il reçoit au moins un colis par jour — charcuterie, conserves, mais aussi saumon fumé, légumes frais, pâtisseries et thé de Chine. Pour Noël, au prix d'on ne sait quelle accointance avec un pilote militaire, il reçut une bourriche d'huîtres, parfaitement fraîches, et nous en fit régaler. Les coquilles de ces huîtres, que par jeu nous avons jetées dans la campagne, doivent être assez rares, dans la région des hauts plateaux. Peut-être un jour seront-elles étiquetées, dans quelque musée, comme fossiles du Maghreb.

Gruzinski procède à l'ouverture de chaque colis avec une sorte de curiosité sérieuse, que chacun respecte. Il ouvre le carton avec des précautions d'archéologue. On sent que toute son existence est là, dans ces produits sélectionnés et empaquetés qui ont survolé la mer pour lui parvenir. Pour la plupart d'entre eux, il a passé commande. Et il surveille la marchandise d'un œil expert. Ses parents ne pourraient en aucune façon le tromper. D'ailleurs, ils n'y songeraient pas.

Un destin limpide l'a choisi. Si d'autres, à son âge, s'interrogent sur leur devenir, Maurice Gruzinski marche depuis l'enfance sur un chemin droit, un chemin clair. Il est né pour nourrir. Il n'en déviera pas.

Confidentiel

Dans le bureau du colonel, une épaisse armoire en fer, peinte en vert et cadenassée. A l'intérieur de cette armoire, les dossiers concernant tous les officiers et sous-officiers de carrière du régiment. Dossiers marqués du signe magique : *confidentiel.*

Une fois par an, le colonel doit donner son avis sur ce qu'on appelle la promotion, l'avancement. Car un officier ou sous-officier d'active ne vit qu'avec cette obsession : monter en grade. D'où les larmes de l'adjudant. Si l'unique pensée du soldat est la quille, l'unique objet du désir du militaire professionnel est de gravir un échelon de plus, et un autre encore, sur la longue échelle de la carrière, en sachant évidemment qu'il y a pour chacun certains sommets inaccessibles.

Pour cette ascension, l'avis du colonel (lui-même soumis à des appréciations qui se rédigent ailleurs, en haut lieu, à Alger ou même à Paris) cet avis est essentiel. En principe, c'est le colonel qui connaît les hommes, leurs qualités, leur comportement, leurs réactions. Ceux qui décident lui feront confiance.

L'armoire verte renferme des banalités et des horreurs. Et je comprends pourquoi le colonel m'a demandé le secret, le premier jour. N'ayant qu'une confiance étroite en sa propre qualité d'écrivain (j'imagine), et peut-être même en son orthographe, et sachant par la simple lecture de mon dossier que j'ai publié deux ou trois livres et écrit dans divers journaux, il m'a demandé de rédiger à sa place les huit ou dix lignes confidentielles qui seront envoyées à l'état-major sous pli secret, et qui décideront du sort de tous ces gens.

Bien entendu, je ne peux pas écrire n'importe quoi. Le colonel s'assied avec moi dans le bureau, il me parle de chaque homme, il me montre parfois les appréciations des années précédentes, qu'il ne trouve pas « bien écrites », et me donne ensuite tout le temps nécessaire à la rédaction. Une seule condition : je ne dois pas, au moment d'écrire, me trouver en contact avec les autres, qui pourraient lire par-dessus mon épaule. Par conséquent, souvent seul, je reste dans le bureau du colonel, le soir. Et je dois fermer la porte à clé, de l'intérieur.

Les dossiers sont entassés tout autour de moi, faits de feuilles froissées, de couleurs différentes. Je me plonge dans le récit succinct et tant de vies d'hommes (quelques lignes pour une vie, vraiment nous sommes peu de chose), et pour certains tout est ordinaire : des études ici, une femme là, tant d'années en Indochine. Assez souvent revient le mot *moyen* : « Intelligence moyenne, capacités moyennes, sens patriotique moyen ». Quelquefois, c'est un peu plus précis : « Intelligence modeste, mais convictions libérales. » Ou bien encore : « Imaginatif et bavard, avec une légère tendance à boire. » « Honnête homme, travailleur et dévoué, marié à une Pyrénéenne ambitieuse. » D'autres sont carrément traités de cocu, d'hypocondriaque, d'épileptique ou de « socialiste de gauche ». Quand je dis cocu, j'exagère. Le mot lui-même n'est pas employé. Les rédacteurs qui m'ont précédé (militaires de carrière ou appelés comme moi, je l'ignore) ont amassé des périphrases, par exemple : « A longuement souffert des infidélités répétées de sa femme. » Ou bien : « Connaît des difficultés dans son ménage, dues à de longues absences et à la légèreté de sa femme. » A travers la maladresse de l'expression, on sent le souci de bien dire, d'écrire vrai.

Pour l'épilepsie, on la met généralement (mais le cas, dans mes dossiers, ne s'est présenté que deux fois) entre parenthèses, de cette façon : « Soumis à des crises nerveuses (épilepsie) », comme si la parenthèse atténuait la crise. Ailleurs on parle de « tendance à la dépression », de « caractère soupe au lait, qui peut le conduire à des extrêmes. » J'ai même vu le mot « atrabiliaire » *(sic)*.

On indique quelquefois les goûts particuliers (« collection de timbres », « joueur d'échecs ») en insistant sur les sports pratiqués, et naturellement sur les qualités militaires : bon marcheur, bon tireur, etc. Sont particulièrement appréciées les qualités de « meneur d'hommes » et de « pédagogue né ». Il m'est arrivé — grâce à une connivence avec un autre bureau — de consulter mes propres notes. J'y étais jugé « déconcertant ».

Quant à la mention « divorcé », elle semble généralement péjorative. La fidélité — et le courage, qui souvent l'accompagne — sont les premières qualités du défenseur de la patrie. Une épouse serait ainsi une première image du sol natal.

A ces considérations générales s'ajoutent les éventuels faits d'armes, ce qu'on appelle les états de service, et puis de place en place surgit une zone d'ombre, la plupart du temps rédigée en abréviations, *inds* pour indiscipliné, *tt* pour torture, par exemple, *elm* pour élimination. En lisant correctement, ce qu'on apprend à faire en quelques minutes car le code est des plus simplistes, on apprend ainsi que le lieutenant Untel, qu'on connaît bien, une grande gueule assez sympathique, un de ceux qu'on appelle les vrais baroudeurs, « a éliminé une famille de paysans dans l'Oranais dans un moment d'irritation ». C'est pourquoi il est jugé « de caractère violent et emporté », et c'est aussi pourquoi, sans doute, il n'est jamais passé capitaine, malgré ses qualités militaires, et son « courage prouvé dans différents engagements ».

Et d'autres : « A abattu deux paysans qui s'enfuyaient, sans sommation. » A volé. A torturé. A frappé. A menti. A éliminé. A violé.

Et cette phrase étrange, qui revient plusieurs fois : « A outre-passé ses ordres. »

Ainsi, le soir, dans le bureau fermé à clé, parmi ces phrases maladroites, je découvre des flaques de sang et des hurlements de douleur, et de la haine, et du remords peut-être, derrière des visages d'hommes dont certains me sont inconnus, parce qu'ils servent dans des détachements lointains, et d'autres familiers, parfois très familiers, comme cet adjudant-chef apparemment paisible avec qui parfois je joue aux cartes, ou ce capitaine souriant, aux yeux clairs, qui s'intéresse au cinéma (dit-il). Savoir que la routine du sous-officier et le sourire du cinéphile dissimulent des gestes d'horreur et des assassinats possibles. Serrer la main du bourreau, entendre ses pas, lui parler, lui demander des nouvelles de sa femme et de ses enfants. Le sentir proche, semblable aux autres. L'écouter rire et quelquefois chanter.

Savoir aussi qu'ils me connaissent et qu'ils se doutent de ce que je fais. Ils imaginent que je lis les anciennes notices où leurs « égarements » sont soigneusement reportés, et qu'à mon tour, pour que rien ne se perde de ce qui fut leur vie, je les inscris sur des feuilles nouvelles. Je sais des choses sur eux, ils savent que je sais, je sais qu'ils savent que je sais, et ainsi de suite, en abîme. Secret multiple qui nous habite à chaque instant et qui, dans un silence réciproque (à quoi bon parler de tout ça?) nous unit peut-être.

L'armée possède une incroyable force de silence. Si elle est encore la Grande Muette, comme on l'appelait autrefois, ce n'est pas par contrainte, par décision d'autorité, ou par une sorte de réserve presque chaste à l'égard de la chose publique; c'est par un lent renoncement à dire ce que chacun soupçonne, c'est aussi par paresse de pensée et — puisque là comme ailleurs personne n'est d'accord — par une pénétration sans hâte, mais profonde, du sentiment de l'inutile.

Un matin, au mois de novembre, en entrant le premier dans le bureau du colonel, je vois l'armoire verte fracturée. Quelqu'un est venu pendant la nuit, on a brisé le cadenas. Quelques papiers par terre. Assez peu de désordre.

Le colonel arrive un peu plus tard. Nous essayons de voir quelles feuilles ont été subtilisées. C'est presque impossible. Il faudrait passer en revue, méticuleusement, plus d'une centaine de dossiers dont chacun contient des dizaines de feuilles. Et le coupable, s'il est malin, a probablement brouillé les indices.

L'enquête sera dure, presque irréalisable; et combien gênante. Assez vite, j'ai le sentiment que le colonel va me faire comprendre qu'il vaut mieux peut-être oublier tout ça.

Il commence par dire :

— Ça va nous entraîner loin, cette affaire-là.

— Oui, mon colonel.

Il réfléchit encore, il paraît bien embarrassé, il s'assure discrètement que je suis le seul à être au courant :

— Personne n'est encore arrivé?

— Non, mon colonel.

— L'adjudant?

— Pas avant la demie.

Vient alors l'approche plus directe :

— Je me demande si ça vaut vraiment la peine...

— Je comprends, mon colonel.

— Avec tous les emmerdements que ça suppose...

Je hoche la tête. Quelqu'un, dans la nuit, est venu effacer la trace de son crime. Le colonel ne semble pas le connaître. Ou bien, il le connaît, il soupçonne l'identité du visiteur, et il veut la tenir secrète. Mon colonel, je vous comprends très bien : c'est ce que j'essaye de lui dire, mais sans le formuler vraiment. A votre place, mon colonel, comprenez-moi, j'aurais sans doute la même réaction que vous. Je veux dire : si j'étais un autre homme, si je n'étais plus moi-même, si j'étais vraiment colonel. On ne peut pas demander à un officier supérieur de se conduire comme un boute-feu d'anarchiste, ou comme un journaliste intègre et persistant — et c'est une erreur (de le lui demander) bien souvent commise. On est colonel ou on ne l'est pas, et mon colonel est un colonel. Aucun doute. Alors évitons les ragots, évitons la police militaire, le soupçon, une enquête. Quelques dossiers répandus sur le sol : autant dire rien. Ou si peu de chose. Remettons un peu d'ordre avant l'arrivée de l'adjudant triste, refermons l'armoire peinte en vert. Et continuons à jouer aux cartes ou à parler des nouveaux cinéastes avec celui (peut-être) qui a tenté de s'innocenter la nuit dernière, et dont nous ignorons le nom, le crime.

Un peu plus tard, quand les papiers dispersés sont remis en place, renonçant à savoir quelle feuille est désormais manquante, le colonel ouvre un tiroir, y prend trois pièces de monnaie et me demande d'aller acheter un nouveau cadenas, au petit bazar de la ville. Une mission secrète, plus secrète encore que d'autres.

Baroudeurs

On les appelle les baroudeurs parce qu'ils ne baroudent jamais. En fait, ils sont les planqués. Grâce à des pieds vaguement plats, à un souffle au cœur oublié, ou à toute autre faiblesse constitutive, ils se sont retrouvés dans les cuisines, dans les magasins ou dans les bureaux. Un d'eux, par exemple, qui s'appelle Van der Meulen, mince jeune homme du Nord, taciturne et très négligé (il a apporté avec lui ses charentaises), est officiellement coiffeur. Comme personne n'a réellement confiance en ses capacités, on préfère se faire couper les cheveux chez un coiffeur de la ville, au risque de se faire trancher la gorge (comme le racontent les alarmistes), ou bien à Alger, ou même à Paris pendant une perme. Résultat : Van der Meulen glande du matin au soir, une cigarette éteinte à la bouche, feuilletant pour la vingtième fois la même revue, essayant de dormir le plus longtemps possible, ce qui lui est très difficile dans la grande chaleur du Sud, car il est né dans les plaines de Flandre. Dans la cour, tout seul, il jette des petits cailloux contre le pied d'un arbre, pendant des heures. Image de l'ennui absolu, qui amollit les muscles, chasse l'esprit, et fait traîner les pieds. Le temps paraît plus long pour lui que pour les autres.

Ces soldats mal fringués, forcément combinards et grands coinceurs de bulle, qu'on appelle troufions, bidasses ou tire-au-cul, semblent vivre à côté de la guerre, qui n'a pas de prise réelle sur eux. A eux seuls, ils sont une tradition. Pour des raisons obscures — peut-être parce que, dans l'armée, comme dans tout corps social, « des hommes comme ça, il en faut », disait un jour un sergent-chef — ils échappent à la discipline, à toute trace d'esprit militaire, et l'autorité ne les touche pas, même en apparence. On voit certaines recrues s'insérer très directement dans le corset militaire, s'y sentir à l'aise très vite, se transformer en un instant. Les officiers, qui ne s'y trompent pas, disent d'eux : « Celui-ci, il est né avec un uniforme. » Un uniforme imaginaire, invisible, mais qui lui colle si parfaitement à la peau, depuis son enfance, que le jour venu il devient militaire par la seule intervention d'un magasinier. Un uniforme, même mal coupé, rassure et raffermit. Un vrai confort.

Celui-là, il sait marcher au pas sans qu'on lui apprenne. Par instinct, il se porte immédiatement « homme de base », celui qui fait le coin de toute formation, au moindre appel, celui sur qui tous les autres s'alignent.

Il donne l'exemple. Si on ne sait pas ce qu'il faut faire, il suffit de le regarder. Il sait toujours. Quand il s'allonge, quand il ferme les yeux, il charge sabre au clair à la tête des cavaliers, il enlève de haute lutte la redoute, il est tout éclaboussé de sang ennemi (mais le sang ennemi, ça ne salit pas), on le décore devant toutes les troupes, sa mère pleure de fierté.

Chacun poursuit ainsi une guerre secrète, faite de cinéma, de livres d'écolier, de monuments aux morts, d'images d'Épinal. Imaginaire étroit, répétition des gestes. Théâtre pauvre. Quatre ou cinq images suffisent à la gloire, à l'héroïsme, comme à la déroute.

Car il y a des amateurs de défaite, qui ne songent qu'à jeter les armes et lever les mains ; ceux qui veulent fuir à tout prix, ceux qui ne sont là qu'en apparence. On peut même bâtir ainsi une renommée. Un de mes ancêtres, né dans un village du sud de la France, reste célèbre encore aujourd'hui pour son passage de la Berezina. Non pas pour quelque fait d'armes, tout au contraire : les soldats français se pressaient en panique, à l'aube, pour franchir les fameux ponts construits dans l'eau glacée pendant la nuit. Comme cet homme était très massif et très fort, il s'ouvrit à la force des coudes un chemin au milieu des soldats (des soldats français), pour parvenir à s'enfuir parmi les premiers. Et ses copains — certains venaient du même canton, dans le Midi — suivaient à qui mieux mieux dans son sillage.

Je crois que les « baroudeurs » ne rêvent jamais. A quoi rêveraient-ils ? A quel idéal de négligence ou de saleté ? A quel désordre calme ? Ils vont la chemise ouverte, les mains dans les poches et des taches d'huile partout, quelque part il manque toujours un bouton, les lacets sont pétés, les pantalons effilochés. Ils sont les cossards, les nargueurs, ceux à qui on ne le fait pas, ceux qui se démerdent, ceux qui n'en ont rien à foutre de rien.

Aucun uniforme ne pourra jamais leur coller au corps. Blousons trop étroits qui craquent très vite dans le dos, falzars immenses qui traînent dans la poussière et qu'on piétine. Et dans la vie civile, si ça se trouve, ils sont coquets.

Contre la mauvaise tenue, rien à faire. Elle est dans la nature intime des choses. On changerait plutôt l'homme que sa manière de s'habiller.

Courte scène au milieu de la cour. Un capitaine fraîchement affecté rencontre un des cuisiniers qui passe par là, un garçon graisseux, mal chaussé, la chemise hors de la ceinture et dans la bouche une odeur de pinard à tuer les mouches à quinze mètres. Le capitaine lui demande avec un maximum de sévérité :

— Qu'est-ce que c'est que cette tenue ?

Pas d'autre réponse qu'un garde-à-vous très mollasson et un pâteux :

— Mon capitaine...

— Qui vous a habillé comme ça ?

— Mon capitaine, c'est...

— Allez au magasin et changez de tenue ! Je ne veux plus vous voir comme ça !

— Oui, mon capitaine.

— Qu'est-ce que vous cherchez, au juste ? Hein ? Vous croyez que nous n'avons que ça à faire, ici ? Surveiller votre tenue ? Vous voulez ridiculiser l'armée française ? C'est ça ?

Voici en effet la grande question : les mal fringués s'efforcent-ils de donner une image grotesque de l'armée nationale ? On nous le demande sans arrêt. A tort, sans doute. Ils n'en ont rien à foutre, de l'armée. Pourquoi la ridiculiser ?

Le cuisinier graisseux n'a évidemment aucune réponse. D'un signe de tête, il promet d'aller tout de suite au magasin, pour chercher d'autres vêtements. Et il dit à un copain, tandis que le capitaine s'éloigne :

— Ici, faut être vraiment con pour faire de l'élégance.

Trois ou quatre jours plus tard, les deux mêmes hommes se rencontrent. Le cuistot n'a évidemment pas changé de tenue. Elle est chaque jour plus dégoûtante et plus froissée. Il mâchonne un clope au coin des lèvres, indifférent, traînard, même pas narquois. Il a déjà oublié, sans doute, cette idée saugrenue de s'attifer, de se laver. Une idée civile.

Mais il ne se révolte pas. Il reste parfaitement calme, et même serein. A quoi bon se foutre de la gueule des chefs ? a-t-il l'air de dire. Ça ne sert à rien, ça n'a pas de sens. Mieux vaut laisser filer. Ça ne compte pas, l'armée. Ça n'existe pas.

— Vous avez changé de tenue ? demande le capitaine.

— Oui, mon capitaine...

— C'est bien.

L'officier s'éloigne, tout à autre chose. Le troufion n'est même pas surpris, même pas soulagé. Ils ne vivent pas sur la même terre, ces deux hommes-là. Alors, ils ont raison de s'ignorer. Sagesse.

Bien entendu, les baroudeurs n'ont aucune notion des armes à feu. Pour des raisons diverses — observation médicale, permissions prolongées, inaptitudes diverses — ils ont échappé à ce qu'on appelle les classes, ces quelques mois où, du matin au soir, on apprend à tuer. Les armes, pour parler comme il faut, ils n'en ont rien à branler. Le peintre abstrait de la soute aux munitions est un cas typique. Ce n'est pas parce qu'on est à l'armée qu'on est un soldat. A cette différence près que lui, il travaille.

Il arrive cependant que, pour une raison ou pour une autre, on les oblige à prendre un fusil, un pistolet-mitrailleur et quelques grenades, pour une opération particulière, qui demande des effectifs au grand complet. Non pas pour le défilé du 14 Juillet, car on n'oserait jamais présenter les baroudeurs à la population. On les laisse dans leurs trous, à cette occasion. Mais par exemple pour aller faire le recensement des votants dans les mechtas, à l'occasion d'une élection.

Pour les baroudeurs sortis des machines à écrire, et des magasins, monter vers les crêtes, l'arme à la main, quelle aventure. Faire la guerre, quand on n'est pas un soldat, ce n'est pas simple. Ça fout même la trouille, un peu. On est toujours à la merci d'une connerie. On ne peut absolument pas compter sur son voisin, sur Van der Meulen par exemple, qui vous braque son flingue dans le dos et qui se hisse péniblement le long des pitons dans ses charentaises, qu'il a gardées par autorisation spéciale, car il est admis une fois pour toutes qu'il a des verrues plantaires, ce qui le gêne considérablement dans son métier, d'ailleurs, car il est obligé de se tenir debout toute la journée, vu qu'il est coiffeur.

Heureusement, dans les mechtas, on ne trouve pas d'hommes. Ils se sont tous tirés dans les montagnes en nous voyant arriver pour le recensement, ne laissant que des femmes muettes et des fillettes qui regardent avec étonnement ce détachement de loquedus. On avait dû leur raconter qu'elle était terrible, l'armée française. Et elles voient Van der Meulen qui boitille dans ses charentaises, le cuisinier graisseux qui souffle à cause de la montée, et Gruzinski qui cherche des herbes pour ses petits plats, à quatre pattes.

Il n'y a pas de quoi avoir peur. Bonjour mesdames. On voulait juste les faire voter, ceux qui ne sont pas là. Excusez le dérangement.

On redescend aussi vite que possible.

Je suis assis près du chauffeur, dans un camion. Au loin, on aperçoit la ville, qu'on est bien content de rejoindre.

— Au moins j'ai rapporté le dîner, me dit le chauffeur.

Comme je m'étonne, il me montre, sous son siège, un coq qu'il a piqué, et étranglé rapidement. Butin de guerre (de pacification). Je fais arrêter le camion, je donne le coq à des mômes qui passent et au chauffeur quelques jours de prison. Il me regarde avec stupéfaction. Il ne comprend pas.

Et puis il y a les tours de garde. Car les baroudeurs sont astreints à la garde comme les autres. Même s'ils sont très débrouillards, même s'ils la connaissent dans les coins, de temps en temps, disons une fois tous les trois mois, ils n'y coupent pas. Toute une nuit debout, à tour de rôle, avec quelques heures de soi-disant repos, dans le poste de garde, sur des paillasses archi-bourrées de punaises d'Afrique du Nord.

Nuits sans sommeil, sans musique (car il faut quand même faire gaffe, une caserne a été attaquée à la grenade, dans l'Ouarsenis), avec quelques livres de poche et le souvenir d'Apollinaire : *O lente, lente nuit, ô mon fusil si lourd.* Fuyant les paillasses surpeuplées, on s'assied par moments sur une chaise, on appuie ses coudes sur la table, et le sommeil vous apporte cinq ou dix minutes d'oubli. Un sentiment précieux, très recherché : l'oubli.

A minuit, il faut aller fermer le bordel de la ville. C'est le règlement. On ne conçoit pas d'armée sans bordel, forcément, et vice versa. Alors, on prend les flingues et on y va. Juste un petit groupe. Vite fait.

Une nuit, après la fermeture, alors que le détachement revient vers la caserne par une des rues principales, tout à coup Van der Meulen veut mettre la sécurité à son fusil, ou Dieu sait quoi, dans le noir il se trompe, il appuie n'importe où, le coup part en pleine nuit, très fort, d'autant plus fort qu'il part tout seul et dans une rue encaissée. Aussitôt les autres, tremblants d'émotion, se jettent par terre en demandant à leur copain :

— Mais qu'est-ce que tu as vu? Qu'est-ce que tu fais?

Van der Meulen, empêtré dans la courroie de son flingue et encore plus terrifié que les autres, essaye de s'expliquer, de dire ceci ou cela, mais déjà on entend une femme crier, on voit des lumières aux fenêtres, des gens réveillés dans leur premier sommeil qui demandent ce qui se passe, et moi je suis là, debout au milieu de la rue, car ce soir-là c'est moi qui ai la charge de ce ramassis de faux soldats (faux soldat moi-même), et je dis aux gens des fenêtres :

— Non, non, ce n'est rien, excusez-nous... C'est une erreur, ce n'est rien du tout... C'est le coiffeur qui... Recouchez-vous, recouchez-vous...

Il faut un bon moment pour ramener le calme.

Quelquefois on se demande ce qu'ils pensent de nous, ces gens-là.

Beau Loulou

Son père est garagiste à Lyon.

Beau Loulou, voisin de chambrée, sergent dans l'administration, est un jeune homme brun et mou, la mine perpétuellement longue, qui passe son temps à se peigner. A se raser et à se peigner, mais surtout à se peigner. Pourtant, on ne le voit pas particulièrement soigné dans sa tenue vestimentaire, loin de là. Il traîne la savate, lui aussi, il se laisse aller. Mais il doit aimer jusqu'à la passion son visage, car il le contemple sans cesse. Sans être carrément moche, il n'est pas vraiment beau, il a le front court, les joues plutôt rondes, des yeux noirs qu'on n'a plus à éteindre, un nez droit, banal, une bouche triste. Rien à signaler, dit sans doute sa fiche. Peu de muscle apparent, le cul placé bas, une petite tentation de bide. Mais voilà : il est Beau Loulou.

A l'intérieur de son casier, proche du mien, pas une seule photographie de femme, pas de fiancée, pas de pin-up. Deux ou trois miroirs suffisent à sa vie, et là, debout, sans lassitude, il se rase très lentement, chaque jour, il examine très attentivement sa peau, comme s'il redoutait le moindre accident de surface, d'un regard qui se veut indifférent mais qu'on sent inquiet, aux aguets ; ensuite il se coiffe longuement, longuement, il se plaque les cheveux, qu'il a sombres, avec plusieurs variétés de brillantine, une fois d'un côté, puis de l'autre, ensuite il recommence, il se peigne même l'arrière du crâne grâce à un système de deux miroirs, ingénieusement disposés, il s'examine alors sévèrement, trois-quarts gauche, puis trois-quarts droite — ceux qui sont là, quelquefois, chronomètrent en cachette l'opération, on lui connaît un record de vingt-trois minutes, un dimanche — après quoi, dans une trousse noire, il range ses brosses et instruments jusqu'à la prochaine toilette. Pour les cheveux, sinon pour la barbe, il procède ainsi plusieurs fois par jour, à heures fixes, sans occasion précise.

Bien entendu les moqueries l'accablent, mais sans le toucher. Parfois on le voit hausser les épaules, et même il lui arrive de bouder un peu, mais il semble bien que dans le fond sa jeune manie lui soit déjà plus précieuse que le reste du monde. D'ailleurs, avec le temps qui passe, on ne se moque plus. A quoi bon ?

Uniquement le visage : le reste du corps est à l'abandon, ou presque.

Que fera-t-il plus tard ? Quelle sera sa vie ? Seul le peigne connaît peut-être la réponse. Nous imaginons par moments que les gestes de Beau Loulou, notre narcisse fantassin, cachent une blessure profonde, une de ces choses qu'on ne dit pas. Mais c'est faux, sans doute. Il doit être en bonne santé, sans souci majeur. Un homme qui se peigne souvent, voilà tout.

Quand il parle, il fait entendre quelques considérations politiques du modèle courant, ou bien il nous annonce une fois de plus qu'il va s'en aller, qu'il va quitter l'armée un beau matin sans crier gare. « Si vous trouvez mon plumard vide, un jour, inutile de me courir après, je serai loin. » Partira-t-il avec ses peignes et sa brillantine ? Acceptera-t-il de se faire largement décoiffer par le vent du désert ? Il ne le dit pas. Beau Loulou est allusif, discret. Aucune vantardise en ce qui concerne les filles, comme il est d'usage entre nous. Aucune plainte véritable sur la nourriture, ou sur son travail de bureau. De sa famille, de sa vie privée, jamais un mot. Il reçoit peu de lettres. Il se rase chaque jour et se peigne plusieurs fois par jour. Il est sans doute le plus seul d'entre nous.

Opération

D'abord un grondant branle-bas, annoncé plus d'une semaine à l'avance : nous partons en opération. Le mot court de porte en porte, et dans la cour, et aux cuisines : opération, opération. Nettoyage, ou bien ratissage, cela dépend de l'envergure. Mais des opérations, il en faut. Quoi qu'il en soit de la paix des braves, et même si certains disent que cette préméditation sonore n'est là que pour prévenir quelques détachements suspects, afin de leur donner quelques journées pour déguerpir, pour changer de secteur, de temps en temps l'armée française doit montrer qu'elle est une armée, cesser de s'encrasser dans la routine des casernes, se manifester sur le terrain, montrer au grand soleil ses effectifs et son bon ordre. Par conséquent, opération.

Parmi les troufions, incessant va-et-vient de rumeurs noires : il paraît — c'est en tout cas ce que les vieux racontent pour faire frissonner les bleus — qu'un gros contingent de fellouzes aurait brisé le barrage, armés comme jamais, cette fois ça va chauffer les mecs, ils ont des instructeurs russes, ils se sont entraînés spécialement dans des montagnes, en Roumanie, qui ressemblent crête pour crête aux Aurès.

Chacun cherche une excuse pour se faire exempter d'opération, une présence strictement indispensable aux quartiers, une dysenterie providentielle, et tous les moyens sont bons, on a connu celui qui se roulait tout nu dans des touffes d'orties pour faire croire à une éruption soudaine, à quelque maladie du sang, celui qui se peignait l'intérieur de la bouche en rouge, au minium, celui qui connaissait un truc pour s'infliger un panaris, sans s'infecter vraiment, et même à l'hôpital, à Saint-Mandé, au moment de l'incorporation, celui qui se coupait la moitié d'un doigt au couteau de cuisine et même ce berger basque, venu des hauteurs pyrénéennes, qui ne parlait que la langue basque, sans connaître un mot de français. Les autorités de l'hôpital devaient se faire accompagner d'un interprète pour l'interroger. A la fin, comme un soldat français qui ne parle pas français est inconcevable, on le réforma. Ses papiers de liberté en poche, il nous quitta joyeux avec un « salut les copains, et bonne chance ! »

On connut à Saint-Mandé le cas d'un clerc de notaire qui se présenta habillé en femme. Comme ce travestissement n'eut aucun effet libérateur, il fit le mur, un soir, se déshabilla entièrement et prit le métro tout nu. On le signala rapidement, on l'arrêta, il fut ramené à la caserne, et cette fois on préféra ne plus le garder. Il est aujourd'hui notaire.

Enfin, pour poursuivre la parenthèse, le plus joli cas de réforme : l'homme qui se trouvait trop heureux à l'armée. Il se présenta avec trois jours d'avance, portant un bouquet de fleurs pour son colonel, on le pria de revenir au jour dit, il se représenta le lendemain avec une caisse de bordeaux supérieur. Incorporé, il ne cessa de demander à se lever le premier pour monter les couleurs, à coucher avec son fusil, et autres extravagances patriotiques. Il paraissait véritablement fou de joie de se trouver là, si bien qu'on décida de le réformer. Expulsé de la caserne, il se lamenta une journée entière devant les grilles, avant de rentrer chez lui, très satisfait.

Retour à l'opération :

Au matin dit, de très bonne heure, grand rassemblement, soit dans notre ville de garnison, soit dans une autre, car plusieurs régiments sont parfois réunis. Les blindés sont là, bien entendu, avec poussière, fumée, vacarme. On annonce l'aviation. Des sous-officiers et des caporaux courent de tous les côtés pour porter les tout derniers ordres. En principe, on ne sait même pas où on va. Destination secrète. Viennent s'aligner les camions du train des équipages, les hommes armés s'y hissent, avec sac, munitions et tout, le colonel bien astiqué de neuf, vraiment très propre, lunettes sombres, jumelles en collier, monte dans sa jeep de commandement, avec antenne, ou quelquefois dans un hélicoptère (mais il n'aime pas beaucoup ça, l'hélicoptère, il dit que c'est très exposé). Dernier regard, cartes déployées, en avant. On ne sait pas toujours quel camion doit partir le premier. Ça peut créer des embarras près du portail, des coups de freins, des coups de gueule.

Prévenus, les paysans ont caché soigneusement leurs armes (à supposer que), et les combattants, s'il s'en trouve, sont à l'abri dans un autre djebel. Toute la journée d'opération ressemble donc à un immense jeu de pistes au grand soleil, où des soldats grincheux débarqués des camions traversent, déployés, quelques collines sèches, avant de retrouver les camions qui ont fait le tour pour les attendre un peu plus loin. Les avions passent en rase-mottes à plusieurs reprises. Parfois même, de loin, on voit sauter quelques dizaines de paras. Bien entendu, on arrête quelques suspects, signalés par le Deuxième Bureau, généralement des hommes âgés dont on pourrait croire qu'ils nous attendent sagement, dans les mechtas on fait au passage un maximum d'action psychologique, avec haut-parleur, on distribue du lait aux enfants, avec photographies. Les soldats s'arrêtent deux ou trois fois pour casser la croûte, ils suent beaucoup et ils rouspètent, mais dans le fond c'est une bonne occasion pour prendre l'air, et même quelquefois pour décrocher une médaille. Il est rare qu'on entende des coups de feu, car l'époque des grands engagements est révolue, mais cela peut arriver quand même, une embuscade rapide, quelques fous qui tirent trois ou quatre rafales et qui détalent dans les bois. Vers quatre ou cinq heures de l'après-midi, au cours d'une halte, les jeunes lieutenants organisent des concours de tir, car il faut bien dépenser quelques kilos de munitions. On prévient les autres unités : que le bruit ne les affole pas, surtout.

Quand le soir tombe, le grand jeu se termine. On vide les gourdes, les fusées de rassemblement sont lancées, on remet les crans de sûreté, on revoit les copains : « Alors c'était comment de ton côté ? — C'était la merde. » Même pas un frisson. Les camions nous ramènent à nos casernes respectives. Il faut enlever les brodequins, baigner à l'eau froide les pieds gonflés, tordre les treillis, nettoyer les armes.

« C'était un très bon exercice, de toute manière », dit le colonel en rangeant ses cartes.

Le lendemain, tranquillement, la première chose à faire est de dresser l'état des blessés et des morts. Il y en a toujours quelques-uns, à cause des accidents de la route.

Cinéma

Deux salles de cinéma, dans la rue principale, fonctionnent tous les jours et changent de programme deux fois par semaine. En attendant la quille, la paix — ou les deux ensemble — les soldats du contingent passent au cinéma leurs longues heures vides, allant jusqu'à regarder des films égyptiens en langue arabe, par exemple une adaptation de *La Dame aux camélias*, métamorphosée en danseuse-courtisane dans une boîte de nuit du Caire, grassouillette, secouée de quintes de toux au milieu d'une danse du ventre. Exotisme à l'abandon, noyé dans une lumière internationale, car rien ne distingue ce décor noir et blanc des milliers de décors semblables, dans des boîtes de nuit arabes de Joinville ou de Cinecitta. Impossible de dire où se situe ce film, qui n'est en fait pas autre chose que du cinéma, le reflet d'un reflet, où des techniciens d'Égypte s'efforcent de reproduire l'image que nous avons d'eux, d'un pays qui de toute manière est effacé, arraché du film. Un pays introuvable, où se déroule une de nos histoires, que nous voyons dans cette salle de cinéma sans comprendre la langue qui cherche à l'exprimer, histoire qui pourrait être ainsi renvoyée d'un mur à l'autre comme une balle de plus en plus molle, de plus en plus sale.

Dans une des scènes du film, la Marguerite égyptienne apparaît même fortifiée dans un large manteau de fourrure, singerie de l'Europe du Nord, qui nous laisse imaginer la souffrance de la comédienne dans la chaleur des studios du Caire, sa sueur, ses plaintes, ses désastres de maquillage. Mais la pelisse, comme le lustre et le piano, n'est plus un objet, c'est un signe.

Français ou américains, quelquefois italiens (les péplums), les autres films nous viennent par les circuits normaux. Le déferlement est tel qu'on y voit même, certaines semaines, un bon film, comme *Le Trou*, de Jacques Becker, méticuleuse histoire d'évasion, qui évidemment nous intéresse. Lorsque deux des prisonniers ont réussi à percer le dernier mur, ils soulèvent une plaque d'égout et pour un moment, la nuit, ils voient la liberté, une rue de Paris, un taxi qui passe. Silence ému dans la salle. Nous sommes nous aussi à Paris la nuit, pendant une courte suite d'images. Et puis la bouche d'égout se referme. On sent bien qu'à la fin ils ne s'enfuiront pas. C'était trop beau. Un des leurs trahit. Ils sont pris. Triste fin d'un long bricolage. Nous sortons attristés, mécontents, et nous regagnons nos quartiers avant que nos grilles se ferment.

On nous montre aussi des films d'aventures, des caleçonnades, des westerns. Peu de films de guerre. La Nouvelle Vague, qui commence à faire parler d'elle, n'est pas encore représentée dans les circuits. On sait pourtant — et ce n'est pas un mince titre de gloire pour le régiment, parmi d'autres — qu'un des acteurs les plus brillants de ce cinéma tendre et insolent, Jean-Claude Brialy, est né dans notre ville, fils d'officier.

Dans *Les Mystères de Paris*, où Jean Marais incarne Rodolphe, une bobine se trouve répétée, par suite d'une manipulation malheureuse, tandis qu'une autre bobine manque. Mais personne ne s'étonne de voir des personnages morts réapparaître tout à coup et revivre les mêmes situations, disant aux mêmes endroits les mêmes phrases, de la même façon. Hypnotisme, rêverie. Il règne dans les salles, l'après-midi, une espèce d'assoupissement général que trouble par instants le bruit des cacahuètes, ou bien quelque exclamation, ce cri d'un vieil Algérien, alors que les cavaliers d'un western s'engagent dans un défilé piégé : « Aah !... l'embuscade ! »

Une autre fois, dans un bled loin de là, nous passons devant une salle de cinéma fermée depuis plusieurs années. Et rien n'est plus fermé qu'une salle de cinéma fermée : des grillages déjà rouillés et, sous les grillages, deux ou trois photographies déchiquetées de Charlie Chaplin. Un autre vieil Algérien, penché en avant, la canne plantée dans le sol, se tord la nuque pour apercevoir les photographies et, tout joyeux de reconnaître le petit homme, s'écrie à mon passage, en me clignant de l'œil : « Charlot !... L'est rigolo ! » Universel.

Nous avons vu *Ivanhoé*, avec Robert Taylor, et *Le Miracle des loups* et *Le Chevalier d'Éon*, au cours duquel une bagarre inexplicable, au balcon, opposa des Pieds-Noirs à des Algériens. Nous avons vu *Marie-Antoinette* et *Le Fils prodigue*, où Edmond Purdom, le jeune premier, amoureux d'une prostituée dans quelque contrée biblique, se rend auprès du mur public où les clients éventuels (antique coutume) inscrivent le nom de celle qu'ils désirent et le prix qu'ils offrent. On voit le malheureux jeune premier s'approcher du mur, armé d'un stylet et d'un maillet, et écrire dans la pierre — tout à coup se devine le compromis, tout à coup s'élèvent dans la salle les échos précis des discussions qui ont opposé, dans un bureau de Hollywood, les producteurs et les conseillers historiques, qui se mirent finalement d'accord — écrire en lettres cunéiformes et en anglais : *a piece of silver for Tamara.*

Le cinéma nous emmène quotidiennement dans un pays que nous commençons à connaître, qui est le pays du cinéma. Il possède ses propres lois, ses mythes, ses traditions, ses princes. On y côtoie mille balourdises, anachronismes, énormités, très longs moments d'ennui. Un œil attentif aperçoit des coutures aux bas nylon des danseuses d'Hérode. Mais dans ce fauteuil de bois au dossier repliable, qui grince et quelquefois se casse, quand le noir amical nous enveloppe, quand des voix exaspérées demandent le silence, quand le rayon de lumière s'allume au-dessus de nos têtes, perçant la poussière de la caverne, et peuple la toile dite blanche d'images au début sautillantes, commence, presque chaque jour, notre seul voyage possible.

Dans le pays du cinéma, si on se laisse égarer, on peut reconnaître quelques éléments familiers, comme le vieil Arabe reconnaît l'embuscade, ou bien des supplices, des armes à feu et quelquefois même un discours. Mais c'est une contrée changeante, parfois sans couleurs, où chaque film qui s'ouvre semble lancer une exploration nouvelle, où les costumes d'époques lointaines finissent par se mêler dans une immense garde-robe, où les tanks allemands affrontent les palefrois de Richard Cœur de Lion, où des cow-boys galopent à l'assaut des pyramides, où Luis Mariano affronte la créature du lagon bleu, un pays foisonnant de traîtres embrochés, de balustrades qui craquent, précipitant des méchants dans le vide, de sauts, de cris de peine, de nobles vieillards aux yeux crevés, de poisons, de serpents, d'orchestres, d'énormes fleuves verts, et de femmes plus belles que des rêves qui s'accrochent en pleurant aux larges épaules des hommes.

Quand le voyage se termine, quand on retrouve la rue principale et qu'on remonte les mains dans les poches vers la caserne, tout nous semble irréel, les passants, les boutiques. La ville qui n'existe pas, c'est celle-ci. Ceux qui l'ont posée sur la terre, pour notre séjour temporaire, n'avaient pour désir que de nous tromper. Nous piétinons lourdement les trottoirs de notre illusion dans le soir qui tombe, sans qu'un habile rayon de soleil s'allume et fasse danser la poussière, sans musique, sans contre-jour, et nous vivons encore avec notre seule réalité, celle que nous venons de perdre.

Crâne-de-Piaf

Le lieutenant de Cassenac, qui est sorti de Saint-Cyr en assez bonne position et qui est un ami du lieutenant Pipot de Gacqueray (on parle même d'une alliance entre leurs familles) est une tête de linotte, un personnage propret, jeunot, à la peau perpétuellement rose et aux yeux très clairs, presque sans regard apparent. On le connaît pour son absence à peu près totale de mémoire, contre laquelle, se doutant de quelque faiblesse de ce côté-là, il s'efforce de lutter par un soin forcené d'organisation, notant tout partout, plusieurs fois. Il est incapable de se rappeler le nom d'un seul soldat (flatterie immanquable qu'utilisèrent tant de conquérants historiques), de savoir quelle est sa tâche et simplement quel jour on vit.

Pas d'auxiliaire plus précieux pour lui que son agenda, toujours ouvert sur son bureau, et sur lequel il note tout ce qu'on peut noter, jusqu'au détail infime, jusqu'au superflu (combien de chemises à laver, quelles lettres reçues, la date du référendum, à quelle messe aller dimanche).

Un contrefacteur malicieux, secrétaire planqué dans un bureau voisin, s'introduit de temps en temps chez le lieutenant Crâne-de-Piaf, quand celui-ci promène en ville sa tête légère, et, imitant son écriture, écrit sur son carnet, quelques jours à l'avance, une série d'injonctions comme *Chez le colonel* ou encore *Voir Delavier*.

Le jour venu, le lieutenant reconnaît son écriture et, sans soupçonner une seconde la supercherie, se rend séance tenante chez le colonel, qui naturellement ne l'attend pas. Cela donne une scène généralement très courte qui peut se résumer ainsi :

— Mon colonel.

— Oui ?

— Vous m'avez appelé, mon colonel ?

— Non.

— Excusez-moi, mon colonel.

Le lieutenant salue, fait demi-tour et se retire. Il lui est facile de mettre cette méprise sur le compte de sa distraction. Cette distraction, il la connaît. Depuis sa naissance, il vit avec. Que de fois dans sa famille, avec ses amis, au collège, on l'a plaisanté sur sa tête creuse.

En revanche, quand il lit sur son agenda, écrit de sa main, *Voir Delavier*, il se trouble. Cette fois, l'ordre vient de lui. Il fait convoquer Delavier (ou un autre).

L'homme se présente. Bien entendu, on ne l'a pas mis au courant, pour que la blague soit bien ronde. Comme tout bon troupier, même le plus vertueux, il a quelque chose à se reprocher, cela va sans dire. Devant un officier, il n'est pas de cœur sans reproche.

Introduit dans le bureau, l'homme se met au garde-à-vous devant le lieutenant à la peau rose et prononce avec un maximum d'assurance la phrase rituelle :

— Soldat Delavier. A vos ordres, mon lieutenant.

Le lieutenant, qui n'a pas la moindre idée de ce qu'il va dire, mais qui va devoir dire quelque chose, lève les yeux sur le soldat, jette un regard qu'il voudrait aigu, qu'il voudrait perspicace et profond (mais qui est le vide même) et demande après un long silence :

— Eh bien, Delavier, qu'est-ce qui ne va pas ?

Le soldat Delavier marque une surprise évidente, qui d'abord le désarçonne, lui fait craindre le pire, et répond en règle générale au plus prudent :

— Mais, mon lieutenant, tout va bien.

— Vraiment ?

— Oui, mon lieutenant.

Aucun des deux hommes ne sait pourquoi ils sont en face l'un de l'autre. Le dialogue qui, comme à tâtons, s'engage dans ces cas-là (nous écoutons par les trous d'une cloison de planches) peut se terminer abruptement si le lieutenant se croit pressé, ou au contraire durer une demi-heure ou plus.

Ainsi, oubliant brusquement — car il oublie tout — qu'il a certainement convoqué cet homme pour lui faire des reproches, même s'il ne sait pas de quels reproches il peut s'agir, le lieutenant peut commencer son interrogatoire obscur et difficile par une phrase du genre :

— Alors, Delavier, qu'est-ce que c'est que cette histoire ?

Réponse automatique :

— Quelle histoire, mon lieutenant ?

Confronté à cette question, Crâne-de-Piaf est obligé, s'il ne veut pas perdre totalement la face, de répondre par une autre question, de préférence personnelle, comme :

— D'où êtes-vous, Delavier ?

Soulagé, voyant un répit, le troupier fonce dans la brèche :

— Des Charentes, mon lieutenant.

— De quelle partie des Charentes ?

La conversation est lancée. Elle peut alors durer longtemps. Le lieutenant a saisi un mot au passage, il connaît bien entendu quelqu'un, non pas vraiment dans les Charentes, mais dans le Poitou, il y a même de la famille (il croit bien s'en souvenir) et le voilà parti, déviant bientôt sur la Côte d'Azur, qui n'a pas le même climat que le Poitou mais qui paraît-il était si agréable jusqu'à la guerre, parlant ensuite d'un film qu'il a vu et qu'il a beaucoup aimé, qui justement se passait dans le Poitou, non ce n'était pas dans le Poitou, pardon je me trompe, c'était dans le Jura, je confonds avec un autre film, vous aimez le cinéma, Delavier ?

Delavier aime bien le cinéma. Il y va même assez souvent, comme nous tous, il est amateur de westerns, surtout quand il y a Kirk Douglas.

Mais Delavier ose à peine parler. Placé, comme tout militaire, dans une relation d'autorité, il attend la semonce. Cette semonce se fait attendre, et pour cause. S'agirait-il alors d'une mauvaise nouvelle, venue de Métropole ? D'un décès dans la famille ? Le lieutenant ne montrerait pas cette attitude désinvolte. Delavier serait-il victime, ou bénéficiaire, de quelque affectation spéciale ? Dans ce cas, on le lui aurait dit, on ne commencerait pas par lui demander ce qui ne va pas, ou « qu'est-ce que c'est que cette histoire ».

Précisément, la famille. Crâne-de-Piaf, retournant aux Charentes, et attendant la lueur qui ne vient pas, demande tout à coup des nouvelles de la famille du soldat, avec précision, comme s'il connaissait celui-ci de très longue date. Il est comme les chauves qui rabattent quelques longues mèches sur le sommet de leur crâne, croyant dissimuler leur calvitie et la montrant ainsi aux yeux de tous, qui sans cela ne la remarqueraient pas. Crâne-de-Piaf fait semblant de se souvenir et s'enfonce dans une glu sournoise, sans pitié. Il s'enquiert de la santé menacée d'une tante angevine, il va jusqu'à offrir une cigarette au militaire désemparé, qui hésite à se rassurer, et il finit par le renvoyer en lui disant avec la sévérité nécessaire :

— C'est bien, Delavier. Mais ne recommencez pas.

Le soldat salue, se retire dans la confusion, et le lieutenant écrit quelques mots rapides sur son agenda après avoir biffé *Voir Delavier* (car il l'a vu). Crâne-de-Piaf, cela fait, saisit son téléphone et le repose, se lève pour sortir en prenant son képi, va vers la porte, fait demi-tour, car il croit avoir oublié son képi. S'apercevant qu'il le tient à la main, il se rassied à son bureau, oubliant qu'il se préparait à sortir. Crâne-de-Piaf vit dans l'instant. Un geste en chasse un autre. Par moments, quand il est seul (mais il y a des trous dans la cloison), il regarde longuement la carte d'Algérie fixée sur un des murs, comme pour bien se pénétrer du pays dans lequel il se trouve.

Action psychologique

Une idée chemine lentement dans le brouillard sanglant des guerres : toutes ces batailles sont inutiles, les vaincus sont souvent les vainqueurs, et de toute manière on commence à se dire que l'espèce humaine ne fait qu'un. Toute guerre serait ainsi un meurtre de soi par soi-même, au seul détriment de la Terre, qui nous est commune. Clichés sans doute, qui peinent à prendre force, qui chaque fois sont dévastés, mais qui pas à pas, çà et là, s'installent. Conséquence incertaine : les guerres de demain, si elles ne sont pas d'extermination générale, seront des guerres culturelles. Une culture, un mode de vie et de pensée, triomphera d'une autre, avec puissance et habileté (à coups de concours ? de colloques ? de séminaires ?), et le peuple ainsi convaincu admettra la présence et la suprématie de l'autre.

Il y a des gens qui le pensent sérieusement. Ils travaillent — sous ordre, mais quelquefois aussi par vocation — dans les services de l'Action psychologique. Étrangement accolés, ces deux mots pourraient illustrer une sorte de colonisation naïve, nouveau style, la première s'étant établie par les armes, comme chacun sait. Aujourd'hui, les hommes de l'Action psychologique parlent d'une guerre aux mains nues. Il faut — disent-ils — « leur faire comprendre » qu'ils ont tout intérêt à rester unis à la belle France, que celle-ci les protège et les aide, qu'à l'heure de l'indépendance ils perdront tous nos avantages et tous nos bienfaits, et tous nos exemples, qui sont si précieux.

Pour convaincre, on parle beaucoup, on distribue des tracts, des affiches, des brochures, on photographie des centaines de soldats de l'armée française tenant des enfants dans leurs bras, on distribue de l'aspirine et du chocolat, on aide — du bout des doigts — aux travaux des champs, toutes choses qui sont assez bien acceptées mais qui ne rapportent pas une âme.

Il faut aussi constamment proclamer, de toutes les façons possibles, que l'Armée de libération nationale est à la solde de Moscou, qu'elle fait le jeu de l'impérialisme soviétique, et que la France défend sur le sol algérien les vraies valeurs du monde libre, mais quoi de plus difficile que de prêcher la liberté à un peuple dont on occupe la terre.

Pénétrés, envahis, parcourus, dominés par les Phéniciens, les Romains, les Vandales, les Hilaliens, les Arabes, les Turcs, les Français, sans compter toutes les razzias ravageuses venues du Sud, les Algériens n'ont qu'un désir, c'est d'être enfin seuls. Rien ne peut aller contre ça. Quant à l'idée de « leur faire comprendre », elle leur paraît sans doute humiliante, car elle les suppose malléables, incertains et faibles. Peut-être même cette idée nécessite-t-elle secrètement un vrai complexe d'infériorité — chez ceux-là même qui se présentent comme des frères, comme des égaux — puisqu'elle semble dire : c'est pourtant simple ! Faut-il que vous soyez bêtes pour n'avoir pas encore compris !

Les services de l'Action psychologique sont évidemment en bisbille permanente avec le Deuxième Bureau. Grosso modo, d'un côté on persuade et de l'autre on maltraite. La carotte contre le bâton, la caresse contre le fouet : antiques discussions, parfois très animées, qui ne sortent pas des idées battues, mais où les cœurs quelquefois se révèlent, où les opinions se paralysent. Chacun, comme à l'ordinaire, reste chez soi.

Les doux sont la risée des brutes. Là aussi, rien de bien nouveau. D'ailleurs on ne compte plus les mésaventures des psychologues, les outils volés, les tracts mutilés, et le matériel qui se plante au moment même où quelqu'un fait l'apologie de nos techniques. La bonne volonté de quelques-uns est cependant indiscutable. Jeunes, l'esprit généreux mais fermé, portés par des notions simples, le sens du devoir et de la patrie, ils y croient, ils font de leur mieux, ils apprennent par cœur les manuels très élémentaires qui décrivent « l'âme indigène » et les moyens de la conquérir, ils appliquent les instructions, ils prennent même des initiatives. On sent que leurs actes obéissent à une théorie qui vient de là-haut, du pouvoir. Il faut *faire comprendre*. Il faut aussi se faire aimer. Mais elle est loin, la théorie, elle est de l'autre côté de la mer, froide et muette, dans les glacières des ministères, des états-majors.

Cette agitation de quelques-uns, cette surface militante et affairée n'effleure qu'à peine l'énorme socle d'immobilité que constitue l'armée française. A vrai dire, par un assez étrange réflexe commun, semblable à celui du mollusque qui s'abrite sous sa coquille pour laisser le monde passer, nous nous sommes mis hors la guerre. Oui, bien sûr, elle est là, on en parle, elle fleurit les titres des journaux, des groupes armés luttent pour ce qu'ils appellent la libération de leur pays et la France officiellement s'y oppose — mais au fond du fond des choses nous sentons bien que cette guerre n'a pas lieu. Les soldats français, embarqués à contrecœur (ô combien) dans cette assez triste aventure, retrouvent par instinct le lourd fleuve secret, où certains devinent la marche du temps. C'est pourquoi peut-être nous parlons si peu de la guerre, c'est pourquoi nous abrégeons les jours, nous réduisons le langage, nous nions l'Afrique. Laissons glisser ici notre guenille et portons ailleurs notre esprit, à moins qu'il se mette en congé, en hibernation, refermons-nous, ralentissons-nous, de toute façon nous n'y pouvons rien, ce ne sont pas les autres qui sont plus forts que nous, c'est autre chose, une puissance compacte et invisible, qu'on ne peut pas dire. Sans doute en est-il ainsi pour la plupart des guerres, où les soldats embrigadés, à chaque instant, quel que soit leur camp, sont des étrangers, des inexistants.

A propos d'action psychologique, un sergent de passage nous raconte :

Près de la frontière tunisienne, à l'abri de la ligne Morice, un poste français. Une nuit, bombardement sévère au mortier. Les obus, qui viennent de Tunisie, de l'autre côté du barrage, tombent tout autour des installations françaises mais par chance épargnent le poste lui-même. A l'aube, il est intact. Pourtant, dans la matinée, la radio de l'ALN annonce la destruction du poste.

L'occasion est trop belle. Pour démontrer clairement les mensonges de la propagande adverse, les officiers de l'Action psychologique ont une idée : inviter un fort contingent de journalistes pour leur montrer que le poste est intact. Invitations, avion spécial, hélicoptères : ils sont au moins vingt, de divers pays. On prévoit du pastis, du vin mousseux, des petits gâteaux, des olives.

La veille de la visite (ça s'appelle la poisse) un feu brutal se déclare dans les cuisines du poste, par accident. Les flammes (il fait du vent) détruisent les cuisines et attaquent le poste lui-même. On n'a pas le temps d'évacuer les munitions et tout va sauter. C'est épouvantable. On imagine les officiers français, demain, conduisant les journalistes parmi les ruines du poste en leur expliquant que les fellaghas ont menti.

Vite, à grands coups de sifflet, on organise la lutte contre le feu, avec tous les hommes disponibles, avec des half-tracks pour apporter de l'eau. Mais l'eau est très rare dans ce coin-là. Alors on jette des cailloux, de la terre, on arrive de justesse à réduire les flammes, à les étouffer, il faut ensuite passer toute la nuit à réparer les dégâts, à maquiller sommairement les cuisines (on ne les visitera pas, il faudra trouver un prétexte), à refaire un toit, à repeindre certaines cloisons, au point que deux ou trois visiteurs, le lendemain, après une courte mais très excitante visite, dont ils parleront sans doute longtemps, repartent avec des traces de peinture fraîche sur leurs manches.

Le sergent nous raconte aussi que les soldats français, quand ils vont monter la garde près du barrage, la nuit, apportent un poste de radio et poussent le son très fort. C'est une façon de dire à ceux d'en face : si vous avez envie de franchir le barrage, cette nuit, allez donc essayer un peu plus loin, vous entendez bien qu'ici il y a du monde.

Bordels

Pour pénétrer dans un bordel d'Alger, il faut avant tout, dans le vestibule, soumettre sa verge à un examen rapide. On passe en file indienne devant une table où se trouve assis un personnage attentif, au titre assez mal défini, qui porte une blouse blanche rassurante et peut refouler tout engin suspect.

Reconnu hâtivement sain, ou tout au moins propre, on se reboutonne, on reçoit des mains d'une femme une serviette et un bout de savon, avant de pénétrer dans une grande salle commune, enfumée, où des banquettes et des sièges sont disposés contre les quatre murs. Des carreaux de céramique s'élèvent tout autour jusqu'à hauteur d'homme. Les portes sont en laque de pacotille, dans le style des années trente, où l'établissement fut inauguré par les notables, qui s'émerveillaient sans doute sur le luxe et la qualité du cheptel, au demeurant bien moins cher qu'à Paris, à qualité égale. Lampes et musique mauresques. Des mains nerveuses, au long des années, ont gratté le cuir des sièges. Toutes les guerres sont passées par là.

Des filles évoluent rapidement dans tous les sens, imprécises dans la fumée. Tourbillon d'insectes sans lumière, allant d'un groupe à l'autre, cherchant des yeux et de la voix celui qui va se décider, et qui va se décider vite, car le temps presse, on ne sait pas pourquoi, c'est très urgent, la vie paraît accélérée. On croyait pouvoir se laisser tomber sur des coussins et boire un thé comme dans un tableau de Delacroix, bavarder, regarder, rêver, c'est tout le contraire. Tout est beaucoup plus précipité qu'à l'extérieur, même la musique se hâte, tout se bouscule, tout trépide, les clients sont nombreux, surtout à cette heure-ci, il ne faut pas les faire attendre, alors c'est oui ou non, tu montes ou tu t'en vas. Ça s'appelle de l'abattage. Chacune cependant conserve son caractère, celle qui vitupère et qui claque des doigts — « Allons, allons, à qui le tour ? On se dépêche ! » — celle qui se glisse sur les faïences du sol sans lever les yeux, comme si véritablement elle était ailleurs, et qui brusquement, après cinq ou six tours de salle les yeux baissés, s'arrête devant sa proie, le saisit par la main et l'emporte infailliblement, celle qui, les joues pâles, s'avance lentement, se penche pour regarder avec curiosité dans les yeux des hommes, à la recherche d'un éclair, d'un signe, d'un oui. Et celle qui marche à reculons à toute vitesse, sans heurter personne, le cul sautant comme des œufs à la foire, un bracelet d'argent à la cheville gauche.

Un ascenseur conduit aux chambres. Le décidé, avec un sourire timide, et sous les applaudissements et les rigolades des autres, laisse d'abord son argent à la caisse, puis il monte dans l'ascenseur avec une fille, on le voit disparaître là-haut, vers un ciel trouble (la grande salle est très haute de plafond) et redescendre avec la même fille un peu plus tard. Entre cette montée et cette descente, en quelques instants, l'amour a été fait ; la grande beauté, le vrai mystère. Est-ce possible ? On se dit : non, c'est un leurre, ça ne s'est pas fait, en un temps si bref c'est inconcevable, ils ont dû entrer dans la chambre, se toucher le bout des doigts, ressortir aussitôt. Ils ont dû faire semblant. Sans doute au dernier moment ont-ils renoncé. Le temps paraît si raccourci, cassé, mangé. Et pourtant le soldat semble tout rose, il sourit maintenant de fierté, il vient se rasseoir parmi nous, il hoche la tête, il l'a fait.

Parfois la fille est déjà montée avec un autre homme. Celui qui vient de se rasseoir est déjà largement effacé. Elle ne l'a même jamais connu. Une ombre, un poids, une raideur et rien de plus. Bien sûr, de son côté il se souviendra d'elle, à l'occasion même il parlera d'elle, il l'embellira, il l'inventera. En quelques minutes, un échange : je te vois, je t'oublie. Je me souviens, mais ce n'est pas de toi.

Une haute fille très brune, enveloppée de dentelle noire dont un pan traîne souvent par terre et qu'elle ramasse à chaque passage sur son avant-bras, un peu grasse, la chair hésitante déjà, de magnifiques cheveux noirs que font trembler les talons élevés, traverse la salle avec un visage impassible, va de l'ascenseur à la caisse et de la caisse à l'ascenseur. Elle est sans conteste la plus rapide, l'irrésistible, et connue pour ça. Jamais plus de six minutes, ascenseur compris. Sur ses lèvres une cigarette éternelle, qu'elle n'enlève ni pour parler ni sans doute pour s'allonger, la cigarette qui fait plisser l'œil, vraie cigarette d'avant-guerre. Elle monte, disent les habitués, jusqu'à quatre-vingts soldats dans une journée. Statue à la peau blanche, drapée de noir, infatigable, probablement native d'Afrique du Nord. Ici les origines comptent peu. Toutes les nations sont présentes.

On dit aussi qu'elle est mariée, et que son mari vient ici tous les soirs. Mais on ne sait pas qui il est, elle ne lui dit même pas bonsoir, elle passe et elle repasse dans ses dentelles traînantes, ses jambes vacillent sur les talons fragiles, elle monte, six minutes après elle descend et elle remonte. Elle ne prend même pas la peine de faire le tour de la salle, elle tend la main, elle saisit un individu et elle l'emmène. On ne lui résiste jamais. Elle est la plus belle.

Une autre femme, quarante ans et le cheveu blond, vêtue d'une robe de demoiselle très convenable, s'accroupit soudain devant nous pour nous confier à voix basse qu'elle a très envie de faire l'amour, et la preuve, confesse-t-elle, c'est qu'elle ne porte pas de culotte. Un d'entre nous paraît ne pas y croire. Elle dit que c'est vrai, que sa « bébête » est à l'air libre. Notre ami persiste dans ses doutes. Alors elle lui demande :

— Tu veux voir ?

— Oui, dit-il.

Elle se retourne, jette un coup d'œil inquiet autour d'elle, comme craignant d'être observée, comme se trouvant tout à coup en fraude, puis elle écarte d'un coup sec ses genoux, elle soulève sa robe sur le devant et montre qu'elle était une femme sincère.

Ici pas de temps perdu, pas de photographies retirées d'un vieux portefeuille, pas de souvenirs du pays, pas de récits de vies, réelles ou imaginées, pas autre chose que cette hâte vers l'ascenseur dans un décor en décadence, ces diagonales rapides vers la caisse qui enregistre, ces défilés devant les visiteurs en uniformes, ces regards, ces « alors ? », ces « tu viens ? », ces « tu te décides ? ». Pas de sentiment dans les yeux, pas de café qu'on sucre ensemble et qu'on trouve encore un peu trop chaud, pas de remarques sur les boucles d'oreille, pas de compliment, pas de confidence, pas de cigarette offerte à des ongles peints, pas de regret de choses différentes.

Dans notre ville de garnison, c'est autre chose et c'est la même chose. C'est le bled. Le bordel est en bas, près des champs, quadrilatère obscur où sont assises des femmes algériennes, enveloppées de robes sales, devant des murs détruits, sur un sol boueux. On n'entend presque pas parler, on ne voit rien, et l'odeur est désagréable. Une simple rigole d'eau traverse la cour. Il faut y remplir sa cruche, si l'on veut aimer.

Tous les soirs, un peu avant minuit, une patrouille de la garde, conduite par un sergent, vient fermer l'établissement. Patio misérable et calme, loin de la presse de la grande ville, sans examen de verge, sans ascenseur et sans savon. Il faut le tenir en mépris : c'est la consigne. On nous recommande de l'éviter, repaire possible de terroristes, en tout cas de voleurs, d'espions. Ici danger. On parle clairement de maladies vénériennes, qui ne sont pas à l'avantage du soldat. On le présente, officiellement, comme l'endroit maudit, le coupe-gorge, le paradis crasseux des chaudes-lances. Mais en réalité c'est une partie de notre monde, la partie immergée, le dessous de la ligne.

Au contraire de la cohue d'Alger, qui affecte d'être encore joyeuse, ici les lieux sont désertiques et sombres. Pas de musique, pas de bruit. Des lumières vagues. Ces femmes ont-elles des amateurs ? On se le demande. Je ne connais aucun militaire qui ait couru le risque. On y rencontre rarement des Algériens, on n'y voit jamais de Pieds-Noirs. Qui alors ? Il faut, pour s'y commettre, sans doute un courage de fantôme. On dirait un harem sans maître, qui attend le retour du néant.

Alors nous faisons notre boulot. Nous sommes ici pour ouvrir et fermer les portes. Ce qui se passe à l'intérieur, ou ce qui ne s'y passe pas, ne sera jamais notre affaire.

La fête

Dans le passé, notre régiment s'est illustré à la bataille de Solferino. Illustré : cela signifie qu'il y a perdu beaucoup de vies. En conséquence, chaque année, c'est au jour anniversaire de la bataille qu'est célébrée la fête du régiment. Événement à ne pas prendre à la légère : voici l'occasion, pour l'armée, de faire patte de velours, de montrer un visage aimable, de recevoir non seulement les Pieds-Noirs mais quelques notables indigènes. Plus obscurément, sur cette terre étrangère, nous nous cherchons des traditions, ou tout au moins des habitudes.

La veille, le cheikh local, qui place sans doute ses mises sur plusieurs roulettes, invite officiers et sous-officiers à un méchoui, car un fils lui est né dans la semaine. Ce fils, il l'a baptisé Solferino, et quatre moutons lui sont sacrifiés. Le cheikh goûte lui-même les quatre bêtes et offre au colonel celle qu'il estime la meilleure. Le colonel détache avec ses mains un morceau de viande et mange. Après quoi, tout le monde s'empiffre pendant deux heures. Quant au malheureux nouveau-né, on peut supposer que, si l'indépendance arrive bientôt, on changera hâtivement son nom.

Me voici chargé — autre mission spéciale — d'organiser la fête et le bal, dans la grande salle du bâtiment public, sur la place. Je décide d'abord que nous allons peindre, sur le mur de fond de scène, une immense fresque historique (près de quarante mètres carrés) reproduisant le tableau plus ou moins célèbre qui montre Napoléon III, à cheval, ordonnant l'assaut final, à Solferino. J'embauche trois ou quatre étudiants des Beaux-Arts et un certain nombre d'assistants. La confection minutieuse de la fresque, qui nous occupe de longues semaines, fournit une planque admirable à un certain nombre de tire-au-flanc, qui dessinent comme des manches et ne distinguent pas une gouache d'une aquarelle. Ils passent les fonds, préparent les tubes, tiennent les palettes (j'ai pu dégager un petit budget) et on est aussi bien là, au fond, que dans la torpeur des chambrées ou sur les pentes des collines.

Quant à notre peintre abstrait, il a carrément refusé de se mêler à une œuvre qu'il juge esthétiquement indigne et idéologiquement rétrograde. Il reste au fond de sa soute, dans son nuage créatif. Le jour de la fête, il ne se montrera même pas.

Composée de morceaux peints par des mains diverses, mais toutes maladroites et naturellement négligentes, la grande toile est une consternation sans égale. Nous l'appelons entre nous la débâcle de Solferino. Au matin de la fête, cependant, lorsque nous la dévoilons solennellement devant un groupe d'officiers, elle est hautement appréciée. C'est très beau, nous dit-on, c'est même grandiose, c'est une chose comme on n'en peint plus, avec du souffle et de la pâte, et quelle idée originale ! Aucun autre régiment n'a jamais fait ça.

De mauvaises langues iront rapporter à l'abstrait de la soute que c'est tout de même autre chose que ses saletés et ses raclures. Il se contentera de hausser les épaules, en murmurant qu'il s'agit d'un art faussement naïf conçu pour des cons, et que de toute manière, à l'exception d'Uccello, on ne connaît pas une seule belle scène de bataille dans toute l'histoire de la peinture. On se doute bien que notre bataille de Solferino ne le fera pas changer d'opinion. D'ailleurs, il ne la verra jamais.

La toile occupe donc le fond de la scène. Dans d'autres coins de la salle, pour achever nos tubes, nous avons barbouillé la Place blanche et Saint-Germain-des-Prés, d'après des cartes postales, en ajoutant quelques putains devant le Moulin-Rouge et, à la terrasse du Flore, Juliette Gréco avec son premier nez et Jean-Paul Sartre pipe au bec. Paris sera toujours Paris, surtout vu d'Afrique.

Tout n'est pas qu'innocence. En regardant de près, dans l'immense foule de militaires qui s'entrechoquent sur la toile, on aperçoit quelques pantalons rouges entrouverts, quelques membres virils à l'assaut de l'ennemi autrichien et même deux ou trois cas de sodomie manifeste — pratique assez fréquente sur les champs de bataille. Mais il faut y regarder de près, de très près. Seuls quelques initiés, quelques copains, ont été mis dans la confidence. Une des victimes de la sodomie a le profil exact du lieutenant Thibaud.

Nous avons composé un programme de variétés, pour l'après-midi, très médiocre. On nous avait promis un chanteur connu, nommé Danyel Gérard, incorporé dans une autre unité, mais au dernier moment il s'est décommandé. Il nous reste à offrir à nos trois ou quatre cents invités un imitateur de Jacques Brel, un chanteur à voix de Toulouse (Carmen toujours, l'air de la fleur) et un sergent alsacien qui joue en même temps de la guitare et de l'harmonica. Je suis le présentateur de ce patronage militaire, pour lequel il faudrait inventer un mot.

Mais j'ai une arme secrète, une attraction surprise : la poupée du lieutenant.

Il s'agit d'un lieutenant des transmissions, spécialiste des télécommunications, excellent technicien sans doute, peut-être même un inventeur, un précurseur. Un homme fin et doux, avec un gros nez et des lunettes. Il habite seul dans une petite habitation de service, comme les autres officiers. Vraiment seul. En secret, depuis des mois et des mois, il fabrique une poupée qu'il espère pouvoir commander à distance. Et non seulement il fabrique le corps et les membres, avec tous les rouages nécessaires, mais aussi les vêtements, tout un trousseau de robes, les chaussures, les chaussinettes, les petites culottes, tout. Il a même récupéré de vrais cheveux chez le coiffeur pour fabriquer une perruque.

Sa porte est pratiquement interdite. Ce qu'il fait exactement avec sa poupée — source d'un torrent de ragots salaces dans la caserne — personne ne peut le dire. On sait qu'elle est grande : au moins un mètre. Ses cheveux sont bruns. Elle a des yeux en porcelaine et des pieds un peu trop longs pour sa taille (question d'équilibre). Elle s'appelle Élisabeth. Petit à petit, j'ai réussi à m'introduire dans la pièce où il vit et travaille (des outils et des fils partout), et il m'a présenté Élisabeth, avec un sourire un peu gêné, comme on présente une cousine ébouriffée qui se trouve là par hasard. Avec prudence, pour donner un peu de lustre à la fête du régiment, je lui demande de faire une démonstration, « quelque chose de purement technique ».

— Oh non, non, ce n'est pas possible, vous n'y pensez pas.

— Mais pourquoi pas, mon lieutenant ? Nous serions tous très intéressés !

— Intéressés peut-être, mais Élisabeth n'est pas une attraction de foire. Elle ne se montre pas en public.

— Vous savez, mon lieutenant, ici, le public...

— Non, non, pas question ! Absolument pas question ! D'ailleurs elle n'est pas au point.

Je n'insiste pas, les semaines passent, le trousseau se monte, le lieutenant n'hésite même plus à coudre devant moi les petites robes, et même une coiffe alsacienne, et sans doute quelque progrès technique décisif survient. Le lieutenant brusquement est d'accord. Il montrera Élisabeth. Il la fera fonctionner devant tout le monde. Au milieu du bal.

Et il tient parole.

Juste à la fin du pauvre spectacle, que la plupart des invités ont vu debout, car nous manquons de chaises, j'annonce, et c'est une surprise, une grande première, une démonstration exceptionnelle, la poupée du lieutenant X.

Un grand cercle se forme dans la salle. Il y a là une bonne quinzaine d'épouses d'officiers et de sous-officiers, il y a même la fille du colonel, venue en vacances, et qui chaque jour fait du cheval sans trop s'éloigner des remparts (un jour elle me confiera qu'elle s'ennuie un peu), il y a aussi les notables de la ville, le cheikh et ses épouses, et aussi Liliane et sa taille fine, et ses amies, et le boucher, et des inconnus, un étrange public en vérité, qui essaye de trouver ça très naturel.

Le lieutenant s'avance, tout rouge et tout sérieux. Il porte Élisabeth dans ses bras. Elle est superbement vêtue et elle a sa coiffe alsacienne. Visage maquillé et brillant, en bois peint.

Le lieutenant la dépose délicatement au centre du cercle, où elle se tient debout toute seule sur ses grands pieds, les bras raides et tendus devant elle, comme une poupée qu'elle est. Son créateur semble lui parler un instant à l'oreille, ce qui inquiète un peu, puis il revient vers ses instruments. Disposés à l'écart, ils occupent un volume assez important. La poupée est animée à distance, sans aucune trace de fil. Le lieutenant vérifie ses commandes et se tourne vers moi pour que je lance la musique : un disque, une valse classique.

Le lieutenant presse un bouton, il appuie, il tourne, il manipule avec application, et soudain la poupée se met en mouvement, ce qui nous paraît extraordinaire. On applaudit. Élisabeth lève les bras, puis elle bouge les jambes, l'une après l'autre, presque sans bruit, elle se penche légèrement sur un côté tandis que l'un de ses gros pieds glisse sur le sol, très lentement.

Presque sans bruit. On entend cependant de très singuliers frottements, craquements, cliquetis, dans son organisme secret. Chacun se tait. On entend tout. Le second pied rejoint le premier, le dépasse, prend appui sur le sol, plus loin. La poupée avance, aucun doute, d'une démarche courte et raide, mais elle avance.

Et elle avance droit sur le colonel, qui la regarde venir avec étonnement, sans bouger. La poupée marche vers lui, les bras et les mains tendus, un sourire fixe sur le visage. Elle s'approche, surveillée à distance par le lieutenant.

Le colonel — observé par tous — ne sait que faire, d'autant plus que la poupée s'arrête précisément en face de lui, à le toucher. L'idée lui est-elle inspirée par quelqu'un ? On ne sait pas. Mais on voit le colonel se pencher en avant, tendre ses propres bras, saisir Élisabeth comme il peut par la taille.

Et il se met à danser avec elle au son de la valse. Un, deux, trois, un, deux, trois. Bien en mesure, lentement. La salle émerveillée applaudit encore. On oublie la guerre incompréhensible, l'Algérie confuse, la France éloignée, le soleil de juin. On oublie tout. C'est le jour de triomphe du lieutenant des transmissions. Le colonel commandant le régiment danse avec Élisabeth.

Mais le triomphe se gâte vite. Quelque chose, dans les transmissions à distance, soudain se dérègle. Est-ce le colonel qui appuie de sa main trop lourdement sur les rouages ? Ou bien Élisabeth ne sait-elle pas vraiment tournoyer ?

La cavalière semble ne plus suivre le colonel. Il fait de son mieux, pourtant, il la soulève de terre et la repose. A son pupitre le lieutenant s'énerve prodigieusement. Tous les yeux le fixent soudain. Le colonel aussi le regarde et semble lui dire : qu'est-ce que je fais ?

Quelque chose s'est pété. Et c'est grave. Apparemment même, tout est perdu. Le lieutenant, répondant aux regards du colonel, agite des bras désespérés.

Élisabeth oscille, se balance. Ses membres s'agitent dans l'incohérence. Le colonel s'écarte d'elle. Va-t-elle exploser ? On le craint.

Le lieutenant honteux se précipite sur la piste, saisit Élisabeth dans ses bras et l'emporte. On ne le reverra pas de la journée. D'ailleurs, je ne le verrai jamais plus. Les bavardages reprennent, le bal reprend. Le colonel invite sa fille. Le fils du boucher danse avec Liliane, dont la robe cloche déjà se soulève sur deux jambes brunes, sur deux souliers blancs. Et tous les troufions regardent Liliane. Ils ont oublié la poupée de bois.

Plus tard, vers la fin de l'après-midi, on signale une colonne de fumée vers la soute aux munitions. Avec précautions, nous nous approchons. Voici la triste fin d'une période d'artiste. Le peintre abstrait a entassé toutes ses toiles dans la cour, à dix mètres à peine des tas d'obus, il les a arrosées d'essence et il vient d'y mettre le feu. Plus d'un millier d'œuvres, dirait-on.

Il est là, debout, tout près des flammes qui brillent dans ses lunettes. Il surveille froidement l'holocauste. Est-il devenu fou? On ne sait pas. Est-ce un réflexe de rancœur par rapport à la fête officielle, ou bien quelque dernier geste esthétique, l'apogée d'une théorie?

Personne n'ose répondre. Autour de nous, loin de la dérision, de l'ennui, du spectacle, nous voici tout à coup face à un vrai mystère. Le gardien de la soute a su gagner notre respect, notre silence. Beau geste. Mais quelqu'un près de moi chuchote qu'il sera libéré dans une semaine et qu'il ne savait pas comment ramener tout ça à Paris.

Questions

Un soir, à la tombée rapide de la nuit, le capitaine Dalément, un peu boiteux, les yeux malades et qui se sent guetté par la limite d'âge, homme à la réputation d'intelligence, et même de finesse, que certains excès imprécis, des foucades de langue brutales, ont empêché de monter plus haut que la marche de capitaine, s'assied sur un banc de pierre dans la cour du PC, une bouteille de bière à la main.

— Moi je ne vois pas ce qu'on fout ici. Franchement, je vais vous dire, je ne vois pas bien. Et plus le temps passe, moins je le vois. On ne va pas rester ici cent sept ans avec cinq cent mille troufions. Alors ? Ou bien on met le paquet une fois pour toutes, le vrai paquet, on rase tout ce qu'il faut raser, on envahit la Tunisie, on installe une compagnie sur chaque piton, et ça nous fait gagner dix ou quinze ans, même si les cocos gueulent comme des ânes, c'est toujours ça de gagné, on a fait des guerres, et des grandes, pour des conquêtes qui ont duré moins de quinze ans, et puis les Russes, de toute façon, un jour ou l'autre ils arrêteront de nous crier après, c'est automatique — ou alors on plie boutique et on retraverse la mer. Sinon de quoi on a l'air ? Qu'est-ce qu'on attend ? Que les autres jettent l'éponge et viennent nous dire : à vous le pompon ? Mais c'est du rêve, ça, c'est de l'illusion ! Maintenant qu'il n'y a plus de vrai pétard dans les djebels, ou presque plus, et qu'ils sont devenus souterrains dedans, et bien portants à l'extérieur, maintenant que pour eux tout baigne dans l'huile, que les petits cons de la Métropole se jettent sur les rails pour empêcher les renforts de partir, maintenant que tout le monde s'en mêle, et même les Américains, sans parler des maquis qui s'organisent dans toutes les casbahs, mais qu'est-ce qu'on espère ? Le retour de Jeanne d'Arc ? Ça nous coûte un fric fou, ça bouffe l'énergie, ça nous coupe de l'étranger, ça nous balance des complexes, et quelqu'un peut me le dire, ce qu'on fout ici ? Je ne parle même pas des morts, je le fais remarquer, je ne parle même pas des morts ! C'est ni la guerre, ni la paix, ni demain, ni hier. C'est rien, c'est le pot au noir, c'est la morne plaine, c'est la merde, voilà ce que c'est, ils ont raison, ceux qui disent ça, c'est la merde. Chaque jour je me pose la même question : qu'est-ce qu'on fout ici ?

Dans la bière trouble, réponse claire ?

Le dernier jour

On s'en va demain.

Alger, mars 1961. La grande montée des bombes. A la fin de beaucoup de guerres, quelquefois même après la fin, on voit se déchaîner ces massacres, qui n'ont pour espoir que de tuer. En sachant bien qu'on ne changera rien au cours implacable des choses, on laisse surgir sa haine, à en devenir fou. L'OAS tue, au détour des rues, pour la couleur d'une peau, pour la forme d'un vêtement. Et de l'autre côté, on est loin de se laisser faire. Ils frappent aussi, souvent très fort, et rien, aucune raison, aucune police, ne peut arrêter l'extermination. On entend, à Alger, plus de quatre-vingts explosions par jour.

Nous sommes trois dans une chambre d'hôtel. Incorporés ensemble, en France, mais dispersés en Algérie, nous nous retrouvons pour le retour. Après dix-huit mois, les deux autres m'apparaissent fatigués et vieillis, et comme alourdis de tristesse. Peut-être pensent-ils la même chose de moi. Bien possible. L'un des deux, un professeur d'éducation physique, s'est même amolli, il a pris du bide, il a les yeux cernés, quelque chose de flasque dans le visage. L'ennui ? La peur ? L'alcool ?

Nous n'avons pas envie de parler, de nous raconter notre Algérie. Au contraire. Nous voudrions sans doute l'oublier, la rayer même de notre vie. Nous écoutons les bombes dans la ville. Sommes-nous donc venus ici pour ce carnage ?

Au départ de la caserne, la veille, dans le Sud, j'ai fait mes adieux au colonel. Il me semble désabusé, il me dit merci, il parle peu, il regarde ailleurs. Cet homme n'a rien d'un va-t-en guerre, ni d'un imbécile. Chrétien fervent, homme assez calme, il assiste à la messe tous les dimanches. Il communie souvent, avec sincérité. Bien qu'il ne soit pas directement en charge des interrogatoires (affaire du Deuxième Bureau), je me suis souvent demandé ce qu'il pense de tout ça, et comment dans sa tête ces choses-là s'accordent avec les préceptes des Évangiles. Un certain désordre, sans doute. Que dit-il à son confesseur ?

Adieu les copains. Une bonne embrassade à Gruzinski, à Delavier, à Beau Loulou. On a passé du mauvais temps ensemble et on ne s'oubliera jamais — comme on dit toujours dans ces cas-là. Mais vaguement on sent qu'on ne se verra plus. C'est fini, tout ça, terminé. Maintenant, si on veut vivre un peu, il faudra chasser tous ces souvenirs, vite, vite.

Nous montons dans un camion, direction Alger. Quand il franchit la grille, un dernier regard aux gros bâtiments de la caserne, au poste de garde, à la soute aux munitions, au petit hangar, là-bas, où nous nourrissions notre vache maigre. Parmi ceux qui restent, des mains se lèvent. On se quitte pour toujours, c'est presque certain. On entend la voix d'un copain qui crie, une dernière fois : vive la quille !

Aucune gaieté dans ce départ. Dans le camion, personne ne chante. Silence. Sur un trottoir, voici Liliane qui s'avance d'un pas rapide, sans lever les yeux vers le véhicule. Aucun d'entre nous ne songe à siffler, à lui lancer un dernier mot d'amour. Sa silhouette un peu courte s'amenuise. Un arbre la cache.

Nous voici dans une chambre d'hôtel réquisitionnée à Alger, avec autour de nous le bruit des bombes. Nous sommes dans un état intermédiaire. Jusqu'ici, des autorités nous habillaient, nous alimentaient, nous donnaient des ordres, nous indiquaient même comment penser, comment parler. Nous voici seuls et presque libres, avec un peu d'argent en poche. Encore en uniforme, mais désarmés. Presque plus des soldats. Nous avons quartier libre jusqu'au bateau, demain. Là-haut, en Métropole, une vie nous attend, qui nous fait un peu peur.

— Si on allait au cinéma ?
— Qu'est-ce qu'on joue ?
— Il y a un film d'Hitchcock. Ça s'appelle *Psychose*.
— C'est l'histoire de quoi ?
— Je sais pas au juste. Il y a des crimes.
— Tu crois que c'est bien ?
— Oui, sûrement. Hitchcock, en général, c'est bien.
— Ça fait pas trop peur ?
— Je peux pas te dire.

Les mains dans les poches et les pieds traînants, nous quittons l'hôtel pour le cinéma. A peine atteignons-nous le coin de la rue que cinq grenades ficelées ensemble explosent dans un trolley-bus bondé, à trente ou quarante mètres de nous.

A terre tous les trois, aussitôt. Réflexe.

Des cris.

Trois secondes plus tard, nous relevons la tête, nous regardons. Du sang coule sur les marches en métal du trolley. A l'intérieur, des hurlements. Partout des gens qui courent, la plupart pour s'enfuir n'importe où.

Nous nous relevons lentement. Je jette un coup d'œil aux deux autres. Les grenades ont explosé. Pour les vivants, il n'y a plus de danger dans le coin. Inutile de s'alarmer, de s'affoler. Un haussement d'épaules, et nous nous gardons bien d'intervenir. Nous n'y sommes maintenant pour rien. Ce n'est déjà plus notre problème. On nous a enlevé nos armes, qui nous donnaient l'illusion d'être des combattants et de tenir un rôle écrit pour nous. Ça aussi, c'est fini. Adieu la guerre. Puisque le monde est ainsi fait, qu'il se débrouille.

Nous continuons sur le trottoir, comme si de rien n'était, ou presque. A l'entrée du cinéma, on nous fouille, et nous nous asseyons devant *Psychose* qui commence.

C'est assez agréable d'aller au cinéma : il y fait plutôt frais, on ne s'y bouscule pas, on n'entend presque plus les bombes. Le film nous laisse dans l'indifférence. Pas un frisson. Le prof de gymnastique me demande, en sortant, si j'ai compris quelque chose à cette histoire de mère empaillée. Ça existe, ces trucs-là?

Je ne sais pas très bien que lui répondre.

Dans la rue, maintenant presque déserte, il fait déjà sombre. Nous mangeons un petit morceau à l'hôtel en écoutant la radio. Les dirigeants de l'OAS annoncent qu'ils se battront jusqu'au dernier. Mais pour quoi se battent-ils? On ne le dit pas.

Nous allons nous coucher, tous les trois dans la même chambre. Encore quelques bruits de bombes dans la nuit. Nous dormons assez bien.

Le lendemain est une très belle journée de mars. Notre bateau — un de ces bateaux qui n'ont rien fait d'autre, pendant des années, que d'apporter et de remporter des soldats — quitte le port d'Alger vers midi.

Nous sommes tous sur le pont, nos regards sur la ville blanche.

Impossible, quand on s'éloigne ainsi d'Alger, de ne pas penser à *Pépé le Moko* et à Jean Gabin qui meurt à la fin. Il s'ouvre les veines. Ses yeux blancs quand il glisse le long de la grille. Et Mireille Balin sur le pont du bateau, avec son vieux protecteur. Elle regarde dans la direction de Jean Gabin, on peut croire qu'elle va le voir, qu'elle le voit. Mais la sirène du bateau lui casse les oreilles, elle se les bouche avec ses mains, elle rentre à l'intérieur du bateau.

Gabin meurt sur le quai. Le bateau s'éloigne d'Alger. A l'exception de quelques plans de la ville, et de la dernière image du bateau, c'est un film presque entièrement tourné en studio, en France.

Et après

Dix-neuf ans plus tard, en 1980. Premier retour en Algérie, amicalement invité par le cinéaste Lakhdar Hamina. Le pays tout entier s'est établi sur le souvenir de la guerre d'Indépendance, d'où il est né, mais la haine à l'égard de la France, ou même le ressentiment, la rancune, semblent avoir disparu. La mère de Lakhdar, quand on lui parle des villages rasés, des tortures, de son mari fusillé, répond comme une chose toute naturelle : « C'était la guerre. »

La plupart des gens que je rencontre s'expriment en français. Il m'arrive de voir des lettres, des circulaires officielles, qui sont rédigées en français. Une fois de plus la paix semble avoir effacé les raisons mêmes de la guerre. A la télévision algérienne, les films français passent en version originale, sans sous-titres, et dans les cafés, par moments, on entend encore Tino Rossi.

Lakhdar raconte que dans sa ville natale, à M'silla, un ancien colon, plein de hauteur et de virulence à l'époque, revient chaque année en vacances, regarde longuement ses anciennes terres — aujourd'hui, à vrai dire, assez mal cultivées — va rendre visite à des gens qu'il ignorait naguère, et ne cesse de dire : « Mais qu'est-ce qui nous est arrivé ? Mais qu'est-ce qui nous est arrivé ? »

Nous partons vers le Sud en voiture, avec un chauffeur, Lakhdar et le producteur Jean-Pierre Rassam. Objet : repérages pour un film qui s'appellera *Vent de sable*. Je ne retrouve plus le souvenir des voyages alarmés d'autrefois. Tout est différent. Proportions, couleurs, sensations : on dirait un autre pays. Pour la première fois, il me paraît beau, par endroits très beau. La guerre, évidemment, m'empêchait de le voir. Au passage, sur les hauts plateaux, nous nous arrêtons une heure ou deux dans la petite ville où je suis resté plus d'un an. La lourde caserne Second Empire, qui n'a pas bougé d'une pierre, est aujourd'hui occupée par l'armée algérienne. Sur la petite place, l'église est devenue une mosquée. Un croissant a remplacé la croix, quelques détails d'architecture ont été changés, mais on reconnaît (quand on l'a connue) la forme secrète de l'église.

C'est la fin de l'après-midi. Je marche un moment dans les rues, je retrouve sans peine le chemin du bain maure. Très court pèlerinage. Les stèles romaines ont disparu. A sept heures du soir les boutiques, qui paraissent moins nombreuses qu'autrefois, sont déjà fermées. On me dit que le pétrole, cette richesse qui monte du Sud à travers le sable et la rocaille, et qui fournit à chacun un revenu minimum, risque de donner naissance à une paresse nouvelle, que les hommes, toute la journée, sont assis à l'ombre et ne font rien, que la plaine de la Mitidja menace de retourner au marécage. On parle de l'arrogance de Boumediene, qui n'a jamais dit un seul mot à ses chauffeurs. Le nôtre vit avec dix enfants, dont l'aîné a treize ans et demi, dans une pièce et une cuisine. Il a trente-cinq ans. Partout se voient la surpopulation, l'inactivité de la jeunesse. L'élan des premières années s'est assoupi. Les dangers sont là.

Nous couchons à Bou-Saada, que je ne reconnais pas. La ville s'est multipliée. Je croyais que l'Algérie avait évité, grâce au pétrole, au gaz et au socialisme, les horreurs cimentées du tourisme, mais les grands hôtels construits par Pouillon déjà se délabrent. Rien ne fonctionne vraiment. Tout le monde se plaint. Un médecin parle avec tristesse de l'organisation des hôpitaux. Des centaines d'autobus, faits pour durer dix ans, rouillent au soleil dès la fin de leur première année.

« Ça ne durera pas, dit-on à voix basse, ça va forcément péter un jour. » Et des chagrins se glissent dans les conversations : corruption, népotisme, scandales, prévarications ; tout un vocabulaire ancien, et même antique, qu'on croyait aboli, noyé dans le passé. Mais les mots reviennent aux lèvres, qu'on le veuille ou non, signes tenaces de maladies indestructibles.

Nous allons vite. Je regarde par coups d'œil, à droite, à gauche, et j'écoute par bribes, sans l'illusion d'analyser, d'approfondir. Éclatante surface des choses. On peut ne rien voir, en quelques heures, absolument rien. On peut aussi, mieux qu'en vingt ans d'études, sentir le vrai cœur d'un pays. Tout dépend de soi, et des autres. Il arrive que la brièveté de notre passage aiguise notre œil.

On raconte aussi (rumeur ? légende ?), que l'acier algérien est de si mauvaise qualité qu'on a dû faire fabriquer en Allemagne des tuyaux de pipe-line. Mais ces tuyaux — importés secrètement — ont été marqués « made in Algeria », et même on a donné une prime aux ouvriers de l'usine algérienne.

Nous continuons vers le Sud, vers El Oued, et au-delà. A Biskra, une vieille Algérienne aux robes colorées porte sur l'épaule un grand sac en cuir, européen, où se lit clairement *allez les verts*.

Au milieu de la mer de sable, une pancarte : *danger sable*.

L'appel du Sud reste très fort, pour tous. Le Maghreb montagneux, au nord, apparaît presque comme une île. Biskra, Touggourt, Ghardaia semblent être des îles dans une longue traversée. Que va-t-on chercher dans le Sud, dans le désert ? Un lieutenant, à El Oued, nous raconte que des touristes hollandais, émerveillés devant la mer de sable, ont dit : « On ne pensait pas que c'était vrai. On croyait que c'était du cinéma. »

Le mirage lui-même devient mirage. Le désert : un effet spécial, un trucage.

La 504 Peugeot, voiture très recherchée, s'affirme la reine du désert. Pour des raisons mécaniques que personne n'explique très bien, elle résiste au sable, elle est incomparable. D'occasion, elle vaut très cher. Mais il semble que les Japonais attaquent en force en Tunisie, avec plusieurs nouveaux modèles, spécialement conçus pour la contrebande.

Plus on descend, plus on oublie Alger, l'économie, la modernité, le socialisme. L'air et le temps sont différents. En tout cas, la chaleur aidant, on aime à le croire. Lakhdar poursuit son repérage dans des oasis presque abandonnées, larges cratères creusés dans le sable et plantés de palmiers, de jardins, grâce à des puits. Mais il faut chaque jour, depuis des siècles et des siècles, remonter à dos d'homme le sable, dans des sacs, et le rejeter à l'extérieur du cratère, ce sable que le vent précipite au fond chaque jour, chaque nuit. Depuis une quinzaine d'années, les paysans se lassent de cette remontée perpétuelle. Ils ont entendu parler du pétrole, des villes de la côte, et même de la France, où vont travailler leurs cousins. Certaines de ces oasis-cratères sont déjà à moitié remplies par le sable. On ne voit dépasser que le sommet des feuilles des palmiers. Encore quelques années et ces puits, ces jardins, ces arbres seront engloutis pour toujours, fossiles du futur, attendant sous le sable des géologues peu probables.

Désert menace, désert ennemi. La fameuse ceinture verte, plantée dans les années soixante — un arbre par enfant des écoles, qu'on allait arroser en chantant, et qui devait arrêter la montée de l'immense troupeau de sable — cette ceinture a été forcée, percée de brèches par le vieil adversaire. Et le sable gagne, quoi qu'on y fasse, et les habitants du désert refluent, eux aussi, ils errent les yeux hagards dans des villes qu'ils n'ont pas construites, ils sont comme l'ancien colon, ils ne comprennent pas ce qui a changé la Terre.

Du bord d'un des cratères, on voit trois chameaux et deux chameliers, modeste caravane, image parfaitement antique, qui se dirige à travers les sables vers la Tunisie. Je demande à un officier de police qui nous accompagne qui sont ces vestiges du passé, qui sont à peine à cinq ou six cents mètres. « Des contrebandiers », me dit-il.

— Mais qu'est-ce qu'ils transportent ?

— Surtout des films pornos, et des magnétoscopes. Ils viennent du Niger, du Mali.

— Et tu ne les arrêtes pas ? demande Lakhdar.

— Dans le sable, c'est impossible. Il faudrait un hélicoptère, et encore.

Il ne dit pas (mais on sait qu'il le pense) : et puis, il faut bien que tout le monde vive. Et dans le Sahara mourant, dans tous les sens, circulent tranquillement de petits convois de contrebandiers, chargés de sexe. Les films valent plus cher quand les femmes sont blondes.

Le soir, dans l'agréable hôtel d'El Oued, comme autrefois reviennent les histoires du désert, les véhicules perdus, les signaux de détresse. On raconte qu'un militaire s'égara, que sa jeep s'enlisa dans le paysage en mouvance, qu'il brûla vainement ses cinq pneus, acheva l'eau de son radiateur et compris qu'il allait mourir. Comme sa radio se trouvait toujours en service, il demanda à parler au président Boumediene, comme dernière faveur. Boumediene lui parla. L'homme lui recommanda son fils, le priant de le faire entrer dans une école militaire. Boumediene promit et tint parole. A ce jour, l'homme et la jeep sont toujours perdus, vraisemblablement enfouis sous le sable, autres fossiles.

De Tunisie, où Spielberg tourne *Les Aventuriers de l'arche perdue*, un groupe de techniciens du film viennent nous rendre visite. Lakhdar les invite à un méchoui royal. Nous sommes une trentaine à table. Une querelle extraordinaire oppose brutalement Tarek Ben Amar, le producteur tunisien, et Jean-Pierre Rassam, qui est de notre côté. Éclate un échange très sonore à l'antique. L'honneur souillé de la mère, la patrie vendue, la damnation assurée pour quarante générations, tout y participe. Les convives sont sidérés, on craint l'étripage au poignard, la projection des couscoussiers. Tarek outragé et son entourage — quinze personnes au moins — quittent soudain la table et repartent pour la Tunisie dans le bruit de plusieurs moteurs.

Petit voyage dans le temps, grâce aux insultes. Des échos d'autrefois traversent la bagarre verbale et le présent aide à comprendre le passé.

Les deux hommes resteront en froid quelque temps. Un an plus tard, environ, rencontrant Rassam, je lui demande où il en est avec Tarek. Ils sont de nouveau copains. Ce n'était rien qu'un coup de sirocco, là-bas, dans le grand Sud. « Après ça, j'ai été très gentil avec lui, me dit Rassam. Je ne l'ai pas insulté pendant neuf mois. »

Retour à Alger par une autre route. Toutes ces villes où je suis venu, à la recherche d'une vache maigre, me semblent aujourd'hui si étranges. Étais-je vraiment ici, sur cette même terre ? On ne le dirait pas. A croire que nous étions ailleurs, occupés à d'autres besognes, à croire que notre guerre n'était qu'une sorte de rêverie.

Dans la voiture chaude, qui roule vite, quelqu'un parle de nos deux pays : « Nous avons tout ce que vous n'avez pas. Vous avez tout ce que nous n'avons pas. »

Silence. Chacun de nous regarde par sa portière.

Si toutes choses, en restant les mêmes, sont méconnaissables, si rien ne peut changer, si nous sommes là tous ensemble à nous poser des questions sans réponse, si rien ne peut agir contre la puissance du temps, qu'est-ce qu'une guerre ?

Un vieux souvenir me revient : en 1389, à Kossovo, se préparait une terrible bataille entre les envahisseurs turcs et les Serbes, qui défendaient leur sol. Deux jours avant le grand combat, le prince Lazar, qui commandait les troupes serbes, reçut un message de la Vierge Marie, apporté par un oiseau de Jérusalem. Le message disait : « Tu as le choix entre deux royaumes, ici et là-haut. Lequel choisis-tu ? »

Le prince Lazar choisit le royaume céleste et perdit lourdement la bataille, où ses armées connurent un massacre.

Mais sa victoire spirituelle fut immense et durable (comme la Vierge l'avait promis), au point que le jour de la bataille devint, pour les Serbes, sous l'occupation ottomane, un grand jour de fête secrète.

Qu'une défaite puisse prendre la lumière d'une victoire, et devenir une vraie fête, l'aveuglement de nos livres d'histoire nous empêche souvent de le voir. Mais c'est possible, et ça existe. Les

Algériens ont fait d'un grand vaincu leur héros national, Abd el-Kader, qui admit sa défaite et chercha même à comprendre quel nouveau dieu l'avait terrassé. Il crut trouver cette divinité puissante dans la machine à vapeur, dans les rouages en mouvement de la mécanique européenne. Pour les pénétrer, il étudia, il devint correspondant de l'Académie des Sciences, il se fit même franc-maçon, lui qui descendait du Prophète. On l'appelle aujourd'hui *l'Émir*. Un des plus grands noms de l'Islam.

Toute défaite acceptée — celle de la France, aujourd'hui — est une défaite de soi, de sa propre et dangereuse passion, de son excès, de son orgueil, de son ombre. Toute défaite est donc une victoire, et le prince Lazar est entré tout brillant dans la légende des modestes.

Le champ de bataille de Kossovo, paraît-il, se couvre à chaque printemps de fleurs rouges, et c'est bien la moindre des choses. On peut y méditer — comme ici — sur le choc des armées, sur la force des siècles, sur la matière des royaumes, sur la gloire des inutiles, sur la confusion des contraires. Il faut savoir aussi qu'en 1912, ou 1913, en traversant l'ancien champ de bataille, toute l'armée serbe reconstituée marcha sur la pointe des pieds, pour ne pas réveiller les morts.

A Alger, je déjeune avec un ancien chef de fellaghas. Son nom, dans les djebels, nous effrayait, comme le loup effraye les enfants. Aujourd'hui, souriant, grossi, les cheveux gris, il me dédicace son livre, qu'il a publié à Paris. Il s'appelle Azzedine. Le commandant Azzedine.

Pour finir, je rencontre à Alger le journaliste Mourad Bourboune, dont voici l'histoire :

Le duc de Beaufort, fils naturel d'Henri IV, commandait la flotte française lors d'une expédition contre les pirates barbaresques. Ceux-ci le firent prisonnier et adressèrent une pesante demande de rançon à Louis XIV, qui fit apparemment la sourde oreille. Les services officiels français prétendirent n'avoir jamais reçu la demande, mais certains historiens chuchotent que Louis XIV n'hésita pas à faire retenir en Kabylie un homme puissant, un rival possible.

A Djidjeli, où il vivait avec les honneurs de son titre et de sa naissance, le duc de Beaufort, désœuvré, prit femme et fit souche. Il ne revint jamais en France. Son dernier descendant, journaliste, écrivain, homme courtois et cultivé, partage aujourd'hui son temps entre la France et l'Algérie. Il s'appelle Mourad Bourboune. Bourboune, ce n'est pas autre chose que Bourbon.

Son histoire est exacte et connue. Elle nous parle de nos origines, qui sont obscures, car nous venons de fleuves inconnus. Elle nous parle d'eux, et de nous. Mourad Bourboune, ce pur Kabyle, est aujourd'hui, très probablement, sur la surface de la Terre, le seul descendant en ligne directe de saint Louis, le seul prétendant sérieux au trône de France.

1988

Comme tous les anciens d'Algérie, j'imagine, et quels que soient nos souvenirs et sentiments, je reçois les nouvelles des émeutes d'Alger, en octobre 1988, avec un frisson particulier, inexplicable, et les mêmes questions frappent à la porte : qu'est-ce qu'une guerre ? une action politique ? une liberté ? Où s'arrête la force de ce qui nous échappe ?

Je n'ajoute aucun commentaire aux commentaires professionnels. Je dis ce qui m'a frappé, comme beaucoup d'autres, sans doute. Un Algérien pâle, aux joues creusées, montre les blessures reçues au cours d'un interrogatoire et dit en regardant une caméra française : « J'ai été torturé par les parachutistes algériens à quelques centaines de mètres de l'endroit où mon père avait été torturé par les parachutistes français. »

Il détourne son regard, laisse tomber son visage sur le côté et il a du mal à finir sa phrase.

II

ON NOUS APPELAIT FELLAGHAS

par

LE COMMANDANT AZZEDINE

Préface de Mourad Oussedik

A mon frère Saïd
Aux martyrs
A mes compagnons de lutte
A mes enfants et à tous les enfants d'Algérie.

PRÉFACE

Si l'Algérie connaît actuellement de grandes difficultés, si elle vit dans un tel chaos, si la jeunesse ne sait plus vers qui se tourner à la recherche de repères, de valeurs, si le pays est aujourd'hui sur le fil du rasoir, c'est parce qu'il a oublié, occulté son passé.

Le présent, l'avenir d'un peuple ne peuvent exister qu'à partir d'un passé, d'une mémoire. Mais la révolution a été effacée, gommée. Ceux-là même qui y ont participé se sont tus, comme s'il fallait surtout ne plus en parler, ne pas gêner en quelque sorte.

De même que la Révolution française fut un modèle pour les pays européens, la révolution algérienne a été et reste le modèle et le symbole de la libération pour les pays du tiers monde. Par le million et demi d'Algériens qui alors ont donné leur vie, l'Algérie a été la banque de sang du continent africain. Elle a permis la libération de tous ces pays, elle fut leur phare.

La révolution a été le fait du peuple, d'hommes et de femmes farouchement déterminés et indomptables, des rebelles, à l'instar de Si Azzedine qui livre ici son expérience.

Avec ce livre, il a voulu faire œuvre de témoin de l'Histoire au quotidien. Les événements se déroulent ici de l'intérieur, sur le terrain, au milieu du peuple et avec lui.

Si Azzedine se revendique comme Algérien ayant combattu au milieu et avec le peuple. S'il a mené à bien sa « mission », comme il le dit, c'est qu'il l'a menée en communion totale avec ses compagnons de lutte. L'intérêt tout particulier de ce livre réside dans cette narration au quotidien, sans concession aucune.

Ici pas de parti pris, d'embellissement, ni des faits, ni des individus : erreurs, fautes et même moqueries vis-à-vis de lui-même, étroitement imbriquées avec les faits d'armes : l'auteur retranscrit tout ce que lui-même et ses compagnons d'armes ont vécu au jour le jour. C'est véritablement son histoire.

Il n'écrit pas ici (comme d'autres l'ont fait), pour se mettre en avant, pour se placer sur un quelconque piédestal, dont d'ailleurs il n'a pas besoin. Il nous restitue la révolution.

C'est un témoignage essentiel qui aide enfin à la construction de notre pays et à son avenir.

En rendant au peuple sa mémoire.

Mourad OUSSEDIK

AML : Amis du manifeste et de la liberté.
Assifou ya riah : « Que hurlent les vents » titre d'un nachid.
Bachagha : chef (supérieur au caïd).
Balek : attention.
Baraka : grande chance.
Bordjs : forts.
Burnous : vêtement ample en laine sorte de longue cape.
Cachabia : vêtement en laine qui protège contre les grands froids.
CCE : Comité de coordination et d'exécution.
Caïd : chef.
Chahid : martyr — pl. : chouhada.
Chaouia : habitant la région des Aurès.
Chèche : tissu léger qui sert à la confection de turban.
Cheikh ferka : chef du hameau.
Chouf : guetteur.
CNRA : Conseil national de la révolution algérienne.
Dechra : village.
Djebel : montagne.
Djoundi : — pl. : djounoud — soldat.
Douar : ensemble de villages.
Fellah : agriculteur.
Fellouzes : Fellaghas.
Ferka : section (35 hommes).
E-MG : État-major général.
Fida : le combat dans les villes.
Fidaï : combattant des villes.

Fidaïyine : combattants des villes.
FLN : Front de libération nationale.
Foutah : tissu coloré que les femmes kabyles enroulent autour de la taille.
Gandoura : vêtement ample en tissu généralement blanc.
Goumier : guerrier.
GPRA : Gouvernement provisoire de la République algérienne.
Hamdou Allah : louanges à Dieu.
Haïk : voile.
Hammam : bain.
Harka : caserne de Harki.
Harki : auxiliaire des troupes françaises.
Ittarat : cadres.
Inch' Allah : Si Dieu le veut.
Kasma : cellule du FLN.
Kassaman : « Nous jurons » titre de l'hymne national.
Katiba : compagnie (110 hommes).
Keligh : viande salée séchée au soleil.
Khalife : chef suprême des musulmans.
Marabout : saint homme.
Mechta : village.
Messaliste : adhérent au parti de Messali.
Mintaka : zone.
MNA : Mouvement national algérien.
Mouchaouichine : dissidents.
Moudjahid : combattant de la foi se battant dans un commando.
Mouhafed : commissaire politique.
Mourchid : responsable de l'enseignement moral, religieux et civique.
Moussebiline : auxiliaires de l'ALN.
Moûtamar : congrès.
Mozabite : de la région du M'Zab.
Nachid : chant patriotique.
Nahia : région.
OS : Organisation secrète.
PPA : Parti du peuple algérien.
Roud Balek : Fais attention.
Taleb : instructeur.
UDMA : Union démocratique du manifeste algérien.
UGTA : Union générale des travailleurs algériens.

Wilaya : département.
Ya akhi : Mon frère.
Ya latif : Dieu m'en garde ou nous en garde.
ZAA : Zone autonome d'Alger.

Laperrine

La rue, que cingle la pluie, est déserte. Noire. Pataugeant dans la boue, je longe les murs et martèle les portes de la crosse de mon fusil de chasse, en criant : « Ouvrez, ouvrez, c'est le FLN ! » A l'autre bout de la rue, je distingue la silhouette de Djebbah, de son vrai nom Tahar Bouchedda, un maigre tout en jambes, le chef de notre groupe de sept maquisards. Pour la première fois, nous descendons du maquis de Palestro, quittant la tanière où nous végétons depuis plusieurs semaines. Après une marche forcée qui a duré toute la journée, nous avons attendu la nuit, puis nous sommes entrés dans Laperrine, un bourg que défend, paraît-il, une poignée de supplétifs.

Aïssa Chaoui, un gars qui s'est battu en Indochine et qui a déserté en emportant sa MAT 49, me suit de très près. Des lueurs tremblent derrière des volets. Soudain, un coup de mousqueton. Sec comme une porte qui claque. L'odeur âcre de la poudre. La décharge de chevrotines hache mon genou droit. Aïssa Chaoui hurle comme un loup et s'écroule. Croyant qu'il a été tué, je saute à cloche-pied, arrache son pistolet mitrailleur et bondis derrière un arbre. D'où est parti le coup de fusil ? Là-bas, une courte fusillade. Touché en pleine poitrine, Djebbah est mort. Les trois hommes qui étaient avec lui filent vers notre lieu de repli. J'avance au milieu de la rue et, voulant débusquer mon agresseur, je hurle : « Tire, mais tire donc ! Montre-toi ! » Ma rotule cède et je bascule, fauché, les fibres de mon pantalon mélangées à la chair et aux esquilles d'os. Aïssa Chaoui, qui a reçu huit plombs dans les fesses, me ramasse et m'entraîne.

Nous étions sept costauds, gonflés à bloc. Nous ne sommes plus que six, dont deux blessés, rentrant tête basse chez nous, dans notre refuge de la montagne. Je porte une veste de treillis sur un pull-over trempé qui me colle au ventre, un pantalon déchiré, taché de sang. La courroie du PM de Chaoui me scie le cou et je boite, m'appuyant sur mon fusil. Mes compagnons ne sont guère plus reluisants. L'un, pour se protéger de la pluie, a enfoncé sur ses sourcils un calot de tirailleur ; un autre disparaît dans un manteau que serre à la taille une cartouchière, et il tient, comme un bâton de berger, son fusil de chasse sur la nuque.

La montagne nous abrite dans ses replis où nous nous coulons furtivement. Une dechra, un village de pierres sèches aux toits couverts de tuiles ocre, ceint de murets et de haies d'épineux. Des gosses jaillissent des jardins. Les hommes, dignement drapés dans leur burnous, viennent à nous sans crainte, nous embrassent, palpent nos armes. Dans le djebel de Kabylie, les nouvelles volent plus vite que l'hirondelle. Sur le pas des maisons, les femmes nous admirent, foutah griffée de rayures contrastées autour des reins, blouse bariolée, bijoux d'argent cliquetant aux poignets, visage nu sous la coiffe que retiennent des cordelettes de laine multicolores. La boue dégouline dans les ruelles et les nuages lourds avalent au loin les crêtes dont la forêt arrondit les aspérités. Un vieux s'enhardit :

— C'est vrai, moudjahid, ce que l'on dit dans la plaine ?

— Quoi ?

— Que vous avez attaqué un village ?

— Oui.

— C'est bien, mon fils, raconte-nous.

Pas trop envie d'insister. Une femme nous distribue des galettes d'orge, des cruchons de lait. Il pleut à torrents. Aïssa Chaoui ne peut plus avancer. Nous empruntons deux mulets dans la ferme des frères Ben Mahi et nous le couchons à plat ventre sur le dos d'une monture. Il souffre beaucoup, mais, heureusement, les plombs ont traversé la partie la plus charnue de son anatomie. Je me suis installé à califourchon sur l'autre mulet. Mon genou enfle. Je ne peux plus bouger le pied. Les élancements vrillent mon crâne, me brouillent la vue. Aucun médicament pour nous soigner... De village en village, la rumeur s'est répercutée, a grossi. A en croire les fellahs, nous aurions remporté une extraordinaire victoire, enlevé des traîtres, exécuté des colons, détruit le poste de supplétifs de Laperrine. On nous félicite, on nous fête. Nous laissons les gens s'enthousiasmer. Pourtant, parfois, quelqu'un s'étonne : « Vous n'êtes pas nombreux. Avec qui étiez-vous ? » Pour ne pas les décevoir, nous répondons : « Avec deux compagnies. Nous nous sommes ensuite éparpillés en plusieurs groupes. Nous, nous ramenons les blessés. »

Nous nous arrêtons quelques jours à Sidi-Salem, près de Zbar-Bar, une dechra accrochée au flanc de la montagne. Un soir, Aïssa Chaoui nettoie sa MAT, allongé sur une couverture. Flac ! Une balle part et frappe au ventre le paysan qui nous héberge. Impossible de l'évacuer. Nous colmatons la plaie avec du tissu imbibé de miel et d'huile. L'homme s'en tirera.

Notre moral est à zéro. Emmitouflé dans une veste à col fourré, Ahmed Bougarra, dit Si M'Hamed, notre chef, l'adjoint politique de Ouamrane, surnommé au maquis Boukarou, « grosse tête », nous rejoint au refuge. La trentaine, athlétique, le geste réservé, les traits toujours empreints de gravité, Si M'Hamed sourit cette fois, pourtant, en écoutant notre rapport :

— Je tiens à vous dire que l'on parle partout de votre action. D'accord, vous avez perdu presque la moitié de votre effectif — un mort, deux blessés ; mais je considère que dans l'action psychologique et politique, vous venez de remporter une victoire très importante. La guerre révolutionnaire, ce n'est pas uniquement la bagarre. Vous n'avez pas échoué dans votre mission. Vous avez réussi une opération de haute portée psychologique. Cependant, ajoute Si M'Hamed, votre opération militaire s'est soldée par une défaite militaire. Pourquoi, à votre avis ?

Pour la première fois j'assiste à une réunion de critique et d'autocritique. Si M'Hamed explique que, pour apprendre à se battre, ce genre de discussion est primordial.

A mon tour, je donne mon opinion :

— Tu as raison, Si M'Hamed. On aurait pu au moins couper les fils téléphoniques et casser les lampes des réverbères. Il eût été aussi utile que l'on nous donnât, avant notre départ, quelques précisions sur l'opération. A mon avis, nous aurions dû préparer un plan. Or, nous sommes entrés dans Laperrine en ignorant les adresses des traîtres, des colons, des postes de supplétifs. Les renseignements que nous aurions pu obtenir d'un militant local auraient sans doute évité la mort de Djebbah et nos blessures. Nous aurions surtout été plus efficaces. Vois-tu, Si M'Hamed, nous ne sommes pas des militaires de carrière, mais des volontaires originaires des villes et des campagnes. Certes, nous nous battons pour une juste cause, mais nous marchons à l'aveuglette. Comme tu le dis, il faut apprécier nos erreurs et corriger la façon dont nous allons maintenant attaquer les villages, les postes militaires et les fermes.

Retour à la capitale

Je n'ai pas le temps de pratiquer ces résolutions. Mon genou a encore enflé et le pus coule du pansement sommaire dont les frères ont couvert ma blessure qui se gangrène. Au bout de quinze jours, Si M'Hamed vient me trouver : « Azzedine, nous allons doucement te descendre, puis, quand tu auras gagné la plaine, une voiture t'évacuera sur Alger et l'on te soignera. Toutes les instructions ont été données. Ne t'inquiète pas. » On me transporte dans la ferme des Ben Mahi, à quelques centaines de mètres de la route, près de Laperrine, où l'on m'habille d'un burnous sous lequel je cache un pistolet. Une voiture m'attend. Clopin-clopant, soutenu par deux compagnons, je m'affale sur les coussins.

Nous rejoignons un motocycliste, un éclaireur de pointe dont la mission est de nous précéder. Parfois il s'arrête, discute avec le chauffeur, et nous bifurquons sur des voies secondaires. J'aperçois le toit d'une maison qu'un accident du terrain semble recouvrir de terre ocre ; je contemple, hébété, la nuque du chauffeur penché sur son volant. Je ne veux pas dormir, mais l'auto qui tangue entre les nids-de-poule me berce. L'horizon vacille... Contre la vitre que la poussière macule de filets gris, s'écrasent et se confondent des paysages, des visages aussitôt gommés, dansent des silhouettes que je sais être des cyprès, mais dont la forme, se noyant dans l'eau du ciel, me rappelle des êtres aimés. « Ça va ? » Le chauffeur se retourne, passe une vitesse. Je grommelle : « Ouais, ça va... » Je songe à Si M'Hamed qui doit se demander où je me trouve, à la capitale que je n'ai pas vue depuis plusieurs mois. J'entends déjà la rumeur de ma ville qui chante la langue chaude de la mer, faite de syllabes ourlées comme la crête d'une vague, le mugissement des paquebots en partance ; je respire déjà l'odeur des beignets suintant des perles d'huile, le sillon parfumé que tracent les femmes dans les rues d'Alger, croissant de lune couché sur le sable des plages, blotissant au creux de son ventre les coques blanches des barques.

« Avec ce genou foutu, je ne pourrai plus jamais jouer au football... Mourir pour l'Algérie, tant mieux. Mais je ne veux pas promener autour des stades une patte folle... Et s'ils me coupaient la jambe ? Qui va m'opérer ? »

Si M'Hamed m'a dit d'être confiant et de me laisser faire. Sous la laine du burnous, je sens contre mon ventre la crosse de mon pistolet à barillet. « Azzedine, Azzedine... » Putain ! A part mes chefs, qui connaît mon nom, mon passé ? Bah ! Je ne suis qu'un militant comme tant d'autres, et ce printemps verra ma mort comme il aura vu celle de Djebbah... Tout se brouille à travers un brouillard sans suite. Adieu la vie. *Hamdou Allah !*

En arrivant à Alger, en cette fin de mai 1955, je suis dans un état lamentable. La plaie de mon genou s'est encore infectée durant le voyage. A 2 heures de l'après-midi, la voiture se gare près du magasin de chaussures Bailly, rue d'Isly, en face de « L'Express ». Ce café appartient à un ex-gendarme et est fréquenté par toute la flicaille de la ville. Rebbah Lakhdar nous a fixé rendez-vous à cet endroit. Il sirote un jus à la terrasse, avec deux amis.

Hymne national et Mufdi Zakaria

Rebbah Lakhdar est un des lieutenants d'Abane Ramdane, le chef du FLN à Alger. Outre l'accueil des blessés et des malades descendant du maquis, Lakhdar recrute des militants, organise des réseaux, cherche des planques, s'occupe de la formation des groupes armés d'Alger.

Un mois plus tôt il avait joué un rôle important dans la solution d'un problème qui pouvait avoir des répercussions très graves sur la cohésion et l'unité de la nation en lutte pour sa libération. Pour mobiliser derrière le MNA les Mozabites d'Alger, les messalistes avaient lancé un mot d'ordre de boycott économique des commerçants de cette communauté, dans l'idée de tenter ensuite de négocier leur alignement sur leur organisation. Les accusations calomnieuses dirigées contre les Mozabites, par tracts et verbalement, constituaient une aubaine pour les colonialistes, toujours à l'affût de circonstances à exploiter en vue de « diviser pour régner ». Rebbah avait été chargé par Abane de dissiper les malentendus créés par les messalistes. Le FLN invita la population de la capitale à resserrer les rangs pour consolider l'unité nationale. Cet événement se retourna contre le MNA qui, objectivement, apparut à cette occasion comme un auxiliaire du colonialisme. Ben Khedda et Rebbah Lakhdar passaient devant le café « L'Express » quand ils aperçurent le grand poète mozabite qui avait écrit dans le passé le chant des torturés : « *Assi fou ya riah...* » chant du PPA considéré comme un des hymnes nationaux, tant le combat de ce parti s'identifie à celui du peuple tout entier. Il avait été composé à un moment où dans le monde sévissait un culte de la personnalité outrancier. L'hymne soviétique évoquait Staline. En Turquie, Italie, Allemagne, tout se faisait au nom d'Ataturk, de Mussolini, d'Hitler. Un chant maghrébin fait par des Tunisiens du néo-destour chantait Allel Fassi, Messali Hadj et Habib Bourguiba. Dans la nouvelle situation où se trouvait notre pays, il nous fallait un nouvel hymne qui ne mentionne pas Messali. Seul Mufdi Zakaria pouvait le composer, car il sentait charnellement le combat libérateur. Lakhdar l'aborda :

— Les frères aimeraient que tu écrives un nouvel hymne national pour remplacer l'ancien en raison du déviationnisme de Messali.

Mufdi Zakaria était torturé par le désir de l'écrire. Sa modestie l'avait condamné au silence. La demande de Rebbah Lakhdar le comblait d'aise. Il ne manifesta aucune joie excessive mais saisit cette occasion pour reprocher à la direction du FLN d'avoir tardé à réagir pour contrecarrer la manœuvre du MNA.

Zakaria promit de recevoir chez lui, le lendemain, Abane Ramdane :

— L'hymne sera prêt.

Ainsi, à l'initiative de Rebbah Lakhdar, l'hymne national fut enregistré au domicile de Mufdi Zakaria, au 6, rue Candan, à Kouba, dans la banlieue d'Alger.

Il fut chanté par un groupe de comédiens de théâtre et de radio, parmi lesquels les regrettés Touri Mohamed et Boualem Raïs, accompagnés par leurs épouses et une grande chanteuse tunisienne de passage à Alger.

Un grand violoniste tunisien composa la première musique de l'hymne. La prise de son, l'enregistrement et le montage (sur magnétophone Philips « Ronobouton ») furent assurés par un militant, technicien à la radio, Laghouati Abderahmane.

L'hymne fut gravé sur deux disques souples, deux 33 tours, dans les locaux de la radio d'Alger, rue Berthezène (aujourd'hui rue du docteur Saadane). Opérations exécutées la nuit, à l'occasion de travaux d'entretien dont Laghouati avait la charge. Le speaker — Mohamed Kechroud — et le technicien — Boualem Akouche — assuraient le guet alors même qu'un parachutiste assurait la garde à l'entrée de service de la radio.

Cette nuit-là, Abane Ramdane, Ben Khedda, Lakhdar et l'étudiant Rachid Amara (il sera tué un an plus tard à côté de moi) écoutèrent pour la première fois *Kassaman*, l'hymne national : « Nous avons juré de mourir pour que vive l'Algérie... »

— Comment allons-nous véhiculer ces paroles dans l'ensemble du peuple algérien ? s'enquit Abane.

— C'est facile, répondit Zakaria. Je dois partir quelque temps à Tunis. Il suffit d'enregistrer le chant sur une bande magnétique et de me faire parvenir celle-ci à cette adresse. Radio-Tunis s'empressera de le diffuser.

Le comédien Touri enregistra donc l'hymne, et la bande fut confiée par Rebbah Lakhdar — qui était dirigeant d'un club sportif, le « Mouloudia » — à des coureurs qui devaient disputer une compétition à Tunis. Le *Nachid*, c'est-à-dire le chant révolutionnaire, put ainsi être diffusé par les antennes des radios des pays arabes, et être appris et chanté par le peuple algérien.

Les Mozabites rejoignirent les rangs du FLN grâce au travail d'explication déployé par l'organisation et les militants mozabites comme Gharafa Brahim et Mufdi Zakaria. C'est dans les geôles et les camps que des centaines de milliers de patriotes enfermés jusqu'à l'indépendance ont chanté les hymnes de Zakaria et leur espoir en l'avenir. Certains d'entre eux seront menés à l'aube par leurs tortionnaires pour y être exécutés. C'est dans l'une de ces prisons que Zakaria écrira les hymnes de l'UGTA, des étudiants et surtout celui des condamnés à mort, qui bouleversera tous les auditeurs. Le poète Mufdi Zakaria mérite un hommage particulier non seulement pour les souffrances endurées dans les prisons, mais aussi pour les écrits qu'il laisse à la nation.

Rebbah Lakhdar

C'est déguisé en Mozabite que, un an plus tard, le 11 avril 1956, Rebbah Lakhdar fut arrêté à Kouba, dans l'appartement de Zakaria, qui servait de planque. Les Français avaient tendu une souricière, arrêté le poète et deux militants. Auraient-ils patienté, ils attrapaient aussi Abane ! Lakhdar fut interrogé par le commissaire Gévaudan. Un policier algérien, Saïd Nefil, de la police des renseignements généraux (PRG), tenait chaque soir l'organisation au courant de l'enquête. Abane devait-il démanteler le réseau, abandonner les caches, envoyer au maquis les militants ? « Non, répondait Nefil. Rebbah ne parle pas. Il tient le coup... » Lakhdar ne révéla jamais l'adresse d'un refuge ni le nom d'un militant. Il fut porté disparu. Mais on le vit réapparaître un jour. Ce n'était plus qu'un homme mutilé par la torture. On lui avait fracturé la colonne vertébrale et écrasé les testicules.

La quarantaine, le front dégarni, la moustache noire taillée ras, c'est cet homme-là, au caractère trempé comme l'acier, qui m'attend au café « L'Express ». La veille, Abane l'a prévenu de mon arrivée, lors d'un conseil tenu dans l'appartement de la sœur de Lakhdar, en haut de Belcourt : « Prépare un refuge ; mobilise les militants et nos amis français pour accueillir un jeune maquisard grièvement blessé au genou. Il faut à tout prix sauver sa jambe. Débrouille-toi. » Rebbah Lakhdar réfléchit quelques secondes. Comment faire ? On manque d'armes, de caches, d'argent. Et il y a des ennemis partout !... « Amène-le toujours. On verra. » Un rendez-vous a été pris.

Les Chaulet

Lakhdar nous voit, se lève tranquillement et monte dans la voiture. Il soulève mon burnous et écarte mon pantalon bleu, découpé sur toute la longueur, pour examiner ma blessure. Il fronce les sourcils : « C'est très moche, petit. Vite, à Saint-Eugène ! » La veille, sortant du conseil, il a contacté le Dr Pierre Chaulet, un jeune médecin progressiste chrétien qui, avec sa femme Claudine, s'est engagé à fond dans la révolution, au sein du FLN-ALN. Les Chaulet ont acheté les premières ronéos que le FLN utilisa pour tirer ses tracts. La vieille 2 CV du couple transporte ces tracts à travers la ville, ainsi que des valises d'armes, des médicaments et des militants. C'est Pierre Chaulet qui permet à Krim Belkacem et à Ouamrane de faire maintes fois le trajet aller-retour Alger-Palestro, et de franchir sans encombre les barrages militaires. Claudine est enceinte. Qui la soupçonnerait de véhiculer des responsables du FLN ? C'est encore Pierre Chaulet qui, dans son modeste appartement de Diar-El-Mahçoul, apprend aux étudiants s'apprêtant à gagner le djebel à faire des piqûres. Dans des pommes de terre ! A coudre des points de suture. Dans un bout de cuir !

Je ne sais pour quelle raison, Pierre Chaulet ne se trouve pas à la clinique Saint-Eugène, en bordure ouest de Bab-El-Oued, près du cimetière français. Un interne effrayé nous refoule, et nous roulons au hasard, traversons la place du Gouvernement, et arrivons rue Marengo. Au 16, un neveu de Lakhdar, Abdelkader Maarouf, tient un magasin de radio-électricité :

— Va chercher un matelas, une couverture, des coussins, et occupe-toi de ce jeune combattant. Il a faim et soif. Baisse le rideau, et si les voisins s'étonnent, dis-leur que tu as des invités.

Rebbah Lakhdar se rend ensuite chez un médecin musulman, dont le cabinet est situé quelques immeubles plus haut.

— Je viens te demander un service.

— Que veux-tu?

— J'ai, en bas, un maquisard blessé au genou. Je ne sais pas quelles sont tes idées, mais si on ne soigne pas mon ami, il va perdre sa jambe.

Le toubib se contente de répondre : « Fais-le monter. » Lakhdar se précipite au magasin, me soutient, me soulève dans ses bras pour grimper les escaliers. L'assistante du médecin ouvre la porte. En essayant de rétablir mon équilibre, je laisse choir mon pistolet. La fille recule, la bouche béante... « Laissez, mademoiselle, je m'en occupe », intervient le toubib qui me conduit dans son bureau et radioscopie mon genou.

— Je vois les plombs, la rotule est touchée. Je vais te faire une piqûre antitétanique et te soulager. Mais il faut que tu sois opéré très rapidement.

Rebbah Lakhdar me ramène chez Maarouf et fonce chez Chaulet, à l'hôpital : « Viens avec moi dans la salle d'op. », dit le médecin français. Le chirurgien Stoppa, masque rabattu sur le bas du visage, mains gantées de caoutchouc maintenues écartées à hauteur de poitrine, grogne :

— Qu'y a-t-il, mon vieux? J'ai un type sur le billard.

Lakhdar explique la situation en deux mots. Le chirurgien hoche la tête :

— Chaulet m'a parlé de ce maquisard. Amenez-le à la clinique de Verdun, en haut de la Casbah. Attention, ne vous recommandez pas de moi. Je ne redoute pas les ennuis, mais si je suis repéré, je ne pourrai plus aider personne.

— On lui a fabriqué de faux papiers.

— Parfait. Prenez une chambre. J'interviendrai dès que possible.

Une ambulance, sirène ululant, me transporte à la clinique où Lakhdar réussit à obtenir une chambre individuelle. Une religieuse tente d'enlever mon burnous. Rebbah la repousse doucement :

— Merci ma sœur... Je vais le mettre en gandoura et préparer ses affaires. Le jeune homme est tombé de cheval dans la cour de sa ferme et il n'est pas très propre.

Effectivement, je n'ai pas ôté mes pataugas depuis un mois, mes chaussettes sont trouées et la crasse macule de rigoles nauséabondes tout mon corps. Rebbah me déshabille et me lave comme un bébé, avec un gant, du savon et de l'eau de Cologne. Il jette dans un couffin mes vêtements et récupère mon pistolet :

— Pour l'instant, tu n'en a pas besoin. Mieux vaut qu'on ne le trouve pas sur toi.

Nuit béate. Je dors dans un lit moelleux et les calmants ont atténué les élancements de ma jambe. Le lendemain matin, les docteurs Chaulet et Stoppa viennent me voir : « C'est pour ce soir. »

Bloc opératoire, scialytique éblouissant, sœurs bruissantes comme des colombes, instruments tranchants alignés sur une nappe. Je ne peux refréner un mouvement d'effroi. « Courage, mon gars ! » Pierre Chaulet a posé sa main sur mon front. Son regard clair et droit, son sourire éclatant m'apaisent. « Compte jusqu'à trois... » A deux, je sombre. L'absence. En me réveillant, je constate que ma jambe droite est plâtrée de la cuisse à la cheville. Le Dr Stoppa ne m'a pas coupé la jambe ! Mieux encore, il a subtilisé les plombs sans que les religieuses qui l'assistent s'en aperçoivent ! Le chirurgien et Pierre Chaulet ont annoncé aux sœurs que j'étais le fils d'un riche fermier de la Mitidja. J'étais tombé de cheval sur une pierre qui s'était logée dans ma rotule. « Ah ! la voilà ! » s'était esclaffé Stoppa devant les assistants, ouvrant sa paume où reposait un caillou imbibé de sang qu'il avait sorti de sa manche comme un prestidigitateur. « Bientôt, notre ami pourra de nouveau cavaler. » Les chevrotines qu'il a enlevées sont enveloppées dans un morceau de coton.

— Tiens, les voilà, tes plombs. En souvenir, me dit-il avec un sourire malicieux, en m'examinant le lendemain.

L'après-midi, une jeune fille entre dans ma chambre. Elle m'apporte des fleurs, des journaux. Elle bavarde un moment. Il y a si longtemps que je n'ai pas vu de femme que je suis ébloui par ses yeux profonds, sa bouche aux lèvres pulpeuses, ses mains qui frémissent comme les ailes d'un oiseau des bois. C'est une militante de l'organisation.

— Pour tout le monde, je suis ta sœur, explique-t-elle. Je viendrai te voir une ou deux fois par jour. Désires-tu quelque chose ?

— Quelles sont les nouvelles du Front ?

— A Alger, le FLN se structure, me rassure-t-elle, et les jeunes gagnent le maquis.

Je sais maintenant que le nom de cette inconnue douce et

blanche, brassée d'œillets, réconfortante musique : elle s'appelle Nassima Hablal.

Au bout d'une semaine, je ronge mon frein. Pierre Chaulet me comprend. Cet homme généreux impose le respect et, d'un mot gentil, calme mon impatience. Il s'assoit sur le bord de mon lit, parle avec mesure des événements. Je lis sur son visage juvénile une tranquille détermination. Un jour, il me prévient, tout heureux : « Ça y est nos amis viennent te chercher ! » Une nouvelle fois, l'infatigable Lakhdar loue une ambulance et m'emmène chez sa sœur, 2, rue Bensidera, non loin du boulevard Bru. Des femmes, des gosses, s'agglutinent autour de l'ambulance pour me voir sortir sur un brancard ; des gens s'interpellent aux fenêtres. La sœur de Lakhdar m'offre la plus belle de ses deux chambres. Et je me retrouve au milieu d'une famille algérienne qui me dorlote et me soigne.

Je reçois des visites :

— Azzedine, je vais te présenter tout à l'heure un brave homme, m'annonce Rebbah. Parle-lui du maquis. A Alger, beaucoup de gens confondent encore FLN et MNA... Il ne croit pas ce que lui racontent les militants. S'il rencontre un vrai combattant, un authentique djoundi, il nous donnera cinq cents paires de pataugas.

Effectivement, ce commerçant, Abbès Turki, grâce à l'entretien que j'eus avec lui, nous soutint matériellement par la suite. Abbès Turki devint en 1959 adjoint d'Ahmed Francis, ministre des Finances du GPRA. Dans le djebel, nous souffrions d'une absence de transmissions. Il devenait urgent de recruter des techniciens. C'est alors que j'ai rencontré pour la première fois Laghouati Abderahmane, le technicien de Radio-Alger. En dehors de son travail, il s'occupait de l'atelier de réparation de Rebbah Lakhdar. Celui-ci le chargea de fabriquer un poste émetteur-récepteur à partir d'éléments « récupérés » dans une usine française de matériel radioélectrique, la SFRA, où travaillaient des militants (en particulier El Azli)[1].

Pierre Chaulet demande un jour à Rebbah Lakhdar :

— « Moustache » (c'est ainsi qu'il surnomme le responsable

1. Plus tard, après avoir mis sur pied le réseau de transmissions de la zone Est, Laghouati Abderahmane fut envoyé en Tunisie. Il créa *La voix de l'Algérie*, participa comme conseiller aux négociations avec la Chine, la Corée du Nord, le Viêt-nam, ainsi qu'aux négociations d'Évian. En 1962, après le départ précipité des techniciens français, il assura le fonctionnement de la Radio et de la Télévision nationale. Il est devenu et il reste mon ami.

FLN), me donnes-tu l'autorisation de sortir le jeune au bois de Boulogne ?

— Je serai blâmé s'il arrivait un pépin. Je ne peux pas.

— J'en prends la responsabilité. Le grand air lui ferait tant de bien !

Lakhdar accepte à contrecœur, et je passe une délicieuse journée avec Claudine et Pierre.

Abdelkader Maarouf, pour qui je représente l'archétype même du héros, me rase chaque matin, m'apporte de la viande, se précipite dès que j'exprime le moindre souhait. En échange, je raconte des anecdotes du maquis. Le beau-père de Lakhdar, Houcine Dagdoche, un ancien combattant de l'armée française, adore écouter mes histoires : « Ah ! si j'étais plus jeune, je monterais me battre ! »

Rebbah Lakhdar vient me prévenir que Ouamrane s'inquiète de mon trop long séjour à Alger : « Qu'est-ce qu'il a, Azzedine ? C'est la flemme qui le paralyse, ou les jolies femmes ? » Je m'énerve :

— Tu diras à Ouamrane que ce n'est que mon genou qui me retarde. Du moment que l'on doute de moi, eh bien, je rejoins le maquis. Je poursuivrai ma convalescence là-haut !

— As-tu besoin de quelque chose ?

— Oui, j'aimerais voir ma famille... Et puis, si tu le peux, je voudrais des guêtres. Les buissons épineux déchirent les chevilles et les mollets.

Après quelques démarches, je reçois la permission de quitter le refuge et je vais voir ma sœur Kheira au Clos-Salembier et mon frère Saïd, rue Damourah. Les questions fusent de partout et j'exagère un peu l'importance de l'ALN, l'Armée de libération nationale, j'invente des actions... Je voulais convaincre ma famille. Elle n'en a pas besoin : mon frère aîné est plus nationaliste que jamais, ma nièce Zehor milite ardemment. Ma belle-sœur Tlidja, non seulement m'encourage à poursuivre la lutte, mais me paraît mûrie, très solide :

— Tu sais, je suis fière de t'avoir élevé ! me dit-elle en riant.

Les Zerari

Avoir un père, une mère, je ne sais pas ce que cela représente... Je suis né à Bougie, aujourd'hui Bejaïa, le 8 août 1934. Mes parents sont morts alors que j'avais à peine trois ans. Je ne me souviens ni de leurs visages ni de leurs caresses. Et je crois que je serai toute ma vie comme amputé de cette partie de ma mémoire dont ne subsistent que des images tracées par mes aînés : Rosa Klioua, une femme aux yeux clairs qui accueillait chez elle et choyait les pauvres du quartier ; Ahmed Zerari, un homme élégant, toujours vêtu de blanc, qui marchait fièrement en frappant le sol de sa canne... Nous étions sept enfants à la maison. Moi, Rabah Zerari, j'étais le dernier de la couvée. Nous possédions une boucherie et une ferme près de Bougie, flanquée de champs de céréales et de pâturages où nous élevions des vaches et des moutons. Oh ! ce n'était pas un élevage industriel. Mais nos bêtes nous permettaient de vivre assez confortablement. La tradition familiale, aussi loin que nous remontions dans le passé, faisait surtout de nous des éleveurs.

Les Zerari sont des Kabyles, originaires de la tribu des Beni Ben Messaoud, de la commune de Sidi-Aïch, séparée de Bougie par le pont qui enjambe la Soummam, et qui s'étend sur une dizaine de kilomètres de profondeur entre les routes montant vers Amizour et Cap Aokas. Ce territoire abritait tous les descendants de la famille des Bou Zerara. Mon grand-père Saïd — un homme respecté par toute la tribu — et ses fils Mohamed Saïd (mort très jeune), Amar, Ahmed, Allaoua et Moussa, travaillaient la terre et élevaient du bétail. Vers 1910, grand-père vendit sa terre et, afin d'envoyer ses petits-fils à l'école coranique, s'installa dans une maison de Bougie, quartier Bab-El-Louz. Il acheta une ferme sur les flancs, dominant la plaine, d'une montagne appelée aujourd'hui djebel Khalifa. De fellahs qu'ils étaient, les Zerari devinrent commerçants. Allaoua, Moussa et Amar ouvrirent un magasin de confection, tandis qu'Ahmed, mon père, s'établit boucher, rue Trezel-Haute. Ses débuts furent florissants, et notre maison — notre fief — du quartier Bab-El-Louz abritait l'ensemble de la famille, gouvernée sagement et fermement par grand-père Saïd, nommé khalife par la confrérie des Amaria où Allaoua fut à son tour nommé moukadem, c'est-à-dire adjoint du khalife. Cette confrérie enjoignait à ses adhérents de suivre le chemin de Dieu et de son Prophète Mohamed. Traditionaliste, elle pratiquait la charité, prêchait la solidarité et participait à sa manière à la préservation de la personnalité algérienne face à la domination coloniale et aux tentatives de dépersonnalisation. Il est clair que cette démarche était dictée par la fidélité aux générations qui, derrière Cheikh Belhaddad et Mokrani, tous deux de la région, ont tenté d'arracher l'indépendance de la patrie lors de l'insurrection de 1871.

Outre les Amaria, on comptait à Bougie des confréries comme les

Aïssaoua, les Kadiria, les Taïbia, etc., chacune ayant, à quelques nuances près, des règlements et des statuts identiques.

A la mort de grand-père, en 1930, les quatre frères Zerari se partagèrent la tâche d'élever notre nombreuse famille, Allaoua s'occupant plus spécialement de l'éducation des jeunes. Nous vécûmes ainsi, heureux et unis, jusqu'au drame qui allait nous écarteler.

On raconte qu'une femme, dont les Zerari avaient tué le fils à la suite d'un litige, nous aurait jeté un sort. La vieille hurlait à mon père, chaque fois qu'elle le croisait : « Tu ne dépasseras pas cinquante ans ! » Quoiqu'il en fût de cette prédiction, mon père signa un jour un contrat avec l'armée française, selon lequel il était tenu de livrer, un an durant, un certain nombre de tonnes de viande, à cinq francs le kilo. Or, cette année-là, le cours de la viande augmenta brutalement. La sécheresse avait décimé le cheptel. Ahmed Zerari dut donc vendre cinq francs le kilo un produit qui lui coûtait sept francs. Impossible de dénoncer le contrat devant les tribunaux : les adjudicateurs redoutaient l'armée. Mon père épuisa tous ses stocks et fut ruiné.

L'une de ses relations, l'usurier Oudali Tahar, qui lui avait, quelque temps plus tôt, en période de crise, prêté de l'argent sans demander le moindre reçu, est venu le voir et lui a dit : « Écoute, ou tu me rembourses maintenant, ou tu vends ta ferme et ta maison. » Homme honnête et très pieux, mon père a donné tous ses biens à Oudali, et la boucherie a été vendue par l'autorité judiciaire. D'un seul coup, il s'est effondré. Les gens se retournaient dans la rue sur son passage et murmuraient : « Qu'arrive-t-il à Si Ahmed ? » Évidemment, notre existence a changé. Mon frère aîné, Saïd, brûlait la vie par tous les bouts.

Quelques semaines après le drame qui nous jetait à la rue, il se dorait au soleil sur une plage. Désirant fumer, il se retourna vers un ami et lui réclama une cigarette. L'autre, qui avait pourtant un paquet posé en évidence sur le sable, secoua la tête sans le regarder. « En me refusant cette cigarette, tu me rends service. Merci », répondit mon frère. Et il se rendit à Constantine pour chercher du travail. Mes autres frères commencèrent aussi à essayer de se débrouiller seuls. M'Hamed réussit à obtenir, sur une place de Bougie, à proximité d'un bar, deux étalages où il vendit des brochettes, avec Boualem et Mustapha. La dizaine de francs qu'ils gagnaient chaque jour nous permit de ne pas crever de faim jusqu'à ce que l'un de mes oncles donne à mon père vingt mille francs ; tout ce qu'il possédait.

Saïd, que j'appellerai Sidi, car c'est lui qui m'a élevé, était devenu caissier-comptable à Constantine, dans l'épicerie des frères Ben Smaïl. Ceux-ci achetèrent une seconde épicerie à Bône (aujourd'hui Annaba), avenue Garibaldi, et mon frère leur demanda de l'envoyer là-bas. Il nous a tout de suite appelé auprès de lui.

Ne supportant plus de voir ses biens entre les mains de ses anciens amis et associés, d'entendre les gens s'apitoyer sur son sort, mon père a bouclé ses valises et nous nous sommes installés à Bône, dans la petite ferme d'un brave homme, un Kabyle nommé Hamlet. C'était plus vaste que les deux pièces-cuisine de la rue Vergnot où nous habitions et où nous étouffions. Mon père s'est occupé du jardin, Boualem et Mustapha se sont mis à vendre des légumes. Ils traversaient Bône en poussant une charrette à bras bringuebalante. « Légumes ! Légumes ! » criait Boualem. Le commerce marchait si bien que l'on a même pu acheter un bourricot et l'atteler à la carriole. On appréciait beaucoup mes frères dans le quartier. Souvent des gamins pénétraient dans le jardin et commettaient quelques petits larcins (vol de persil, fruits, salade), sur lesquels mon père fermait les yeux à cause du dénuement de nos voisins. Un jour, il tomba malade. Une broutille facile à guérir. Mais, usé, préoccupé par les difficultés que nous endurions, désespéré de voir ses garçons contraints d'arpenter les rues au lieu de fréquenter l'école — lui qui rêvait pour nous d'un autre avenir — il ne s'est plus relevé. Il est mort d'une crise cardiaque, en janvier 1937.

Nous n'étions pas des paysans. Et le loyer était trop cher. Nous avons dû quitter la ferme. De nouveau, des déménagements. On se trimbalait d'appartement en appartement. C'est rue de la Villette, chez Derguini, que, six mois après la mort de mon père, ma mère, Boualem et Mustapha ont été emportés par une épidémie de typhoïde. La maison a été désinfectée. On nous a mis en quarantaine. L'hôpital civil nous a rendu les corps dans des cercueils plombés que nous avons transportés jusqu'au cimetière dans la charrette à bras. La charrette que deux gosses, de sept et huit ans, dos maigres arc-boutés sous le poids, tiraient du matin au soir. « Il y a trop de malheurs dans cette maison, a dit Saïd. Elle va nous dévorer tous. » Et nous avons habité rue Gonzola, une pièce minuscule, avec une cuisine à côté. Tout ce que gagnait Saïd dans sa boutique disparaissait comme neige au soleil bien avant la fin du mois. Chez nous, en Algérie, quand quelqu'un meurt, on prépare un couscous auquel on invite parents et amis. Hamlet nous a offert un quintal de semoule et un demi-mouton. Les voisins ont apporté du sucre, du café, du thé, allégeant un peu notre peine par leur sollicitude. Saïd est devenu responsable de la famille. Non seulement de nous, de sa femme Tlidja, de sa fille Zehor, mais aussi de ses belles-sœurs Zohra et R'Mikia, de la grand-mère Zineb, etc. Saïd le jouisseur, le panier percé, a, dès lors, assumé sa responsabilité de chef de famille. Je suis presque tenté de dire son métier d'homme. Le droit d'aînesse, dans l'Algérie coloniale livrée à la misère et à la détresse, ne comptait en réalité que des obligations. Il a su se hisser au niveau de ses nouvelles et lourdes responsabilités et il exerçait une influence profonde sur les petits et les grands. C'est lui qui m'a élevé. Il m'a transmis son esprit d'initiative, sa fermeté dans les moments difficiles. Il fut pour moi un aîné sévère mais juste, un exemple.

Grâce à lui, M'Hamed a pu obtenir une bourse, aller à l'école primaire de la rue Sadi-Carnot, et passer son certificat d'études en 1939, à titre indigène et à titre européen. Il était le meilleur élève de sa classe (les épreuves du CEP à titre indigène supprimées en 1940, comportaient une dictée, une rédaction, des problèmes de calcul pour l'écrit et des questions orales). Muni de son CEP, mon frère aurait dû, normalement entrer en sixième au collège de Bône. Mais cet établissement était réservé aux enfants européens et aux fils de la mince couche des privilégiés algériens. Rares étaient les enfants de notre condition sociale à y poursuivre des études. M'Hamed est donc entré à l'école primaire supérieure.

J'ai moi aussi fréquenté l'école de la rue Sadi-Carnot. Pas longtemps. Son directeur, un raciste grand admirateur du gouvernement de Vichy, cherchait des histoires aux élèves musulmans. C'est ainsi qu'un matin, avec un geste dégoûté, il a fait semblant de dénicher un pou sur moi : « Toi avoir la gale, toi avoir des poux, ouste, dehors ! » J'étais un enfant d'une propreté exemplaire. Chaque matin, avant de partir à l'école, ma belle-sœur Tlidja me lavait à grande eau, inspectait attentivement mes oreilles et mes mains, peignait mes cheveux coupés en brosse. « Allez, Rabah, va maintenant ! », me disait-elle en m'embrassant. Saïd, quand il a su la façon dont j'avais été humilié, a appelé M'Hamed : « Si je rencontre ce directeur, je lui fiche mon poing dans la figure ! Ce genre de type nous considère comme des inférieurs dans notre propre pays. C'est un comble ! Va le voir et montre-lui que Rabah est impeccable. S'il persiste, eh bien, tant pis ; Rabab n'ira plus à l'école primaire et on l'inscrira dans une école coranique. »

C'est à cause de cette histoire que je ne suis plus allé à l'école française et que j'ai suivi les cours du taleb Cheikh Bel Kassem, qui parlait avec passion à ses jeunes élèves de l'Algérie libre.

Saïd, quant à lui, travaillait jour et nuit pour subvenir aux besoins de la famille. La mort de nos parents et de nos deux frères, les dettes qu'il fallait rembourser, les problèmes de subsistance quotidienne, tout cela pesait lourd sur les épaules d'un jeune homme de vingt et un ans. La seule chose que ma mère nous avait laissée, c'était un collier de louis d'or. Ce précieux héritage sentimental, nous avons dû aussi le donner en gage à la propriétaire de l'appartement de la rue Gonzola, lors d'une fin de mois délicate. Ce collier fut par la suite récupéré par Saïd dès qu'il économisa quelques francs, et il l'offrit à ma sœur Kheira en cadeau de mariage. Un présent qu'elle conserve jalousement.

L'accumulation des catastrophes nous rendait la vie de plus en plus dure, malgré les efforts de Saïd. Nous nous installâmes, à une douzaine de personnes, dans une sorte de cagibi, chez Lapenta, un Italien du boulevard Papier, en 1943. A cette époque, toute la ville trafiquait, faisait du marché noir. Pour joindre les deux bouts, Saïd, luttant lui aussi contre le rationnement, se débrouilla pour fournir du lait, des pommes de terre, des œufs, du sucre, du café... Il s'associa avec un ami et acheta quatre-vingts kilos de thé aux Américains. Un indicateur les signala à la police de répression économique, et Saïd fut condamné à trois mois de prison. La marchandise, qui représentait toute notre fortune, fut saisie. Libéré, Saïd a fait la connaissance d'un Bulgare, fabricant de yaourts que nous livrions dans toutes les épiceries de Bône. Grâce aux bénéfices de ce commerce, nous déménageâmes dans un trois pièces, rue de l'Elisa, et Saïd fit l'acquisition d'une boutique pompeusement baptisée *A la Marquise de Pompadour*, à la colonne Randon, rue Garibaldi. En 1948, il transforma la boutique en bains-douches.

Je me souviens que mes deux aînés, après la sortie de prison de Saïd, commentaient le soir, à la lueur tremblotante de la lampe, les événements de la guerre. Ils m'envoyaient sur le pas de la porte surveiller la rue, car il était interdit d'écouter certaines stations de radio. A l'époque, Saïd appartenait à un parti dissous, le PPA, le Parti du peuple algérien. Messali, le fondateur du PPA, qui venait du purger une peine de deux années d'emprisonnement, fut une nouvelle fois arrêté et après avoir connu les geôles colonialistes, il subira l'exil. Certains membres du PPA, reconstitué dans la clandestinité, avaient reçu pour mission d'adhérer au AML de Ferhat Abbas. Le statut légal des AML offrait aux militants clandestins de nouvelles possibilités d'approche des masses en vue de propager leur idéal nationaliste.

Le 8 mai 1945

Après le débarquement des troupes anglo-américaines, le 8 novembre 1942, Ferhat Abbas, suivi en cela par les Algériens membres de la délégation financière, allait présenter aux autorités coloniales et aux alliés un document résumant les revendications pour sortir le pays du carcan colonial. Le document, connu sous le nom de Manifeste du peuple algérien, avait été préparé par le secrétaire général du PPA clandestin : Lamine Débaghine. Il servira ensuite de plate-forme à une organisation légale : les amis du Manifeste et de la liberté que les militants du PPA, encadreront pour mener une intense activité au sein des masses en vue de leur mobilisation pour faire aboutir l'idéal d'indépendance nationale de leur parti.

Je voudrais, pour mémoire, rappeler que dans sa stratégie révolutionnaire, le PPA clandestin prévoyait le débarquement allié mais ne disposait pas de moyens matériels et humains pour utiliser cette circonstance favorable en vue de prendre le pouvoir en créant un gouvernement algérien et une armée garante de notre indépendance, une armée qui aurait pu se battre aux côtés des alliés contre le nazisme et le fascisme, dont l'idéologie raciste heurtait profondément les convictions démocratiques des militants du PPA. Il est vrai que quelques militants avaient pensé qu'une alliance conjoncturelle avec l'ennemi de notre ennemi pouvait aider à faire aboutir nos aspirations. Sur ce point précis, il faut rendre hommage à la clairvoyance politique de Messali qui demanda du fond de sa prison l'exclusion de ces militants. Il est regrettable que le fondateur du nationalisme algérien, ait en 1954, pour des raisons liées au culte de la personnalité, raté le rendez-vous avec l'histoire en se dressant contre le FLN et sa branche armée l'ALN.

Mon frère Saïd avait adhéré aux AML tout en militant au sein du PPA auquel il était attaché de toutes ses fibres. J'entendais Saïd et M'Hamed discuter du nazisme, de Hitler. « Pourvu que ce monstre soit abattu, disaient-ils à mi-voix. S'il perd, il y aura du nouveau en Algérie. S'il gagne, c'est foutu. Car il nous a classés quatorzième race, juste après les crapauds ! » Le mot « nationalisme » revenait souvent dans la bouche de mes frères. Saïd bousculait M'Hamed : « La modération ne sert à rien. Il faut passer par un conflit. » M'Hamed répondait : « Avec de Gaulle, les Américains et les Russes, il y aura du changement après la victoire. » Bien que haut comme une cosse de caroube, je me mêlais parfois à la conversation, et, un jour, j'interpellai avec impertinence Saïd :

— Je ne comprends pas pourquoi vous êtes contre l'ennemi de notre ennemi.

Mon aîné, très naïf encore en politique, m'attira contre lui :

— Mon fils, c'est bien de poser cette question. Mais Hadj Guillaume (en Algérie, nous surnommions ainsi Hitler) est encore plus dangereux que les Français. Car voilà : la France est occupée par les soldats, les nazis de Hadj Guillaume. Les Français apprennent ce que c'est que la souffrance. Demain, après la Libération, même si les dirigeants français font semblant de ne pas comprendre, les Américains, les Russes, et surtout le peuple de France, auront à dire leur mot. « Maintenant, la parole est au peuple de France », comme vient de l'écrire Ferhat Abbas, ajouta M'Hamed.

C'est dans cet état d'esprit que mes frères ont accueilli la paix retrouvée et préparé une grande manifestation de joie. Après son discours de Brazzaville sur la décolonisation, de Gaulle avait suscité des espoirs parmi les réformistes tandis que les révolutionnaires ne pouvaient se laisser abuser par des déclarations d'intention toujours contredites par les faits depuis le début de la conquête, en 1830. D'aucuns croyaient que les Russes et les Américains feraient pression sur lui pour qu'il nous accordât la liberté. D'autant plus que le peuple algérien avait payé un lourd tribut à une guerre qu'il ne jugeait pas être la sienne. Des milliers de tirailleurs et de zouaves algériens étaient morts sur les champs de bataille de l'Europe. La France devait à l'Algérie justice et dignité.

C'est alors qu'arriva le 8 mai 1945. Le parti des « Amis du manifeste et de la liberté » appela toute la population à célébrer la défaite du fascisme. Les militants et sympathisants furent priés de se rassembler aux portes de la Colonne, place de Vendôme. Il y avait aussi des hommes du PPA, drapeaux pliés sur l'épaule. Personne n'était armé. On ne va pas fêter une victoire une mitraillette dissimulée sous le burnous ! Un cortège pacifique se forma et s'ébranla, anciens combattants et scouts en tête. Des policiers en civil surveillaient la foule. A l'avant du cortège marchait d'un bon pas un docker appelé le « Gaulois ». C'était un colosse qui arborait d'énormes moustaches. Dès que le « Gaulois » déplia son drapeau vert et blanc estampillé d'un croissant et d'une étoile rouge, les inspecteurs Bel Haït et Raviola sortirent leurs pistolets et tirèrent. Le « Gaulois » s'écroula, le sang jaillissant de son ventre. Il fut hospitalisé puis condamné à mort. Je sais que sa peine fut par la suite commuée en internement à perpétuité, et qu'il ne fut libéré qu'au moment du cessez-le-feu, en mars 1962... Dix-sept ans de prison pour avoir déployé, au cours d'une manifestation pacifique, le drapeau pour lequel plus d'un million de patriotes sacrifieront leur vie : la IVème république française, issue de la victoire contre le nazisme reprendra à son compte, les méthodes de ce dernier afin de maintenir le joug colonial : la Vème république ne cédera que lorsque le FLN-ALN l'y contraindront.

La manifestation n'avait pourtant pas été interdite par les autorités. Quand les policiers firent feu, la panique s'empara de la foule qui s'éparpilla en tous sens. A Bône, il n'y eut que quelques blessés. En revanche, à soixante kilomètres, à Guelma, les soldats fusillèrent, jetèrent dans les fours à chaux d'Héliopolis des centaines de manifestants. A Sétif, à Kherata, les manifestations s'étaient aussi achevées en massacre. L'aviation française, qui avait « brillé » par sa totale inefficacité face à la Luftwafe, allait montrer toute sa capacité contre des populations désarmées. Le chef du gouvernement provisoire était le général de Gaulle qui sera rappelé au pouvoir en 1958 par la droite française et les Européens d'Algérie, qui avaient gardé un excellent souvenir de cet homme d'ordre. Il mobilisera d'ailleurs tous les moyens pour tenter de briser une seconde fois le ressort de la nation. Le ministre de l'Aviation était un franc-tireur et partisan, un résistant au nazisme, un patriote français : Charles Tillon. Mais pour de Gaulle et Tillon la liberté n'avait pas de valeur universelle, elle était vérité sur la rive nord de la Méditerranée et devait être étouffée sur la rive méridionale. Le 8 mai 1945, les colonialistes pensaient jeter l'effroi dans les cœurs. Ils avaient même franchi un nouveau pas en lançant dans la répression les légionnaires en majorité allemands et des troupes coloniales qui ne comprenaient pas pourquoi il fallait tirer sur les familles et leurs anciens compagnons d'armes. Leurs calculs furent déjoués. Désormais les Algériens saignés à blanc (45 000 morts, 100 000 détenus), s'alignèrent sur l'organisation révolutionnaire, le PPA, et ne permirent à jamais toute idéologie réformiste de s'affirmer. L'élan de solidarité nationale qui recouvrit le pays sur toute l'étendue du territoire, constitue la preuve irréfutable que la nation était vivante, unie et décidée.

Qu'il me soit permis d'évoquer un souvenir bien connu des

militants du PPA. La fédération de la Grande Kabylie avait été sollicitée pour l'adoption de 7 500 orphelins. Cependant ces adoptions n'ont pu avoir lieu car chaque village, chaque douar, refusait d'être dessaisi de son devoir et les orphelins ont été intégrés dans de nouvelles familles, sur leur lieu de naissance. Pendant plus d'une année le PPA, toujours dans la clandestinité, allait gagner de nouvelles couches de la population et étendre son organisation. C'est ainsi que ces mots d'ordre seront suivis par tous et que la grande bataille de l'amnistie sera gagnée. Messali reviendra d'exil, Ferhat Abbas, Cheikh El Ibrahimi, Cheikh Larbi Te Bessi, Lahouel Hocine sortiront de prison.

Si les événements de Sétif, les vagues de violence parvenaient assourdis au gouvernement français, si les rapports de plus en plus alarmants sommeillaient dans les tiroirs et nos rêves de liberté s'enlisaient dans l'indifférence d'une France à peine libérée, il n'en était pas de même en Algérie. Ce 8 mai 1945 cimenta le nationalisme algérien.

Des Algériens qui s'étaient bravement battus contre les nazis dans l'armée française, trouvèrent, de retour chez eux, la haine et la répression. L'ex-sergent Ouamrane, originaire de Draâ El Mizan, qui s'était couvert de gloire en Alsace comme tant d'autres, choisit vite. Dès lors, le dilemme était clair.

Si l'opposition était générale, la voie à suivre était différente. Certains opteront pour le réformisme, comme l'UDMA, l'association des Oulama, alors que d'autres iront vers le PPA qui créera en 1947 l'OS chargée de préparer la lutte armée. C'est ainsi que l'on retrouvera le 1er Novembre 1954 au sein de la direction centrale des militants : Didouche Mourad, Larbi Ben M'hidi, Ben Boulaïd, Krim Belkacem, Mohamed Boudiaf, Rabah Bitat, qui s'engageront résolument sur le chemin qui les mènera du PPA au FLN.

A Bône, le soir du 8 mai 1945, la police organisa une rafle. C'est ainsi que furent arrêtés mes trois frères. Abdennour, un gamin qui ne pouvait être que sympathisant, fut incarcéré au poste du troisième arrondissement ; M'Hamed, raflé dans la vieille ville, fut conduit au commissariat du deuxième arrondissement. Des inspecteurs le frappèrent derrière la nuque avec un tuyau de caoutchouc muni d'un boulon à son extrémité. On le ramassa, évanoui, puis on l'enferma dans une cellule. Il se réveilla dans les bras de Saïd qui essuyait tendrement sa figure maculée de sang. Ils étaient cinquante-sept détenus, entassés dans une pièce de quatre mètres sur quatre où ne stationnaient habituellement que quelques ivrognes. Les hommes dormaient à tour de rôle sur le ciment et urinaient dans un coin de la pièce.

En compagnie de quelques-uns des militants les plus chevronnés de Bône, Saïd fut conduit au parquet de Constantine. Parmi ses camarades, il y avait Amar, un opérateur de cinéma, Mahmoud Rachid, Belkacem Tiloui, Cheikh Tahar, etc. Ils furent signalés à la police par un indicateur, le fils Tahar, un flic... Saïd resta dix mois en prison à Constantine et deux mois à Bône. Abdennour écopa de trois mois, et M'Hamed, dont le travail politique consistait surtout à enregistrer et à percevoir les adhésions et les cotisations, fut condamné à quatre ans d'emprisonnement, quatre ans d'interdiction de séjour et quatre ans de privation de droits civiques. Il fut transféré de Bône à Lambèse, près de Batna. Une prison atroce.

Le détenu, accueilli par des injures et des coups, était mis à poil au milieu de la cour et douché au jet glacé. Puis on lui rasait le crâne et on le conduisait en cellule avec les détenus politiques, qui avaient un régime beaucoup plus dur que celui des droits communs. Isolés, maltraités, battus, les « politiques » déclenchèrent un jour une grève de la faim. On ne leur servait, une fois par jour, qu'un fond de soupe avec deux fèves et des bouts de carottes. Chaque soir, ils étaient fouillés, nus dans la cour. Ils n'avaient droit de recevoir qu'une seule lettre ou un colis par mois. Des vieillards ne survécurent pas à la grève de la faim qui dura une semaine environ. Inquiète, l'administration pénitentiaire céda, permit aux « politiques » de lire *La Dépêche de Constantine*, de recevoir des colis, d'avoir des contacts avec leurs parents au parloir de la prison. Malgré son jeune âge, M'Hamed faisait partie du comité des détenus. C'est lui qui présentait et défendait devant la direction pénitentiaire les revendications des prisonniers, dont il était le mandataire. On l'appelait le « meneur » et ses geôliers le rudoyaient plus que les autres. Les détenus eurent gain de cause car unis, ils continuaient le combat dans la prison. Ils ne risquaient pas de perdre la relative liberté dont ils jouissaient à l'extérieur. Les conférences-débats, les cours d'alphabétisation continuaient à approfondir la conscience politique des néophytes et entretenaient le moral tant il est vrai, comme le disait le docteur Saâdane en 1945, qu'« un peuple qui lutte et qui chante est un peuple sûr de vaincre ».

Les vieux militants du PPA sont saisis d'une profonde émotion quand ils évoquent les massacres de mai 45 qu'ils considèrent comme le point de départ de la grande épopée de 1954. Dans toutes les prisons d'Algérie, dans la clandestinité à travers tout le pays ou dans le maquis de Kabylie (le premier maquis politique) ils ont accompli un travail dont on recueillera les fruits pendant la guerre de libération nationale. On leur doit au moins la préparation, et ceux qui porteront l'uniforme de l'ALN ne doivent jamais oublier leurs aînés morts dans les geôles (Douar Saïd, Cheikh Belaïd et tant d'autres...) sous la torture en refusant de livrer des secrets d'organisation ou au maquis (Ben Brahim, Allal, Laïmache Ali, etc.). J'ai eu le privilège de côtoyer certains et par eux de connaître, sans parfois les rencontrer, des hommes qui auront marqué la période pré-révolutionnaire. Je n'en citerai aucun car ayant servi dans un moment difficile avec une modestie égale à leur fermeté, ils tiennent à garder l'anonymat.

Aux législatives de juin 1946, Ferhat Abbas obtint onze sièges au Parlement pour un parti, l'UDMA, l'Union démocratique du manifeste algérien, et il fut élu député. En mars, il avait écrit un magnifique appel à la jeunesse algérienne, que M'Hamed put lire dans sa prison de Lambèse : « Un double et sincère effort est à réaliser. Le 8 mai nous a ramenés aux croisades avec cette circonstance aggravante, pour les Français d'Algérie, que c'est une partie de leur élite qui, de sang-froid, a torturé, assassiné, durant des semaines, des êtres innocents. Cela n'a été possible que parce que l'Arabe a toujours été considéré comme un être à part, un ennemi, un homme inférieur... Du côté musulman, le concept théocratique du Moyen Age doit aussi disparaître. L'époque du prosélytisme religieux est révolue... Un Algérien chrétien, juif, doit être le frère d'un Algérien musulman, sans que celui-ci cherche à exclure l'autre de la communauté, ni que l'autre se croie obligé de l'assimiler ou de le réduire à l'esclavage... »

Convaincant, admiré, à la tête de dix députés algériens élus à l'Assemblée nationale, Ferhat Abbas demanda l'amnistie pour les détenus politiques. Et il l'obtint. Car il rassurait. Messali Hadj, qui venait de créer le MTLD, le Mouvement pour le triomphe des libertés démocratiques, était au contraire la « bête noire » du Gouvernement général. Bénéficiant de cette amnistie, M'Hamed sortit de Lambèse. Le sous-préfet de Batna tint alors à adresser aux détenus un petit « speech » où il évoqua « la France clémente et généreuse ».

Mon frère et ses camarades étaient au garde-à-vous au milieu de la cour. Le sous-préfet, le directeur de la prison, les autorités civiles et militaires du coin, les garde-chiourmes, souriaient béatement. Oubliés Sétif, Guelma, Villars et les fours d'Héliopolis, oubliés les dégelées de trique, les ratonnades, les vieux asphyxiés sous les douches glacées... « On tire un trait sur le passé. Acceptez ces dattes et cette semoule en gage de notre amitié... » Les prisonniers refusèrent. Et on les embarqua à coups de pied au cul dans les camions. Une foule dense et enthousiaste attendait les prisonniers libérés, parmi lesquels se trouvait M'Hamed à l'entrée de Bône... Elle leur réserva un accueil très chaleureux et les accompagna un à un jusqu'à leurs maisons. A cette époque déjà, les Algériens qui, comme Saïd et M'Hamed, avaient conscience de leurs droits, parlaient beaucoup de l'avenir du pays : « Un jour, disait M'Hamed, qui se situait dans la mouvance révolutionnaire, nous aurons un nombre encore plus respectable d'élus à l'Assemblée nationale. Algériens et Français nous dirigerons ensemble l'Algérie... Nous voulons conquérir cette indépendance par la voie pacifique. » Et Saïd de lui rétorquer : « Pas question ! N'as-tu donc pas compris, après les événements du 8 mai, que la seule discussion valable avec le pouvoir colonial, c'est la force ? Nous n'obtiendrons notre indépendance qu'en passant à travers l'épreuve du sang et de la souffrance ! » M'Hamed se maria au mois d'octobre 1946 et, fort en calcul, trouva un poste de pointeur-comptable dans une grande ferme des environs de Bône. Il touchait 70 F, anciens bien sûr — par jour, (un ouvrier agricole percevait 3,40 F par jour, un gosse de moins de 14 ans 1,40 F, entre 14 et 18 ans 2,40 F). Il déménagea pour habiter dans cette ferme où, de temps à autre, je lui rendai visite. Je me souviens qu'une fois, très attiré par un pistolet, j'essayai l'arme derrière une meule de foin à laquelle je manquai mettre le feu.

M. Solvestre, le commis de la ferme, père de deux enfants, fut un jour tué par quelqu'un qui le guettait derrière la lucarne des W.-C. extérieurs. Quand les gendarmes ont mené l'enquête, ils ont, comme c'était prévisible, ouvert le dossier de M'Hamed, et se sont étonnés qu'un ancien condamné possédât les clés de l'armurerie, où étaient entreposées les armes nécessaires au gardiennage des agrumes et des vignes... M. Brisson, le patron de la ferme, non seulement couvrit M'Hamed, mais, ayant acheté une autre ferme à Boumeiza, près de Chandon, au domaine El-Aleg, l'en nomma gérant.

Du Pont-Blanc à la Marquise de Pompadour

Quand Saïd, M'Hamed et Abdennour furent arrêtés, le 8 mai 1945, j'avais onze ans. Je me levais à 3 heures du matin et poussant ma brouette chargée de bidons de lait vides, j'allais jusqu'au Pont-Blanc où je remplissais mes récipients. Une sacrée trotte ! Je rentrais à *La Marquise de Pompadour* quand le jour se levait, et ouvrais le magasin que je confiais à Djamila, une orpheline que Saïd avait adoptée, avec sa bonté coutumière. Je faisais ensuite la tournée des cafetiers, distribuant mon lait jusque dans la vieille ville, puis je retournais au magasin. L'après-midi, je remettais ça, la brouette pesant de plus en plus lourd, et je cavalais du Pont-Blanc à *La Marquise*, pour la livraison du soir. On me surnommait le « raseur de murs », car j'étais plutôt triste et solitaire. J'avais quelques copains, mais je ne pouvais être aussi insouciant, turbulent, que les garçons de mon âge. Trop de responsabilités m'écrasaient. Et en dépit de l'affection dont m'entouraient ma belle-sœur Tlidja, ma sœur Kheira et mes frères, je souffrais d'être privé de parents. Il m'arrivait même, parfois de détester les amis qui venaient bavarder un moment à *La Marquise*. Quand l'un d'eux, par exemple, me tendait un gâteau ; « Allez, on partage, il est extra. C'est ma mère qui l'a préparé », quand un autre filait en me criant du pas de la porte : « Salut ! Je dois aider mon père. Si je tarde, je vais prendre une raclée ! », lorsque je les croisais sur le trottoir, moi suant derrière ma brouette, eux serrés entre leurs parents, une boule de chagrin m'étranglait, l'orgueil m'empêchait de pleurer, mais j'aurais tant voulu connaître un seul jour de fête, le repos d'un dimanche, d'un jeudi auprès d'un père, d'une mère ! Saïd nous imposait une vie toute de rigueur et de labeur. Abdennour et moi lui chipions parfois de l'argent. Nous ne comprenions pas très bien la situation. Nous pensions qu'une pièce par-ci, par-là, ce n'était pas grave. Saïd, lui, se démenait comme un diable pour amener du pain à la maison. Il payait le lait que lui fournissaient les Maltais une semaine avant de le vendre. Il était tout le temps endetté. Alors nos chapardages le mettaient dans une rage terrible. Il nous frappait avec le premier instrument tombé sous sa main. Je me demande encore comment il ne nous a pas estropiés ! Tout en nous adorant. Simplement, il ne supportait pas notre insouciance.

Quand Sidi sortit de prison, je continuai, comme à l'accoutumée, à livrer du lait, vêtu d'un tablier blanc, dans la vieille ville, à laver les bidons, à briquer la douche et à garder la boutique quand mon frère s'absentait. Cela dura des mois et des mois monotones, jusqu'à ce que Saïd me recommandât à quelqu'un qui travaillait sur le chantier de la centrale thermique de Bône, construite par une société de Montpellier. J'y entrai comme apprenti soudeur, monteur en tuyauterie. On surnommait l'un de mes camarades Koblet, comme le coureur cycliste, car il possédait un vélo, ce qui était alors un luxe, un signe de richesse. Il l'avait acheté avec son salaire. Il ne refusait jamais de me jucher sur son cadre pour une promenade, et me prêtait parfois sa bécane. Mais je l'enviais un peu. Je donnais, en effet tout ce que je gagnais à Saïd, qui ne me laissait que quelques dizaines de francs sur mon salaire. Quelles folies aurais-je pu faire avec une telle somme ? Je devais acheter mes casse-croûte de la semaine et économiser ce qui me restait pour me payer, de temps à autre, un billet de cinéma ou de match de foot.

Quand la centrale thermique fut terminée, je retournai à la boutique, n'ayant pas trouvé de travail plus substantiel. Mais il me fut impossible de me réadapter à cette vie sévère et routinière. J'avais apprécié les plaisirs du repos dominical. Il n'en était plus question, et cette dépendance me liant à mon aîné me coûtait. Je me sauvai et gagnai à pied Jemmapes, à soixante-dix kilomètres de Bône. Là, je fus engagé comme livreur dans une boulangerie. La journée, je transportais le pain, et le soir, je pétrissais, je coupais, je pesais la pâte, nettoyais le fournil, pour un salaire de misère. Juste de quoi donner à mon étroite carcasse les calories dont elle avait besoin pour ne pas s'effondrer… Puis j'allai à Philippeville où je fus employé comme manœuvre-maçon. Ma famille finit par me manquer et, un peu penaud, je rentrai à Bône. Mon frère me pardonna et je repris mes habitudes. La farine et le ciment n'ayant pas réveillé en moi une irrésistible vocation, je cherchai du boulot dans ma spécialité, la chaudronnerie, la tuyauterie ou la soudure.

A force de circuler dans les cafés maures et de m'attabler pour jouer au jeu de dames avec des adultes, j'étais devenu un champion. Je ne me vante pas. Je possédais une sorte de sixième sens qui, dès les premiers pions de l'adversaire avancés, me permettait de prévoir en quelques secondes une stratégie imparable. On me sollicitait de partout pour jouer : de la vieille ville, de la Colonne, de la Couronne, de la place d'armes, du marché… Personne ne me battait. Un seul me fit mordre la poussière en remportant la « belle ». C'était un maître très réputé de Guelma — le bout du monde, soixante kilomètres de Bône — qui s'était déplacé pour disputer avec moi une partie.

De Bône à Alger

En 1951, je quittai Bône pour Alger. Tlidja, qui m'élevait avec tant d'amour, éprouva un grand chagrin. Mais comment faire autrement ? Le chômage à perpétuité ne m'attirait pas. Je ne dénichai qu'une place de garçon de café, rue Bruce. La nuit, je dormais dans un coin de la salle, sous une table. Je me moquais de cette solitude, de cet inconfort. Alger était un paradis où, entre ombre et lumière, la vie palpitait, savoureuse, généreuse, fantastique. Où, même pauvre, j'étais libre et heureux.

Mon oncle Hanouz, qui habitait Clos-Salembier, avait beaucoup d'enfants, mais il me reçut les bras ouverts, paternellement, quand je me présentai chez lui. Les fastes d'Alger s'étaient vite éteints, étouffés par mes misères quotidiennes. Par orgueil, je n'avais pas alerté Hanouz... J'avais fait une foule de petits métiers et n'en pouvais plus de vendre des merguez et des beignets, de verser du thé à la menthe ou de laver des carreaux. J'avais entre les mains une spécialité que j'appréciais. Que diable ! N'avait-on pas besoin à Alger d'un chaudronnier qualifié ?

Mes hôtes, une ribambelle de cousins et de cousines, m'adoptèrent, et le bon Hanouz, qui battait la ville, relançant sans cesse ses amis, arriva un soir tout joyeux à la maison : « Ça y est, Rabah ! Il y a une place chez Caterpillar, à Maison-Carrée. Ils ont besoin d'un soudeur à l'arc et à l'autogène ».

Lentement, un à un, les membres de ma famille quittèrent Bône. D'abord ma sœur Kheira. Son mari Mohamed Ziane avait acquis une boutique du côté du Champ de Manœuvres. Une laiterie ! D'une ville à l'autre, on perpétuait la tradition. Saïd abandonna lui aussi l'avenue Garibaldi. Son foyer s'était agrandi. La vie se révélait trop dure là-bas. Il avait toutefois accumulé dans son bas de laine quelques économies arrachées aux rigueurs de l'existence. Il était prêt à s'installer à Alger. Nous avions discuté et, mes jours de repos, nous arpentions la ville à la découverte d'une aubaine. C'est rue Damourah que nous avions enfin trouvé un magasin que Saïd transforma en bains-douches. A son tour, il m'offrit l'hospitalité. En échange, je lui versais la quasi-totalité de mon salaire. J'étais content de nous voir tous de nouveau rassemblés, je n'étais plus seul.

Mon engagement

J'appris l'insurrection du 1er Novembre 1954 en descendant le lendemain vers Belcourt, où je devais prendre le car pour l'usine. J'achetai *l'Écho d'Alger*. Des « terroristes » avaient opéré en divers points du territoire algérien. Des groupes armés s'étaient manifestés dans les Aurès, en Kabylie, dans l'Oranais et aux environs d'Alger, attaquant des casernes, des Bordjs, des gendarmeries, déposant des bombes, allumant des incendies. A Arris, le caïd de M'Chouchène et l'instituteur Guy Monnerot avaient été tués sur le bord de la route, dans les gorges de Tighanimine. Mme Monnerot avait été grièvement blessée... Je n'étais pas un militant, j'observais les événements politiques d'assez loin, mais la nouvelle me bouleversa. Certes, des civils avaient été touchés et je pensai à la répression qui allait immanquablement suivre. Mais une folle exaltation m'envahit : « Enfin, c'est parti. Nous allons nous battre ! » Dans le car, les Algériens semblaient plus fiers que d'habitude et on percevait dans leur regard un éclat d'espérance.

Outre le travail, une seule chose me passionnait : le football. J'appartenais à un club, l'USMMC, l'Union sportive musulmane de Maison-Carrée. Notre « onze » était uniquement composé d'Algériens. Selon les quartiers, les équipes contre lesquelles nous jouions étaient européennes ou mixtes. Ce sport fut pour moi une école de nationalisme, et le terrain vague mon premier champ de bataille. Lors des matches, nous défendions une idée, encore floue, mais nous avions conscience déjà de nous battre pour notre pays. D'où notre acharnement à vaincre. Bien que correct, j'avais la réputation d'être un avant-centre particulièrement coriace : il ne fallait pas qu'un joueur essaie de tricher ou de m'appeler « bicot », « bougnoule ». Je devenais alors méchant comme une teigne. Mes adversaires me redoutaient.

L'usine Caterpillar était un grand bâtiment blanc, sur la route de l'aéroport, à une dizaine de kilomètres d'Alger. La direction et le personnel d'encadrement étaient européens. Costa, mon contremaître, était espagnol. Un honnête homme... Je ne pourrais en dire autant des patrons qui nous payaient moins cher, à responsabilités égales — nous les Arabes — que les Français. Quelques jours après l'insurrection, le bruit courut que l'organisation interdisait de fumer. Cela m'était facile, car je n'aimais pas le tabac. Mais j'ai transmis l'ordre, et l'un des gardiens de l'usine, la trentaine, moustachu, qui se tenait à l'entrée dans une guérite, m'a entendu. Il s'est précipité chez le sous-directeur : « Chef ! Les gens parlent, s'agitent, je pense que Zerari est de ceux qui foutent la merde ! » Le sous-directeur nous a tous rassemblés et engueulés :

— Qui vous donne cet ordre de ne plus fumer, dites-le-moi ! Un groupe de quelques agitateurs dans les Aurès ! Alors ? Vous obéissez à des égorgeurs, à des pillards qui vont bientôt être arrêtés ? Ici, on travaille, on ne fait pas de politique. Toute personne qui nuira au bon esprit du travail et du rendement sera renvoyée et livrée aux autorités. Demain, tout le monde fume !

J'ai levé la main.

— Que veux-tu ?

J'ai crié :

— Je n'ai jamais fumé et je ne fumerai pas !

Les autres n'ont rien dit. Certains m'ont fait un clin d'œil approbateur.

Je fus contacté sur un terrain de foot par Waheb et Abderrahmane Laâla, un compositeur, un poète, au long visage barré d'une moustache épaisse en accent circonflexe. Laâla était accompagné de son fidèle lieutenant, « Yeux bleus », tignasse bouclée et regard limpide. Laâla suivait tranquillement la partie. A la mi-temps, il s'approcha de moi et nous parlâmes un peu de la technique du jeu. Puis il me fixa :

— Dis, Zerari, je peux parler sérieusement avec toi ?

Je haussai les sourcils, intrigué :

— Sérieusement ?

— Oui... C'est juste pour savoir si tu veux travailler avec nous, avec l'organisation nationaliste ?

Depuis un bout de temps, je souhaitai de me joindre aux frères de combat. Laâla m'offrait la chance de combattre.

— Mais attention ! me dit-il. Nous ne sommes pas des gens qui coupons les routes ou les poteaux télégraphiques. Le sabotage est actuellement secondaire. Nous allons mettre en place des structures pour abattre les colonialistes et leurs valets qui traquent l'organisation politico-administrative.

Ma réponse fut immédiate :

— Je n'ai ni père ni mère. Je suis célibataire, je suis ton homme !

— Eh bien, on va d'abord te demander de verser une cotisation. Tu es d'accord ?

Je gagnai dix-huit mille francs par mois chez Caterpillar, et cette cotisation était de mille francs. Je réfléchis.

— Une trop forte somme pour toi ? dit Laâla en souriant.

— Tiens, je donne cinq mille francs, je ne bois pas, je ne fume pas, je n'ai que de modestes besoins. Mais dès qu'il y aura une action, promets-moi d'en être !

Laâla me serra le bras affectueusement :

— Doucement, petit, patience... On te contactera pour assister à des réunions où tu exprimeras ce que tu penses. En attendant, tais-toi et sois discret sur ton engagement.

La brève discussion avec le chahid (martyr) Abderrahmane Laâla allait provoquer en moi deux sentiments contradictoires :

l'orgueil d'entrer enfin dans l'organisation FLN et la déception d'avoir à cacher justement cette adhésion. Ma jeunesse et mon inexpérience expliquent ce double sentiment.

La première réunion eut donc lieu en février 1955, dans la maison d'un horloger, au Clos-Salembier.

Nous entrons à cinq minutes d'intervalle l'un après l'autre. Aucun danger. A ce moment-là, les militants ne sont pas encore fichés par la police, ils commencent seulement à organiser le Front, recevant les instructions des maquis. Nous nous installons dans une pièce et Abderrahmane Laâla prend la parole, en saluant les martyrs, puis nous explique la situation. Il est très convaincant et nous nous sentons tous regonflés. A la fin de son analyse, il nous interroge : « Quelqu'un a-t-il une suggestion à faire ? » Je lève le doigt : « Moi ! Je veux parler de Caterpillar. » Et je raconte l'intervention du gardien, le discours du sous-directeur :

— Ce gardien est nuisible à la cause. Tant qu'il sera là, les camarades de l'usine s'épieront, refuseront d'obéir à nos consignes. Il faut le liquider et, par la même occasion, brûler les entrepôts, le matériel, récupérer les fonds de l'usine pour la révolution !

Je suis content de mon intervention dont, me semble-t-il, la violence doit convenir aux responsables qui m'ont contacté. Un avant-centre frappe fort. Laâla m'a écouté sans m'interrompre :

— C'est très intéressant Zerari, ce que tu dis là. Mais, pour l'instant, attends les ordres.

Une semaine plus tard, autre réunion. Le rapport d'activité nous remplit d'optimisme. Les frères accomplissent des exploits dans les Aurès, le FLN se structure, les renseignements qui nous parviennent de l'ensemble du territoire sont réconfortants. Mais à Alger, il ne se passe rien.

— Vous allez voir, ronchonne un vieux militant, que la France va minimiser le rôle du Front sur les populations des villes.

Je me dresse :

— Alors, commençons. Il faut tenter un coup à l'usine Caterpillar. Je suis chaudronnier, soudeur à l'arc, je peux tout démolir.

Je répète la même chose — c'était un samedi — à la troisième réunion :

— Il me sera impossible de préparer le terrain, de recruter des gars, tant que ce gardien m'en empêchera. Il me surveille, me renifle comme un chien policier.

Abderrahmane se tourne vers moi et me dit, un peu irrité :

— Toi, quand tu as une idée, tu ne t'assois pas dessus... Quoi ! tu veux le tuer, ce gardien ?

Je m'emporte :

— Oui, oui, je vais le tuer.

Laâla hausse les épaules, comme s'il se débarrassait d'un insecte importun :

— Eh bien, tue-le, puisque c'est comme ça!

Pour moi, Abderrahmane Laâla était non seulement mon chef hiérarchique, mais une sorte de Dieu par la voix duquel s'exprimait le peuple algérien tout entier. Il m'avait approuvé. Je devais obéir à l'Algérie. J'étais un garçon très discipliné et enthousiaste. Je vouais à mon pays un attachement viscéral. J'aurais exécuté n'importe quelle mission. Pas une seconde je ne songeai que Laâla s'était moqué de ma précipitation. Je réfléchis : « Demain, c'est dimanche. Mon type est de garde. Comment vais-je l'approcher et l'exécuter ? » J'étais impulsif et, tout en évitant autant que possible d'aller trop loin, mes réactions m'avaient valu quelques ennuis. Juste à côté des bains-douches de mon frère Saïd, un certain Ali Maouch tenait une épicerie. En rentrant un jour de Caterpillar, vers midi et demi, je surpris Saïd et Maouch en train de se disputer. Je les séparai. « Vous n'avez pas honte, tous les deux? Vous êtes des patriotes, vous avez respectivement cinq et huit enfants. Les Français vous regardent... »

Mon frère profita de mon sermon pour envoyer un marron à Maouch.

— Tu m'as tenu pour que Saïd me frappe! Je te revaudrai ça.

— On verra, Ali.

Saïd me donna raison et s'excusa de s'être emballé. Je ne pensai plus à l'algarade quand, le lendemain, vers les 4 heures du matin, alors que je me rendai à mon travail, Maouch me siffla :

— Attends au coin de la rue.

— Nous sommes un vendredi, un jour de paix. Laisse-moi tranquille, Maouch. Tu es vieux, je suis jeune. Si nous nous battons, tu vas avoir le dessous.

— Non, nous avons un compte à régler. Surtout pas de plainte.

Et il se jeta sur moi, me frappant à toute volée. Voyant rouge, je l'assommai. Mon contremaître, Costa, vit la scène, me retint et m'aida à emmener Maouch dans son magasin. A midi, un policier m'attendait devant la maison, et je me retrouvai au commissariat du Ruisseau. Je fus convoqué dans le bureau du commissaire :

— C'est toi le barbeau de la rue Damourah?

— Mais non, je suis chaudronnier à Caterpillar, monsieur le commissaire.

Vlan! Je reçus une gifle à déraciner un arbre.

— C'est toi le barbeau de la rue Damourah?

— Oui, bien sûr, voyons.

Je signai un procès-verbal et payai une amende de cinquante mille anciens francs.

Ma première action

Le stade Lavigerie où je dois jouer ce dimanche-là contre une équipe des environs d'Alger se trouve juste à côté de Caterpillar. J'empile dans mon sac de sport ma tenue de foot, deux boîtes de sardines, des olives vertes et noires, du pain, une grande bouteille de bière. Je sais que le gardien boit volontiers de l'alcool. « Avec ce litre de bière, il sera complètement saoul, ce qui me permettra de l'abattre... » Dès qu'il m'aperçoit, il gicle de sa guérite :

— Que fais-tu ici?

— Je vais jouer au football. Avant, j'ai l'intention de déjeuner.

L'usine est déserte, silencieuse. Sur la route passent des voitures qui soulèvent un nuage de poussière. Il regarde mon sac :

— Tu manges quoi?

— Euh, des sardines, des olives... Veux-tu partager mon repas?

Il accepte et nous entrons dans la cour. J'ouvre les boîtes et je les place sur une feuille de papier-journal. Je déballe les olives et le pain.

— Tu es un chic type, Zerari, me dit-il en sirotant sa bière.

Attendant le moment propice, je m'apprête à empoigner le goulot de la bouteille. Je n'ai pas de pistolet et j'ai écarté l'utilisation d'un couteau. « Quand il sera ivre, je lui flanquerai un coup de bouteille sur le crâne. » Mais les choses ne se déroulent pas comme je les ai prévues. Frais comme l'œil, il vide tranquillement son litre de bière. Je constate que, peu à peu, la peur s'insinue en moi et me paralyse.

— Veux-tu aller me chercher de l'eau? lui dis-je, la gorge nouée.

Il se lève, prend de l'eau au robinet et pose la bouteille pleine devant moi. Alors je frappe. De toutes mes forces. Son cuir chevelu éclate, éclaboussant de sang sa chemise. Titubant sur ses jambes comme un boxeur groggy, la bouche ouverte, les yeux hagards, il hoquette :

— Qu'est-ce qui te prend? Tu es fou?

Évidemment, je ne vais pas lui répondre : « C'est le FLN qui m'envoie! » Je lance n'importe quoi :

— Tu, tu... tu as insulté ma mère!

Il se met à courir. Je le crochète du bout du pied comme un ballon de foot et il tombe à plat ventre. Je saute sur lui et serre sa gorge. Il s'évanouit. Je fonce vers mon atelier où je décroche une bouteille d'oxygène, une autre d'acétylène et mon chalumeau que je transporte dans le bureau où se trouve le coffre-fort. Un énorme engin dont les plaques d'acier recouvrent une cloison emplie de sable. Je passe trois heures à découper un trou dans un panneau et à extirper le sable pour prendre l'argent. Je pourrais fuir sans problème. Mais je me suis juré d'incendier l'usine. Tandis que je cherche un bidon d'essence, des Européens surgissent dans la cour où le gardien est toujours étendu, assommé. Quelqu'un tire et je reçois des plombs dans le mollet. Les autres aboient à mes trousses comme des chiens de chasse, je traverse un champ qui appartient aux Pères blancs, je saute la barrière d'une villa et me réfugie au fond du jardin, dans une buanderie caquetante de poules ahuries. Au bout de vingt minutes, deux enfants apparaissent, me surprennent et alertent leur père. Réveillé de sa sieste dominicale, celui-ci me met en joue avec un pistolet.

— Ne tirez pas monsieur, j'ai été attaqué par des voyous. Vous voyez, je n'ai pas de veste... Appelez la gendarmerie pour qu'elle vienne me secourir et me ramène chez mes parents. Je suis un garçon honnête et je me suis simplement réfugié chez vous...

— Mon téléphone est en panne. Sortez de ma maison.

Je ne me fais pas prier. Mes poursuivants ont perdu ma trace. Je longe les villas clairsemées et rencontre dans un terrain vague un berger qui garde des chèvres. Il me vend son chapeau de paille et, le visage ainsi camouflé, je me jette dans un taxi.

De refuge en refuge

Je me fis conduire à Clos-Salembier. Près de chez Kheira, il y avait un horloger, celui chez qui avait eu lieu ma première réunion. « Je viens de commettre un attentat, lui ai-je expliqué. Aide-moi. Je voudrais voir Abderrahmane Laâla... » L'horloger me cacha dans son grenier. Ma blessure n'arrêtait pas de saigner et les plombs tailladaient mon mollet gauche. Abderrahmane Laâla fut atterré :

— Ce n'est pas possible, Zerari, que tu aies fait cela!

— Mais enfin, à la dernière réunion, tu m'as donné le feu vert..

Laâla était furieux. Le lendemain, je lus un article qui racontait l'attentat de Caterpillar. Le journal, précisant que le gardien se rétablissait à l'hôpital, se demandait s'il s'agissait d'un hold-up crapuleux ou politique.

Je fus hébergé par des copains, puis, le quatrième jour, mon frère Saïd m'accueillit dans son hammam, au 27 bis, rue Damourah, à Belcourt. Il était fier, mais ne comprenait pas pourquoi le FLN tardait à m'envoyer dans le maquis. J'étais un danger pour mes amis d'Alger. Mais Abderrahmane m'avait prévenu que je devais attendre qu'une liaison s'établisse. Au hammam, je dormais près de la chaudière qui chauffait les bains. Un matin, vers quatre heures, dès l'ouverture des rideaux, les flics se sont pointés :

— Vous n'avez pas vu votre frère ?

— Non, pas depuis longtemps.

Ma belle-sœur Tlidja m'avait recouvert de bûches. Les policiers sont entrés et ont fouillé l'établissement. Saïd a mis en marche la chaudière et la pièce s'est emplie de fumée. Les policiers ont jeté un coup d'œil et, secoués de quintes de toux, n'ont pas insisté… Saïd m'a dit :

— Rabah, c'est trop dangereux de rester ici. Dans quatre, cinq jours, je t'emmènerai chez un ami.

Ma rencontre avec Ouamrane

Laâla est venu me reprendre et m'a conduit chez Gassem, à La Redoute, un marchand de journaux qui, plus tard, fut arrêté et guillotiné pour avoir abattu un commissaire de police d'Alger. Sa famille était pauvre, mais elle s'occupa de moi avec un dévouement dont je lui suis toujours redevable. Je me réfugiai ensuite chez Smaïl, qui soigna ma blessure. Je ne quittais pas son patio, car les voisins étaient curieux et mieux valait ne pas attirer leur attention. Smaïl gardait le contact avec Laâla et m'apportait les informations. « Ton départ est pour demain », me dit-il un soir… Abderrahmane Laâla m'avait fixé rendez-vous dans un café maure, derrière la Grande Mosquée, près de la station des cars. Nous discutâmes un moment de choses et d'autres. Enfin, il me tendit une enveloppe fermée hermétiquement avec du ruban adhésif. « Tu donneras cette lettre écrite par notre chef de réseau, Aït Amara, au responsable que tu rencontreras au maquis. Je vais te désigner l'homme que tu dois suivre. Tu n'as pas à lui parler, à connaître son nom. Tu descendras du car derrière lui et il te conduira à tes frères. C'est tout. A bientôt. » Abderrahmane feignit de se promener sur le trottoir, puis il posa sa main sur l'épaule d'un petit homme maigre, vêtu d'un bleu d'ouvrier et coiffé d'une chéchia rouge. Mon guide grimpa dans le car jaune des frères Moussaoui et je m'assis au dernier rang, au fond, contre une vitre. Le voyage se déroula sans incident. Après la traversée des gorges, puis du pont de Palestro, qui franchit l'oued Isser, l'homme à la chéchia glissa quelques mots à l'oreille du chauffeur. Le car stoppa sur le côté de la route goudronnée et nous descendîmes. « Cachons-nous dans les broussailles », me jeta l'homme. Le soleil déclinait à l'horizon, rosissant la montagne. Vers cinq heures, mon guide se mit en marche. « Viens ! »

Enfin, je vivais l'aventure dont j'avais tant rêvé. Pendant un mois, ballotté d'un refuge à un autre, je m'étais fatigué de cette vie végétative. Les cailloux du sentier déchiraient mes mocassins. Je n'avais pas l'habitude de la marche et je soufflais en traînant la patte. Pourtant, aux odeurs des pins et de la terre mouillée se mêlait, dans mon esprit, celle enivrante de la poudre. Chaque détour du chemin, chaque élancement de ma jambe, me rappelait le destin que je m'étais choisi. Tout en emboîtant dans la pénombre le pas rapide de l'homme à la chéchia rouge, j'imaginai l'accueil qui allait m'être réservé, par des soldats bardés de fusils, de mitraillettes, de grenades et — pourquoi pas ? — de canons légers comme on en voyait défiler lors des fêtes à Alger. Puisque les Français nous redoutaient au point de lancer blindés et avions contre les « rebelles », nous possédions, c'était certain, des armes modernes. « Salut, Zerari, dans une heure, on attaque ! » Et moi je courrais, dents serrées, pistolet mitrailleur arrimé à la hanche, au-devant de centaines d'ennemis. Au pire, une rafale briserait mon élan et je m'écroulerais en criant : « Vive l'Algérie ! », comme un héros de cinéma.

Nous marchâmes toute la nuit et nous arrivâmes, en même temps que l'aube, devant un refuge isolé, entouré d'épineux. Des murs de pierres sèches, des tuiles romaines, un figuier aux branches tordues. Ils se réveillaient. En clignant des yeux, je les distinguai à peine, ombres chinoises sur le mur chaulé qu'éclairait la flamme bleutée d'un brasero sur lequel chauffait une cafetière cabossée. Pendus à des clous, des vêtements disparates, des ustensiles de cuisine, des fusils de chasse, une Sten, une Stati. J'espérais une troupe, tout au moins un groupe puissant, et j'apercevais, dans la fumée de charbon, neuf hommes un peu las, les paupières encore closes par le sommeil. Les uns portaient des blousons de drap gris-vert, d'autres des cachabias rayées. Ils étaient chaussés de baskets ou de chaussures de ville éculées...

— Voilà notre dixième frère, murmura l'un d'eux. C'est le premier Algérois à monter au maquis.

Le responsable du groupe, Si Lakhdar, un ancien maçon, s'avança vers moi en toussant. Il me parut très jeune.

Ouamrane était à la tête de la région 4, c'est-à-dire de l'Algérois, où tout était à organiser. Entre Chréa, Hammam Righa et Palestro, Ouamrane disposait, en tout et pour tout, d'une centaine d'hommes et d'une trentaine d'armes de guerre. J'étais politiquement inculte, et c'est dans ce refuge de Palestro, maquis nouveau-né, créé par Ouamrane et dirigé par Si M'Hamed et Si Lakhdar, que j'ai appris l'alphabet de la révolution. Au début, rien d'exaltant. Le propriétaire du refuge nous apportait quelques galettes d'orge, des oignons ou des figues. Nous ne sortions que la nuit, en prenant mille précautions. Nous urinions dans un bidon. Pour d'autres besoins, nous patientions jusqu'au crépuscule. Un à un, nous revêtions alors un burnous et nous nous accroupissions derrière une haie de cactus. Le jour, nous discutions, un vieux maquisard nous racontait ses misères, nous évoquions le déclenchement du 1er Novembre, nous parlions des événements dont les journaux, qu'un agent de liaison nous apportait de temps en temps, relataient les détails. La nuit, nous descendions sur le bord de la route.

Lakhdar m'avait donné un pistolet d'un siècle d'âge, à double canon, et six cartouches humides. Je n'aurais pas tué un merle avec cette pétoire. Mais je croyais pouvoir atteindre des soldats à cent cinquante mètres! J'étais néanmoins de plus en plus déçu, allongé chaque soir sur un rocher, abrité sous un arbuste. Était-ce cela la guerre pour l'indépendance? En ville, les moudjahidine nous paraissaient avoir une toute autre allure. J'avais surtout la certitude d'être inutile. Personne ne passait sur la route. Une voiture nous filait parfois sous le nez, ses feux de signalisation clignotant un instant comme des feux follets... Nous rentrions bredouilles, à la queue leu leu. Et notre vie monotone se poursuivait.

Un soir, comme d'habitude, nous descendîmes sur la route. Soudain, j'entendis marcher et aperçus un groupe d'hommes, à une dizaine de mètres en contrebas. Empoignant fiévreusement mon pistolet moyenâgeux, j'exultai : « Cette fois, ça y est! Enfin ma première embuscade! » Je visai, attendant l'ordre de tirer. « Ils roupillent ou quoi? » Mon voisin se moucha « Et merde! » J'eus envie de tout plaquer, de rentrer à Alger. Tac, tac, tac, tac...

Le son de deux pierres heurtées l'une contre l'autre. Un instant de silence, et, de l'autre côté de la route : tac, tac, tac, tac. Deux autres pierres que l'on cogne. Lakhdar traversa la route et revint suivi d'une quinzaine d'hommes venant de Kabylie. Parmi eux Si Salah et Ouamrane, les adjoints de Krim Belkacem. Nous regagnâmes ensemble le refuge. Ouamrane était au maquis depuis 1947. Râblé, dégageant une impressionnante force physique, il nous écouta, s'inquiétant de notre moral, de nos conditions de vie.

— Comment t'appelles-tu ? me dit-il. Aït Amara ne t'a pas donné une lettre à me remettre ?

— La voilà.

— Viens dehors.

Il a arraché le scotch de l'enveloppe. Assis sur un muret, il l'a lue posément.

— D'où es-tu ?

— De Bougie, mais j'ai été élevé à Bône et j'ai travaillé à Alger.

— Et tu viens ici dans l'Algérois... Pour quelles raisons ?

Ses petits yeux en amande brillaient. Le regard était peu engageant, mais je lui ai tout expliqué : mon enfance, mes métiers, mon attentat. J'ai nommé des frères que je connaissais à Bône, à Alger.

— J'ai confiance en toi et j'aime les gens du Constantinois.

Il marchait de long en large devant la porte du refuge.

Je n'ai su que deux ans plus tard ce qu'il pensait à ce moment-là : « Je lui laisse une chance ou non ? » Car la lettre d'Aït Amara qu'il venait de lire disait à peu près ceci : « Ce garçon est propre. C'est un sportif, un nationaliste. Nous avons enquêté sur sa famille. Il a perdu ses parents. Ses frères aînés sont des militants. Il a souffert. Cependant, a-t-il été contacté par les Français ? C'est une éventualité à envisager. Il conviendrait aussi de surveiller sa conduite — il aurait tendance à agir inconsidérément — et de vérifier si son comportement correspond à ce que nous pouvons attendre d'un djoundi... » Il me scrutait sans aménité. La mâchoire lourde, les épaules larges se détendirent. « Vide ton portefeuille, donne-moi tous tes papiers, tes photos... » Il les a déchirés, en a fait un tas au milieu de la cour, puis il a craqué une allumette et a brûlé toutes les paperasses qui me rattachaient à mon passé. Il m'a ensuite expliqué pourquoi :

— Quand un militant arrive au maquis, les moudjahidine n'ont pas le droit, jusqu'à l'arrivée du responsable, de lui demander : « Qui es-tu, d'où viens-tu, que veux-tu ? » Cet anonymat est capital, car il te protégera en même temps qu'il protégera tes proches, ta famille, tes amis. La destruction systématique des identités pose des problèmes à l'administration française qui est incapable de situer les gens, maquisards ou civils. En montant au maquis, tu deviens un homme neuf. Tu fais partie de notre famille : le Front et l'Armée de libération nationale. Nous, les responsables, nous savons tes origines. Mais tes camarades ne t'identifieront que par ton nom de guerre. Cette nouvelle personnalité n'est d'ailleurs que provisoire. Bien entendu, tu reprendras ta véritable identité après l'indépendance... As-tu un nom à suggérer ?

Bouche bée, je contemplai les flammèches qui détruisaient ma carte d'identité, la photo de ma fiancée.

— Azzedine, ça te plairait ?

En arabe, le mot signifie « celui qui chérit la religion ». Ouamrane était renseigné. J'étais très pieux et un tel patronyme correspondait, en effet, assez à mon tempérament.

— Je suis d'accord.

— Bien. Maintenant, tu t'appelles Azzedine. Au maquis, il n'existe plus de Zerari Rabah. Même pour tes amis les plus chers.

En fait, il m'importait peu de changer de nom. J'étais monté au maquis assuré d'y rester un mois ou deux. Je n'envisageais pas de vivre sept ans de guerre.

Mon sort était de vaincre ou de mourir. Des milliers d'hommes sont ainsi morts en plein djebel, et nul ne sait où ils sont enterrés, nul ne connaît leur vrai nom. Ouamrane a insisté :

— Comprends-moi, Azzedine. Tu fais désormais partie de la grande famille FLN-ALN. Pour l'état civil, tu t'appelles Zerari Rabah. Tu es recherché par la police d'Alger. Tu es condamné à mort. Pour tes frères, tu es Azzedine. L'un d'eux peut être arrêté. Qui peut affirmer à l'avance qu'il demeurera muet et résistera à la torture ? Ton meilleur copain dira, s'il cède aux pressions : « Je connais Azzedine, c'est un maigre, noiraud, un peu dégarni sur les tempes, il porte une moustache noire ; il est comme ceci, comme cela... » Mais Azzedine, pour l'administration, les flics et l'armée, ce sera un fantôme, un djinn. Il te suffira de raser ton crâne, de couper ta moustache. Tu passeras inaperçu.

La pénétration des dechras

Ouamrane est resté avec nous et nous avions commencé à pénétrer les dechras, les villages, des environs de Palestro. Afin que le lecteur comprenne la façon dont nous procédions, « nous », c'est-à-dire la première unité de maquisards, une poignée de grains jetés au vent, il me paraît nécessaire de préciser certains de nos principes. A l'époque, nous ne connaissions pas encore les expériences vécues par d'autres pays, au cours d'autres révolutions, comme la Chine, le Viêt-nam, etc. Cependant, grâce à notre instinct et à notre imagination, qu'aiguillonnaient les circonstances, nous pûmes, en moins d'un an, armer, habiller, nourrir les combattants, et surtout contrôler la quasi-totalité de la population de la wilaya IV.

La constitution d'un trésor de guerre, la récupération d'armes et la pénétration constituent les atouts majeurs de la lutte sur le terrain. Nous avons vu comment les militants des villes, « brûlés » à la suite d'attentats, recherchés par les services de police, étaient, comme je le fus, évacués sur le maquis, comment étaient effacées les moindres traces de leur passé par le changement d'identité, qui assurait le cloisonnement. Le second point, qui me semble essentiel, c'est la constitution d'un trésor de guerre. Une telle considération, sordide ou accessoire selon les stratèges en chambre, peut faire sursauter. Néanmoins, je reste persuadé que la foi ne suffit pas à mobiliser pendant une longue période des combattants même très entraînés, très enthousiastes. Le ventre creux, les mains vides, on se bat mal. Il faut du pain et des armes, et aussi du repos. Un moudjahid, un soldat de la foi, qui n'a pas mangé trois, quatre jours durant, a tendance à descendre dans la plaine où la nourriture est plus abondante et le risque bien plus grand. C'est un fait que nous avons vu des moudjahidine se battre farouchement une semaine, seulement nourris de glands et d'herbes. Mais j'estime qu'une unité combattante, isolée dans le djebel et soumise aux plus pénibles conditions de survie, parcourant plus de trente kilomètres par jour, dormant constamment à la belle étoile, et devant, de surcroît, accomplir des actions efficaces, doit avoir devant elle au moins deux mois de subsistance assurés : des galettes, des oignons, de la semoule, des fruits, et de la viande quelquefois. Denrées qui s'achètent. Quelques patriotes déclenchèrent la révolution. Les conditions étaient certes réunies. Le peuple en avait marre. Les Français commettaient faute sur faute. Mais pour que la lutte se poursuivît, il était nécessaire de donner aux djounoud de l'ALN, de l'Armée de libération nationale, les moyens d'être en forme. Ce fut, en tout cas, l'un de mes principaux soucis, dans toutes les unités que j'eus l'honneur de commander. Il est utile de rappeler ici l'un des commandements de l'ALN qui ont réglé notre conduite pendant la guerre, l'obligation qui nous est faite de payer aux paysans la nourriture qui nous était servie et les vêtements que nous portions (en particulier les burnous et les cachabias) avant la constitution du service d'intendance. Le peuple est généreux mais malheureusement ses moyens d'existence sont limités. Je ne puis rappeler sans émotion profonde les gestes de générosité dont nous bénéficions. Des mères de familles nous faisaient du couscous avec de la viande salée dont elles privaient leurs propres enfants. Elles nous gardaient les œufs.

L'ALN n'a jamais voulu être un poids pour le peuple avec lequel elle vivait en symbiose.

Autre principe : la récupération des armes. Chaque famille possédait alors un ou plusieurs fusils de chasse, dont certains à percussion centrale ou à broche. Des armes redoutables dans le combat rapproché, en montagne ou en forêt, notre terrain de prédilection. C'était néanmoins insuffisant. Nous nous sommes donc efforcés de prendre directement à l'ennemi les armes individuelles et collectives dont nous avions besoin pour équiper les nouveaux djounoud. Je reparlerai plus loin des embuscades où nous récupérions cet armement. Au début, avec le groupe de Lakhdar, obéissant aux consignes de Ouamrane, nous nous sommes préoccupés de rassembler le maximum de fusils de chasse ; ce fut l'un des buts de la pénétration parmi les masses populaires. Les montagnards, les paysans qui ont par la suite constitué notre fer de lance, n'étaient pas informés de ce qui se passait dans le pays. Pressurés de toutes parts, ils rechignaient à ouvrir leurs portes. Ils craignaient d'avoir affaire à l'armée française, ils redoutaient une provocation, un avenir incertain… « On est malheureux, d'accord, mais l'indépendance, qu'est-ce que c'est ? », nous entendions-nous répliquer quand nous forcions une dechra. Les rivalités internes entre les messalistes et notre mouvement ne nous facilitaient pas la tâche. Les messalistes qui, eux aussi, tentaient d'accroître le nombre de leurs adhérents, disaient aux montagnards : « Attention aux bandits ! » Quand nous arrivions dans les dechras, les habitants ne nous accueillaient pas les bras ouverts en disant : « Vous êtes les bienvenus, je suis prêt pour la révolution », mais grommelaient : « Des frères, des frères…, je n'ai pas de frères. Je suis seul, mes gosses ont faim. J'ai assez de problèmes comme ça. Passez votre chemin ! Les messalistes, le FLN, nous ne savons plus à qui nous fier. » Dans la région de Palestro, les hommes ont du caractère. On ne les manœuvre pas. Mais il était essentiel que le FLN brisât cette passivité, plongeât ses racines dans chaque village du djebel. La politisation des masses paysannes garantirait sur le terrain la sécurité de l'ALN à laquelle elle offrirait des réserves inépuisables de moudjahidine et de moussebiline. Avant d'entreprendre des opérations militaires, il importait d'organiser nos arrières, de mobiliser les villages, d'accumuler refuges, caches, entrepôts, armureries, infirmeries, etc. Les fellahs savaient que leur soif de la terre ne pouvait être satisfaite que par l'indépendance nationale et l'application du principe cardinal contenu dans le programme du FLN : rendre la terre à ceux qui la travaillent. Faut-il rappeler que les domaines fertiles exploités par les colons avaient été arrachés aux paysans algériens par la France colonialiste ?

Dès que notre groupe s'étoffa un peu, nous commençâmes à pénétrer le djebel.

Le processus était relativement simple : nous contactions tout d'abord l'un de nos sympathisants qui nous fournissait le maximum de renseignements concernant la population de sa dechra ; les récoltes, la rentabilité des terres, la fortune de chaque famille, les procès, les querelles, les liens de parenté des habitants, etc. Il nous désignait le notable le plus influent, le cheikh Ferka, le chef de tribu, dont on avait toutes les raisons de penser qu'il flirtait avec les Français.

Nous encerclons, de nuit, la dechra. Nous avons allumé des feux sur les crêtes. Deux ou trois maquisards, les plus présentables et les mieux armés, cognent à la porte du notable.

— *Ashkoun?* Qui est là ?

— Ouvre, c'est le FLN.

On calme le type :

— Ne crains rien, donne ton fusil de chasse et tes cartouches.

Il décroche son fusil.

— Pourquoi collabores-tu avec les colonialistes ?

— Moi ? Je n'ai jamais travaillé avec les Français !

— Ne mens pas, tu te rends souvent à la gendarmerie, chez le bachagha et chez le caïd. Que racontes-tu sur les frères qui se battent pour la libération de ton pays ? Ne serais-tu pas un traître ?

Paniqué, l'homme se défend, plaide sa bonne foi, jure qu'il veut servir notre cause.

— Nous pourrions te liquider. Nous préférons passer l'éponge. Puisque te voilà dans nos rangs, on te nomme responsable du village devant le FLN. Pour commencer, rassemble les hommes de la dechra à la mosquée et dis-leur d'apporter leurs fusils.

En ce printemps 1955, nous ne sommes que très modestement armés, et nous exhibons notre Sten, nos pistolets, nos quelques fusils de guerre. Ceux qui ne portent que des fusils de chasse défilent à une centaine de mètres autour des maisons. Ils ne sont que dix, mais en repassant sans arrêt aux mêmes endroits, à intervalles réguliers, ils semblent être deux cents. Nous rassemblons les fellahs dans la mosquée, ou le lieu qui sert à la prière. Tirés de leur sommeil, les yeux bouffis, les villageois s'accroupissent en silence. Ceux qui voudraient fuir voient les feux sur les crêtes, se croient encerclés par une armée. Ils pensent qu'il est plus prudent de nous écouter, avec d'autant plus d'intérêt que le chef de notre groupe, prenant fermement la parole, cite des versets du Coran louant le combat pour la Foi. Les gens sont surpris : des hommes qui parlent avec tant de ferveur de Dieu ne peuvent pas être des bandits.

— Je m'adresse à vous au nom de FLN et de l'ALN, poursuit le chef de groupe. Sommes-nous venus chez vous cette nuit pour vous voler ? Quelqu'un a-t-il à se plaindre ? Non !... Nous sommes des combattants et nous avons besoin de vous, comme le grain en terre a besoin d'eau pour germer. Vous ne nous avez jamais vus, mais nous vous connaissons tous : toi, Brahim, tu possèdes vingt moutons et un mulet : toi, Abdelhafid, tu as refusé, il y a trois ans, de rembourser la somme que ton voisin, Tayeb, t'avait prêtée, et vous êtes actuellement en procès : toi, Saïd, tu bats ta femme...

Ils ne pipent mot, s'épiant du coin de l'œil.

— Voulez-vous agir pour votre pays ou rester en marge de la lutte historique que nous menons ? En ce cas, nous partons. Pour nous, vous n'êtes plus des Algériens.

Les fellahs protestent :

— Oui, oui, nous voulons combattre avec vous !

— Vous êtes des musulmans, prêts à sacrifier vos biens, vos fils, vos vies. Nous le savions. Acceptez-vous de contribuer à la libération de l'Algérie ?

— Oui, oui, nous l'acceptons.

— Puisque vous êtes d'accord, je nomme votre cheikh Ferka votre responsable. Hier, il ne pouvait faire autrement que de vous guider auprès des autorités colonialistes. Il a choisi d'être dorénavant votre interprète auprès du FLN.

Le notable encourage les timides, les récalcitrants. Personne ne se rebelle. La détermination du FLN est connue. Chacun, à présent, a à l'esprit le sort réservé à ceux qui se révèlent ouvertement des traîtres au pays. La discussion s'anime. Les fellahs posent des questions.

— Qu'attendez-vous de nous ?

— Pour l'instant, frères, nous ne réclamerons que le dixième de vos réserves. Par exemple, celui qui n'a pas d'argent liquide sur lui vendra au souk un de ses dix moutons. L'un de nous vous rencontrera régulièrement. Ce sera votre commissaire politique. C'est à lui que vous vous adresserez pour tout. Il transmettra les consignes et collectera les cotisations. Nous reviendrons bientôt. Entre-temps, réfléchissez, demandez des explications au commissaire politique. Nous verrons ensuite la façon dont vous servirez au mieux la révolution.

Les commissaires politiques, choisis par les responsables régionaux parmi les maquisards les plus politisés, étaient chargés de l'organisation et de l'éducation du peuple, de la propagande, de l'information, du ravitaillement, de la guerre psychologique — rapports avec le peuple, la minorité européenne, les prisonniers de guerre, etc. — et des finances.

Chaque habitant d'une dechra était tenu de verser au commissaire politique, ou à son adjoint, une cotisation mensuelle de deux cents francs. Si une veuve de soixante ans n'avait qu'une poule pour toute richesse, elle était inscrite sur la liste des nécessiteux et le FLN lui donnait trois mille francs par mois, sur lesquels elle puisait quand même les deux cents francs de sa quote-part. Ainsi, elle ne se sentait pas à l'écart de l'effort collectif. Elle se sentait engagée. Les nécessiteux étaient si nombreux que certaines dechras, dans les secteurs les plus défavorisés, étaient déficitaires : les dons dépassaient les rentrées des cotisations. Afin d'équilibrer la balance, les habitants des dechras plus riches payaient, selon les régions, cinq cent, mille ou cinq mille francs par habitant. Les villages qui n'avaient pas d'argent réglaient en nature : du blé, de la farine, de l'huile.

Plus tard, quand les wilayas furent organisées, elles s'entraidèrent de la même façon. Les wilayas V et VI nous envoyaient des tonnes de blé, la wilaya III, de l'huile d'olive. Nous, à la wilaya IV, nous leur fournissions du matériel d'imprimerie, de l'argent — grâce aux cotisations prélevées à Alger —, du matériel électrique, des radios, des vêtements, etc. Tous ces échanges étaient comptabilisés : du tube de dentifrice ou de la savonnette au poste récepteur ou à la tonne de semoule. Les denrées de première nécessité n'étaient pas distribuées tous les mois — cela eût exigé des moyens considérables — mais tous les trois mois, tous les six mois, une fois l'an. Elles étaient dispersées afin de réduire les risques de saisie par les Français. Par exemple, le bétail que l'on enlevait dans les fermes des colons était réparti à travers des dizaines de dechras.

Chaque fois que nous avions besoin de viande, nous faisions appel aux commissaires politiques : « Mardi, égorgez cinq moutons pour la katiba numéro six qui fera étape chez vous... » Une fois par mois, nous distribuions de la viande à la population. Fraîche ou en conserve. Elle était séchée au soleil et saupoudrée de sel (on appelait cette viande *kheligh*), ou cuite dans l'huile, conservée dans des récipients que nous enterrions. Nous avions établi au maquis une sorte de SMIG. C'est grâce à ces cotisations, aux échanges de denrées et de matériel, que nous avons réussi à vivoter et permis à la population la plus défavorisée de moins souffrir.

Revenons à la pénétration des dechras. Contact pris, nous visitions régulièrement, par petits groupes, le village. Les jeunes découvraient le nationalisme, écoutaient les récits de nos exploits (quelquefois embellis, mais il fallait fouetter leur enthousiasme), admiraient nos armes automatiques, et, peu à peu, se portaient volontaires. On travaillait à part le fils aîné du notable de la région — s'il était en âge de se battre : « Tu es plus dégourdi que tes camarades. On va te confier une arme et une mission très délicate : à tel endroit, il y a un traître à exécuter. Es-tu capable de te servir d'une grenade ? » Le garçon, heureux d'avoir été distingué, se montrait disponible : « Bravo ! tu es courageux. Voilà, tu dégoupilles, tu lâches la cuillère, tu comptes trois si tu as peur, cinq si tu as du cran, tu lances, tu t'aplatis ou tu te sauves : cette grenade explose au bout de sept secondes... » Et on l'envoyait commettre un attentat. S'il en réchappait, toute sa famille, imitée par le village, s'engageait dans les rangs du FLN.

La troisième étape de la pénétration consista à recruter des moussebiline ; ces auxiliaires préparaient les caches, fournissaient nourriture et renseignements aux combattants, assuraient le *chouf* au sommet des crêtes et aux abords des habitations. Nous les armions à l'occasion et les utilisions comme agents de liaison, comme troupe d'appoint lorsque nous attaquions les postes, les fermes, quand nous sabotions pylônes, voies ferrées et routes.

A la fin du printemps 1955, tous les fusils de chasse avaient été remis au FLN et nous comptions des centaines de moussebiline et de maquisards. Le phénomène « boule de neige » aidant, nous pûmes contrôler une zone de plus en plus vaste. Chaque fois, un commissaire politique s'installait chez le sympathisant ou le militant de la dechra. Il était chargé de contacter un village voisin, d'y faire, en quelque sorte, notre publicité. Nous intervenions ensuite, selon le même scénario. Il nous est arrivé parfois de liquider un notable, impliqué dans des affaires louches, et de le remplacer par quelqu'un de plus sûr, mais ce fut plutôt rare. Nous étions parfois contraints de casser une porte, de gueuler, de bousculer celui qui refusait de donner son fusil. Je dois souligner que les femmes étaient souvent plus courageuses que leurs maris, leurs frères ou leurs fils. Nous discutions avec elles, plus doucement, plus calmement ; elles évitaient des brutalités inutiles et nous facilitaient le travail de pénétration. Là encore notre conduite était dictée par un des commandements de l'ALN qui nous faisait obligation de respecter les femmes. La tâche était d'autant plus aisée que, détentrices de la tradition et scrupuleusement fidèles à la personnalité algérienne, les paysannes se sont naturellement rangées du côté du FLN.

Au début, nous parcourions, le ventre creux, des dizaines de kilomètres d'une étape à l'autre. C'était épuisant. Avant d'entrer dans un village, nous nous réfugions dans les forêts, dans les grottes, pour récupérer. Car il n'était pas question de parader le visage décomposé par la fatigue et les pieds en sang. Au fur et à mesure de la progression de notre pénétration, les distances entre les dechras se sont heureusement raccourcies.

Citadin, je n'avais pas l'habitude de patrouiller la nuit, à travers les broussailles et les roches du djebel. Ouamrane connaissait le terrain comme sa poche et y évoluait sans bruit, malgré sa corpulence, d'un pas souple. Je courais derrière lui, soufflant comme une locomotive, brisant des branches, heurtant les cailloux. « Doucement, Azzedine », grondait Ouamrane. Tous les cent pas, il s'arrêtait, s'agenouillait comme un Indien de la prairie, tendait l'oreille de droite à gauche, paume en conque sur le pavillon, écoutant les plus infimes bruissements de la nature. Je l'imitai, mais n'entendais rien. De crainte d'être sermonné, j'accumulais les précautions et perdais du temps. La distance augmentait encore entre nous : « Où es-tu ? » Je galopai pour le rejoindre. « Quelle nouille ! Tu ne peux pas marcher comme tout le monde, non ? » Honteux, je baissai le nez. Une fois, je crus qu'il s'était arrêté, et je m'agenouillai. En face se découpait une silhouette qui avait les contours d'un homme. Au bout de cinq minutes, j'entendis, venant de loin, à l'opposé de la forme noire : « Oh, Azzedine... » Je me suis dressé et me suis aperçu que je surveillai... un tronc d'arbre. Affolé, je tournais en rond quand Ouamrane m'a agrippé :

— Qu'y a-t-il ?

— J'ai cru que ce tronc d'arbre, c'était toi !

— Ne me quitte pas d'une semelle, bougre d'imbécile !

Le lendemain, il demanda à ses djounoud de ratisser le coin où nous avions patrouillé. Il était sur ses gardes et, en raison de la lettre d'Aït Amara, il me soupçonnait d'avoir peut-être laissé un message à l'intention des Français : ma maladresse n'aurait été qu'une ruse. Par la suite, j'ai appris à me déplacer n'importe où, sans écraser une brindille, sans bouger une pierre. Par la force des choses, je suis devenu, comme tous mes compagnons, un renard, un renard du djebel.

Nous poursuivions la pénétration des dechras, quand nous parvint l'ordre d'abattre les chiens. J'aime les animaux, mais j'acceptai cet ordre, car les chiens nous causaient, en effet, un tort considérable : quand nous approchions d'une dechra, la nuit, ils aboyaient et signalaient aux habitants la présence d'étrangers dans les parages.

Les montagnards ont l'ouïe très fine, la vue plus perçante que celle des citadins. L'espace des villes est bouché par des bâtiments, le vacarme assourdissant du trafic empêche d'isoler les bruits. Ces montagnards me disaient : « Sur la crête, là-haut, six soldats viennent de passer. » Je cherchai à voir, et, même avec mes jumelles, je ne décelai rien.

Un indicateur attendait que les chiens cessent d'aboyer (les étrangers avaient donc quitté la dechra), sortait et nous suivait de dechra en dechra. Il lui était ensuite facile de situer notre position à une unité de l'armée ou aux gendarmes. Plusieurs de nos groupes furent ainsi repérés, encerclés et neutralisés. Le FLN mit fin à cette technique de poursuite en nous donnant l'ordre de tuer tous les chiens du djebel. Nous perdîmes nos braves clebs, mais nous préservâmes bon nombre de vies humaines.

Comme un poisson dans l'eau

Fin de l'été 1955, à Alger. Le Dr Chaulet avait ôté mon plâtre et Rebbah Lakhdar m'avait averti que j'étais, enfin, autorisé à rejoindre le maquis de Palestro. En guise de cadeau d'adieu, il m'offrit un sac empli de guêtres. Il me présenta un garçon blond qui, lorsqu'il souriait, exhibait un splendide dentier en or :

— Azzedine, voici un frère qui monte au maquis avec toi.

Il s'appelait Smaïl et portait un parabellum. Rebbah m'avait rendu mon pistolet à barillet.

Nous prîmes un car. L'agent de liaison, le même Ali qui m'avait déjà guidé lors de mon premier voyage, était assis sur un strapontin entre le chauffeur et le convoyeur. En cas de pépin, nous avions ordre de nous débrouiller chacun de notre côté. Smaïl s'installa deux rangées de fauteuils derrière moi. Un officier français, qui rejoignait son poste, nous séparait. Après Ménerville, un barrage nous arrêta. Le car jaune se rangea devant une frise de barbelés. Un half-track pointait sur nous sa mitrailleuse. Deux gendarmes en treillis grimpèrent. L'un réclama les papiers des passagers. L'autre bloqua la sortie, à l'avant du car. Très calme, l'air indifférent, l'agent de liaison présenta sa carte d'identité que regarda distraitement le gendarme, qu'intéressaient plus les couffins entassés dans les filets. Je me retournai vers Smaïl qui plissa les yeux : « On tire ? » D'un hochement de tête négatif, je l'en dissuadai, mais je saisis la crosse de mon pistolet, enveloppé dans une feuille de journal. Le vieux Kabyle qui se tenait près de moi, un coq ligoté sur ses genoux, surprit mon geste. Il se tassa contre la vitre, grelottant de peur. Tout en surveillant le gendarme qui progressait dans l'allée, je pressai la jambe du vieil homme pour lui faire comprendre qu'il ne devait pas bouger. Soudain, le gendarme interpella le chauffeur et le convoyeur :

— Vous les connaissez, tous ces clients, là ? Y en a-t-il de nouveaux ?

Le chauffeur et le convoyeur répondirent en chœur :

— Ce sont toujours les mêmes clients !

Le gendarme jeta un coup d'œil circulaire puis descendit, torse bombé. Il eut de la chance !... Aurait-il tenté de me fouiller il recevait une balle en plein front. Un blindé gardait le barrage. Tous les occupants du car auraient pu être tués. Mais je n'avais pas le choix.

Nous descendîmes à Palestro. Une longue marche dans le djebel. Une dechra isolée. Je fus très étonné. Depuis l'attaque de Laperrine et ma convalescence à Alger, l'ambiance avait changé : nous arrivions de jour, au vu et au su de tout le monde, dans un village grouillant de moussebiline. Quand j'avais quitté le maquis, la grande fiesta, c'était une galette accommodée d'oignons. Trois mois plus tard, les frères mangeaient des conserves, du couscous — enfin, de la semoule noire avec de l'eau chaude pour tout bouillon ! Pour célébrer un événement, ils ajoutaient des artichauts sauvages. L'ALN devenant un peu plus riche, grâce aux cotisations, elle pouvait même acheter des poulets, des moutons, assortir la semoule de viande. Tout le monde en profitait : la population et les combattants. Naguère, dans le maquis, nous nous contentions d'une tomate, de deux ou trois oignons, avec lesquels nous faisions une salade. Chez les fellahs trop pauvres pour nous offrir un repas consistant, nous dévorions, à dix, quelques galettes sèches et dures qui colmataient à peine nos estomacs. Quand nous étions bloqués dans notre cache de Palestro, nous vivions dans une saleté repoussante et la famine nous tordait le ventre. Dès que commença le travail de pénétration, nous pûmes sortir dans la journée, au lieu d'attendre l'obscurité. La population nous accepta et notre vie se transforma. Nous contrôlions les dechras, les routes, les souks, où patrouillaient, sous le nez des gendarmes, des moussebiline en armes. Nous connaissions tout le monde. Nous étions dans le peuple comme le poisson dans l'eau. Les Français, quant à eux, s'embourbaient dans cette foule anonyme, parmi ces gens qui n'allaient plus les consulter. Il leur était impossible d'exercer une surveillance efficace, car nous avions supprimé les cartes d'identité. La population nous aima. Mais nous commîmes parfois, à son encontre, des erreurs psychologiques qui eurent des conséquences graves, et que nous payâmes très cher.

On peut tout demander au peuple, et il donne tout, à partir du moment où il a compris ce qu'on lui réclame, l'action que l'on entreprend pour lui, avec lui. Il donne ses enfants, son argent, sa maison, sa vie. Mais il ne faut pas en abuser. Ce qui, hélas! nous arriva. Pourtant, libérés de la torpeur, du doute et de la peur, les fellahs ne se demandèrent plus : « *Ach'koun ir'bah?* Qui va gagner? » L'issue du combat ne faisait plus de doute pour eux.

J'étais heureux de rejoindre un maquis plus ouvert, moins mystérieux et moins secret. Pratiquement toute la population de la région nous soutenait. La nuit, des djounoud arrivaient des quatre horizons. J'étais un ancien : ils m'embrassaient, me saluaient par mon nom de guerre. Je leur racontai mon séjour dans la capitale, je leur parlai des militants des villes.

A dos d'âne et de mulet, je continuai, de dechra en dechra, mon petit bonhomme de chemin, jusqu'en zone I, région I de Aïn-Bessem, où m'attendait Si Lakhdar, armé d'une MAT 49. Quelle fantasia! Dans son groupe, tous les fusils de chasse avaient disparu. Les djounoud portaient des pistolets mitrailleurs, des MAS 36 et des MAS 49, des pistolets. Il y avait même des fusils mitrailleurs. Si Lakhdar me nomma responsable politique du secteur de Zbar-Bar, douar Mihoub, où la forêt est dense et belle. Je m'occupai aussi des moussebiline, de sabotage des routes, des poteaux, des ponts, de la destruction des fermes de certains colons. Je fus chargé, en outre, du ravitaillement en matériel de l'ALN. En 1955, l'armée de libération nationale avait un besoin urgent non seulement de nourriture, mais de stylos, de carnets, de ronéos, de treillis, de linge, de chaussures, de médicaments... Avec un armurier uni-jambiste nommé Abdelwaheb, toujours vivant, je construisis une armurerie artisanale : nous y bricolâmes des armes à partir de pièces éparses, récupérées sur l'ennemi.

La politisation des masses nous causait du souci, car, du moins au début, nous nous heurtions à la toute-puissance des notables, et en particulier des marabouts. Par exemple, des fellahs vinrent un jour me dire que le cheikh Aliouni de Palestro avait réussi à changer deux personnes en statues de pierre :

— C'est terrible, Si Azzedine ! me dirent-ils. Ces deux personnes ont dénigré le marabout. « Pensez ce que vous voulez de moi, leur a dit le marabout. Mais n'insultez pas Dieu. » Les autres se sont moqués. « Si vous continuez à rire, je vous transforme en rochers ! » Les autres n'ont pas écouté. Et le marabout les a changés en pierre... Qu'en penses-tu Si Azzedine ?

— Vous l'avez vu ?

— Pas nous, mais on nous l'a assuré.

— Qui ?

Incapables de citer un nom, ils admettaient cependant une telle sornette. Je devais mettre un terme à ces inepties. Je me rendis donc chez le cheikh Aliouni avec un groupe de moussebiline. Une foule bigarrée s'agglutinait devant sa porte. Des vieux, des jeunes, hommes et femmes encombrés de paniers, de volailles, de tissus. Ses fidèles lui glissaient des pièces de monnaie en lui baisant la tête. Le marabout bénissait négligemment la foule, jetait les pièces dans un coffre et lissait sa barbiche blanche. Je le vis prendre un sac que lui tendait un pèlerin et cracher dessus.

— Qu'est-ce que ce truc-là ? demandai-je au malheureux qui tentait de dissimuler son sac.

— Il y a du sel dedans. Maintenant que le cheikh a craché dessus, si je mange ce sel, j'ai la baraka, la chance. Il ne peut rien m'arriver.

J'interceptai le sac et m'avançai vers les gens :

— Vous croyez tous en Dieu. Ne croyez qu'en Dieu. Il n'a pas besoin d'adjoints sur terre. Je ne comprends vraiment pas l'utilité d'un intermédiaire. Moi, je ne crois que ce que je vois. Si le cheikh possède tous les pouvoirs dont il se glorifie, pourquoi ne se bat-il pas contre la France ? Pourquoi ne parvient-il pas, avec ses tours de magie, à faire partir les Français ? S'il en est capable, qu'il le montre !

Je donnai ensuite l'ordre aux moussebiline de déchirer les gris-gris, les tambours de prière suspendus sur les murs, et de fouiller partout. Nous trouvâmes une cave remplie de sucre, de café, de gandouras neuves, de bidons d'huile, d'une dizaine de caisses bourrées de pièces. Je transportai ce trésor sur la place et convoquai illico la population des dechras environnantes. Le marabout espérait sans doute une réaction de ses fidèles. Au lieu de protester, ceux-ci évaluaient les richesses étalées sur la place du village.

— Regardez ce que le cheikh a entreposé à son seul profit dans sa cave : du sucre, du café, de la semoule, de la farine... La moitié est pourrie. Vous, vous crevez de faim, vos enfants ne dépassent pas la taille d'une tige de maïs, votre couscous est sec... Et l'argent ? Que fait-il donc de tout ce fric ?

Les fellahs murmuraient, tête basse. Le marabout préféra se barricader dans sa maison. Nous le laissâmes à ses méditations, mais, dès ce jour, s'acheva dans ma région, l'ère des hommes changés en pierre !

L'exécution des traîtres

Dans ce secteur de Zbar-Bar, j'avais droit de vie et de mort sur l'ensemble de la population. En période de révolution, on ne peut se payer le luxe de laisser en liberté des gens douteux. L'une de mes tâches de responsable politique était d'arrêter, d'interroger et, éventuellement, d'exécuter les traîtres. On m'avait un jour signalé la présence de trois suspects à une vingtaine de kilomètres de Zbar-Bar. Les renseignements reçus précisaient que deux d'entre eux pouvaient être innocents. J'arrêtai les trois hommes, mes moussebiline leur bandèrent les yeux et, empruntant une piste de montagne, nous regagnâmes Zbar-Bar. Je désirai mener une enquête, interroger les trois hommes, et les relâcher s'ils n'étaient pas coupables.

Ils étaient chez nous depuis deux jours lorsqu'une compagnie de l'armée française s'approcha de mon PC. Nous quittâmes en catastrophe le village et gagnâmes une crête. Les prisonniers étaient attachés et bâillonnés. Les moussebiline et les civils s'étaient égaillés dans la nature. Les Français envoyèrent des chiens-loups. L'un d'eux me renifla. Je regardai la bête dans les yeux et elle n'aboya pas. Les militaires n'osaient pas s'enfoncer dans la forêt, mais ils étaient partout, prêts à faire feu sur le premier d'entre nous qui aurait manifesté sa présence. Un des suspects était près de moi et se mit à tousser. J'enfonçai dans sa bouche un pan de sa veste.

J'entendis un officier crier à ses hommes : « Fouillez la forêt ! » Les moussebiline les laissèrent passer.

— Mon capitaine, mon capitaine, j'ai trouvé trois cadavres fraîchement tués !

— Les fellouzes ne sont pas loin ! Poussez vers le nord, on a peut-être le temps de les coxer !

Nous avons rampé dans le sens opposé et échappé au ratissage. Pourquoi ai-je donné l'ordre d'exécuter les prisonniers alors que l'enquête n'était pas terminée ? Hélas ! nous avions enlevé leurs bandeaux, ils avaient eu tout loisir d'observer Zbar-Bar et les environs. J'eus peur que, au cours du ratissage, libérés par les Français, les prisonniers ne livrent la position des caches, de l'armurerie, etc. Ils ne méritaient peut-être pas d'être condamnés à mort. Mais nous n'avions pas de prisons, pas de zone libre où envoyer nos détenus. Nous ne pouvions jouer avec des dizaines de vies humaines, avec notre dechra de Zbar-Bar si importante sur le plan politique et militaire.

Nous interceptions généralement les traîtres sur une dénonciation de la population : « X... donne des renseignements aux Français, travaille pour eux », etc. La plupart des traîtres passaient de l'autre côté ; mais certains, tout en simulant la bienveillance à l'égard du FLN et de l'ALN, travaillaient dans nos propres dechras dans des réseaux internes de renseignements que nous étions obligés de démanteler. La majorité des traîtres arrêtés avouaient. De toute façon, ils savaient ce qui les attendait. On les descendait sur une route, à proximité d'un endroit habité, et on leur suspendait un écriteau autour du cou : « Untel, condamné à mort par le tribunal révolutionnaire du maquis de Palestro, le 7 septembre 1955. Exécuté le 7 septembre. » Le tribunal révolutionnaire était expéditif. Ni demi-mesure, ni pardon possibles. Ou le suspect était lavé de tout soupçon et rentrait chez lui ; ou il était reconnu coupable et exécuté immédiatement. Nous ne procédions pas à la légère. Les prisonniers pouvaient se défendre. Les fausses dénonciations étant punies de mort par le FLN, la population prenait garde à bien nous indiquer de véritables suspects. Il nous arrivait aussi de dresser un barrage sur une route, de stopper un car, et d'exécuter sans autre forme de procès, dans le fossé, les traîtres dont nous avions la liste... Avec le recul, notre façon de rendre la justice dans le maquis peut surprendre le lecteur trop jeune pour avoir vécu cette terrible période. Je tiens ici à dire que j'ai parfois souhaité pardonner à des hommes dont la condamnation paraissait excessive en regard des fautes commises. Mais l'expérience et les consignes formelles du FLN m'empêchèrent d'être aussi tolérant que j'aurais désiré l'être. En 1955, par exemple, on nous envoya un commissaire politique, arrêté parce qu'il avait tenté de violer la femme d'un militant. Toute la dechra s'était plainte au FLN et l'affaire avait pris de telles proportions qu'un simple avertissement n'aurait pas suffi à calmer la colère des fellahs. Nous attendions l'arrivée de Si M'Hamed qui devait présider le tribunal, et Si Lakhdar me dit : « Garde le prisonnier deux ou trois jours. » J'attachai les mains et les pieds du gars avec du fil de fer et une corde. Nous étions trois malades, un vieux maquisard et un très jeune Kabyle, à surveiller le commissaire politique. Le gamin était écœuré :

— C'est inhumain ce que vous faites. La révolution ne doit pas traiter des hommes comme ça. Jusqu'à preuve du contraire, il n'est pas coupable. Entravons-le de façon moins sauvage.

Le gosse réussit à nous convaincre. Je remplaçai les liens du prisonnier par un chèche. Il pleuvait. La boue dégoulinait de la montagne comme la lave d'un volcan. Nous relâchâmes un peu la garde et le prisonnier s'évada. En apprenant cette disparition, Si M'Hamed entra dans une violente colère et, s'adressant au jeune Kabyle, dit :

— Quand on veut faire des sentiments, on reste près de sa mère et de ses enfants. On ne vient pas faire la guerre. Tu n'avais pas le droit de mettre toute la vie d'une dechra dans un nœud de chèche ! A partir du moment où cet homme n'a plus respecté les règles fondamentales de la révolution, il est devenu un anti-révolutionnaire. Tu devais le traiter comme tel. Par ta faute, des frères vont souffrir.

Effectivement, le commissaire politique s'engagea dans une harka de Aïn-Bessem et commit de nombreuses exactions, tua des djounoud et des civils, jusqu'à ce qu'il fût attrapé et exécuté... Mais trop tard.

Ces exécutions étaient toutefois exceptionnelles et la routine me préoccupait beaucoup plus. Comme nous avions interdit aux habitants des villages de se plaindre aux tribunaux français, je devais trancher des litiges souvent compliqués. Je n'avais que vingt et un ans et il m'incombait d'intervenir dans des chicaneries que des hommes plus âgés et plus sages n'étaient jamais parvenus à résoudre. Ainsi, les fellahs avaient l'habitude de limiter leurs clos par des murets de pierres sèches. Les voisins, leurs parents ou leur arrière-grands-parents avaient décidé : « Voilà ta parcelle, voilà la mienne. » La coutume faisait loi. Mais il arrivait que l'un des paysans essayât la nuit de déplacer le muret de quelques mètres. A cause de ces bornages ambulatoires, des familles s'affrontaient devant les tribunaux, des tribus s'entre-tuaient. Certains procès traînaient en justice depuis plus de vingt ans. L'administration française avait tout intérêt à lambiner. Elle entretenait soigneusement ces rivalités familiales ou tribales au lieu de les atténuer, pour mieux contrôler les zones rurales. Chaque fois qu'une famille consultait un avocat, de génération en génération, il fallait qu'elle vendît une part de ses biens pour payer ce monstre avide ayant pour nom « Justice ». Le FLN fut donc obligé de trancher, dans la mesure où il recommanda aux gens de fuir la justice française. Et je remplaçai au pied levé toute une administration qui, depuis des décennies, restait muette, divisant pour mieux régner, selon le fameux principe.

Un figuier poussait dans l'un des jardins de deux maisons. Ses branches franchissaient le mur mitoyen. Quand j'arrivai dans ce hameau du secteur de Zbar-Bar, les deux voisins, ennemis depuis quinze ans, se chamaillaient :

— A partir du moment où les branches viennent sur mon terrain, je peux manger les fruits de cet arbre, disait l'un.

— Pas question. C'est mon figuier ! hurlait l'autre, le poing brandi. Mon grand-père l'a planté. Les figues m'appartiennent.

Les deux imbéciles avaient dépensé des sommes folles pour défendre devant la justice française ce que chacun d'eux pensait être son droit. Je réfléchis trois minutes, puis, appelant des moussebiline : « Allez me chercher une scie. » Mes hommes m'ont apporté la scie avec laquelle nous coupions les poteaux télégraphiques. Je l'ai tendue aux paysans :

— Coupez cet arbre, l'arbre de la discorde, puisque vous ne pouvez vous entendre.

Il n'était pas du tout dans mon intention de couper le figuier. J'aime les arbres. C'est la vie, le symbole de l'avenir. Appréciant la mentalité des hommes du djebel qui estiment plus que tout la terre et ce qui y croît, je bluffai :

— Alors ! vous la prenez cette scie ? Je vous donne trente secondes pour couper le figuier.

Les deux voisins, consternés, plaidèrent :

— Écoute, dit l'un, je ne veux plus de ces figues. Garde-les pour toi, car l'arbre t'appartient.

— Moi, je te les donne tous ces fruits, répondit l'autre, vexé, mais je t'en prie, ne coupe pas cet arbre que nous aimons tous.

— Tu as raison. Je suis bien dans son ombre quand le soleil

dessèche jusqu'aux galets enfouis dans l'oued... et puis, il fait partie du paysage. On est habitué à lui.

Je jetai la scie. Depuis cette affaire, les voisins, qui n'avaient plus aucune raison de se détester, sont devenus les meilleurs amis du monde, et je les ai inscrits dans la même cellule ! Ce n'est pas une parabole, mais une histoire vraie, comme toutes celles qui se passaient alors, dans le djebel du secteur de Zbar-Bar ; là où les figuiers se tordent sous le soleil mais apaisent les passions dans l'ombre de leurs larges feuilles, là où les mains des hommes, à force de creuser le sol et de supplier le ciel, ressemblaient aux branches des oliviers.

Je ne suis pas paysan, mais j'ai tant vécu parmi les fellahs, j'ai tant partagé leurs joies et leurs peines, que j'aime profondément la terre de mon pays et ceux qui la travaillent. Il m'arrive parfois, quand je retourne sur les traces de mon passé, d'imaginer que mes racines imprègnent toujours cette glèbe ingrate de Aïn-Bessem. C'est pourquoi, lorsque j'évoque les sabotages, que nous fûmes obligés d'effectuer à cette époque, où il nous fallait détruire l'infrastructure économique colonialiste de notre zone, j'éprouve un petit pincement au cœur. Il n'entrait pas dans ma vocation de combattant de brûler des cultures irriguées par la sueur du peuple.

Les moussebiline

Vers juin 1955, j'organisai un grand rassemblement de moussebiline : plus de mille personnes armées de quelques fusils de chasse, de couteaux, de haches, de pelles et de pioches... Une armada dépenaillée qui avait aussi acquis, je ne sais par quels moyens, des bidons d'huile, d'essence et de mazout. J'avais décidé de descendre dans la plaine, d'y couper les vignes, les arbres fruitiers, les poteaux télégraphiques, d'y creuser des tranchées en travers de la route goudronnée, d'y détruire les transformateurs d'électricité et d'y brûler les écoles désaffectées servant de campement aux militaires lors des opérations de ratissage. Enfin, d'attaquer les fermes des colons européens.

J'expliquai aux moussebiline les raisons de cette immense action de sabotage, divisai ma troupe en trois groupes, et nous nous ébranlâmes dans la nuit.

Je m'étais attribué le plus gros morceau, une ferme située à proximité de Bir-Ghebalou, dont le colon s'était plusieurs fois signalé par des injustices flagrantes envers ses ouvriers agricoles. Je plaçai mes fusils de chaque côté de la ferme et un groupe en embuscade, plus loin sur la route que des équipes de terrassiers piochaient en zigzag, creusant treize fosses de deux mètres sur deux. Si une patrouille motorisée était passée à ce moment-là, elle aurait été fusillée ou se serait effondrée dans les trous. Et les coups de feu auraient alerté les moussebiline occupés à scier les poteaux, les vignes et les arbres.

Ce colon possédait des armes de guerre – ce qui m'intéressait, car nous en manquions à Zbar-Bar – et un cheptel important dont la récupération devait évidemment d'abord profiter à la population affamée. Dès qu'il nous entendit, le colon se barricada derrière ses portes et ses fenêtres blindées et tira sur nous d'un fenestron. La chevrotine ne pouvant rien contre ses murs et ses volets, je l'abandonnai dans son réduit. Je fis sortir les ouvriers agricoles et leurs familles qui logeaient dans les annexes de la ferme. Je chassai ensuite les vaches, les moutons, les mulets, les veaux, plus de trois cents bêtes que nous rassemblâmes à l'écart. Puis j'aspergeai d'essence et de mazout les hangars et les deux moissonneuses-batteuses qui y étaient entreposées. Je craquai une allumette et, comme une torche, la ferme s'embrasa d'un seul coup. Mais la porte du bâtiment dans lequel j'étais bêtement entré, tout à mon excitation d'incendiaire, claqua derrière moi et je me trouvai au milieu du brasier. Je commençai à rôtir, ma moustache, mes sourcils et mes cheveux grillaient, quand des moussebiline, inquiets de ne plus me voir, parvinrent à ouvrir la porte et, suffocants, à me tirer de la fournaise.

Nous décrochâmes sous les éclats de tuiles qui sautaient des toits entre les explosions des jerricans et des réservoirs d'essence. La route était retournée, des centaines d'arbres et des milliers de pieds de vigne tranchés, une ligne à haute tension détruite... et nous rentrions dans nos montagnes en poussant devant nous un troupeau !

Une autre fois, j'attaquai en même temps, avec quatorze moussebiline, deux fermes gardées par l'armée. Il n'était bien sûr pas question d'affronter le casernement avec nos pétoires. Notre but était de brûler les fermes sous le nez de l'ennemi, afin de démontrer aux fellahs de la région que tout devait plier devant la volonté du peuple. Nous avions emporté dans des sacs quatorze chats dont les queues étaient enveloppées d'étoupe imbibée d'essence. Le vent soufflait en direction des fermes entourées de champs de blé mûr. Nous nous alignâmes, vent dans le dos, et chassâmes les chats après avoir allumé leurs queues. Affolées par la fumée, les flammes, le crépitement des chaumes, les malheureuses bêtes, courant en tous sens, transmirent le feu à des hectares de blé et aux fermes.

Nous ne brûlions pas systématiquement toutes les propriétés. Il y avait, par exemple, près de Aïn-Bessem, un colon français qui nous fournissait des renseignements sur les mouvements des troupes du secteur et payait une cotisation au FLN. Les fellahs qui travaillaient chez lui — des sympathisants — établissaient des liaisons entre mon PC de Zbar-Bar et la ferme où notre commissaire politique faisait étape quand il se rendait dans la plaine. Au bout d'un certain temps, toutes les fermes environnantes avaient été brûlées... hormis la ferme du colon ! Comme il refusait, en outre, d'accueillir des soldats sur son domaine, les autorités civiles et militaires du coin commencèrent à avoir des soupçons. Il me fit un jour savoir qu'il laisserait dehors son fourrage, en me suggérant que nous pourrions y mettre le feu, et qu'il ne ferait pas une maladie si, par la même occasion, on lui saccageait un ou deux carrés de son vignoble. Afin de revaloriser ce colon aux yeux de ses voisins et de l'armée, nous descendîmes en plein jour et sabotâmes un peu sa ferme. Il resta en Algérie jusqu'à l'indépendance, nous rendant quelques services sans jamais être inquiété. Il a vendu sa ferme au juste prix et il vit maintenant en France. C'est pourquoi je tais son nom.

Quand j'aborde ce sujet avec des amis français, j'entends souvent dire : « Vous ne vous contentiez pas de brûler des récoltes ou de couper des poteaux télégraphiques. Vous avez aussi massacré des femmes et des enfants dans des conditions odieuses. »

Cela ne m'est jamais arrivé, et je connais très peu de cas d'atrocités commis par l'ALN. Je n'entends pas les excuser mais tout au moins les replacer dans leur contexte historique, pour permettre aux lecteurs de mieux saisir les faits. Dans une guerre de guérilla les groupes armés frappent vite, frappent très fort et se retirent rapidement pour un repli lointain, afin d'éviter une action frontale à leur désavantage, compte tenu du déséquilibre des forces : des fusils de chasse, des mitraillettes et même des pièces collectives contre l'artillerie, les blindés, la marine et l'aviation. Très souvent, pour ne pas dire presque toujours, l'armée coloniale se vengeait sur des populations civiles désarmées. Pour chaque soldat français tué, il fallait une moyenne de dix victimes algériennes, baptisées en l'occurrence fellaghas ou rebelles. Des villages étaient bombardés, des femmes violées. Il fallait vraiment être un saint pour écarter tout esprit de représaille. Les responsables du FLN et de l'ALN comprenaient toutes les données du problème et se montraient intraitables sur ce point de conduite morale, d'éthique révolutionnaire. Quelques cas isolés d'indiscipline pourtant ont existé.

Je ne peux cependant pas, au nom de ma propre conscience, esquiver l'accusation. Je prendrai seulement un cas qui, du moins en wilaya IV, eut valeur d'exemple. Fin 1956, Ali Khodja et son commando, dispersé par petits groupes de quatre ou cinq djounoud, brûla sept fermes de la Mitidja en un après-midi. Des colons se rendirent et livrèrent leurs armes. Ali Khodja (dont je parle plus loin) n'était pas un sanguinaire. Il les bâillonna, les entrava. Il épargna aussi leurs femmes, leurs enfants, leurs employés. Mais l'un de ses adjoints, Mustapha Lek'hal, un homme très brutal, abattit toutes les personnes occupant la ferme qu'il était chargé d'incendier, ainsi qu'un couple de colons qui survint à l'improviste dans une voiture. Le conseil de la wilaya IV félicita Ali Khodja pour l'ensemble de son opération, mais blâma violemment Mustapha Lek'hal. On expliqua à celui-ci qu'une opération militaire qui n'était pas rentable sur le plan politique et psychologique devenait néfaste. On lui avait ordonné de détruire une infrastructure économique, pas de tuer des civils ! Son carnage allait fournir à l'ennemi les arguments de propagande dont il avait besoin : les « rebelles » répandaient la terreur par les moyens les plus vils. A partir de ce jour, des instructions furent renouvelées, rappelant aux responsables militaires de la wilaya qu'il était formellement interdit de toucher aux femmes et aux enfants. Mustapha Lek'hal, originaire de Sétif, avait été profondément marqué par les massacres de mai 45, dont il fut un témoin horrifié. Il ne pouvait être ni condamné ni excusé. Bien que valeureux, bien que soldat courageux, il fut muté à Tunis où il mourut quelques mois plus tard.

Biskri le chirurgien

Je profitai de mon séjour à Zbar-Bar pour poursuivre la rééducation de ma jambe amochée. Normalement j'aurais dû, au mieux, ne récupérer que 30 %, et je marcherais aujourd'hui en m'appuyant sur une canne. Or, j'ai récupéré à 70 %, ce qui étonne les médecins. Comment ? Les avions qui mitraillaient nos colonnes me forçaient souvent à me jeter dans les fossés, les ravins, à courir pour sauver ma peau... Dès que l'occasion se présentait, j'arpentai aussi les terrains accidentés, je m'enfonçai dans les labours frais, soulevant à chaque pas cinq à six kilos de glaise. Cela valait les meilleures séances de kinésithérapie! Je souffris atrocement par moments, mais je suis fier maintenant d'avoir, tout seul, réussi ma rééducation.

Lors des déplacements plus longs, je montai une sorte de cheval de cirque, un phénomène qui se camouflait de lui-même sous un arbre quand il entendait le bourdonnement d'un avion, ou s'allongeait sur le flanc, derrière une butte de terre, sans broncher, respirant à peine. Quand je devais accomplir une mission, je le laissai dans un coin après lui avoir murmuré dans l'oreille : « Ne bouge pas, mon vieux. » Et il attendait sagement mon retour. Nous étions devenus inséparables. Il avait sur le bord des ravins le pied aussi sûr qu'un mulet et, la nuit, l'œil aussi perçant qu'une chouette. Jusqu'au jour où un obus de mortier l'a éventré. J'ai regretté ce cheval tout comme on pleure un copain.

Ouamrane est un jour venu me voir accompagné de Si M'Hamed, Abane Ramdane, Si Lakhdar, Ali Khodja et Abderrahmane Laâla pour juger des djounoud du commando Ali Khodja qui avaient été surpris en train de priser, enfreignant ainsi l'interdiction du tabac. Les malins le cachaient dans des cartouches dont ils avaient vidé la poudre!... Vertement sermonnés, les coupables furent mutés dans le Sud, en wilaya VI. Le lendemain du procès, nous passâmes une excellente journée de retrouvailles. Nous aimions beaucoup recevoir au maquis les responsables de la wilaya. Ils nous apportaient des nouvelles de l'extérieur, ils nous remontaient le moral. Le soir de cette réunion fraternelle, Ouamrane m'appela et me présenta à Abane Ramdane en lui annonçant : « C'est lui, c'est Azzedine, l'homme dont je t'ai déjà parlé. » L'autre me toucha l'épaule et me dit :

— Bravo! Mon fils, je suis content de toi. Il nous faut des hommes de ta trempe. Mais Si M'Hamed m'a averti que ton genou te gêne encore. Ouamrane va te diriger sur Alger où tu te rétabliras définitivement.

— J'ai mal, c'est vrai, mais je me débrouille quand même avec ma patte, et je me soigne...

— Écoute, Azzedine, ici tu bricoles. Alger est une ville bien organisée, tu y seras convenablement soigné.

— Je l'ai remarqué lors de mon dernier séjour.

— Tu verras, Alger est mieux structurée, cloisonnée. Tu vas d'abord descendre sur Blida, puis tu seras envoyé à Alger où des médecins t'examineront. Tu ne seras absent que deux ou trois mois. De toute façon, là-bas, tu ne seras pas inactif : on te confiera des missions dont on te précisera la nature le moment venu.

Je suis donc parti, un peu contraint, en passant par la zone 2 de la wilaya IV. C'est là que, pour la première fois, j'ai rencontré des infirmières, des filles de la ville. Jeunes, intelligentes et belles. « Si de telles femmes participent au combat, la guerre est gagnée!... » A Zbar-Bar, j'étais, en effet, responsable de l'infirmerie. Mais nous n'avions ni médecins, ni infirmiers, ni médicaments, et nous soignions les blessés à la « va-comme-je-te-panse », c'est-à-dire avec de l'alcool, du mercurochrome, de l'aspirine et des sulfamides. Une panoplie de boy-scout pour traiter les bobos et non les brûlures de napalm, les éventrations, les artères sectionnées... Dans les cas sérieux, nous improvisions. Un jour, un homme que j'avais naguère connu à La Redoute, un nommé Biskri, est arrivé au maquis. Il ne savait ni lire ni écrire, mais il était très dégourdi. Qu'en faire? Un djoundi se présenta chez nous, le dos truffé de chevrotines. Biskri ne s'effaroucha pas. Il se saisit d'une vieille lame de rasoir et d'une pince à épiler qu'il chauffa à blanc sur un réchaud. Puis, sans toucher aux nerfs ou aux vaisseaux sanguins, il taillada les bourrelets de chair, extirpant un à un tous les plombs.

— Où as-tu appris cela?

— A l'hôpital Mustapha, Si Azzedine.

Il n'y remplissait que des fonctions de garçon de salle, mais je le trouvai si adroit que je le bombardai patron de l'infirmerie. Un grand mot pour qualifier cette baraque de Zbar-Bar, au sol couvert de nattes, où, tant bien que mal, nous soulagions les blessés que l'ALN nous envoyait. Notre « toubib » s'attela à sa nouvelle tâche avec un zèle qui contrebalançait son incompétence notoire. Par exemple, trois traîtres me furent un jour amenés afin que je les interroge. Devant m'absenter de mon poste de commandement, je les laissai, entravés, sous la garde de deux moussebiline, armés de fusils de chasse... A mon retour, le soir, je ne retrouvai pas les prisonniers. Ils avaient tenté de s'échapper et le seul survivant geignait, visage ensanglanté. Une décharge lui avait fait sauter la calotte de la boîte crânienne et son cerveau battait à l'air libre. Il était dans le coma, mais Biskri l'avait calé de telle sorte que sa tête fût droite, l'équilibrant comme un coquetier. Il avait décidé de le sauver. Il chauffa une cuillerée d'huile dont il versa le contenu, goutte à goutte, dans la plaie du gars.

— Tu es fou ou quoi? lui criai-je. Tu fais cuire une cervelle meunière! Arrête!

L'infirmier n'en poursuivit pas moins ses soins.

— Chez moi, en Kabylie, l'huile c'est l'huile, me répondit-il imperturbable, sa cuillère délicatement maintenue entre le pouce et l'index au-dessus du cerveau palpitant. L'huile est bonne pour tout. Elle guérit tout. Avec le miel, l'huile soulage toutes les maladies, toutes les blessures. Quand quelqu'un est blessé, ou qu'il se sent mal fichu, il pense immédiatement au miel et à l'huile. Alors, tu vois, je lui verse de l'huile chaude. Il en échappera...

Le prisonnier est mort. Personne, pas même le meilleur chirurgien de la meilleure clinique, n'aurait pu l'opérer. Si mon infirmier exagérait dans ce cas-là, j'ai pu, par la suite, constater, comme il me l'avait affirmé, le rôle bénéfique de l'huile et du miel, de l'ail et de l'oignon, ces remèdes du pauvre. Quand, plus tard, une balle d'avion me fracassa le bras droit, je ne dus le salut qu'à ces ingrédients de cuisine.

En visitant l'infirmerie de la zone 2, j'étais heureux. Imaginez l'impression du balayeur d'un hôpital de province soudain introduit à l'intérieur du bloc chirurgical super-sophistiqué d'une clinique de la capitale! C'était autre chose que mon abri de Zbar-Bar où un infirmier approximatif charcutait les gens avec une lame de rasoir. Ici, ils avaient des seringues, du sérum, des médicaments et des pansements en quantité.

Le troisième jour, je suis parti à dos de mulet, guidé par un agent de liaison, vers Boufarik. A mi-route, l'armée nous a coincés. Rebroussant chemin jusqu'à notre point de départ, nous nous sommes réfugiés au fond d'une grotte, dans la forêt de la Zaouia, (douar Ouzana) en face de Sbarnia. Que de souvenirs viennent à ma mémoire quand j'évoque ces deux noms. Sbarnia... Le plus grand village du douar Béni Misra, rattaché par l'administration coloniale à Tablat, quatorze heures de marche pour y arriver, au lieu de deux heures seulement pour Blida. Il fallait ainsi au moins deux jours pour obtenir une pièce d'état civil.

L'administration ne pouvait pardonner à cette population sa fidélité sans faille à l'Émir Abdelkader. C'est dans les Béni Misra, devant le village de Djerrah au lieu-dit El Melaâb (aire de jeu hippique), que l'Émir entraînait sa cavalerie, son arme privilégiée. Sbarnia... C'est là que se créera le conseil de la wilaya IV — colonel Ouamrane, Si Sadek, Si M'hamed, Si Salah et Omar Oussedik — après le congrès de la Soummam. Sbarnia, c'est là qu'est tombé le lieutenant Si Zoubir, debout, mitraillette à la main, pour protéger les civils et les étudiants non armés qui venaient de rejoindre l'ALN. Sbarnia, ce sont les quatre frères Boukéna, d'anciens militants PPA, tombés au champ d'honneur et dont nous parlerons plus loin. Le douar Béni Misra fut fidèle à son passé, il est pour moi un des symboles de ce peuple parfois vaincu mais jamais soumis, toujours debout pour la grande aventure de la liberté.

Ouazana... une zaouia où piété et patrie étaient confondues. Le chef de cette zaouia, comprenant le bouleversement social introduit par la révolution, se rangea sans rechigner derrière des jeunes à l'égard de qui il aurait eu, en temps normal, une attitude paternaliste. C'est dans cette zaouia que la wilaya IV installera une petite école de cadres pour former les lycéens et les collégiens qui avaient rejoint l'ALN. Il fallait les former dans les domaines politique et militaire. Il fallait surtout, dans l'esprit de la wilaya IV, éviter que l'homme instruit ne soit considéré comme un homme susceptible d'agiter des idées mais incapable d'appuyer sur la gachette. Il fallait également préparer ces citadins, quelque peu délicats il faut le dire, à une vie dure parmi les populations rudes, simples et fermes. Cette zaouia aura fourni à la wilaya IV une pléiade de cadres, morts jeunes et avec le sourire. Il y eut des chefs militaires exceptionnels tels que Immam (Médéa), Rezzoug (Laghouat), des commissaires politiques d'une compétence indiscutable comme le lieutenant Hacène (Médéa). Je ne puis les évoquer tous mais trente ans après il m'est impossible d'oublier le sacrifice de jeunes, morts dans un combat juste, d'une pureté absolue. Que savaient-ils de la vie ? Il est plus pénible de voir mourir un jeune qu'un vieux militant qui de longue date avait en quelque sorte choisi son destin.

Ouazana... c'est aussi Ben M'hidi et Abane qui, sur leur route vers la Soummam, se sont arrêtés à la zaouia pour exercer un contrôle sur les activités de la wilaya et donner deux conférences de politique aux jeunes élèves qui s'y trouvaient. Ils suscitaient des discussions, des débats, pour permettre à l'intelligence de chacun de s'exprimer pleinement. Ils n'énonçaient pas des vérités d'évangile, ils aimaient, ils appréciaient la controverse qui appelle ensuite la conviction la plus sûre. Avec le recul du temps et de l'expérience acquise, je puis dire aujourd'hui que nous aurions pu sortir de ce ratissage, mais l'agent de liaison ignorait tout du terrain et je ne pouvais agir à ma guise.

L'armée française nous a assiégés sept jours sans nous trouver. Je portais une grenade et un pistolet. Avec moi, il y avait Rachid Amara — que Dieu ait son âme ! — trois infirmières, Skander, un jeune étudiant asthmatique qui n'était pas armé, et Hadj « tu me fais chier » (on l'avait surnommé ainsi car il jurait tout le temps), qui avait une Sten. Le dernier jour de l'encerclement, le 14 juillet 1956, un moussebel arrêté, qui connaissait la grotte, a parlé. Les troupes sont venues jusqu'à nous. Au moment de l'accrochage, Rachid n'a pas eu le temps de tirer. Il est mort, coupé en deux par une rafale. Hadj est parvenu à se dégager du filet en vidant le chargeur de sa Sten. J'ai lancé ma grenade, tué d'un coup de pistolet le lieutenant qui commandait l'assaut, et j'aurais poursuivi la lutte, si mon arme ne s'était enrayée. J'ai reçu trois balles dans le gras de la cuisse et de la fesse droite. Ça saignait, mais ce n'était pas grave. Si les soldats ne m'avaient pas blessé à cet endroit, ils se seraient certainement posé des questions : pourquoi je boitais, où avais-je été précédemment touché ?... et mon sort aurait été différent. J'ai vu l'armée arriver au pas de course, à une cinquantaine de mètres. Quelqu'un a crié : « Il y a un trou et des fellaghas dedans. Hé ! Max, envoie-leur un bébé ! » (en argot militaire, une grenade).

Je me suis alors levé, les bras écartés. Vraac... La rafale a déchiré l'air quelques centimètres au-dessus de ma tête.

— Ne tirez pas, ne tirez pas, il y a des filles dans la grotte, derrière moi !

Un officier est intervenu :

— Halte au feu ! Je les veux vivants !

Nous avions eu le temps, avant l'assaut, d'enterrer nos papiers et notre argent. Quatre militaires se sont précipités et m'ont entouré, mitraillettes braquées sur mon ventre.

— S'il n'y a que des femmes, fais-les sortir.

Les infirmières, Meriem Ben Mihoub, Safia Basi, Fadila Mesli, ainsi que Skander ont émergé de la grotte. Meriem portait un pistolet 6,35. « Cache-le fissa », lui ai-je ordonné. Elle a planqué l'arme de poing dans un trou qu'elle a rebouché et tassé soigneusement avant de sortir avec les autres.

Dès que la grotte fut vide, l'armée, n'ayant rien trouvé, y mit aussitôt le feu qui embrasa la forêt. A travers la fumée et le crépitement des flammes, l'on nous dirigea sur une crête où l'on commença à nous interroger. Retournant du bout de son godillot le cadavre de Rachid, un officier nous demanda :

— Vous le connaissez, ce mec ?

— Oui, il était avec nous...

Meriem pleurait. Elle enleva le collier de Rachid Amara et, les yeux durs, murmura :

— C'était mon fiancé. Il est mort et il ne vous sert plus à rien. Laissez-le tranquille. Meriem Benmihoub avait su trouver des arguments qui pouvaient les protéger, elle et ses deux camarades, contre la soldatesque, et faire respecter le cadavre d'un homme cher à tous.

Des civils arrêtés dans les dechras des environs s'agglutinaient sur la crête. Les militaires étaient nerveux. Ils s'intéressaient surtout aux infirmières, à ces femmes dont ils ne soupçonnaient pas la présence dans le maquis. Elles, très dignes, se tenaient un peu à l'écart, n'intervenant que lorsqu'ils molestèrent Skander : « Il est malade. Il respire mal... » Les soldats se tournèrent alors vers moi :

— Ton nom ?

— Zerari Rabah.

Un gendarme m'agrippa par le revers de ma veste :

— Depuis quand es-tu là ?

— Depuis quinze jours.

— Quel jour es-tu monté dans le djebel ?

Calculant rapidement, je répondis :

— Le 29 juin.

Ils nous dirigèrent ensuite sur Tablat. Les filles furent conduites en prison. Libérées en 1959, elles furent élues députés et siégèrent dans la première Assemblée de l'Algérie indépendante.

La trouille de la gégène

C'est à Tablat que j'ai ressenti, pour la première fois de ma vie, la peur, la trouille noire qui prend aux tripes et annihile tout réflexe. C'est à Tablat que, pour la première fois, j'ai assisté à la torture. Je les ai vus frapper les prisonniers à coups de matraque. J'ai vu des gens électrocutés, aux narines, aux testicules, à la pointe des seins, hurlant, avec des soubresauts de poissons pris à la ligne, bouches ouvertes sur des plaintes fauves, profondes comme l'enfer, tandis qu'éclataient les injures des fonctionnaires de la douleur programmée. J'ai eu la frousse ; « Oh ! Azzedine, cela va être ton tour. Tu n'as pas connu tes parents, mais tu vas te rappeler combien de fois tu as tété ta mère. Il ne faut pas que tu reçoives des coups. Dis-leur n'importe quoi, quelque chose qui ressemble à la vérité. Ça les empêchera peut-être de te martyriser, de te passer à l'électricité, de t'enrouler un fil électrique autour du sexe de te frapper la nuque avec un pieu. Il ne faut pas que tu avoues. » Ils se moquaient du menu fretin. Pour eux, les montagnards, les pelés du djebel, c'était le hors-d'œuvre... Moi, j'étais le méchoui, le morceau de choix. C'est pourquoi ils m'ont interrogé le dernier.

La veille, menottes aux poignets, j'avais été accroché à l'anneau d'un abreuvoir, dans une écurie, face à un chien-loup attaché à une corde. Un bidasse, l'un de ces appelés qui venaient nous nourrir, m'avait apporté un quignon de pain.

— Tu es un fellagha ? m'avait-il dit, l'air intrigué.

— Vous êtes un Français, vous ?

— Heu oui...

— Alors, moi je suis un Algérien.

— Mais ceux qui se battent contre nous, on les appelle bien fellaghas.

— Appelez-les comme vous voulez, moi je suis un Algérien qui se bat pour son pays. Avez-vous quelque chose contre moi ?

Le garçon s'était décontracté :

— Personnellement, je te respecte, espèce d'andouille ! Si j'ai un truc à te dire, c'est : tu as raison de ne pas trahir ton pays. Tu veux fumer ?

— Non merci, je ne fume pas.

— Tu veux boire une bière ?

— Merci, je n'aime pas l'alcool.

— Veux-tu un peu de lait ?

Je n'avais pas répondu.

— OK, je t'amène du lait, mais attention. Je suis du contingent et j'en ai rien à foutre des conneries de l'armée. Et puis, je suis du côté de certaines causes. Aie du courage, mon pote. Regarde les Vietnamiens comme ils en ont...

Je l'avais regardé au fond des yeux :

— Je te remercie. Peux-tu me donner ton nom ?

Il m'avait répondu, de nouveau indifférent :

— Ça ne va pas ? Attention, fellouze, je ne t'ai pas vu, je ne te connais pas. Voilà du lait. Je reviendrai prendre ma gamelle dans quelques minutes.

— Tu peux être tranquille, je ne t'ai jamais vu, je ne te connais pas.

Je tiens aujourd'hui à rendre hommage à ce garçon. J'avais apprécié la manière dont il m'avait abordé et encouragé.

Le lendemain, je fus interrogé par un gendarme algérien. Une brute courtaude avec un mufle aplati. La sueur marquait sa chemise du col aux hanches. Il me frappa à tour de bras de bas en haut. Du tranchant de la main. A me décrocher la mâchoire. Un gendarme européen l'assistait. Silencieux. Complaisant.

— Tu t'appelles donc Zerari Rabah ?

— Oui.

— Pourquoi te trouvais-tu dans la grotte avec les infirmières et les deux autres fellaghas ?

— C'est simple. Comme d'habitude, je jouais aux cartes place Chartes à Alger. Il y a une quinzaine de jours environ. Arrive Abderrahmane Laâla...

Le gendarme nota l'information sur son calepin et me demanda, en suçant son stylo.

— On va voir qui c'est, cet homme... Il n'est pas au maquis, ton Abderrahmane Laâla, par hasard ?

— Jamais de la vie ! Il est toujours en ville, puisque le 29 juin il était avec moi au Clos-Salembier.

— Et qu'est-ce qu'il t'a dit, Abderrahmane Laâla ?

— Bof ! Il m'a enguirlandé. « Zerari, tu joues aux cartes, m'a-t-il dit, pendant que tes frères crèvent, pendant que le peuple souffre. Tu n'as pas honte d'être assis ici, à cette table avec des bons à rien ? » J'ai répondu : « Je joue aux cartes. Ne me casse pas la tête. Si je ne travaille pas, personne ne me donne à manger. Je ne fais aucun mal au peuple. — Écoute, Zerari, s'est fâché Laâla, le mal, c'est ta passivité, c'est ta neutralité. On n'a pas le droit d'être neutre quand tout un peuple se bat. En tout cas, je dois te préciser une chose : celui qui ne combat pas notre ennemi est notre ennemi... Zerari, je te connais, je t'observe depuis longtemps. Il ne se peut pas que tu sois un lâche. » Vous savez, monsieur le gendarme, je n'étais pas très chaud, mais il m'impressionnait. Ses mots résonnaient comme une insulte dans mes oreilles. « Qu'est-ce que tu me proposes ? » lui ai-je demandé. « Tu es chaudronnier, tu soudes à l'arc et à l'autogène. Ça t'arrangerait, cinquante mille francs par mois pour travailler avec nous ? En même temps, tu travailleras pour le peuple, pour l'Algérie... » Et j'ai donné mon accord. Je ne pouvais rien faire d'autre.

Je racontais ces balivernes aux gendarmes. Ils m'écoutaient, attentifs derrière leur bureau :

— Continue, Zerari.

— Enfin, le 29 juin, Abderrahmane Laâla et « Yeux bleus », son adjoint, ont pris rendez-vous et m'ont emmené à Blida dans une camionnette. Un homme vêtu d'un burnous, un bancal qui marchait courbé sur un bâton, m'a réceptionné puis confié à des bergers qui m'ont conduit dans le djebel. Moi, je suis de la ville, et j'ignore complètement l'endroit où j'ai échoué.

— Mais le gars que tu surnommes « Yeux bleus », quel est son véritable nom ? Regarde sa photo. Est-ce lui ?

— Oui, c'est lui...

— Mais il n'est pas au maquis?

— Vous rigolez... enfin, je veux dire, c'est impossible! Le 29 juin, il était avec moi, il m'a accompagné jusqu'à Blida puis il est retourné en ville, je ne sais où...

Je mentais. Juste à la limite de la vérité, funambule en équilibre au-dessus d'un gouffre. Laâla et « Yeux bleus » étaient depuis longtemps au maquis. A Alger, ils étaient brûlés. Ils ne devaient plus y descendre. En les nommant, je jetais du lest. Le gendarme européen s'est penché :

— As-tu soif, veux-tu de la gazeuse?

Il m'a versé un verre de limonade.

— Tu veux fumer?

— Je n'ai encore jamais fumé. Mais j'accepte volontiers une cigarette, car je suis fatigué.

Le gendarme me surveillait, méfiant. Aurais-je refusé, il me flanquait une torgnole : « Tu es du FLN, car le FLN interdit de fumer! » J'ai tiré deux bouffées, m'efforçant de jouer au benêt. Les gendarmes m'ont offert un sandwich :

— N'ai pas peur, Zerari. On constate que tu es compréhensif, que tu collabores avec la France.

Puis, soudain, le ton a changé :

— Quel est le numéro minéralogique de la camionnette qui t'a conduit à Blida? Et le nom de l'agent de liaison?

— Mais je n'en sais rien. Ce n'est pas la peine de me refiler un sandwich pour m'amadouer, je ne peux rien dire de plus. D'ailleurs, les ordres m'interdisaient de poser des questions à l'agent de liaison. Quant à la camionnette, je ne sais même pas sa marque! Mon rôle était seulement d'arriver dans cet endroit pour souder des corps de bombes. Et je suis incapable de situer cet endroit... Je vous jure que je suis de bonne foi!

— D'accord, Zerari, d'accord. Et après, qu'est-ce que tu as fabriqué : des bombes, des grenades, des mines, tout cela?...

— Oh! Allez-y doucement! Je ne suis resté là-bas que quelques jours, attendant les instructions. Certes, je voyais beaucoup de monde, on était gentil avec moi, mais personne ne m'adressait la parole. Les moudjahidine s'écartaient pour que je ne les entende pas. Ils n'avaient pas confiance en moi, c'est sûr. Ils attendaient sans doute que je fasse mes preuves.

— Quels sont les responsables que tu as rencontrés? m'a demandé le gendarme français en m'envoyant la fumée de sa cigarette dans le nez.

— J'ai deviné qu'il s'agissait de responsables parce qu'on les saluait d'une certaine façon, qu'on se mettait au garde-à-vous devant eux. Mais de là à vous citer des noms...

— Et si on te montre des photographies?

Ils m'ont présenté un paquet de photos : « Voilà les caïds! » Ils ont étalé sur la table des portraits, comme un jeu de cartes. J'ai reconnu Amar Ouamrane, le colonel Sadek, Omar Oussedik, quelques autres... J'ai dit :

— Je les reconnais, oui. Ah! Ce sont des chefs, ces gens-là?

Ils ont avancé la photo de Krim Belkacem :

— Celui-ci, je ne sais pas qui c'est.

Ils se sont marrés.

— Bravo, Zerari. Il n'est pas dans le maquis algérois.

Le gendarme algérien me fixait de son petit œil sombre. Je frisonnais sur mon tabouret. Où voulaient-ils en venir?

— Moi, je suis resté là-bas et j'ai parlé à celui-ci (j'ai indiqué au hasard la photo du colonel Sadek). Je lui ai même parlé un moment : « Quand est-ce que je commence? » je lui ai dit. Vous comprenez, j'en avais assez de faire le pied de grue. « Où est le matériel pour fabriquer les bombes et les grenades? A la fin du mois, il faut que je touche mon fric. C'est pour cela que je suis venu dans ce trou perdu, hein! monsieur le chef. » Le responsable qui est là, sur la photo, m'a grondé : « On ne dit pas monsieur le chef. Nous appartenons, toi et moi, à une armée de libération. On dit frère. — Oui, frère responsable. — Frère responsable, d'accord. Bien, tu attendras. — J'ai besoin d'oxygène et d'acétylène... Je soude à l'arc et, ici, il n'y a pas d'électricité. » Le chef, pardon, le frère responsable, m'a rassuré, messieurs les gendarmes : « On te donnera bientôt le matériel, tout ce qu'il te faut. Quant à l'argent, qu'en ferais-tu, mon fils? Ici, tu manges, tu dors. Quand on mangera, tu mangeras. Quand il n'y aura rien à manger, tu te serreras la ceinture. Et tu travailleras quand on t'en donnera l'ordre. Mets-toi dans la tête que tu es avec nous jusqu'à l'indépendance. »

Les gendarmes m'écoutèrent sans m'interrompre, notèrent toutes mes paroles puis, l'interrogatoire terminé, me livrèrent à leurs collègues qui me bouclèrent dans la prison de Tablat.

Ma détention à Tablat

Le garde-chiourme en chef de la prison de Tablat s'appelait Djoudi Abdelkader. A peine entré, j'ai eu la tête rasée, comme au bagne. La boule à zéro! Djoudi m'a fait appeler. Le crâne encore dégoulinant d'eau, je me suis présenté.

— On dit : « Présent, chef! » D'abord enlève ton béret et mets-toi au garde-à-vous.

J'ai rectifié la position et ôté mon béret.

— Écoute-moi attentivement Zerari, j'ai l'habitude de mater les hommes. Et pas n'importe qui : Allal El Fassi, Bourguiba, Messali Hadj... je les ai tous eus à ma botte.

Il énumérait, dressé sur ses ergots, satisfait de lui-même, la plupart de nos responsables qui avaient eu maille à partir avec la justice française, pour avoir revendiqué l'indépendance :

— Oui Zerari, je me suis tapé toutes les prisons. Maintenant, je suis à Tablat. Ne compte surtout pas m'avoir. C'est moi qui vais vous baiser tous! Vous êtes trois cents prisonniers. Jusqu'à présent, il n'y a eu ici aucune revendication. Personne n'ose ouvrir le bec devant moi. Alors, je te préviens : s'il se passe quoi que ce soit, tu trinques!

Je pensai : « Je suis tombé sur un fou mégalomane : c'est bien ma veine! » L'autre susurra, mielleux :

— Tu vois cette salle? A partir de maintenant, puisque tu sais lire et écrire, Zerari, tu en es le prévôt.

L'essentiel de mon travail de prévôt consistait, dès que le gardien, assisté de trois adjoints, ouvrait la porte le matin, à crier : « Garde à vous! » et, béret à la main, à compter les prisonniers dont le nombre était ensuite vérifié par les matons.

Sitôt en prison, je constatai que tout le monde fumait et prisait, malgré le mot d'ordre du FLN. J'ordonnai aux hommes d'arrêter. Je fus obéi dans ma salle. Ailleurs, la moitié des taulards continua de fumer en douce. Certains vinrent me voir : « Ferme les yeux, nous sommes quand même des patriotes... » Djoudi Abdelkader m'appela dans son bureau :

— Dans ta salle, on ne fume plus, on ne prise plus... Quel hasard, n'est-ce pas! Que se passe-t-il?

— Demandez-le-leur, chef.

— C'est à toi que je le demande.

— Je n'en sais rien.

— Mais ils fumaient et ils prisaient avant ton arrivée.

— Si vous le pensez, mutez-moi dans une autre salle.

— Évidemment, ainsi tu la contamineras à son tour, tu l'organiseras en cellule du FLN... Veux-tu aussi que je t'apporte des tracts, que je sois ton agent de liaison auprès des responsables de l'extérieur? Pourquoi ne t'offrirais-je pas des armes? Tu irais faire des coups de main puis tu reviendrais, pépère, te reposer dans la chambre du directeur, pauvre petit...

— Oh ! chef, ce serait trop vous demander !

— Monsieur plaisante, sans doute ?

— Non, oh ! la la !

— Tu es con, ou tu me prends pour un con ?

— Je ne crois pas, chef.

— Tu ne crois pas *quoi ?*

— Je ne crois pas que vous êtes con.

— Ah oui ?

— Que faut-il que je vous dise ?

Il était furieux.

— Fous le camp !

Après cette algarade, Djoudi chercha par tous les moyens à m'attirer des ennuis. Et je ne me privais pas, de mon côté, de perturber l'ordre qu'il comptait imposer. Au bout d'une semaine de détention, tandis que je lavais mon linge avec le morceau de savon auquel nous avions droit — un huitième de savon de Marseille — je demandai à mes compagnons :

— Qu'est-ce que ce machin minable ? Avec ça, on ne peut même pas laver un mouchoir !

On me répondit :

— Zerari, c'est le morceau de savon que Djoudi nous donne tous les quinze jours pour le linge et pour la toilette.

— Ça vous suffit, cette saloperie ? Pourquoi on ne revendique pas ?

Les gars m'ont écouté et nous avons fait la grève du savon. On sentait l'huile rance et nos chemises, que nous salissions volontairement, auraient pu tenir debout toutes seules. La direction condescendit à nous octroyer à chacun le tiers d'un savon.

Ce n'était pas fini. Dans chaque salle de la prison, il y avait un robinet. Nous en tirions dans des seaux en plastique l'eau nécessaire à la toilette individuelle et au nettoyage du carrelage. Djoudi nous avait interdit de boire cette eau. Nous n'avions droit qu'à celle du bassin qui se trouvait au centre de la cour. La nuit, les patrouilles veillaient à ce que les robinets ne coulent pas, car le bruit des canalisations vétustes — estimait la direction — aurait pu couvrir une tentative d'évasion.

De 6 heures du matin au crépuscule, les salles restaient ouvertes. On nous enfermait dedans à l'heure des repas et la nuit. Quand nous étions à l'intérieur, nous devions garder le silence. Ceux qui parlaient étaient sévèrement punis.

Un jour où mon groupe lavait la cour avec l'eau du bassin, nous profitâmes de l'occasion pour remplir les seaux dans lesquels flottaient nos tasses. Djoudi, qui observait le manège, se précipita, la trogne cramoisie :

— Hé! Zerari. Tu prends l'eau de la cour pour boire?

— C'est ce qui est permis, chef. Décidez-vous une fois pour toutes où nous devons prendre l'eau potable. Ici, dans le bassin, ou dedans, aux robinets.

— Je m'en tape. Cela ne me regarde pas. Ne prenez pas d'eau, un point c'est tout.

Il tenait un paquet de clés dans sa main droite et, visiblement, il était prêt à me frapper.

— Tu rouspètes?

J'ai dit :

— Si tu fais encore un pas, je te casse la gueule!

— Quoi?

— Je te casse la gueule, Djoudi.

— Essaie!

Il s'est avancé, poing levé. Et j'ai cogné. Fort. Hurlements, course des matons. Coups.

— Jetez-le en cellule! aboya Djoudi, blême. Tu vas pourrir en cellule, fromage rouge!

J'ai moisi une quinzaine de jours au fond du mitard. Et, quand j'ai de nouveau vu la lumière, un soldat, mitraillette sur la hanche, gardait la cour.

Djoudi dut imaginer que le gnouf m'avait calmé et que j'allais filer doux. Il déchanta vite... Peu de prisonniers me connaissaient sous le nom d'Azzedine. Lorsque je fus arrêté, ma première préoccupation avait été de cacher ce nom connu dans la région, à cause des sabotages, des attaques de fermes, des exécutions de traîtres, du travail politique effectué à Zbar-Bar. Dans la région, l'armée ignorait qui était Zerari Rabah, mais elle savait qu'un officier de l'ALN, un certain Azzedine, dont on n'avait qu'un vague signalement, était un gros bonnet de Aïn-Bessem. Je ne voulais pas que mes gardiens apprennent par une indiscrétion qu'ils avaient affaire à Azzedine. Heureusement, la police judiciaire et la gendarmerie nationale ne s'entendaient pas entre elles, ne coordonnaient pas leurs renseignements. Cet antagonisme retarda mon transfert à Alger où j'aurais certainement été sévèrement condamné.

Dès le premier jour, j'ai vu des gens que je connaissais déjà au maquis. Eux aussi m'ont reconnu. Je leur ai adressé un petit signe pour qu'ils se taisent, et, quand je l'ai pu, j'ai pris contact avec un certain Habib qui habitait Zbar-Bar. « Je ne m'appelle pas Azzedine, mais Zerari Rabah, lui ai-je dit. Retiens cela et répète-le aux autres ».

J'ai aussi rencontré un jeune, Boukhalfa, un étudiant de Tablat qui avait été arrêté parce que l'on avait trouvé chez lui, au cours d'une perquisition, une cartouche de fusil de chasse et une cartouche de carabine. Juste au moment où il s'apprêtait à passer dans les rangs du FLN. Boukhalfa et moi avons tout de suite sympathisé et j'ai cru devoir lui avouer la vérité : « Je suis un combattant et je porte un nom de guerre : Azzedine. Mais ici, le seul nom que les Français sont censés connaître, c'est Zerari Rabah. » J'ai enfreint l'ordre du FLN, mais j'avais confiance en cet homme sur lequel je comptai pour préparer mon évasion de la prison de Tablat.

J'ai, pour cela, pris ensuite contact avec un gardien algérien, natif d'Orléansville. Mais si l'homme était animé de louables intentions, il manquait de courage et me promettait de provoquer des occasions de fuite sans jamais se décider... C'était alors que j'ai déclenché la grève des lentilles qui, après celle du savon, consacra mon prestige. Matin et soir, cinq jours par semaine, on nous servait des lentilles assaisonnées de cailloux. Nous en avions assez. Je transmis dans toutes les salles l'ordre de refuser les plats de lentilles : « Il faut les obliger à varier le menu ! » Le deuxième jour, Djoudi, alerté par la cuisine, traversa le réfectoire et se jeta sur moi en piquant une crise d'hystérie :

— Zerari, pourquoi les hommes ne mangent pas ?

— Ils n'ont peut-être pas faim. Interrogez-les. Je n'y peux rien.

— Et toi, pourquoi tu ne manges pas ?

— Chef, moi je fais comme mes frères. Si mes frères mangent, je mange. S'ils ne mangent pas, je ne mange pas. Je suis solidaire de leurs revendications.

— Mais enfin, c'est toi qui les mènes ?

— Je ne le crois pas. Demandez-leur. S'ils vous disent que je suis le meneur, eh bien, vous me considérerez comme le responsable de la grève de la faim. Jusqu'à présent, je n'ai mené que ma personne.

Estomaqué, Djoudi agitait les bras en tous sens :

— Attends cinq secondes. Tu vas voir...

Il revint avec un officier accompagné de soldats et d'un gendarme. Un instant, j'ai eu peur : « Me voilà bon pour une valse à la gégène ! »

— Pourquoi ne mangez-vous pas ? glapit l'officier.

— Je ne sais pas, je fais comme mes frères.

Et j'ai répété mon discours.

— Qu'est-ce qu'ils revendiquent ?

— Ils mangent tout le temps des lentilles, des lentilles... Ils veulent que la nourriture change.

— Ah ! bon, très bien. Désormais, à midi, vous aurez du méchoui au couscous, et, le soir, du rôti de bœuf avec des garnitures variées. Vous désirez que ce soit arrosé avec quoi ? Du vin ?

J'ai répondu :

— Non, nous ne buvons pas d'alcool.

— Parfait. Et ensuite que voulez-vous, du caviar ?

J'ai dit :

— Je n'en ai jamais goûté. Ce n'est pas du porc au moins ?

— Non...

Ils ont éclaté de rire.

— Espèce de tire-au-cul, on va te donner la trique. C'est l'électricité qu'on va te faire bouffer !

— Ça, je n'aime pas !

— Vous allez tous en déguster, bande d'abrutis, et toi le premier, Zerari, si tu continues à dédaigner les lentilles.

Au repas du soir, lentilles. Personne n'y a touché. Le lendemain, le surlendemain : lentilles. On a laissé les plats sur la table et les cuistots paniquaient. Le troisième jour, à la place des lentilles, il y avait des pommes de terre. Nous les avons dévorées de bon appétit. Puis courgettes, lentilles, pommes de terre... Nous nous sommes, bien entendu, contentés de cette légère amélioration du régime. J'avais surtout marqué un superbe penalty à Djoudi. Mon influence croissait dans la prison, dont je devenais une sorte de patron occulte. J'avais à peine vingt-deux ans, j'étais efflanqué comme un sloughi, ma moustache ne parvenait pas à me vieillir. Pourtant, les gens qui avaient un problème s'adressaient à moi.

Mon évasion

Le temps s'écoulait trop lentement à mon gré, et je travaillais au corps mon gardien algérien afin qu'il acceptât de m'aider. Chaque fois qu'il descendait à Alger, je lui confiais des messages destinés à ma famille, et il me rapportait des nouvelles fraîches.

Nous avions parfois la permission de recevoir des visites. C'est ainsi qu'un vendredi, je vis arriver Mohamed Touri, maître Ben

Mel'Ha, un avocat, Abdelkader Maarouf, l'homme chez qui je m'étais auparavant réfugié à Belcourt. Un garçon exceptionnel, courageux, enthousiaste. J'admirais aussi beaucoup ses parents...

— Nous sommes envoyés par les frères du maquis, m'ont-ils dit au parloir, après m'avoir donné des nouvelles de la famille. Ali Khodja veut organiser ton évasion. Quelle est la date exacte de ton transfert? L'embuscade aura lieu en cours de route.

L'idée ne me plaisait guère :

— Lakhdar désire-t-il me revoir vivant ou me préfère-t-il mort et muet?

J'entrevoyais un coup fourré, mais la question étonna mes amis :

— Tu es fou, Azzedine! Ali Khodja veut simplement mijoter une embuscade.

— Comment il va la monter, son embuscade? Les balles choisiront-elles les victimes? Et, d'abord, aurai-je un pistolet pour me défendre?

— Non, c'est trop dangereux.

— Bien, si c'est comme cela, je me débrouillerai seul. Dimanche, je serai dehors.

Ils imaginèrent sans doute que la vie de la prison m'avait rendu maboul. Ils me quittèrent avec des mots gentils, de ceux que l'on chuchote à un malade incurable pour l'apaiser.

Samedi. Trois prisonniers de la région de Béni Slimane sont libérés :

— A bientôt, les gars... Demain, ce sera mon tour.

Ils me sourient, interloqués, m'embrassent. L'un d'eux me laisse le ravitaillement qu'il a mis de côté, toutes ses menues richesses :

— Tiens, tu en auras besoin. On ne s'évade pas de la prison de Tablat. Attends ton tour.

Dimanche matin. Ne pensant qu'à mon pari, je tourne en rond dans la cour comme un ours en cage, dégourdissant ma jambe. Boukhalfa, qui a déjà écopé d'un mois et demi de taule, à cause des cartouches trouvées chez lui, va être libéré dans une semaine. Il a partagé mes projets d'évasion pour me faire plaisir, mais il doit estimer, en secret, que, si près du but, il encourt des risques inutiles. Cela ne l'empêche pas de me proposer ses services.

— Qu'envisages-tu, Azzedine?

— Les trois matons regardent ailleurs. Tu vois le soldat? Oui, l'Alsacien, celui qui garde le bassin... Il est assis sur une chaise. Sa MAT est pendue autour de son cou. Le chargeur est à demi relevé. Fais semblant de te diriger vers le bureau et saute sur la mitraillette. Cela ne durera que deux secondes, le temps que j'attrape cette planche posée contre la porte...

— Tu le veux vraiment, Azzedine ?
— Pourquoi ? Tu as réfléchi ?
— Je suis avec toi.
Boukhalfa marche vers le bureau d'un pas nonchalant, approche l'Alsacien et, accélérant soudain, agrippe la MAT. Je happe la planche. Le soldat mesure un mètre quatre-vingt-cinq et pèse quatre-vingt-dix kilos. Son calot vole. Je comptais l'assommer, mais, dans ma précipitation, j'ai frappé trop fort. Il s'affale en râlant. Je lui enlève sa mitraillette que j'arme et braque sur les trois gardiens : « Le premier qui crie, je le flingue ! » L'un plonge dans le bassin, le second s'enferme dans les toilettes et le troisième a l'air d'un mannequin de cire. Il ne manque que Djoudi pour compléter ce gag de cinéma. Mais, l'ordure, je l'aurais abattu sans sommation... Nous attachons, bâillonnons et enfermons dans une cellule les gardiens, à l'exception du troisième qui grelotte de peur dans les W.-C. fermés à double tour. Apparaît alors le gardien algérien, le gars d'Orléansville qui se dérobait tout en me jurant de m'aider. Bang ! Un coup de planche. Le bonhomme a survécu. Aujourd'hui, il marche en dodelinant nerveusement de la tête.

Au lieu de filer immédiatement, je fais la tournée des salles où sont rassemblés les prisonniers :

— Je vous ai donné des mots d'ordre que bon nombre d'entre vous n'ont pas écoutés. Le FLN et l'ALN s'exprimaient pourtant par ma voix. C'est à cause de gens comme vous que l'indépendance tarde à venir. Si nous étions unis, il y a longtemps que nous serions libres. Vous êtes éparpillés comme des allumettes. Il est impossible de briser dix allumettes serrées entre les doigts. Une par une, rien de plus simple.

Je choisis douze volontaires parmi les plus vaillants. Les hommes revêtent leurs cachabias, chaussent leurs sandales... L'action n'a duré que quelques minutes. Le soldat alsacien est mort. La cour est déserte. Je boucle les prisonniers dans les salles, je rafle les clés, les papiers et la caisse de la prison dans le bureau. Il est midi. Nous ne projetons aucune ombre sur le dallage de la cour. La poussière reste en suspens dans l'air chaud. J'ouvre la porte. Un prisonnier se met à courir. Je le stoppe d'une manchette au visage :

— Marchez doucement, en silence. Voilà les quatre pistolets des matons. Nous allons sortir dans l'ordre. Aujourd'hui, c'est dimanche et la population est encore au marché. Qui connaît bien la région ?

Plusieurs compagnons lèvent la main. J'en désigne un :

— Toi, tu nous guides. Amène-nous au plus vite sur un terrain accidenté. Dans cinq minutes, les prisonniers vont se mettre à gueuler. Si l'un d'eux se manifeste avant, je les ai prévenus : le FLN est partout présent, il a des oreilles et des yeux partout, le djebel, la plaine, les villes, les villages, et jusqu'au fond des mitards, le FLN les exécutera un à un... Allons-y.

Je ferme derrière moi la porte de la prison à clé. J'ai caché la mitraillette de l'Alsacien à l'intérieur d'un panier que je porte comme un paysan allant au souk. Les autres avancent calmement. Pas un chat. L'écran brouillé de la lumière masque l'horizon. Le mess des officiers et de la gendarmerie ne donne aucun signe de vie. Mais les sentinelles de la caserne du goum nous aperçoivent et sonnent l'alarme. Ce n'est plus le moment de lambiner : nous sprintons vers l'oued, en contrebas, slalomant à travers les rochers. Nous avons six cents mètres d'avance sur les soldats qui tirent au jugé. Pour la première fois, j'entends les balles de fusils Garant. Deux bruits distincts l'un de l'autre. Un sifflement, une soie qu'on déchire, puis un claquement sec quand la balle passe au-dessus de la tête. C'est la raison pour laquelle je m'arrête, croyant que d'autres goumiers nous barrent la route. J'ai néanmoins, comprenant mon erreur, la présence d'esprit de crier à mes compagnons :

— Les quatre hommes munis de pistolets restent avec moi. Il faut que nos poursuivants sachent que nous sommes armés.

Nous nous embusquons en retrait d'une dénivellation de terrain et tirons en direction des goumiers, dont les silhouettes se rapprochent. Ils sont loin de nous. Notre escarmouche les stoppe quand même. Nous profitons de ce court moment de répit pour traverser l'oued et rejoindre les camarades qui nous attendent sur l'autre bord.

Nous atteignîmes, le soir, une région où nous étions en sécurité. Crevés, mais heureux d'être sains et saufs, d'être fêtés par les frères du maquis. Sur ces quatorze évadés de la prison de Tablat deux seulement ont survécu à la guerre : Habib Embarek, devenu garde champêtre, et moi. Les douze autres sont morts bravement. Le moins gradé était adjudant dans l'ALN. Notre évasion eut un retentissement considérable dans la wilaya. Car elle prouvait aux sceptiques et aux mous que, même jeté au fond d'un trou par l'ennemi, un djoundi conservant la foi et l'esprit de combativité pouvait rejoindre le front pour se battre de nouveau. Dans une révolution, un homme ne peut jamais dire « mission accomplie » avant la victoire totale.

Chef militaire de la région IV

Quelques jours après mon arrivée, je fis à Si Lakhdar un rapport détaillé sur mon interrogatoire, mon évasion. Il me félicita puis m'expliqua la situation. A la tête de ses katibas (compagnies de cent dix djounoud chacune), puissamment armées, il venait de remporter de belles batailles et avait été blessé au cours d'un accrochage par un adjudant de tirailleurs. Ses djounoud avaient récupéré des fusils-mitrailleurs et des armes individuelles. Si Lakhdar me raconta des actions mal terminées pour les Français, comme cette opération héliportée, près de Zbar-Bar : « C'est incroyable, me dit-il. Certaines unités se battent avec ruse et courage, d'autres se laissent piéger comme des classes maternelles. D'accord, elles se perdent dans le maquis, impénétrable et sauvage. Mais je crois surtout qu'elles sous-estiment nos forces. Le matin de l'opération, ils ont déversé sur les crêtes des grappes d'hommes qui foulaient pour la première fois le djebel. Voyant à qui ils avaient affaire, mes djounoud les ont laissés approcher des maisons, puis sont soudain sortis en criant, en tirant dans le tas. Tu aurais vu la débandade, Azzedine. Des lapins ! Nous avons pris plus de cinquante armes... »

Avec Si Lakhdar, je procédai à la mutation de mes treize compagnons évadés de Tablat. Sous la responsabilité politico-militaire de Si Slimane « Kebaïli », je fus promu responsable militaire de la région de Aïn-Bessem, Cheikh Messaoud s'occupa de la partie politique et mon complice Boukhalfa responsable des renseignements et liaisons.

Structures du FLN-ALN

Lors du congrès de la Soummam, en Kabylie, les chefs du FLN de l'intérieur avaient défini l'ossature de l'armée de libération nationale. L'Algérie était divisée en six wilayas (départements). Chacune d'elles divisée en zones, régions et secteurs. Les postes de commandement des wilayas, zones, régions et secteurs étaient composés du chef politico-militaire représentant l'autorité centrale du FLN, entouré de trois adjoints s'occupant des branches politique, militaire et renseignements-liaisons. Le chef politico-militaire de la wilaya était un colonel, assisté de trois commandants : le chef politico-militaire de la zone était un capitaine, assisté de trois lieutenants, le chef de région un sous-lieutenant ayant trois aspirants pour adjoints, l'adjudant-chef de secteur était secondé par trois sergents-chefs. L'unité de base, le groupe (*faoudj*), était composée de 11 hommes dont un sergent et deux caporaux; la section (*ferka*) était composée de 35 hommes; la compagnie (*katiba*) comptait 110 hommes et le bataillon (*faïlek*) 350 djounoud.

Oum-Zoubia et Beni-Khelfoun (embuscades)

La nuit du 22 octobre 1956, nous avons appris par la radio l'arrestation des « cinq frères ». Le lendemain, les journaux titraient : « A l'issue d'un voyage fertile en coups de théâtre, Ben Bella, Khider, Boudiaf, Aït Ahmed et Lacheraf ont été arrêtés à l'aéroport de Maison blanche. L'avion transportant l'état-major du FLN de Rabat à Tunis, où il devait rencontrer Bourguiba et le roi du Maroc, a été arraisonné au-dessus des Baléares et contraint d'atterrir en territoire français. Les services spéciaux seraient à l'origine de cette arrestation. » Nous fûmes effondrés. Cependant, il ne fallait pas que les Français s'imaginent que le maquis était lui aussi « arraisonné ». C'est pourquoi Lakhdar et moi décidâmes de monter une série d'opérations à travers toute notre région afin de montrer que le FLN et l'ALN, indomptés, se battaient toujours avec acharnement. Partout.

L'avion appartenait au roi du Maroc et devait atterrir en Tunisie où le président Bourguiba attendait la délégation algérienne. Le commandant de bord, complice des services français, était un « coopérant » comme le gouvernement français allait en détacher auprès des pays africains devenus souverains. Cette atteinte au droit international fut considérée par le pouvoir colonial comme un coup de maître, à l'image de la 5e colonne pendant la Deuxième Guerre mondiale. Le détournement donnait la mesure de la faiblesse du pouvoir politique français, lequel ne fit qu'assumer une initiative prise à un échelon d'exécution.

Le roi du Maroc Mohamed V et le président Bourguiba, qui espéraient une solution après les négociations, tinrent cet acte pour un affront. Dans le monde on ne pouvait plus maintenir contre le FLN l'accusation d'intransigeance, de manque de souplesse. Au maquis, le problème se posait en d'autres termes. Pour nous, le combat continuait. C'est vrai, nous craignions le découragement que pouvait exploiter la France auprès des masses populaires. Les cinq responsables enlevés étaient membres du CNRA, mais n'étaient pas du CCE, direction légitime entre deux congrès. C'est à ce moment que nous comprîmes la justesse des décisions arrêtées au congrès de la Soummam. Nous allions recevoir quelques jours après un ordre de la wilaya nous enjoignant de répliquer à la perfidie colonialiste en multipliant les actions sur tout le territoire que nous administrions. Notre fierté, à Si Lakhdar et à moi, fut d'avoir réagi, instinctivement, sans attendre les ordres. Nous étions bien dans la ligne. Ainsi, nous nous dirigeâmes de Zbar-Bar jusqu'à cinq kilomètres de Tablat. C'est à Oum-Zoubia que nous fixâmes l'embuscade.

A cet endroit, un pont fortifié en grosses pierres enjambe un oued généralement à sec qui serpente dans la vallée. Légèrement en retrait du pont, au-dessus d'un coude de la route, se dresse une colline escarpée parsemée de buissons et d'arbres rabougris. Si Lakhdar prend la tête d'une section : Cheikh Messaoud, taleb des Ouled Mihoub, un combattant plein d'allant qui ne parle pas un mot de français et qui se bat comme un lion, a mission de bloquer l'arrière du convoi annoncé, avec sa section. La troisième ferka, celle que je commande, s'échelonne au milieu, mes hommes se camouflent entre les moindres replis du terrain, se coulent dans les plus minces anfractuosités de la colline... Nous avons le soleil dans le dos et l'on ne peut nous apercevoir de la route. C'est la première grande embuscade à laquelle je participe et j'attends fébrilement la minute de vérité. Une demi-heure à peine après notre arrivée, j'entends le ronronnement des moteurs. Un nuage de poussière. Le convoi surgit, filant sur la route. Une jeep devance les autres véhicules où sont assis sur des banquettes des officiers frais émoulus de Saint-Cyr visitant le pays, des soldats démobilisés et des permissionnaires descendant sur Alger. Le vent plie comme une canne à pêche l'antenne de radio de la jeep qui me frôle presque. Des visages entrevus. Fusils entre leurs cuisses, les cyrards regardent le paysage. La gorge sèche, je serre la crosse de mon PM. Une rafale tirée par Lakhdar stoppe la jeep qui, dans un crissement de pneus, fait une embardée et bouche la route. Le foulard du pilote est rouge. Le ciel est rouge. L'air empeste la poudre. La colline n'est plus qu'une détonation monstrueuse où s'enchevêtrent l'aboiement rauque des mitrailleuses, les hurlements déments des hommes touchés, le claquement des fusils... Les Français répliquent, mais trop tard. Sept, huit minutes de combat. Pas plus. Je viens de vivre l'éternité. Un silence lourd s'abat sur Oum-Zoubia. Le convoi a été anéanti. Les corps des militaires, dépouillés de leurs armes, jonchent la route autour des camions.

Nous décrochons, courbés sous le poids des munitions, des caisses de vivres, des baluchons emplis d'uniformes. Des blindés et l'aviation, que la radio a eu le temps d'alerter, interviennent au moment où nous franchissons une crête. Les balles de 12,7 égratignent le rocher, déchiquettent les feuilles. Déjà, nous glissons dans les talwegs comme l'eau de pluie...

Le lendemain, nous étions loin, mais, en représailles, des avions bombardèrent le secteur, écrabouillant le souk Ettlata de Diour, la dechra Zwatna, à l'heure du marché, détruisant plusieurs villages. Les civils, comme à l'accoutumée, payèrent très cher l'embuscade d'Oum-Zoubia. L'armée et l'administration française surent vite à qui elles avaient affaire. Un tract du FLN, rédigé par le colonel Si Sadek qui ne respecta pas le cloisonnement, leur apprit que le nom de guerre de Zerari Rabah, l'évadé de Tablat, était Azzedine, l'auteur de l'embuscade. Pour la première fois, l'armée sut mon nom de guerre. Les convois ne se risquèrent plus dans cette région sans prendre des précautions. Les représailles avaient, en outre, été si dures que des dizaines de jeunes paysans entrèrent dans l'ALN. Malgré l'arrestation des cinq dirigeants du FLN extérieur, je serai tenté de dire à cause d'elle, la guerre allait gagner en recrudescence, et s'étendre. Elle devenait plus impitoyable.

Après l'embuscade d'Oum-Zoubia, si Lakhdar, capitaine de la zone I, me confia un effectif important — plus d'une katiba — mais me dit : « Azzedine, dit-il, prête-moi une section et mets-en une seconde sous les ordres de Cheikh Messaoud. Quant aux deux autres, amène-les du côté de Béni Khalfoun, où il n'y a pas eu d'action depuis longtemps. » Merci ! Lakhdar me refile les vieux, les mal fichus, et avec cette bande d'éclopés, il m'envoie au col de Béni Khalfoun, au nord de Thiers. En assemblant cet ouragan de roches épileptiques, et de forêts grandioses, Dieu a tâtonné de la main et du pinceau avant de conclure son chef-d'œuvre du Djurdjura. Pour se faire pardonner des hommes son ébauche précipitée, il a parsemé les flancs du djebel d'arbres rares, bénédiction des bergers, et les deux affluents de l'oued Isser de lauriers-roses, paradis des moustiques !

Le commissaire politique sectoral, nommé Moh Mahfoud, ne bondit pas d'enthousiasme quand je lui demande s'il y a un coup à monter dans ce coin qui, l'hiver, est une banlieue du pôle Nord.

— Au hasard... Un petit convoi circule sur la piste, à Talawranine, une fois par semaine, jamais le même jour. Les six autres jours, ce sont des camions et des chars, appuyés par des avions.

Nous passons la nuit à Zwatna. Trois heures du matin. La nuit est si hostile que le diable ne s'y aventurerait qu'avec des moufles et un bonnet de trappeur. J'appelle le commissaire :

— Amène-moi à l'endroit où passent les camions.

Je place mes hommes un à un le long de la piste, et on patiente jusqu'à 6 heures, la goutte au nez, les membres gelés, dans l'odeur écœurante de la laine mouillée et de la graisse de culasse. Soudain, yeux de chat des camions aux phares demi-clos, grincement des chenilles des chars. Imperturbable dinosaure dont les cinq têtes caparaçonnées de tourelles pivotantes se hérissent de dards et de dents, le convoi défile devant nous. Fiasco ! Je regroupe mes « bras cassés » dans la forêt :

— On remet ça demain, même heure.

« Il est malade, cet Azzedine, doivent-ils penser. Il s'évade de prison et participe à l'embuscade d'Oum-Zoubia. Il pourrait se reposer sur ses lauriers, rentrer à Aïn-Bessem, ce serait normal. Mais non, rebelote, il veut à tout prix attaquer des chars ! »

Je cache ma rage. C'est la première embuscade sous mon unique commandement. Il faut que je me libère de ma peur, que j'exerce mon autorité, que je galvanise par un exploit une région amorphe. Le lendemain, à 4 heures du matin, mes hommes sont au même endroit. A 6 heures, des moteurs... Un half-track et deux GMC émergent de la brume. Les essuie-glaces chassent les bourrasques de pluie. Tous les fusils tirent en même temps. Une minute. Pas plus. Nous ramassons deux FM, vingt-six armes, des munitions, des gilets pare-balles, des uniformes, et nous dégageons tranquillement, en marchant toute la journée, les vieux chantant sous le poids des armes et des caissons de chargeurs. Dans les dechras que nous traversons, les fellahs nous offrent du café, du pain, des figues. Béni Khalfoun m'a délivré. Simple question d'organisation, de foi, d'audace, de confiance en soi. J'ai acquis tout cela en un jour. Totalement. Les militaires de carrière hausseront-ils les épaules ? Une embuscade n'est sans doute pour eux qu'un acte douteux, plus proche du banditisme que des lois enseignées dans les écoles de guerre. En tout cas, à Béni Khalfoun, j'ai vaincu le dragon et récité ma première leçon de guérilla. Cette victoire de Béni Khalfoun a été acquise au moment où les troupes franco-anglo-israéliennes se lançaient dans l'expédition de Suez. Sous le gouvernement français, il s'agissait de récupérer le canal mais aussi de faire taire « La voix des arabes », une station radio que Nasser avait mise à la disposition de la Révolution algérienne et de la lutte anticolonialiste.

Nous avions le sentiment, à Béni Khalfoun, de tirer sur les troupes de Massu qui débarquaient dans le même temps à Port Saïd. L'avion des cinq, la campagne d'Égypte et d'autres erreurs qui suivront, n'arrêteront pas le cours de l'histoire et la marche du peuple algérien.

Nos artificiers

En arrivant à Zbar-Bar, après mon évasion de Tablat, j'avais constaté que de nombreux étudiants de l'Algérois et des ouvriers qualifiés étaient montés au maquis. La plupart se voyaient affectés au commissariat politique et aux renseignements-liaisons. Les plus adroits devenaient artificiers. Maîtres d'œuvre des sabotages, ils avaient un rôle très important : fabriquer des bombes et des mines pour interdire aux troupes l'accès du maquis. Évidemment, nous ne possédions pas d'usines et nous devions prendre à l'ennemi ce dont nous avions besoin : charges, métaux, TNT, détonateurs, etc. Pour ce travail, nous avions appris à la population — en l'encourageant par la distribution de primes et d'honneurs — la façon de récupérer ce matériel. Quand l'artillerie, l'aviation, bombardaient une dechra, les habitants comptaient les coups, c'est-à-dire les détonations correspondant aux départs des projectiles et les explosions indiquant les arrivées. De plus en plus aguerris par les souffrances des ratissages, tapis dans leurs caches, sur les crêtes, au fond des oueds, ils dénombraient et situaient avec précision les obus faisant long feu : à peu près 10 %. Après un pilonnage, la population nous indiquait les endroits où étaient enfouis les obus inertes. Les artificiers les désamorçaient, les bricolaient, par exemple en mines antichars : ils perçaient un trou au milieu du corps de l'obus et y vissaient un détonateur. L'engin réamorcé était ensuite placé sur une piste, une route, où circulaient les convois.

Les services de déminage ont vite découvert le pot aux roses et nous ont envoyé des obus piégés qui explosaient vingt-quatre ou quarante-huit heures après l'impact. Se méprenant, nos artificiers les entreposèrent dans leurs ateliers. Le premier accident fit sauter un dépôt et tua une dizaine de personnes. Au troisième accident, nous avions compris l'astuce et, dès lors, modifié notre technique de récolte. Au lieu d'extraire immédiatement les obus et les bombes, nous balisions de repères discrets les endroits où ils tombaient, et nous ne déterrions qu'une semaine plus tard ceux qui n'étaient plus dangereux. A leur tour, les Français nous ont feintés. Ils ont minuté l'explosion de certains projectiles à plus court terme (une heure ou deux) ou d'autres à plus long terme (plusieurs jours), et nous ont tendu des embuscades, trois ou quatre jours après chaque pilonnage, dans l'espoir de surprendre nos patrouilles de récupération. Nous fûmes donc obligés de prélever les obus tout de suite après les bombardements et de les éparpiller dans la nature. Les piégés pétaient et nous désamorcions les autres. Ayant une tactique d'avance, nous avons continué à miner les routes, les rails, les pylônes.

Sirbah était artificier. Un ancien de la « coloniale » qui riait beaucoup... Il s'était déjà distingué en Indochine en fournissant aux patriotes vietnamiens des grenades, des munitions, et, à l'occasion, des renseignements. En arrivant en wilaya IV, il n'avait que peu de moyens à sa disposition. Mais il réussit à installer un atelier. Il utilisa au début du salpêtre et du charbon de bois en guise de poudre, puis il récupéra des explosifs, du matériel de soudure, de la ferraille, et surtout de gros tuyaux, qu'il transformait en mines. L'une de ses plus fameuses actions fut la destruction de la ligne à haute tension de Tissemsilt à Orléansville. Il scia, avec un groupe, un à un, nuit après nuit, tous les pylônes métalliques que les Français remplacèrent par des poteaux en bois... qu'il coupa en une nuit !

Nous envoyions aussi aux traîtres de menus cadeaux d'adieu qui les changeaient en chaleur et lumière. Mais ce genre de travail comportait des risques.

Un proxénète d'Aïn-Bessem, dont le fils était inspecteur de la PJ, possédait plusieurs bordels. Il était très riche. Grâce aux renseignements fournis par leurs indics, le maquereau et le flic firent débusquer par l'armée l'un de nos groupes. Les djounoud furent exterminés. Je proposai au proxénète d'Aïn-Bessem de venir me voir, lui offrant le pardon et un poste important à condition qu'il se rallie au Front. Le malin, se doutant que je le contactai uniquement dans le but de le châtier selon ses mérites, répondit qu'il préférait que je descende à sa rencontre. Bien entendu, je refusai et, de rendez-vous manqué en traquenard déjoué, je laissai traîner le règlement de comptes. Il voulait ma peau, je voulais la sienne. Comment éliminer le traître ? Un artificier nous prépara une bombe dont le mécanisme de mise à feu était branché sur une montre. La charge et le système d'horlogerie étaient cachés à l'intérieur d'une valise. L'artificier expliqua que l'agent de liaison qui serait chargé de porter la valise au domicile du mac d'Aïn-Bessem devrait calculer à l'avance le temps du trajet en y ajoutant celui de la livraison. Mise en marche, la machine infernale ne pouvait être minutée une seconde fois.

L'artificier donna ses consignes dans le PC, où Athmane, un jeune Kabyle, le secrétaire de la région, tapait un rapport. Puis il sortit. Un djoundi écrivait à la même table, près de la valise. Si Slimane « Kebaïli », le responsable politico-militaire, entra :

— Qu'est-ce qu'il y a dans cette valise ?

— Une bombe.

— Comment ça marche ?

Athmane, sans lever les yeux de sa machine à écrire, lança :

— A l'intérieur se trouve une montre qui règle le système de mise à feu.

Si Slimane « Kebaïli » ouvrit la valise, enclencha par mégarde le contact, tourna les aiguilles. Et la bombe explosa.

A ce moment-là, je réussissais mon embuscade sur la frontière des wilayas III et IV à Béni Khalfoun. Quand je revins à Zbar-Bar, je trouvai le poste de commandement dévasté. Les tuiles, les gravats avaient giclé à des dizaines de mètres. Aucune trace de Si Slimane « Kebaïli » et du djoundi. Sinon de la chair collée aux murs. Athmane, énucléé par un éclat, se débattait à l'infirmerie entre la vie et la mort. Des djounoud avaient été blessés aux alentours du PC. Une catastrophe ! Nous avions perdu le responsable politico-militaire d'Aïn-Bessem et le secrétaire de la région... Le maquereau, lui, vécut en liberté et mourut dans son lit dans les années 70, dans l'Algérie construite au prix de la vie de maquisards comme Si Slimane « Kebaïli ».

L'embuscade d'Aomar — Drâa-el-Mizan

Fin novembre 1956, le capitaine Si Tayeb El Djoughlali, que spontanément et par déférence la population de la zone II de la wilaya IV appelait « Cheikh » (le sage), envoya une lettre à Si Lakhdar lui annonçant que la katiba « Hamdania » avait récupéré deux mitrailleuses de 30, une mitrailleuse 12/7 et qu'il tenait à sa disposition une mitrailleuse de 30. Si Lakhdar était ému par la beauté du geste mais tenait à ce que ce soit ses hommes qui la prennent là où elle se trouvait, sur la route goudronnée. Il était dans une situation difficile, pour ne pas dire dramatique. Après la mort d'Ali Khodja, le conseil de la wilaya IV lui avait interdit de participer à une action militaire. Il était un symbole à préserver. Il me convoqua.

— Azzedine, je veux aussi une mitrailleuse de 30. Je compte sur toi.

Autant me réclamer de lui décrocher l'étoile polaire.

Côte 613, Bou-Zeg-Za, Palestro, Tablat... Les Français se méfient de la wilaya IV où se sont déroulés certains des plus meurtriers combats de ce début de guerre, et leurs troupes ne se risquent plus dans notre coin sans mobiliser des appuis qu'il serait suicidaire d'affronter avec nos moyens et nos effectifs squelettiques. Une mitrailleuse de 30, ça ne se trouve pas sous les sabots d'un cheval de spahi ! J'appelle cheikh Messaoud, mon adjoint :

— Avec ta ferka, descends chez nos frères de la wilaya VI, moi je vais en wilaya III. Lakhdar veut une mitrailleuse. D'accord. On verra qui de nous deux la lui rapportera le premier.

Je choisis comme point de départ Béni Khalfoun, qui m'a porté chance. Le commissaire politique me dit qu'une jeep accompagnant un officier passe régulièrement, le jeudi, sur la route Aomar-Drâa-el-Mizan, et que cette jeep est équipée d'une mitrailleuse de 30. Le lieu idéal pour tenter l'embuscade est une dechra des Nezlioua.

— C'est dommage, explique le commissaire, car on ne peut pas compter sur cette tribu. Jadis, elle avait déjà mal accueilli l'émir Abdelkader quand il tentait l'unification du pays. Les Nezlioua sont aujourd'hui messalistes ou bien ils collaborent avec les Français.

— Je le sais. Ouamrane, me parlant un jour de cette tribu, m'avait lui aussi dit : c'est étrange, comme l'histoire se répète... Les Nezlioua ont hérité de leurs ancêtres un farouche individualisme qui s'adapte, selon les opportunités, à toutes les formes d'occupation.

Le commissaire politique de Béni Khalfoun hésite :

— Nous sommes à la merci d'un mouchardage. Pourquoi ne pousserais-tu pas plus loin en Kabylie ?

— Je me fous des Nezlioua ! Ce qui m'intéresse, c'est la jeep qui, demain jeudi, empruntera la route Aomar-Drâa-el-Mizan. Viens-tu avec moi ?

— Oui, bien sûr, mais les fesses serrées !

— Alors rassemble les moussebiline.

A la tête d'une cinquantaine d'hommes armés, je fonce sur la dechra — une dizaine de gourbis au bord de la route goudronnée — et, à une heure du matin, j'entre dans toutes les maisons où j'enferme femmes et enfants avec interdiction de mettre le nez dehors. Quelques moussebiline habillés de burnous feront semblant de vaquer aux travaux habituels des fellahs. Les hommes de la dechra, gardés par d'autres moussebiline à l'intérieur de la mosquée, écouteront un discours du commissaire politique. J'ai prévenu le commissaire : « Au premier coup de feu, tu te tailles et tu me laisses me débrouiller avec ma section. »

Je descends par les talwegs sur le bord de la route, en terrain dénudé et très en pente. C'est dangereux, car je ne sais pas quelle sera l'importance de l'escorte. Si la mitrailleuse est en batterie de notre côté, nous risquons d'être hachés menu. Deux jeeps arrivent. Leurs passagers ont confondu les moussebiline avec les habitants de la dechra et, pétrifiés par le froid, ne sont pas sur le qui-vive... Nous démontons la mitrailleuse de 30, récupérons cinq MAT et trois pistolets. Un véhicule finit de brûler — l'autre s'est enfui avec à son bord le caïd Ioualalène — quand survient l'appui aérien. Nous nous sommes réfugiés dans la forêt où les avions nous clouent jusqu'à la nuit. Nous franchissons le ratissage et regagnons Palestro. Apothéose! Cheikh Messaoud a lui aussi ramené une mitrailleuse de son expédition dans le Sud. Si Lakhdar n'a plus rien à envier à la zone 2!

Mes compagnons d'armes

C'est après sept jours de marche forcée dans la montagne que j'arrivai vanné et heureux à Boukren, aux environs de Saint-Pierre-Saint-Paul. Si Lakhdar, adjoint militaire de la wilaya, m'avait convoqué par lettre à cette réunion zonale. Né à Palestro où son père était fellah, Si Lakhdar, d'un an mon cadet, avait commencé à militer très jeune. Les cheveux plantés bas sur un front large et intelligent, les yeux un peu bridés, le sourire fendu d'une oreille à l'autre, il inspirait d'emblée la sympathie. Maçon à Palestro, il fut l'un des premiers compagnons de Ouamrane. Sorte de génie de la guérilla, il en avait instinctivement compris les tours et détours, sitôt au maquis, sans jamais avoir lu une ligne de Clausewitz ou de Mao. Son courage, son aptitude à s'adapter à toutes les techniques du combat, son ascendant auprès de ses hommes, lui avaient valu sa rapide promotion à la tête de la wilaya. En ce mois de janvier 1957, l'ALN comptait huit mille hommes environ en wilaya IV, animés par l'esprit que leur avaient insufflé Ouamrane (qui désormais installait au Caire le CCE, Comité de coordination et d'exécution), le colonel Si Sadek et son adjoint politique, Si M'Hamed.

Kabyle originaire d'Affreville, le poil dru, le teint mat, le visage austère, Si M'Hamed avait vingt-six ans. Il avait milité très jeune au MTLD de Messali Hadj, puis avait fait partie de l'Organisation spéciale dans les années 50.

Chef du commando

La réunion zonale de Boukren était présidée par Omar Oussedik, doyen de l'état-major et responsable des renseignements et liaisons. Sa femme, Nassera, une infirmière, l'accompagnait. Cet ancien ouvrier d'usine, ce syndicaliste, avait l'élégance suranné d'un maître d'école et on le disait secret. Son neveu, Boualem Oussedik, collectionnait les diplômes universitaires. Formé à la réflexion marxiste comme son oncle, il avait été chargé par Si Sadek de la propagande et supervisait, sous le contrôle de Si M'Hamed, les commissaires politiques. Il y avait encore à Boukren Mimi, l'infirmière de la zone 1, Si Smaïl, Abderrahmane Laâla et le lieutenant politique de la zone 2, un gars surnommé « Max le jeune. » Il y avait surtout, en protection, la plus célèbre compagnie zonale d'Algérie, celle qu'avait créée Ali Khodja et dont les terribles djounoud — jeunes citadins et paysans mêlés — étaient, à juste titre, redoutés par les meilleures unités adverses. J'étais venu avec ma katiba d'Aïn-Bessem.

A notre actif : Béni Khalfoun, Oum-Zoubia, Aomar-Drâa-el-Mizan, deux mitrailleuses de 30, des FM Bar et 24/29, des mitraillettes, des fusils de guerre, des grenades, etc. J'étais plutôt fier du bilan, mais l'ex-katiba d'Ali Khodja me fascinait : elle était mieux équipée que la plupart des autres katibas de l'ALN. Ses djounoud avaient de l'allure. Ils portaient tous des chapeaux de brousse ou des casquettes, des treillis ajustés, des chemises kaki repassées, des pataugas neufs — équipement envoyé par l'intendance et surtout récupéré sur l'ennemi lors des embuscades.

La réunion se tenait chez le caïd de Boukren, un patriote qui avait mis tous ses biens et toute sa famille au service du pays. Emmitouflés dans nos burnous, nous étions assis autour d'un feu, dans la cour intérieure de la maison du caïd. Omar Oussedik ouvrit la séance en rendant hommage aux martyrs de la révolution et analysa la situation politique et militaire de la wilaya IV. La population était de plus en plus acquise à notre cause. Les accrochages, les embuscades contre les troupes du secteur ou les paras, les opérations de sabotage avaient « payé ». Puis, il nous demanda aux uns et aux autres les résultats obtenus dans chacune de nos régions : pertes infligées et subies, engagements militaires, travail des moussebiline, etc. Chaque action faisait l'objet d'une critique et d'une autocritique. Lorsque mon tour arriva, j'énumérai les armes récupérées dans la région de Tablat — Aïn-Bessem. Ma compagnie fut chaudement félicitée par tous.

La première partie de la réunion, commencée à trois heures du matin, se termina vers dix heures. Omar Oussedik nous proposa de formuler nos suggestions et nos vœux. Le capitaine Abdelaziz exposa :

— Je trouve injuste que des révolutionnaires, des responsables que nous aimons, que nous respectons, gardent leur femme auprès d'eux. Alors que les djounoud n'ont pas le droit d'aller chez eux en permission, que l'on exige de nos hommes de plus en plus de sacrifices au fur et à mesure que la lutte s'intensifie.

Lissant sa moustache entre son pouce et son index, Omar émit un petit rire :

— Si je comprends son allusion, le frère Abdelaziz s'adresse à moi et à ma femme Nassera ?

— Oui, Omar.

— Tu as raison, je prends acte.

— Tu sais, je ne dis pas pour moi, je suis célibataire. C'est pour l'exemple. Il ne suffit pas de prendre acte. Ta femme doit être mutée quelque part en wilaya pour faire son devoir, comme toutes les autres infirmières. Quand tu passeras près de l'endroit où elle se trouve, tu auras alors les mêmes droits que n'importe lequel des djounoud habitant la campagne et faisant étape dans un village pour voir quelques heures son épouse.

Sa suggestion fut retenue par Si Omar Oussedik, qui rédigea une note à ce sujet. A la fin de la réunion Si Abdelaziz crut devoir faire un commentaire dans lequel il expliquait son attitude toute de respect à l'égard de ses chefs, mais aussi d'exigence. Un chef doit être obéi mais doit écouter et accepter les critiques constructives. C'est pour cela que nous aimions nos chefs et que nous nous sentions disposés à sacrifier notre vie pour les protéger.

Si Smaïl détendit l'atmosphère en proposant une partie de foot. Responsable de la Mitidja, la zone la plus dangereuse — la plaine — ce beau garçon à la toison rousse, à la carrure d'athlète, était un admirateur d'Emiliano Zapata. Il s'exclamait toujours en riant, comme l'acteur qui incarnait à l'écran le célèbre guérillero mexicain : « Nous avons combattu et nous ne pouvons même pas acheter une bouteille de tequila ! » (mais Smaïl disait quinquina). Il avait eu l'idée lumineuse d'amener un ballon. Protégés par des sentinelles en chouf sur les crêtes, nous jouâmes. La guerre, un moment, s'estompa. Nous étions redevenus des gosses. Si Lakhdar, un pan de chemise flottant sur son pantalon, fonçait en criant comme à l'assaut. Ses tirs manquaient de précision, mais gare à celui qui se trouvait sur la trajectoire du shoot ! J'étais dans les buts. Mon genou me tiraillait encore, mais l'entrain de la partie m'autorisa quelques plongeons à la Vignal. Boualem Oussedik, lui aussi blessé à une jambe, encourageait de la touche les djounoud et les cadres qui couraient sur le terrain, agitant sa canne ou sautant à cloche-pied quand un avant réussissait un dribble. Mémorable partie...

La réunion reprit. Et mes chefs, me nommant *dhabet etthani*, capitaine, me confièrent le commando zonal, le fameux commando créé par Ali Khodja. La wilaya n'avait pas lésiné à mon égard. Selon les décisions arrêtées à la Soummam, un capitaine avait une fonction politico-militaire et une zone à administrer. Elle me donnait le grade à titre militaire et me demandait d'organiser la meilleure unité de la wilaya. J'aurai des responsabilités plus importantes dans l'avenir. Jamais je n'ai ressenti autant de joie et, pourquoi le cacher ? de fierté. Le privilège dont je venais d'être l'objet était dû à la qualité du groupe que je dirigeais. Elle était devenue une unité entièrement soudée et tous ses membres avaient un mérite égal. J'étais heureux de lui avoir insufflé un esprit de corps qui la distinguera.

— Azzedine, je te donne carte blanche, me dit Si Lakhdar. Choisis tes hommes.

Je conservai la moitié de ma katiba d'Aïn-Bessem que j'ajoutai à l'effectif de l'ancien commando. Je désignai mon adjoint, mon intendant, mon agent de renseignement et de liaison, formai les sections et les groupes. Puis, haranguant les djounoud, je baptisai mon unité :

— Ce commando portera le nom qui, déjà, le distingue de toutes les autres compagnies, le nom de celui qui le mena sur les sentiers de la victoire : Ali Khodja, dont nous devons continuer les nobles traditions.

Plusieurs officiers avaient, avant moi, tenté de prendre le commandement de la compagnie.

Elle était difficile à manier, car la plupart des djounoud avaient un beau palmarès mérité, sous le commandement de Si Ali Khodja. Disciplinés au combat, ils l'étaient moins pendant les moments d'accalmie. Chaque chef de section était exigeant à l'égard de ses subordonnés (soin, tenue, nourriture, poste de radio, rasoir...). Le courage, l'abnégation ne suffisent pas pour être adopté et devenir le chef incontesté. Le commando avait traversé quelques passes difficiles et son moral s'en ressentait.

Les cent dix djounoud du commando zonal savaient, en effet, ce que l'on attendait d'eux quand ils étaient admis à combattre au sein de cette unité : la mort, gloire suprême des moudjahidine. Des hommes de cette trempe, volontaires, recrutés dans les meilleures unités de la zone I, voulaient à leur tête un homme à poigne, capable de les conduire au feu. L'expérience était pour eux une exigence. En retour, les djounoud non seulement font montre d'obéissance mais aussi d'affection et d'amitié. Ces rapports entraînent une belle volonté de vaincre, des rapports fraternels, un respect mutuel qui permettront, deux ans durant, des succès remarquables que l'ennemi lui-même, pourtant chiche de compliments, tint maintes fois à saluer. En quittant Boukren, le soleil resplendissait et j'avais du baume au cœur.

Ali le Sénégalais

A cette époque, il n'était pas nécessaire d'être invisible. Les djounoud marchaient en plein jour, en file indienne, à une vingtaine de mètres les uns des autres.

Nous chantions à tue-tête des nachids. Parfois, me retournant, j'embrassais du regard la longue chenille verte du commando serpentant vers la crête. Une à une, les silhouettes débouchaient de la piste et, sous les chapeaux de brousse ou les casquettes, je reconnaissais mes phénomènes : là-bas, fragile encore, s'avance « Hélicoptère ». Tels les héros de *L'Illiade*, mes djounoud se sont attribué des épithètes évocatrices. « Hélicoptère », c'est un bout d'homme à peine envolé du lycée pour nicher au maquis ; un corps d'adolescent flottant dans un treillis trop large. Son front lisse disparaît sous la vaste casquette. Ses aînés du commando l'ont surnommé « Hélicoptère ». Ce n'est pas une casquette, lui rappelle-t-on sans cesse, mais une piste d'atterrissage ! Immanquablement, la plaisanterie le remplit d'allégresse : sous la visière son regard retrouve l'insouciance de l'enfance. Le rire des copains, c'est pour lui la tendresse du monde. La seule qu'il connaîtra jamais.

« Hélicoptère » est mort au commando.

Et voici Ali. Dès les premiers mois de la lutte, le FLN avait interdit le tabac. En wilaya IV, la consigne fut toujours scrupuleusement respectée. Néanmoins, la vie de mes djounoud était jalonnée d'instants comiques rattachés à ce thème épineux. Ali était sénégalais, déserteur de l'armée française à Suez. Subtil, attirant, instruit, il avait choisi notre combat et nous avait rejoints avec le premier convoi d'armes venant de Tunis. Un soir de neige, notre unité subit un accrochage à trois kilomètres d'Aumale. Le repli eut lieu de nuit.

Ali se cache dans un trou. La neige est pour lui un élément inconnu, il souffre terriblement du froid. Pour son bonheur, il trouve une maison abandonnée, déserte. Là, devant le foyer éteint de la cheminée, grelottant, transi, il s'accorde, clandestinement, la jouissance d'une cigarette! Les volutes bleues s'élèvent dans la mechta en ruine et Ali reprend vie et chaleur. C'est oublier le flair de notre commandant. Si M'hamed a entendu du bruit et, craignant une patrouille ennemie, il s'approche, furtif, attiré par l'arôme du tabac. Il contemple Ali tout à son bonheur de fumer, et sent monter en lui une irrésistible envie de rire au spectacle du grand gosse pris au piège du fruit défendu! Mais, avant même qu'il ait émis le moindre mot, un filet de voix s'élève, pointu, incroyable, du corps tassé au coin de la cheminée :

— Mon commandant, je ne recommencerai plus...

C'était cette carcasse d'Ali qui s'excusait. Il mourut plus tard, les pieds coupés par l'explosion d'une roquette. Pour nous, l'amitié d'Ali le Sénégalais, ce fut un peu comme si toute l'Afrique s'était trouvée à nos côtés.

La course dans le djebel ne facilite pas les discours en trois points. Elle n'empêche pas cependant les échanges et les fous rires. Imaginez cent dix jeunes hommes de vingt ans crapahutant l'un derrière l'autre dans un silence total! Les nerfs sont tendus, l'oreille aux aguets surprend les moindres bruits. Pour un peu, le djoundi philosopherait si, inattendu, transmis de l'un à l'autre, ne lui parvenait un message pour le moins surprenant. La phrase vient au ravitailleur qui s'enquiert : « Le commissaire politique a des pataugas déchirés. » « Quelle est sa pointure? Faites passer. » Avec un bourdonnement d'abeille, la conversation arrive en tête de la colonne à sa conclusion : « Du 42... » Par le même canal se transmet parfois un jeu de mots ou une blague. Qui nous surprendrait d'une crête, à écouter la houle de nos rires, se demanderait à quels jeux curieux se livrent ces soldats du maquis qui ont subitement retrouvé le secret de la tradition orale?

On se raconte de vieilles histoires, comme celle de ce moudjahid encerclé avec quelques camarades par deux mille Français et lançant à la cantonade, avant de s'écrouler : « Aujourd'hui, on fait l'Histoire... » Ou bien celle, plus drôle, de ces deux djounoud, l'un paysan, l'autre fraîchement débarqué de la ville, en train de surveiller une route. Pour un citadin, l'arrivée au maquis, c'est la découverte d'une nouvelle vie. Pour l'ouvrier ou l'intellectuel, chaque geste est à apprendre et provoque souvent des gags. Le citadin en chouf a un mal fou à observer l'immobilité absolue du djebel où tout, pourtant, palpite devant qui sait voir la nature. A ses côtés, minéral dans le chant des cigales, le paysan, mi-inquiet, mi-amusé, regarde son compagnon qui bouge, se gratte, se mouche, aimerait tailler un brin de causette. Il en sait long sur les risques que fait courir le moindre geste et cherche à calmer l'agité : « Ne bouge pas, lui dit-il, tu vas nous faire remarquer. Une colonne de blindés progresse vers nous sur la route, en contrebas. » En effet, entre deux haies d'arbustes, se dessinent les silhouettes des chars avançant lentement. Rien à faire, l'énergumène de la ville continue de gigoter. Le paysan insiste :

— Arrête.

— Tu as peur? demande le citadin, goguenard à peu de frais.

— Ça ne va pas, non! Ah! J'ai la trouille? Si tu as le malheur de bouger une autre fois, je troue comme une passoire le premier blindé à ma portée!

Le citadin croit à une plaisanterie. Les chars approchent. Le paysan pointe son fusil de chasse et, imperturbable, décharge ses deux cartouches sur le blindé de tête qui, taureau piqué par une guêpe, stoppe, aligne ses mitrailleuses et arrose la montagne de bas en haut. Nos deux compères détalent pour échapper aux balles. Une heure pour atteindre la crête! Hors d'haleine, ils s'affalent dans l'herbe jaune. Plus rien. Le silence est venu. C'est le moment que choisit l'Algérois pour remarquer : « Aussi, pourquoi tu l'as chatouillé, ce blindé? »

Destruction des commandos noirs

J'étais au repos dans la forêt des Beni Miscera, quand Si Lakhdar me rejoignit :

— Azzedine, nous allons nous occuper du commando noir.

— Qu'est-ce que c'est?

— Une unité qui ne chasse pas systématiquement les djounoud.

Ses hommes donnent des bonbons aux enfants, soignent en douceur la population. Ils ne maltraitent personne. Les fellahs les distinguent en tout cas du reste de l'armée.

Le commando noir tente une action de contre-guérilla pour nous couper des populations, sans lesquelles il n'y a point de succès possible. Nous avons confiance dans le peuple mais savons que le commando noir prépare en réalité les informations qui permettront ensuite aux unités répressives de démanteler notre infrastructure politico-administrative. En adoptant nos méthodes de vie, ils recherchent les renseignements à exploiter et des complicités parmi les gens les moins avertis. Une longue activité de cette unité aurait mis en danger la révolution. Nous devons monter une opération contre lui, afin qu'il engendre à son tour la répression!

Nous nous embusquâmes dans un village proche du camp, au-dessus de Saint-Pierre-Saint-Paul. Il soufflait un vent glacial à décoiffer le Djurdjura et le commando noir s'était calfeutré à l'abri de ses miradors.

A la nuit tombante, alors que nous cherchions le moyen le plus judicieux d'attaquer le poste, on nous signala que le commando noir s'apprêtait à sortir.

— On les a renseignés, ronchonna Si Lakhdar en plissant les yeux. Il faut réagir au plus vite. Azzedine, place une section dans l'oued. Quand nous nous replierons, nous nous dirigerons vers elle. Il serait désagréable que l'ennemi y soit avant nous!

Je place une seconde ferka sur la piste qui flanque le djebel et relie le poste au village. Avec Si Lakhdar et l'autre moitié du commando Ali Khodja, je grimpe sur la ligne de crête. Toutes les voies sont obstruées. Le commandant, en queue d'embuscade, doit ouvrir le feu. Un cliquetis d'armes... Trente hommes du commando noir marchent à grands pas sur la piste. Ombres chinoises que bleuit le clair de lune. Vraac! Lakhdar a tiré. Les djounoud mitraillent à bout portant. Les cibles s'effacent, ripostent avec énergie au lieu de décamper. Leur FM 24/29 balaie le terrain et il nous est impossible de récupérer des armes, s'il y en a... Je rampe d'un groupe à l'autre en gueulant : « Rendez-vous! C'est pas de la rigolade c'est le commandant Si Lakhdar de la wilaya IV qui vous fiche une raclée! » Mais où sont-ils donc? Je saisis une grosse branche et la jette sur la piste. Une rafale la pulvérise. Grêle de grenades. Ils sont vraiment coriaces, ces types! Mon autre section est elle aussi accrochée sur le flanc. Si Lakhdar me crie :

— On se replie dans l'oued!

A peine quelques pas. Un vacarme assourdissant de la rivière.

Un groupe qui tentait de nous contourner est tombé dans notre embuscade. Mais il se défend, rendant coup pour coup. Les survivants se ressaisissent et, tirant au ras du sol, nous empêchent de ramasser les armes des morts et des blessés. Inutile de persévérer. Aucune victime de notre côté. Nous décrochons le long de l'oued.

Le lieutenant qui commandait cette étonnante unité s'appelait Jean-Jacques Servan-Schreiber. Je crois que le jour de cette action, J.-J.S.-S. était en permission en France. En tout cas, nous n'avons plus jamais entendu parler de son commando noir en zone I. A-t-il été dissous ou muté ailleurs ? Je ne sais.

Un autre commando noir avait été mis en place en zone II dans la région de Blida. Il évoluait dans la forêt de Béni Merad, sur les flancs de Tamesguida et les contreforts de Chréa. Il était dirigé par le lieutenant Guillaume, fils du Résident général au Maroc qui avait exilé le sultan Mohamed V. Un frère de combat de Cherchell, le lieutenant Moussa, avait pour mission de mettre le commando noir hors d'état de nuire. Ancien adjoint du lieutenant Hamdani, soldat émérite, le lieutenant Moussa avait une riche expérience pour cette mission. Il dirigeait le commando Si Mohamed El Kebaïli de la zone II. Par un temps de neige, sous un ciel obscur, les deux unités se rencontrèrent et menèrent un rude combat qui se termina par la victoire des nôtres. Des armes furent récupérées ainsi que tous les papiers du lieutenant Guillaume, qui furent acheminés sur le Maroc et remis à sa majesté Mohamed V par le colonel Boussouf. Le roi du Maroc, avec la clémence qui le caractérisait, les envoya au père du soldat malheureux. Cette bataille s'était déroulée à quelques jours d'intervalle de celle que nous avions menée, Si Lakhdar et moi.

La guérilla

A froid et avec le recul, le lecteur peut considérer l'embuscade comme l'opération la moins reluisante de la guérilla, si on la compare aux accrochages, aux contacts directs où un soldat affronte l'ennemi à visage découvert. Il ne faut pas oublier que nous menions une guerre révolutionnaire et qu'en l'occurrence, il ne convient pas de dissocier des actions étroitement liées les unes aux autres. L'embuscade était pour nous un des moyens d'affaiblir l'ennemi, de renouveler notre équipement, notre stock d'armes et de munitions. Si nous n'y avions pas recouru, nous n'aurions pu entreprendre des combats d'un style plus classique.

Je n'ai pas l'intention de donner ici un cours de stratégie, chaque embuscade étant tributaire d'une situation particulière. La théorie explique aux militaires comment, lorsqu'ils tombent dans ce genre de piège, ils doivent répliquer. La pratique est moins simple. Cependant, d'expérience, je peux en définir quelques lois dont, à la tête de mon commando, j'ai pu éprouver l'efficacité. Pour moi, le terrain qui se prêtait le mieux à une embuscade était le plat. Au fond des gorges ou entre les falaises rocheuses de Palestro, sur les pistes sinueuses du djebel ou les routes traversant les massifs boisés, les Français se tenaient sur leurs gardes, prêts à réagir à la seconde. En revanche, ils se détendaient, relâchaient leur vigilance sur les reliefs n'offrant à leur yeux aucun danger. C'est justement là que nous les attendions. Il est préférable de frapper après un ratissage quand les soldats reviennent exténués d'une expédition et qu'ils aspirent au repos, à la détente. Nous avons appris, mes hommes et moi, à nous protéger. Nous cherchions les opportunités les plus favorables.

Je profite de la nuit pour installer mes hommes à intervalles réguliers, sur le bord de la route. Ils creusent et se blotissent dans des trous individuels qu'ils recouvrent d'herbe et de brindilles. Nous sommes légèrement en contrebas... A l'aube, le convoi signalé surgit. Je stoppe d'une rafale de FM le véhicule de tête. Une embuscade ne doit en aucun cas dépasser cinq minutes. Au-delà, c'est l'accrochage avec toutes les conséquences catastrophiques qui en découlent : corps à corps, arrivée de renforts, casse... Surpris dans une embuscade, le soldat le plus confirmé est obligé de se jeter à terre et de chercher un repli d'où il tentera de repérer l'assaillant avant de tirer. Ce qui est difficile sur un terrain plat, n'offrant aucun abri. Les djounoud du commando bondissent comme des Indiens. Il ne faut laisser au gibier aucun répit. Je compte avant tout sur la contagion de la terreur. Je n'ai jamais rencontré d'homme aussi aguerri soit-il, qui, avant de riposter, n'ait un instant paniqué quand, soudain, explose le tonnerre des armes. Je n'ai d'ailleurs jamais jugé non plus du courage d'un homme à l'une de ces dérobades incontrôlables dues à la contagion. Ce n'est pas être couard que de ruisseler de peur avant le choc d'une embuscade ou de claquer des dents en montant à l'assaut. J'avais moi-même éprouvé cette peur, au début, et quand je la surprenais, blafarde, tordue en rictus sur le visage d'un nouveau djoundi du commando, je frappais celui-ci sur l'épaule : « Alors, ça va?... Suis-moi, je compte sur toi! » Et, sitôt le premier coup de feu, la peur du gars se diluait, disparaissait.

En raison de ses responsabilités un chef est moins sujet à la peur que ses subordonnés. Il doit donner l'exemple, c'est vrai. Mais aussi il doit veiller méticuleusement à la préparation de la manœuvre. Il bouge, il contrôle, il surveille, il réconforte. Il n'est pas seul. Il a charge d'hommes. Ceux-là sont seuls. A la place qui leur a été désignée, ils réfléchissent. Évoquent le passé. Pensent à l'épreuve de vérité toujours renouvelée. Toujours la même. Le chef expérimenté connaît les sentiments de chacun, les comprend. Il les interpelle en conséquence.

Un homme, aujourd'hui capitaine dans la gendarmerie, faillit un jour me lâcher. Il tirait en l'air et ses genoux s'entrechoquaient. J'agrippai sa tignasse :

— Bon Dieu ! Regarde en face avant de tirer !

Il se débattait, arrosant les fourrés. Je maintenais sa nuque droite :

— Regarde l'ennemi !

Il se calma. A la fin du combat, il vint m'embrasser.

— J'ai honte, Si Azzedine.

— N'en fais pas une histoire. Ça arrive à tout le monde... Et puis, je ne le raconterai à personne.

Ce djoundi devint par la suite un combattant excellent.

Sachant donc comment se comporte un homme surpris à l'endroit où il s'attend le moins à encaisser des coups, je lance mes hommes en hurlant : « *Ham, harbou !* Ils se sauvent. En avant ! Ils se sauvent !... » Entendant nos cris, les harkis, tirailleurs, spahis, etc. assaillis de toutes parts, détalent, entraînant à leur suite les autres soldats. Mitraillette à la hanche, nous tirons dans le tas, braillant des imprécations furieuses. Les soldats s'écroulent entre les roues des GMC, glissent des ridelles, cassés en deux, bouches ouvertes, tournoient comme des toupies et roulent dans le fossé. Chaque djoundi se précipite sur un cadavre, se couche sur lui, il saisit d'abord l'arme puis déboucle ceinturon, cartouchières ou chargeurs. Il enlève les pataugas, noue les lacets et jette autour de son cou la paire de souliers. Il dégrafe enfin la veste, le pantalon du mort. Un nœud. Hop ! Autour du cou, avec les pataugas ! Le djoundi se relève et continue de tirer. Odeur chaude de l'huile, de la poudre et du sang. La récupération n'a duré qu'une minute. L'embuscade est terminée et nous regagnons le maquis.

En montagne, l'opération était différente. Ainsi, lorsque je me trouvais au milieu d'un bouclage, d'un ratissage, je plaçais le commando sur la plus haute crête et nous nous faisions tout petits. La plupart du temps, l'ennemi passait sur les flancs du djebel, à côté de nous, sans nous voir. L'important était que l'accrochage eût lieu le plus tard possible, en fin d'après-midi, afin d'éviter le pilonnage aérien, l'artillerie, les hélicoptères, etc.

Quand les Français venaient droit sur nous et que l'affrontement était inévitable, je les laissais approcher, très près, et ordonnais l'assaut à la mitraillette. Les fusils et les fusils-mitrailleurs demeuraient sur la crête pour nous couvrir. Nous récupérions les armes selon la même technique que lors d'une embuscade en terrain plat, nous nous replions sur nos positions et décrochions au plus vite, dévalant les talwegs en roulé-boulé. Au crépuscule, je rassemblais mes djounoud et essayais de trouver des mulets dans les dechras environnantes pour transporter les blessés. Et nous marchions, au pas de charge, toute la nuit, changeant fréquemment de cap, ne nous arrêtant qu'au lever du jour, trente, quarante kilomètres dans les pattes.

Les Français avaient établi de savants calculs de probabilité sur la résistance d'un être humain. Leurs officiers traçaient au compas, sur les cartes, un cercle dont le centre était le lieu de l'accrochage et le rayon la distance maximale que pouvait, selon leurs critères, parcourir un soldat chargé et bien entraîné à la marche : « Les fells ont décroché à 6 heures de l'après-midi. Comme ils se déplacent en montagne à la vitesse de quatre kilomètres à l'heure environ, ils seront à tel endroit demain matin », pensaient-ils. Quand la tenaille se refermait, généralement à une vingtaine de kilomètres de notre point de départ, nous étions depuis belle lurette sortis du bouclage. Pot de terre contre pot de fer, nous étions plutôt fragiles face à la puissance de l'armée française. Pour déjouer cette supériorité numérique et logistique, je comptais avant tout sur la course à pied. Comme le clamait l'un de mes djounoud, un humoriste qui plaisantait même au cœur des plus chauds accrochages : « Rien ne sert de mourir, il faut vaincre ou courir ! »

Nous devions courir plus vite et plus loin que l'ennemi. Bigeard le comprit, qui obligea ses paras à vivre comme nous, à traverser le djebel au pas de course. Cependant, ses paras, aussi résistants fussent-ils, ne pouvaient soutenir le train marathonien des djounoud au mollet sec, au ventre plat, nourris de galettes, de figues et d'oignons. En outre, nous bénéficions de l'appui total de la population. Quand Bigeard se mouchait, tout le djebel savait la couleur de son mouchoir. Quand le commando éternuait, Bigeard ne le savait pas, malgré ses radios, ses hélicos, ses agents de renseignements, ses léopards à l'affût. Il était un étranger. Il était un représentant d'une guerre injuste.

Quel idéal Bigeard proposait-il à ses soldats ? La croisade, la défense de la suprématie de la civilisation chrétienne et occidentale. « Ceux qui croient le plus vaincront », disait-il. Ce en quoi il n'avait pas tort, puisque le peuple algérien a vaincu les colonialistes. Bigeard et ses semblables utilisaient à des fins contre-révolutionnaires, contre un peuple révolté, des recettes bâtardes inspirées des guerres révolutionnaires chinoise et vietnamienne ou de notre propre combat. Notre idéal était fondamentalement différent. Nous nous battions à l'avant-garde de la lutte des pays du tiers monde, dans la perspective de nouveaux rapports entre les peuples. Face à l'armée française, commandée par des hommes qui défendaient un certain passéisme, il y avait le peuple algérien qui imposait une idée de l'avenir. Un général amer avait, un jour, résumé la situation : « Je passe dix jours à établir un plan de campagne, à mobiliser des centaines de camions, des avions, à distribuer des milliers de rations, à manœuvrer des milliers d'hommes, et viennent un berger, une paysanne qui, parce qu'ils connaissent le terrain, réduisent tout mon plan à néant en cinq minutes. »

Trahison en wilaya VI

Début 1957, je me trouvais du côté d'Oued-Malah avec mon unité, à la recherche d'une action, lorsque je rencontrai par hasard des djounoud fuyant la wilaya VI :

— Nous voulons venir avec vous, on n'en peut plus là-bas.

Ils avaient l'air hagard, apeuré.

— Vous avez subi une grande défaite ?

Ce n'était pas ça. Ils me racontèrent d'étranges choses : les civils s'étaient dressés contre des unités composées en grande partie de djounoud de la wilaya III qui avaient pénétré une région extrêmement délicate. Ces moudjahidine, aguerris dans leur presque totalité, certes ne parlant pas arabe, avaient le contact difficile avec les populations du sud. Celle des Ouled Soltane n'était pas très sûre. Une sorte de malédiction pesait sur elle, puisque leurs ancêtres avaient trahi l'Émir Abdelkader. Ils avaient guidé les troupes coloniales lors de la prise de la Smala de l'Émir. Cet atavisme, nous le retrouverons également chez les Béni Boudouane (piedmont de l'Ouarsenis) qui trahiront eux aussi la cause nationale. J'atteste, pour y avoir servi, que la région qui s'étend entre

Sour-El-Ghozlane — Berrouaghia — Chellala a eu un comportement des plus méritoires pendant notre guerre de libération. Qu'il me suffise de rappeler que les Béni Bou Yakoub (ce petit douar des environs de Berrouaghia) avaient déjà en 1958, selon les statistiques sûres établies par la wilaya, perdu 854 martyrs, pour une population de 8 000 habitants. Béni Bou Yakoub continuera le combat toujours à l'avant-garde jusqu'à l'indépendance. (Ce douar fournira entre autres des officiers valeureux tels que Si Mahdjoub, tombé au champ d'honneur en entraînant ses hommes à l'assaut, et Lakhdar Bouragaâ qui eut un itinéraire qui en dit long sur son courage : djoundi au départ, commandant en 1962).

La trahison des Ouled Soltane créera une certaine confusion au début. Je voudrais tenter de démontrer ce mécanisme. Les combattants de la wilaya III avaient bien certainement commis des erreurs psychologiques et n'avaient pas su trouver la voie juste pour susciter la compréhension. En wilaya III, les responsabilités politiques étaient très rapidement attribuées à des enfants du cru qui connaissaient à merveille les rapports entre familles et douars. En wilayas VI, cela s'est fait en retard et parfois le choix fut malheureux. Il s'agit précisément du recrutement de Chérif Saïdi, sous-officier dans l'armée française en permission. Cet homme était douteux au départ mais il a su, et sans effort, gagner la confiance des Ouled Soltane dont il était originaire. Ce colosse, ancien sergent de l'armée française, s'était battu au Viêt-nam. Des djounoud l'avaient cueilli dans son village, au cours d'une permission. « Rouget » l'avait sauvé du peloton et nommé officier... Ombrageux, ambitieux, rêvant de galons sur ses manches, Chérif Saïdi désirait gravir au plus vite les échelons hiérarchiques. Politiquement inculte, il ne voyait dans la lutte populaire que l'occasion d'assouvir son goût du pouvoir.

Lorsque le CCE avait, un an au paravant, créé cette wilaya couvrant les immenses territoires du Sud, il en avait confié le commandement au colonel Ali Mellah. Ce maquisard de 1946, originaire de Grande Kabylie, au visage rond, très doux, aux yeux clairs, au sourire presque enfantin, fut choisi non seulement en raison de son passé élogieux mais aussi pour sa piété et sa connaissance du Coran, qui ne pouvait que le servir auprès de populations profondément croyantes. Malheureusement, à cause de son usure physique, il ne pouvait pas couvrir la wilaya pour corriger les erreurs, encourager les initiatives, déceler les compétences et mieux comprendre la situation. Sa mort devait susciter une profonde colère au sein des masses, auprès desquelles il jouissait d'un prestige réel. Chérif Saïdi a liquidé également des djounoud originaires de la capitale et de la wilaya IV. Ces assassinats ont été perpétrés dans un secret absolu, avec la complicité de certains traîtres qui le suivront en France après l'indépendance.

Ali Mellah, que j'avais rencontré pour la première fois à Zbar-Bar lors de ma convalescence, m'a impressionné par sa modestie, sa douceur naturelle et la fermeté de son engagement. Il était accompagné par plusieurs djounoud de la wilaya III et un grand gaillard qui louchait, le visage criblé de taches violacées avec une chevelure flamboyante, d'où son surnom « Rouget ». Ce capitaine « Rouget » avait été muté en wilaya VI par mesure disciplinaire. Il était brutal, manquait de tact, méprisant même. On lui reproche également une faiblesse à l'égard des femmes. Cela ne pardonne pas.

Ce tyranneau de village ne parlait pas arabe et se montrait incapable d'établir un contact de confiance avec une population à laquelle il voulait imposer une discipline de fer. Les gens du Sud n'avaient pour toute fortune que leur cheval, leur fusil et leur honneur, ils n'osaient pas se plaindre des humiliations que leur faisait subir « Rouget », mais derrière lui la colère grondait et les manœuvres sournoises se multipliaient.

Or, le CCE ordonna un jour aux wilayas I, III, IV, V et VI d'encercler et d'anéantir les bandes de Bellounis qui trahissaient sous la bannière de Messali et s'étaient implantées solidement dans une vaste région s'étendant de Bou Sâada à Djelfa. Le projet, conçu à l'extérieur sur une carte d'état-major, manquait plutôt de réalisme. Il ne tenait surtout pas compte de nos diverses positions stratégiques. L'état-major de la wilaya IV ne partageait pas les conceptions du CCE, et de ce fait choisit une autre voie pour, d'une part faire montre de la discipline nécessaire dans la conduite d'une guerre, et d'autre part éviter des pertes inutiles. Il choisit une trentaine d'hommes formés politiquement pour mener un travail sérieux au sein des masses et démasquer la trahison du MNA. « Rouget » avait, quant à lui, été chargé de coordonner l'opération menée contre les messalistes. Imbu de sa puissance, il rassembla trois cents djounoud de la wilaya VI, qu'il plaça sous les ordres de l'aspirant Chérif Saïdi. « Rouget » fixa rendez-vous à Chérif Saïdi dans un endroit distant d'une quinzaine de jours de marche. Avant tout soucieux de sa propre sécurité, il sauta sur son cheval et précéda sa troupe. En cours de marche, un T6 d'observation repéra les djounoud que des avions de chasse, volant au ras du sol, mitraillèrent. Chérif Saïdi et une poignée de chanceux échappèrent au massacre et se replièrent sur leur point de départ. Cette expédition malheureuse à destination du djebel Bouk'hel, à travers une région non seulement plate mais découverte, allait porter un coup terrible au moral des djounoud de la wilaya VI. Deux compagnies faiblement armées ne pouvaient rien contre l'aviation. Il aurait mieux fallu fractionner les unités et les envoyer à intervalles espacés. Informé de l'hécatombe, « Rouget » rappliqua et, trépignant de rage, insulta les survivants :

— Regroupe tes lâches, dit-il à Chérif Saïdi, et reprenez le même chemin.

Gardant son sang-froid, l'aspirant répliqua :

— Puisque nous sommes des incapables et que tu es si intelligent, accompagne-nous donc.

« Rouget » gueula :

— Pas question ! Exécute mon ordre !

Et, piquant des quatre fers, il disparut sur son cheval.

Chérif Saïdi refusa de récidiver et saisit cette occasion pour exploiter les erreurs psychologiques, les vexations gratuites, les abus d'autorités commis par « Rouget ». Il s'entoura de quelques fidèles et s'en fut trouver la population : « Les Kabyles se comportent comme s'ils étaient nos nouveaux maîtres. Quel homme du Sud, à part moi, a un grade important dans l'ALN ? Pourquoi accepterions-nous les ordres des Kabyles ? On ne se libère pas du colonialisme français par un autre colonialisme ! »

Chérif Saïdi, fort de l'appui des Ouled Soltane, liquida « Rouget » et établit immédiatement des contacts avec l'armée française, qui lui promit un appui discret. Il s'attaqua ensuite à l'état-major de la wilaya VI et se proclama colonel.

Après ces événements pénibles, la wilaya IV avait décidé, sans consulter le CCE, de reprendre la situation en main en puisant dans ses maigres réserves de moyens matériels et humains. Elle désigna des hommes à la hauteur de circonstances combien dramatiques, hommes qui accompliront avec succès une tâche d'honneur. Ils méritent un hommage tout particulier. Il s'agit de Cheikh Tayeb El Djoughlali dont nous avons parlé plus haut, de Hadj Ben Aïssa, l'homme de l'indomptable djebel Sabah, de Mahmoud Ibachen (9 martyrs dans sa famille) de Médéa, et de tant d'autres. Cheikh Tayeb El Djoughlali, qui avait les mains libres pour recruter au sein de la wilaya IV, a puisé avec parcimonie dans une wilaya qui l'avait servi, qui l'aimait mais qu'il ne voulait pas dégarnir. Il demanda à Si Lakhdar de lui détacher momentanément le commando Ali Khodja pour l'aider dans sa mission. Ce dernier non seulement donna son accord mais tint à l'accompagner pour l'aider de son mieux.

Ces désignations ne seront pas appréciées, quant à la forme, par le CCE assez jaloux, faut-il le dire, de ses prérogatives. Des difficultés naîtront entre le Conseil de la wilaya IV (à l'époque dirigée par le colonel Si M'Hamed) et le CCE, qui fera appel au colonel Ouamrane qui se trouvait à l'extérieur pour apaiser le différend. Le CCE connaissait l'affection profonde que tous les cadres vouaient à leur ancien colonel. Il placera à la tête de la wilaya VI le colonel Si Haouès, que j'ai eu l'honneur de connaître, et confirmera Cheikh Tayeb El Djoughlali comme adjoint politique. Ils formeront une équipe parfaite et permettront à la wilaya VI de remporter de brillants succès. Les chefs de la wilaya IV tiennent une réunion et Si Lakhdar me convoqua :

— Azzedine, prépare-toi. Nous partons en wilaya VI. L'affaire est très délicate.

Habitué au djebel, je redoutais les étendues dénudées des hauts plateaux, un terrain impropre à la guérilla. Nous franchîmes, Si M'Hamed, Si Lakhdar, Tayeb El Djoughlali, mon commando et moi, la route goudronnée frontalière entre les deux wilayas et descendîmes en wilaya VI. Au fur et à mesure de notre progression, j'appris ce qui se passait.

Dès que nous arrivions dans un village, j'alignais mon commando sur la place. Maniement d'armes, chants patriotiques… Puis nous nous retirions aux abords des mechtas, laissant Si M'Hamed et Si Lakhdar expliquer à la population ce que le FLN et l'ALN attendaient d'elle : « Nous menons la lutte sur l'ensemble du territoire algérien, et pas seulement à Constantine, Alger ou Oran… Les moudjahidine viennent de toutes les régions de notre pays. Ils sont paysans, ouvriers, artisans, étudiants, fonctionnaires, pêcheurs, bûcherons, bergers… Tous frères unis dans le même combat contre l'oppression coloniale. Nous comprenons votre colère : vous avez eu raison de ne pas admettre la façon dont certains responsables vous ont traités, vous, hommes de courage et d'honneur. Comprenez à votre tour, que les rancunes et les querelles fratricides profitent d'abord aux Français. Il est temps d'y mettre un terme. » Et Si M'Hamed ajoutait : « Je veux voir Chérif Saïdi. Je suis ici pour cela, pour discuter avec lui. »

Chérif Saïdi se déroba plusieurs jours. Après avoir pris contact avec un petit poste français et négocié un éventuel ralliement, il écrivit une lettre à Si M'Hamed (où il exposait les raisons de son indiscipline à l'égard du capitaine « Rouget ») et signait, se gratifiant lui-même du grade de « capitaine ». Avec son intuition coutumière, Si M'Hamed évalua le bonhomme : dangereux, certes, mais manœuvrable, à condition de flatter son orgueil démesuré. Pressé par la population, Chérif Saïdi accepta enfin l'invitation. Nous établîmes un campement aux environs de Maginot et y conviâmes les chefs des villages de toute la région. Mon commando encercla le camp.

Chérif Saïdi arriva à la tête de sa bande : une vingtaine de réguliers armés de fusils de guerre et cent cinquante fellahs munis de fusils de chasse, qui s'installèrent à l'écart. Chérif Saïdi, plein de superbe, salua en ces termes les chefs de la wilaya IV :

— Je suis sous les ordres de la révolution et je n'ai pas à fuir la discipline révolutionnaire.

Son regard se glaça :

— Je tiens cependant à clarifier certaines choses.

Si M'Hamed l'apaisa d'un geste :

— Nous sommes ici pour t'écouter. Viens t'asseoir à ma droite et dis-nous ce que tu as sur le cœur.

Chérif Saïdi raconte alors les péripéties de l'expédition au cours de laquelle avaient été abattus de nombreux djounoud, les insultes de « Rouget », etc. Et les notables l'approuvent en hochant la tête quand, dans une envolée lyrique, il justifie son crime :

— J'ai liquidé « Rouget » parce qu'il faisait du tort à notre cause. Il souillait nos filles, la pureté de nos familles...

En jouant au défenseur des vertus tribales, Saïdi le sanguinaire ne peut que contenter ces hommes fiers, blessés dans leur honneur. Si M'Hamed écoutait tranquillement, et soudain il demande :

— C'est toi aussi qui as tué le colonel Ali Mellah ? Un brave estimé de toute la population. Pourquoi l'as-tu exécuté ?

Chérif Saïdi se raidit :

— Je crois que c'est « Rouget » qui a tué le colonel. Je ne suis pas responsable de sa mort. D'ailleurs, personne n'a retrouvé son corps...

Si M'Hamed abandonne le sujet. Il n'a aucune preuve tangible de la félonie de Chérif Saïdi et les notables n'accepteront pas de simples présomptions.

— J'aimerais examiner les comptes de la wilaya, dit-il.

Un étudiant, secrétaire-trésorier de Chérif Saïdi, apporte un cahier où sont notées les recettes et les dépenses de la wilaya. Le garçon commence à lire : « Dans les poches de "Rouget", nous avons trouvé telle somme, tels papiers, tels objets... » Si M'Hamed observe les notables. Chaussés de bottes de cuir rouge, enveloppés dans leurs amples burnous blancs, ils paraissent très intéressés. « Quel honnête homme, Si Chérif, doivent-ils penser. Non seulement il a liquidé “Rouget”, mais il a porté dans son livre de comptes son argent personnel. » Le secrétaire poursuit sa lecture. Et Si M'Hamed sursaute ; « Dans les poches d'Ali Mellah, on a trouvé un million et demi, l'argent des cotisations. »

Il éclate :

— Tu sais donc qu'Ali Mellah est mort ? Qu'as-tu fait de ce million et demi ?

Yeux écarquillés, Chérif Saïdi simule l'étonnement, mais ses mains tremblent :

— Je n'ai pas récupéré l'argent.

— Pourquoi alors ton trésorier vient-il de parler du cadavre du colonel, de l'argent trouvé dans ses poches ?

Blême, Chérif Saïdi crie :

— Qui t'a dit d'écrire cela ?

— Mais toi, Si Chérif, après l'avoir tué !

L'assistance murmure. Sans se départir de son calme, Si M'Hamed intervient. Il pourrait arrêter sur-le-champ Chérif Saïdi, mais il estime plus efficace de le forcer à commettre une ultime bêtise :

— J'exige des détails. Mais il est tard. Nous sommes tous fatigués. Allons manger. Nous reprendrons la réunion à la fin du dîner. La séance est levée.

Si M'Hamed et Si Lakhdar, qui dînent avec les notables, m'appellent et me glissent discrètement :

— Azzedine, Chérif Saïdi va se tailler avec sa bande. Fais semblant de ne pas les voir et ne tire pas dessus...

— Mais pourquoi ? Il vient de donner la preuve de sa traîtrise. C'est le moment de l'éliminer !

— Non. Les chefs des villages ne sont pas encore absolument convaincus. Si on le contraint à s'expliquer, il est fichu de faire encore diversion. En revanche, si on le laisse s'enfuir, il signe définitivement son crime.

Je passe la consigne à mes hommes. En effet, quelques instants plus tard, Chérif Saïdi déguerpit au pas de course. Comme si de rien n'était, je pénètre sous la tente où dînent mes amis.

— Où est Chérif Saïdi ? demande Lakhdar. Dis-lui de venir.

Je sors, je me balade un peu et reviens sous la tente :

— Je l'ai cherché dans tout le camp. Il a disparu avec ses hommes.

— Pourquoi a-t-il fui ? Je ne comprends pas...

Un brouhaha répond à Si M'Hamed. Les notables parlent entre eux à voix basse. Un vieux, au port de tête solennel, se lève :

— On a compris. Si Chérif est allé se rallier à l'armée française. C'est bien lui qui a tué Ali Mellah. Maintenant, nous sommes tous à ta disposition. Désigne un responsable... Mais partez vite. Demain, les Français seront là.

La bataille de Kef-El-Akhdar

Nous pliâmes nos bagages et, après une trotte qui dura toute la nuit, nous arrivâmes à Kef-El-Akhdar, le « ravin vert », près de Maginot. Le village se blottit sur les flancs d'une dépression de terrain en forme de fer à cheval. Mon groupe — onze personnes parmi lesquelles Si M'Hamed, Si Lakhdar et Tayeb El Djoughlali — stationnait à l'entrée du ravin, dans la mechta d'un paysan. Au lointain, j'aperçus soudain des mouvements suspects. Chérif Saïdi, rallié la veille à la SAS (Service d'action sociale) de Maginot, nous avait vendus aux Français. Pensant sans doute que le commando avait au plus vite regagné le Nord avec les chefs de la wilaya IV, il avait fourni un renseignement incomplet. Les deux sections ennemies conduites par un officier et un gendarme algérien ne comptaient coincer que du menu fretin.

Le temps de donner l'alerte, les deux sections étaient déjà à cent mètres de l'entrée de Kef-El-Akhdar. Les quatre sections du commando Ali Khodja étaient disséminées sur les pentes du ravin. Empruntant le lit caillouteux d'un petit oued à sec, je poussai mon groupe vers le sommet et avertis l'un de mes adjoints de placer une embuscade en haut du talweg. Les soldats nous virent sortir de la mechta. « Les voilà, les voilà ! » Nous accélérâmes notre course, les balles sifflant à nos oreilles. En grimpant le talweg, je voulais que l'ennemi s'enfonçât à l'intérieur du fer à cheval. Mes djounoud ne répliquèrent pas aux coups de feu quand les deux sections se lancèrent à notre poursuite et tombèrent dans le piège où nous les avions entraînées. Je les stoppai en haut du talweg, d'une rafale de fusil-mitrailleur. A cet signal, le ravin s'embrasa dans le tonnerre des grenades explosant en même temps. Hachés par les feux croisés des armes automatiques, les soldats roulèrent le long du talweg. Le terrain fut nettoyé en moins de cinq minutes. Nous récupérâmes environ soixante-dix armes. Le gendarme algérien et un caporal français furent faits prisonniers.

Ce caporal m'avait manqué de peu. Il se tenait derrière un rocher, en contrebas.

— Rends-toi !

Il leva les mains, mais quand je descendis à sa rencontre, il lâcha une rafale de PM que j'évitai de justesse en me jetant sur le dos. Si Lakhdar cria : « Azzedine, tu es blessé ? » Je ne bougeai pas, mais j'indiquai du doigt à mon compagnon la position du caporal. Trois djounoud le contournèrent et, une nouvelle fois sommé de se rendre, l'homme jeta son arme sur le sol.

Le vieux paysan qui nous avait abrités s'avança vers lui et, de sa main calleuse, lui flanqua quatre baffes magistrales. Je le saisis par le cou :

— Hé ! Tu n'as pas honte de frapper un prisonnier ? De quel droit ?

— Si Azzedine, en entrant tout à l'heure chez moi, il m'a donné deux gifles. Alors, j'ai doublé la dose !

Retour en wilaya IV

Nous remontâmes vers le Nord, traversâmes la route goudronnée et enfin nous nous retrouvâmes dans notre chère wilaya. Épuisés, les pieds en sang. Les djounoud qui ne pouvaient plus marcher avaient été juchés sur des chevaux empruntés dans des douars. Si M'Hamed était heureux. En démasquant Chérif Saïdi, il avait retourné la situation psychologique, politique et militaire du Sud. Les erreurs commises de part et d'autre, devaient désormais s'oublier. Il avait désigné un commandant provisoire de la wilaya VI, le temps que le CCE prenne une décision. Le ralliement de Chérif Saïdi fut bien entendu exploité par les services de propagande français. En vain. Car ce ralliement avait au contraire renforcé dans le peuple l'esprit de cohésion révolutionnaire.

C'était le but de Si M'Hamed. L'une des raisons de la puissance, de l'autorité, du dynamisme et du « style » particulier de la wilaya IV était, en effet, son amalgame de cadres formés au sein de l'Organisation spéciale, composée d'intellectuels suspects à Alger, d'étudiants ayant rallié le maquis après la grève de huit jours de 1957, etc. Une élite qui encadrait des ouvriers, des paysans, des artisans de toutes origines sociales. En wilaya IV, il y avait des Oranais, des Kabyles, des Mozabites, des Constantinois, des Algérois. Ce brassage exceptionnel constituait l'application concrète, et non théorique de l'idéal révolutionnaire et des principes établis lors du congrès de la Soummam. Nul ne s'y trompait, puisque c'est en wilaya IV que se réfugièrent les djounoud de la wilaya VI, et aussi qu'accoururent, pour se plaindre, les habitants du Sud. La wilaya tenait un rôle d'arbitre dans ces conflits très graves qui saignaient l'ALN et troublaient le peuple.

« Je viens de me rendre compte, écrivit aussitôt Si M'Hamed à Boualem Oussedik, que nous, responsables du Nord, avons conservé les séquelles regrettables de la vieille mentalité colonialiste. Or, le peuple admirable du Sud est d'un côté victime des exactions d'un Chérif Saïdi, et des pressions du pouvoir colonial; de l'autre, il subit notre propre comportement arbitraire. Dès que chez nous quelqu'un commet une faute, on le mute au Sud pour le punir. Nous ne choisissons pas toujours les cadres susceptibles d'agir au mieux dans un environnement géophysique difficile. Ce sont des solutions de facilité. On aime garder sous la main les compétences, les valeurs sûres. Comment dans ces conditions encadrer convenablement la wilaya VI? Nous venons fort heureusement d'isoler Chérif Saïdi mais il faut rester vigilant. Le Sud est une partie de nous-mêmes. Insistons fermement pour qu'il ne soit plus pénalisé et reçoive désormais un encadrement politique et militaire valable, digne de son courage, de ses traditions, de sa fière résistance. C'est ce que je crois et c'est ce que je fais. »

Le gendarme fait prisonnier à Maginot jouait double jeu et renseignait la wilaya III. Il changea d'uniforme et devint djoundi en zone 2 où, quelques mois plus tard, il tomba au champ d'honneur. Le caporal français resta plus d'un mois avec le commando. On lui avait donné une cachabia et il portait nos lourds chargeurs de FM. Au bout d'une période d'adaptation à la vie du maquis, il s'adoucit un peu, tout en refusant de collaborer. On l'autorisa même à écrire à sa famille. L'armée française ayant commis des atrocités dans un douar de la zone 1, je confiai le caporal à une unité de passage :

— Exhibez-le sur les souks, montrez à la population que, nous aussi, nous faisons des prisonniers. Vous l'abandonnerez près d'une église quand je vous l'ordonnerai.

Les soldats du contingent étaient en effet persuadés qu'en cas de capture ils seraient torturés puis exécutés par le FLN. Or, il arrivait que certains prisonniers, après avoir passé un plus ou moins long séjour dans une unité de l'ALN, constatent la clémence des djounoud et, surtout, aient une plus juste idée de la lutte pour l'indépendance. Sitôt libérés, ils essayaient de convaincre leurs camarades. Quelques-uns disparurent mystérieusement. D'autres furent rapatriés dare-dare en France où on leur « lava le cerveau ». C'est pourquoi, afin de protéger, contre leurs propres autorités militaires, ces garçons qui témoignaient dans l'armée et dans leur famille de ce qu'était véritablement le combat du peuple algérien, nous les relâchions de nuit, près des presbytères. Les curés les prenaient en charge et alertaient la presse. Ce qui empêchait, en principe, les prisonniers d'être victimes de mesures coercitives.

Malheureusement, ce caporal n'eut pas cette chance. La section qui le gardait tomba dans une embuscade. Il s'enfuit, se perdit et fut, au lever du jour, repris par les habitants d'un village qui venait de subir un ratissage particulièrement brutal. Il fut lapidé.

Accrochage avec les spahis

En avril 1957, je me dirige vers Khemis-El-Khachena, entre les Ouled ben Saada et Ouled Mehenni, près de Sidi-Semmache, afin de tendre une embuscade à un convoi de neuf camions et de deux half-tracks qui, chaque jeudi, fait la navette de Khemis-El-Khachena à Aïn-Bessem. Proie facile. Nous sommes en place depuis lundi dans une dechra du douar l'Ouzanna, proche de la piste dominée par un petit mamelon. Mon adjoint Laïd et moi revêtons burnous et gandouras, où nous dissimulons nos jumelles et nos armes. Assis sur la crête comme des bergers, nous étudions le terrain.

A l'aube du mercredi, je retourne avec Laïd à notre chouf afin de mettre au point les ultimes détails de l'embuscade. La journée s'annonce radieuse : le soleil court en dansant sur les entailles du djebel dont la végétation précocement desséchée a comme glissé au creux des oueds pour y trouver ombre et fraîcheur. Mais, de la dechra que nous venons de quitter, soudain, une fusillade. Mes hommes ont été surpris par une compagnie de spahis commandée par le capitaine Lebel. Kamel, l'un de mes chefs de section, un rouquin aux yeux verts, un taleb de vingt ans, beau comme un dieu, a omis, en prenant la garde sur la crête au-dessus du village, de placer un groupe en protection. Et les spahis sont entrés à cheval dans la dechra encore endormie. Une insignifiante distribution de tracts, puis, pour attirer l'attention des fellahs, les spahis ont tiré sur les figuiers. Les djounoud du commando, réveillés en sursaut, ont attendu que tous les cavaliers soient rassemblés sur la place, puis sont sortis comme des diables des marmites de l'enfer en hurlant : *Ham harbou, ham harbou !*, notre cri de guerre. En moins de temps qu'il n'en faut pour l'écrire, la moitié de la compagnie ennemie a été décimée. Les autres spahis se sont enfuis au galop, abandonnant le corps de leur officier, le capitaine Lebel.

Un piper de reconnaissance apparaît bientôt dans le ciel, annonçant la noria des avions de chasse et des blindés. Frôlant les pitons de leurs ailes, les T-6 G, armés de six lance-roquettes T 10 et de quatre mitrailleuses de 75, surgissent, crachent leurs pruneaux et remontent en chandelle ; ils s'effacent un instant derrière une chaîne de montagnes, puis de nouveau épousent les flancs du contrefort. Les ventilos birotors H 21 C déversent sur les plateaux les paras, les « têtes de lézard aux longues casquettes ». Les AMX, les M 24 « Chaffée » et d'autres blindés nous bloquent, faisant voler la poussière des pistes.

Avec Laïd, je contourne l'oued sans tirer un seul coup de feu. J'enrage en observant le manège des avions. Mais ce serait imbécile de me jeter dans la gueule du loup : le commando a assez d'expérience pour se débrouiller seul en pareille circonstance et, sans nul doute, mes djounoud me rejoindront ici au crépuscule, quand les blindés et l'aviation se retireront et que les troupes n'oseront plus pousser leur harcèlement dans le djebel enfoui sous la chape épaisse de la nuit.

Ils ont attaqué à l'aube. Le cirque va durer jusqu'à la nuit. J'ai perdu sept hommes et ma mitrailleuse de 30, récupérée à Draa-El-Mizan. Une roquette a déchiqueté le mitrailleur et tordu l'arme qu'il tenait à pleines mains pour tirer sur les avions. Mais nous avons ramassé trente carabines et rattrapé dix magnifiques chevaux perdus dans la nature.

Le soir, de l'autre côté de l'oued, je rassemble mes hommes, fidèles au rendez-vous, dont dix blessés, à Zdounia, près de Tiberguent, Ouled Sidi-Moussa. Je soigne un jeune du commando atteint au ventre, Ali Khalfouni, quand un agent de liaison arrive, précédant Krim Belkacem et Ben Khedda, protégés par une ferka. Je ne les ai jamais vus. Krim m'observe un moment tandis que je panse Khalfouni avec un tampon d'ouate. Puis me tend une lettre. Si M'Hamed désire qu'un groupe du commando escorte ces grands responsables jusqu'en wilaya III et que je leur donne à chacun une arme. Krim choisit une MAT 49 et Ben Khedda une carabine US 17. Nous passons une partie de la nuit à discuter. Vers 3 heures du matin, un guetteur m'alerte :

— Les Français sont dans l'oued !

Je réveille Krim et Ben Khedda :

— Vite ! Nous sommes en danger, rechaussez-vous...

Ils se hâtent, enfilent leurs pataugas.

— Nous filons. As-tu un agent de liaison pour nous guider? Et que voit-on émerger de l'oued? Non pas une opération, mais de nouvelles recrues de l'ALN venant de la ville à dos de mulet. N'ayant pas l'habitude du maquis, ils bavardent comme s'ils étaient au souk... Krim Belkacem et Ben Khedda sont néanmoins partis à 4 heures du matin, escortés par un groupe du commando.

A peine un mois plus tard, j'apprends que dans une ferme d'Oued-Malah, au carrefour des routes Aïn-Bessem — Tablat et Bouïra — Aumale, vient de s'installer un fort contingent de spahis et de tirailleurs. L'officier qui commande l'unité est un jeune capitaine. Son nom : Lebel. Ce n'est pas une coïncidence homonymique. Ce capitaine est le fils du capitaine Lebel tué trente jours plus tôt à Khemis-El-Khachena! Il boite et ses hommes le surnomment « Boukraâ », l'unijambiste. Il a juré de venger son père et s'est fait affecter dans la région, où il sait que je rôde, pour mener sa propre guerre. Comme au Moyen Âge.

La victoire de Oued-Mallah

Lui aussi m'appelle « Boukraâ ». Alors commence, dans ce coin pelé d'Oued-Malah, le duel implacable de deux boiteux. J'ai un avantage : la population m'est acquise et me prévient chaque fois que le capitaine « Boukraâ » effectue un déplacement, me tend une embuscade. Je respecte cet homme en qui persiste, malgré la haine qu'il me porte, un certain esprit de chevalerie. Un jour, il m'a surpris à la jumelle en train de jouer au foot dans une clairière avec une vingtaine de djounoud. A un sous-officier qui le suppliait d'appeler l'aviation, « Boukraâ » répondit avec un sourire : « L'occasion est trop belle de faire pilonner cette clairière par l'artillerie. Mais moi, sergent, je veux avoir Azzedine au bout de mon fusil et le tuer moi-même. Faites-le prévenir par la population d'Oued-Malah que jamais je ne lui enverrai l'aviation, que je ne réclamerai jamais une opération héliportée. Nous réglerons nos comptes d'homme à homme. »

Mais Si Lakhdar, trouvant que ce tournoi n'a que trop duré, m'a sermonné :

— Le peuple de Zbar-Bar souffre; ton ami Abderahmane Laâla — *Allah y a r'hamou*, Dieu ait son âme! — est tombé au champ d'honneur comme beaucoup de frères. Pendant ce temps, tu joues à cache-cache. Retourne à Zbar-Bar avec le commando. Les

Français alternent de plus en plus le régime de la « douche écossaise » : séduction et répression, œuvres sociales et sanctions. Si M'Hamed pense qu'en accrochant sur le terrain les troupes de Bigeard qui arrive d'Alger avec son 3e RCP, qu'en donnant du fil à retordre aux parachutistes, tu pourrais relever le moral d'une population qui n'entend plus depuis des semaines le bruit de la mitraille. Va montrer aux gens de Zbar-Bar que nous sommes encore vivants!

Un ordre est un ordre. En avant! Mais je suis furieux. J'ai l'impression de me dérober au rendez-vous de la mort imposé par « Boukraâ ». Je rassemble mes hommes :

— Je ne peux partir ainsi. Peu importe que nous soyons deux ou trois jours en retard à Zbar-Bar. Rebroussons chemin et terminons notre jeu avec le capitaine Lebel.

Si Lakhdar s'étonne de me voir revenir :

— Que se passe-t-il, Azzedine?

Je mens :

— En route, nous avons mis les pieds dans une opération monstre. Ce serait idiot de nous jeter dans la gueule du loup!

— Reste ici quelques jours.

La katiba de Cheikh Messaoud, qui a pris ma succession comme chef militaire de la région d'Aïn-Bessem, se joint à moi. En complément d'effectifs, nous disposons aussi d'une cinquantaine de moussebiline armés de fusils de chasse.

Cheikh Messaoud, Si Lakhdar et moi encerclons une dechra d'Oued-Malah où le capitaine Lebel, selon nos renseignements, pourrait passer avec ses spahis et ses tirailleurs. En effet, trois tirailleurs de la compagnie en poste dans la ferme ont déserté et nous ont rejoints avec armes et bagages : Bouzenzel, Omar et « Garant ». Le capitaine les pourchasse, fouillant chaque village. « Boukraâ » échappe si habilement à mes pièges, nos escarmouches tirent si peu à conséquence, que je n'espère plus le prendre en défaut. A tout hasard, nos deux katibas et les moussebiline occupent les crêtes, les oueds, s'embusquent partout, dans les jardins, derrière les clôtures.

9 mai. Trois heures de l'après-midi. J'ai disposé mes hommes aux trois angles d'un triangle équilatéral d'un kilomètre de côté, au centre duquel s'étale la dechra. Lakhdar et le commando, Cheikh Messaoud et sa katiba, tiennent deux de ses angles... Et voilà le capitaine Lebel. Sait-il que je suis là? Me croit-il parti vers Zbar-Bar? Veste blanche, képi bleu ciel, au trot anglais sur son fringant cheval barbe, il s'engouffre en tête de ses spahis entre Si

Lakhdar et Cheikh Messaoud. Déboulant de la troisième pointe du triangle avec les moussebiline, je donne l'assaut. De face. La grêle de chevrotines désarçonne les spahis. Les survivants tournent les talons et sont massacrés par les feux croisés des deux katibas. « Boukraâ » a été épargné. Les moussebiline, bien entendu avertis de notre défi, ont pensé que c'était à moi d'abattre l'officier. Mais, ne m'ayant sans doute pas reconnu dans la cohue de la charge, s'estimant perdu, « Boukraâ » saute dans la cour d'une maison et se réfugie dans une immense jarre de terre servant de silo à grain. Affreuse ironie du sort ! L'un des tirailleurs déserteurs du BTA d'Oued-Malah, « Garant », le découvre et le fusille d'une décharge en pleine tête. C'est moche. J'engueule « Garant ». Il est nouveau chez nous et ignore les traditions du commando Ali Khodja. Lors de l'assaut, j'ai eu « Boukraâ » à ma portée. Pensant qu'il était absurde de conclure notre face à face inespéré par un meurtre, le duel soudain n'exerça plus aucun attrait : je voulais attraper Lebel vivant. Ce brave se serait-il rendu ? En tout cas, je lui aurais parlé. Certes, son père avait été tué par mes djounoud : la guerre était son métier, il avait pris ses risques. Fallait-il pourtant que, pour accomplir sa vengeance, le fils sacrifiât soixante spahis et tirailleurs ?

L'un de mes chefs de section, un adjudant de vingt ans natif de Bir-Ghebalou, est mort, et j'ai perdu trois moussebiline. La katiba de Cheikh Messaoud compte elle aussi plusieurs morts, que nous enterrons le lendemain à Baata… Nous avons récupéré plus de soixante armes dont deux fusils-mitrailleurs, trois postes radio ANGRC 9 SCR, raté un mortier de 81 que les spahis ont jeté dans un puits, mais saisi une vingtaine de chevaux que les déserteurs nous apprendront à monter.

Sitôt après notre départ, les vagues de B 26 écrabouillent la dechra sous un déluge de bombes…

La mort de Si Mohamed-El-Kebaïli

Le bilan d'Oued-Malah impressionna le commandement ennemi, et Bigeard reçut l'ordre d'anéantir le commando Ali Khodja. Le colonel du 3e RPC doit être content. Ses paras de la 10e division portée, experts en interrogatoires et grenouillages, vont enfin, en combat rapproché, se frotter à ces combattants de l'ALN dont on vante les exploits de Palestro à Orléansville.

Notre déploiement de force a attiré du monde et les habitants de

Souk-Es-Sebt ont assisté à une grande réunion d'information. L'après-midi, un piper L 18 a tourné au-dessus du secteur, prenant des photos. Si Lakhdar et moi avons dit à Si M'Hamed qu'à la suite de mon accrochage avec le BTA, une opération d'envergure se préparait certainement et qu'il était préférable de se replier de cet endroit. Le commandant, serein, a rétorqué que nous avions tort de nous alarmer, que les fellahs nous auraient avertis.

— Auriez-vous peur, messieurs?

Si M'Hamed était un excellent stratège, mais, s'abandonnant parfois à une idée dont il ne voulait pas démordre, il pouvait devenir cinglant. Si Mohamed El-Kebaïli, chef du commando de la zone 2 (Médéa), par exemple, en fit l'amère expérience. A la suite de l'action contre les spahis du capitaine Lebel, Si Mohamed se réjouissait bruyamment du bilan obtenu par mon unité. Si M'Hamed l'interrompit sèchement : « Pourquoi te glorifier des résultats des autres? Quand ta katiba ramènera un palmarès semblable, alors, oui, je te permettrais de crier ta joie! » Et il répéta le fameux slogan de la wilaya VI : « Ici, tout le monde est nécessaire, nul n'est indispensable. »

Mais Si Mohamed El-Kebaïli n'était pas un novice. Le commandant s'était bien sûr exprimé avec cette rigueur froide pour provoquer chez son compagnon d'armes, qu'il aimait beaucoup, une émulation bénéfique. Si Mohamed comprit de travers et s'emballa. Sans réfléchir, il réunit ses hommes :

— Vous avez vu le commando Ali Khodja. Êtes-vous heureux?

Ses djounoud répondirent en chœur :

— Oui, le commando Ali Khodja a une nouvelle fois fait subir une défaite aux soldats français.

— C'est maintenant notre tour. Nous sommes trop longtemps restés inactifs. Nous allons chercher des armes là où elles se trouvent.

Et il partit avec sa katiba vers la route de Blida-Médéa où il était difficile de monter une embuscade. Il s'arrêta à Tiberguent, un village martyr où se sont déroulés au moins quatre batailles, constamment bombardé à partir de Médéa. La population a averti de très bonne heure qu'une opération de ratissage de grande envergure allait se dérouler. Les troupes venaient de Médéa, de Loverdo, de Chréa, de Blida pour passer au peigne fin les Béni Salah, les Béni Misra, les Béni Messaoud. Si Mohamed El-Kebaïli préféra le combat à une retraite que personne n'aurait condamnée. La bataille s'engagea à l'aube. Des légionnaires dopés à l'eau-de-vie furent lancés à l'assaut du village de Tiberguent. Les maquisards, économes — malgré eux — de leurs munitions, tiraient coup par coup. Les légionnaires se rapprochaient. Si Mohamed ordonna aux tireurs de pièces collectives de lancer des rafales courtes. L'assaut fut brisé. N'haïe, qui survivra et verra l'Algérie libre, a abattu un avion avec sa mitrailleuse de 30. Si Mohamed El-Kebaïli, lançant « Tahya El Djezaïr », brandit le drapeau et se jeta à l'avant pour récupérer des armes. Fauché par une rafale de mitraille, il tombe enveloppé du drapeau trempé de son sang. Le lieutenant politique Si Toufik, originaire de Médéa, ancien du PPA et professeur d'arabe reprend le drapeau et s'avance lui aussi. Il tombe. Chaque fois que je prends la route de Blida sur Médéa j'éprouve une profonde émotion au niveau de Tiberguent. Pour moi le souvenir reste lancinant.

La défaite de Oued Lekhra

Nous n'avons pas peur. Mais nous ne nous sommes pas trompés.

Le 23 mai avant l'aube, nous nous ébranlons, Si M'Hamed, Si Lakhdar, Boualem Oussedik et moi, avec nos trois katibas (environ trois cent cinquante hommes) et la population de Souk-Es-Sebt qui redoute les inévitables représailles. Des bergers nous signalent que les « longues casquettes » sont arrivés pendant la nuit — plus de sept cents, estiment-ils — en camions, feux éteints, par la piste menant de Sakamody à la forêt des Béni Misra, et que les paras sont peut-être en embuscade au sud de l'oued Boulbane. Notre secteur est donc la cible choisie par Bigeard. Si M'Hamed a été trop optimiste...

Vers 4 heures du matin, nos éclaireurs de pointe nous préviennent que les paras sont tout près. La journée s'annonce chaude. A l'Est, le ciel rougeoie et des écharpes de brume s'effilochent dans les branches des lauriers-roses. Le paysage qu'illumine l'éclosion des rayons perd de son âpreté.

— Aïe! dis-je en ronchonnant à Si Lakhdar. Quelle journée pour touristes! L'aviation va avoir la part belle. Le ciel est dégagé. Ah! si nous avions des nuages, de la pluie...

Avec son flair coutumier, Si Lakhdar devine que Bigeard a, sur la carte, subodoré la direction de notre repli.

— On est coincé, dit-il au commandant. Prenons position au plus vite sur les crêtes. Nous y attendrons l'attaque. Si la bataille se déclenche, nous n'aurons qu'à attendre la nuit où nous aurons plus de chances de filer. Ce sera infiniment plus dur si nous pénétrons dans le piège.

— Pas question, objecte Si M'Hamed. L'aviation nous décimerait. Il y a trop de monde en face de nous et on nous encercle certainement, tu as raison. Mais commençons maintenant le repli pour sortir du bouclage. En file indienne : cinq groupes, un vide, cinq groupes, un vide, etc. Au lieu de suivre les crêtes, descendons dans les gorges encaissées et, en contournant au Nord l'oued Boulbane, essayons d'atteindre son affluent, l'oued Lekhra.

Je grogne à Si Lakhdar :

— L'oued Lekhra, le fleuve de l'Au-delà ! Le présage ne vaut rien...

Si M'Hamed songe-t-il à la population civile de Souk Es-Sebt qui nous suit ? Nos uniformes se confondent avec la couleur de la roche et des taillis. Les fellahs aux gandouras blanches, les femmes aux jupes bariolées, sont repérés dès le lever du jour, vers cinq heures, par les pipers d'observation. Deux cents civils à la queue leu leu, à l'aube, au fond d'un oued, ne vont pas au marché. J'imagine les pilotes criant dans leurs micros : « Ils sont là ! »

Cinq heures et quart. Je dis aux civils de garder leurs distances et, quoi qu'il advienne, de ne pas courir à découvert, car les avions ne trient pas leurs cibles. Je veux atteindre l'oued Lekhra comme le souhaite Si M'Hamed. Une marche forcenée. Je touche au but. La tactique était bonne. Vers onze heures, hélas ! l'avant-garde du commando est accrochée à proximité du douar d'Agounnenda. Les fusils-mitrailleurs de la 3e compagnie des parachutistes coloniaux tiennent les crêtes, les PM sont à l'affut dans les talwegs, sur les chemins qui longent l'oued sur chaque bord. Mes éclaireurs n'ont rien décelé de suspect, mais, en se précipitant, les paras ont tiré de loin, ne blessant personne, sur la patrouille qui reflue. Je voudrais entraîner les « têtes de lézard » derrière mes hommes et les amener sur la katiba de Si Lakhdar.

— Contre-attaquez au Nord-Ouest !

J'ordonne de prendre d'assaut les crêtes. Trop tard ! Les gros Sikorski H 34 y déposent la compagnie d'appui du 3e RPC, tandis que les première et seconde compagnies ferment la nasse derrière nous.

Des mouches dans le ciel : les T 6 sont conviés à la curée. Nous nous éparpillons. Épousant les moindres contours du relief, les avions font des dégâts. Civils et djounoud tombent par paquets. En dépit de l'aviation, du pilonnage des mortiers et des canons à courte portée, du rideau de balles qui nous empêche de manœuvrer, la ferka du lieutenant Abdennour, qui a pris sous son aile Boualem

Oussedik, assaille une crête, en déloge les paras, récupère trois mitraillettes Thompson et résiste jusqu'au lendemain soir.

Une autre section a protégé le repli de Si M'Hamed. Ce n'est pas le rôle d'un responsable politique de participer à un combat de cette violence et, en le faisant sortir de la bataille, nous obéissons à une des règles essentielles de l'ALN.

Je me terre dans l'oued avec un groupe. Les hélicos se balancent, points fixes, à deux mètres du sol, déversant inlassablement leur cargaison. Mais, dès que nous levons nos PM, les FLG lancent des dizaines de grenades et les FM ennemis nous mitraillent.

Si Lakhdar, de son côté, a été très sérieusement accroché, mais a réussi à franchir un col, en se battant au corps à corps... Nous nous défendons avec une telle fureur que Bigeard, après sa victoire, déclarera à ses officiers qu'il aurait aimé avoir chez lui des chefs aussi énergiques que Lakhdar et moi. Je reste sensible au compliment, car, en fin de compte, nous avons échappé à sa formidable embuscade, contre-attaqué sans cesse sous les roquettes des avions à réaction et des T 6. Et surtout, malgré les quatre-vingt-seize djounoud que nous laissons sur le terrain, dont treize du commando, la centaine de civils abattus sans défense (Bigeard ne récupérera que la moitié de nos armes, surtout celles de la katiba de Cheikh Messaoud, la plus touchée — nous avons caché ou emporté les autres), nous sommes parvenus à filer à la barbe de milliers de soldats de qualité.

L'aventure d'Abdennour mérite d'être contée, car mon lieutenant fit preuve en cette occasion d'un courage et d'une malice hors du commun. Avec sa ferka, il avait pris en charge Boualem Oussedik, vingt-quatre ans, le patron du SPI en wilaya IV (Service de propagande et d'information). Si M'Hamed avait confié à Boualem une sacoche contenant des documents secrets, des archives et trois cents millions de francs. Le pauvre colportait ce trésor sur son dos. Si mon ami est toujours en vie, c'est grâce à Abdennour qui, avec un sang-froid époustouflant, monta à l'assaut d'une crête. Le soir du deuxième jour de siège, Abdennour annonça à ses hommes : « Des canons nous bombardent de cette plate-forme. Suivez-moi en file indienne. Dans l'obscurité, les artilleurs vont peut-être nous confondre avec une patrouille française. » Et le lieutenant piqua droit sur les canons, les contourna sans que les artilleurs réagissent. Pourtant, les hommes d'Abdennour, soudain affolés par leur propre témérité, démarrèrent comme pour un départ de cent mètres, et Boualem laissa choir sa précieuse sacoche dans un ravin. Un djoundi alpiniste alla la chercher. Et la ferka perça le bouclage comme une dague une motte de beurre.

Pour ma part, je suis resté quatre jours, affamé, assoiffé, sur le flanc de la gorge que j'ai escaladée avec mon groupe. Chaque fois que je me dresse, les rafales me repoussent dans mon trou...

Le soir du quatrième jour, les Français déménagent, laissant quelques éléments sur les crêtes pour débusquer les éventuels survivants. La bouche en feu, la langue aussi dure qu'une semelle de ranger, nous descendons dans l'oued pour boire. Les paras tirent au jugé sur nos silhouettes. Hassan, le commissaire politique du commando et moi sommes retranchés dans une crevasse de l'oued Boulbane. Les autres sont sur nous :

— On vous a vus, sortez de là ou on vous flingue comme des lapins!

La ruse est simplette. Ma mitraillette et celle d'Hassan sont prêtes. Prudents, les « longues casquettes » parlent à la lune.

Ils sont enfin partis, nous avons marché toute la nuit et sommes arrivés à Tiberguent. J'appelle un berger qui garde ses chèvres :

— As-tu quelque chose à manger?

Il nous tend un bout de pain et une tasse de lait puant le rance. Quel caviar! Je n'ai jamais dégusté de repas aussi succulent. Nous ne pouvons plus avancer d'un pouce et l'adolescent va chercher deux ânes au village. Les habitants de cette misérable dechra se mettent en quatre pour nous réconforter. A la fin de l'après-midi, les nôtres nous rejoignent.

J'ai, ce soir-là, juré de prendre ma revanche sur le colonel Bigeard. Mais je n'en ai plus eu l'occasion. D'autres unités d'élite, dont le 3e REP et le 6e RPIMA, apprécièrent néanmoins notre colère et payèrent au prix fort cette défaite d'Agounnenda et la mort de treize frères du commando Ali Khodja.

Les agents de liaison

Lors de nos courses dans le djebel, nous marchions en nous efforçant de brouiller derrière nous les traces de notre passage. Après la traversée d'un village, je demandais au responsable de la dechra de faire sortir sur la piste que nous avions empruntée tous les troupeaux de chèvres et de moutons. Dans la nature, ce travail était confié à trois hommes du commando, à trois serrefiles. Avec une branche d'arbre, l'un d'eux effaçait d'abord les traces des pataugas. Les deux autres traînaient côte à côte des sacs de jute emplis de quelques kilos de terre qui gommaient sur le sol des traces de branchages. Quand je me déplaçais seul pour me rendre dans un poste de commandement ou de transmissions, j'ôtais mes pataugas à deux cents mètres du PC et, en chaussettes, je marchais à reculons jusqu'à l'entrée du souterrain. En plaine, les responsables isolés — commissaires politiques, agents de liaison — redoutaient les bergers allemands que les gendarmes avaient spécialement dressés à la chasse aux suspects. S'il avait la chance d'être à proximité d'un cours d'eau, il suffisait à l'homme traqué de plonger dans l'eau et de remonter l'oued pour échapper à la poursuite des chiens. Sinon, il saupoudrait de poivre ou de tabac à priser — qu'il portait en permanence dans un sachet — la piste derrière lui. Le chien reniflait et perdait son flair.

Les agents de liaison utilisaient souvent cette ruse. Choisis parmi les meilleurs militants d'une zone, ils étaient chargés de transmettre le courrier. Au début, nous n'avions pas d'émetteurs-récepteurs, et nous transmettions pas lettres non seulement les nouvelles, les informations, mais la plupart des ordres. Le travail des agents de liaison était donc capital et très délicat. Anguilles solitaires, ils devaient échapper aux mailles serrées des filets tendus par l'ennemi. Facteurs de la guérilla, ils n'accomplissaient que de courts parcours : trois heures aller, trois heures retour, d'un lieu à l'autre. Mais il y avait de super-agents de liaison qui effectuaient de plus longs trajets. Chaque wilaya possédait trois grands agents de liaison, évoluant par rotation d'un mois : ils parcouraient, de wilaya à wilaya, des centaines de kilomètres à travers le maquis.

Quand les Français quadrillèrent la wilaya IV, fin 1957, et la découpèrent en zones interdites, bâtissant des postes sur les crêtes, regroupant dans des camps la population des villages, quand l'armée s'implanta partout, nous forçant à demeurer tapis dans nos caches, nous dûmes perfectionner le système de distribution du courrier. Nous installâmes des relais, disséminés dans le djebel, secrets, dont les emplacements étaient seulement connus des responsables au plus haut niveau. Ces relais étaient distants l'un de l'autre de deux, trois heures de marche, et s'échelonnaient entre le poste d'accueil, où se trouvait le service d'intendance, et l'infirmerie mobile. Auparavant, cette infirmerie était statique et recevait les djounoud malades et les blessés. Les marches quotidiennes, l'air pur, la frugalité de notre alimentation, entretenaient notre santé. Nous n'avions jamais mal à l'estomac. A dormir dans la neige, à la belle étoile, nous étions immunisés contre les rhumes, les bronchites. La seule maladie grave dont nous fûmes affectés fut la grippe asiatique, en 1957. Selon les moments, nous transportions avec nous toutes sortes de médicaments. D'autres fois, nous n'avions que de l'aspirine. C'est dans ces infirmeries statiques — et plus tard mobiles quand le quadrillage nous obligea à déménager souvent nos relais — que les blessés étaient soignés. C'est de là que partaient vers l'extérieur, accompagnés par des moussebiline et des djounoud, les cas très graves. Les blessés étaient pris en charge par les médecins, les infirmières et les infirmiers.

Pendant toutes mes années au maquis je n'ai jamais entendu évoquer un cas de moudjahid mort des suites d'une maladie. L'alimentation était déficiente, les marches exténuantes, l'habillement était presque toujours inadapté aux conditions climatiques, mais le moral restait haut. Tous les moudjahidine peuvent le confirmer : notre volonté dominait le physique, le corps pliait devant l'esprit. Je ne pense pas que quelqu'un puisse supporter aujourd'hui le dixième de ce que nous endurions hier. Le proverbe qui parle de vie de chien n'est pas à mon avis marqué par la sagesse populaire, car l'homme peut souffrir sans rechigner, quand le moral est là, beaucoup plus que n'importe quel animal.

Les hommes en blanc du maquis

Il y avait encore, après la marche, l'accrochage, le havre des visages amis penchés sur nos blessures. Au moment où nous pensions que s'achevait notre course personnelle, nous leur passions le relais : ils savaient prendre en charge nos vies. Où sont-ils maintenant, Hadj, Yahia Farès, Kamal et les autres, les « hommes en blanc » du maquis, nos infirmiers, nos médecins ? Beaucoup avaient abandonné, pour nous suivre, de tranquilles études. Dans leurs hôpitaux de campagne, les malades avaient vingt ans.

Parmi eux, l'une des figures les plus attachantes fut celle de notre infirmier zonal, Hadj. Nous l'appelions ainsi, mais son vrai nom était Ganacia. Il était israélite, parlait très bien l'arabe. Pour tous ceux qui tiennent comme un fait établi le prétendu antagonisme de nos origines religieuses, je voudrais qu'on le sache : Hadj est mort, refusant d'abandonner ses blessés. C'était un frère et nous l'avons pleuré. A Boukren, il sauva Boualem Oussedik de la gangrène. On l'y avait laissé pour mort. Des paysans le transportèrent. Refusant de démissionner même dans les cas désespérés, Hadj fit plusieurs piqûres antigangréneuses et nettoya la blessure avec une lame de rasoir. Boualem était attaché, un chiffon dans la bouche. Ce n'était pas de la médecine de pointe, mais il lui doit la vie. Hadj est mort à Tiberguent, en défendant une infirmerie et les blessés dont il avait la responsabilité.

La situation des blessés était catastrophique. Soigner tenait souvent de l'imagination créatrice du médecin.

Nous n'avions que très peu de médicaments. Que faut-il penser des autorités coloniales qui plaçaient des surveillances autour des pharmacies et des hôpitaux pour arrêter tout Algérien transporteur de médicaments ? Combien d'hommes, de femmes, d'enfants ont été torturés parce qu'ils sont arrivés à s'en procurer ! Après la grève des 8 jours, les relations des maquis avec les villes, bases arrière en milieu quadrillé par l'ennemi, d'où nous parvenaient les approvisionnements, étaient devenues difficiles, dangereuses. La wilaya ne pouvait malheureusement pas pourvoir comme il se devait les infirmeries et les hôpitaux. Vraiment, ma tâche, mitraillette à la main, était moins dramatique que la leur.

L'enlèvement des pères blancs

Fin 1958, notre responsable de l'information et de la propagande, Boualem Oussedik, désira informer de notre lutte les pères blancs de la ferme de Lodi. Nous les pensions ouverts à notre cause et leur orientation n'avait pas manqué de braquer contre eux la population européenne. Ils possédaient des médicaments, et nous sentions qu'ils pourraient nous aider.

Un groupe de moudjahidine enleva donc le frère Jean-Luc et un autre prêtre. Un djoundi, d'ailleurs, ayant autrefois travaillé à la ferme, refusa de participer à l'action. Dans la ferme de Lodi séjournait un officier de renseignements en retraite qui ne fut pas inquiété : ce n'était qu'une opération psychologique. Après l'enlèvement, Boualem Oussedik se joignit au groupe et rencontra les pères blancs. La discussion fut orageuse. Boualem évoqua le napalm, le génocide, les injustices, les tortures. Non, l'Église ne pouvait pas rester neutre. Elle devait prendre position : l'Évangile n'allait pas dans le sens du colonialisme. Les arguments évoqués étaient justes, mais les pères blancs n'en auraient pas senti la vérité si les événements ne les avaient entraînés dans une aventure qui leur fit voir de plus près la vie de notre maquis. Un groupe composé des deux pères blancs, de Boualem Oussedik et d'un légionnaire prisonnier rejoignit à Médéa le docteur Yahia Farès, médecin de la wilaya IV, et le capitaine Abdellatif.

Le docteur Yahia Farès était un homme qu'on ne peut oublier. De stature élevée, le visage jovial et ouvert, il étonnait au premier abord par sa douceur et sa timidité. A tel point qu'à son arrivée en wilaya, on s'était inquiété de sa résistance, se demandant s'il pourrait partager notre existence éprouvante. Yahia Farès devint très vite un être irremplaçable. Médecin infatigable, il suivait sans relâche les unités pour soigner les blessés sur-le-champ. Je le vis, par exemple, un soir, alors que l'artillerie nous bombardait encore, amputer un djoundi d'une jambe avec la lame d'une scie à métaux, au fond d'un trou, éclairé par une bougie. Jamais Yahia Farès ne voulut porter une arme, marquant sans doute par là que son rôle était autre. En revanche, sans trêve, avec adresse, avec cœur, il encourageait les djounoud, reconnaissait en chacun un individu unique ayant droit au luxe d'un moment d'attention.

Cet enlèvement des pères blancs avait un caractère pacifique dont le seul but était de convaincre. Mais la guerre n'autorise pas les parenthèses et l'idéalisme se trouve malgré lui pris au piège. Le groupe tomba dans la nasse de l'opération « Courroie ». Des milliers de soldats quadrillaient notre secteur. Des patrouilles éclataient dans toutes les directions et investissaient notre territoire. Surpris par l'une d'elles, Oussedik et ses compagnons trouvèrent refuge dans une cache souterraine conçue pour quatre personnes. Ils étaient six : les deux prêtres, le légionnaire, Oussedik, Yahia Farès et le capitaine Abdellatif. Très vite, l'oxygène se raréfia. Au bout de vingt-quatre heures, par manque d'air, les chairs enflent, les yeux gonflent et déforment les visages, qui deviennent des masques effrayants. Le légionnaire gémissait dans un coin. Un prêtre s'était évanoui. Atroce agonie d'une asphyxie lente. N'y tenant plus, Boualem Oussedik souffla :

— Je vais éclater, il faut sortir, se battre, respirer. On ne peut pas rester là.

D'un calme exemplaire, le Dr Farès observa de sa voix douce :

— Plus tu parles, plus tu t'affaiblis et, en même temps, tu pollues l'atmosphère. La patrouille est encore au-dessus de nous avec le propriétaire des lieux.

Enfin, la trappe s'ouvrit. A peine les soldats s'étaient-ils éloignés de cent mètres que le paysan était venu les libérer. Une goulée d'air pur. Abdellatif et Boualem s'agrippèrent au bord du trou. Le Dr Farès les retint.

— Non, les prêtres d'abord, le légionnaire ensuite ; après ce sera vous et moi.

Les hommes asphyxiés ne supportèrent pas la première bouffée d'oxygène. Seul le toubib tint le coup, soigna les prisonniers, ses compagnons ensuite. Le frère Jean-Luc reprit vite connaissance et, fixant Boualem, lui dit :

— Vous êtes fier, hein ! Vous êtes sortis les derniers, ainsi que le docteur. Vous nous avez donné une leçon de générosité.

— Non, répondit Boualem, j'ai voulu sortir le premier, c'est au Dr Farès qu'en revient l'honneur.

Nous libérâmes les pères blancs sept jours plus tard. Devenus nos amis, ils nous fournirent des médicaments et plaidèrent notre cause.

Le Dr Yahia Farès fut tué quelques mois plus tard en défendant son infirmerie.

Le commandant Si Moussa

Baya El-Kahla, une jeune infirmière de la région de Palestro, se dépensait sans compter pour soulager les souffrances des blessés. Un homme de mon commando, Mustapha Harachi, avait reçu une balle dans un testicule. Nous étions en été, et les vers pullulaient dans la plaie. Baya désinfecta le testicule à l'eau oxygénée, extirpant un à un les vers. Le djoundi fut envoyé à Tunis où il fut opéré dans une clinique. Guéri, il revint au maquis et brava l'adversaire jusqu'à ce qu'il fût tué. Ses copains me dirent qu'il ne voulait plus vivre : à Tunis, on lui avait enlevé les parties...

Je me rappelle aussi d'autres blessés, sauvés par Baya : Abdelhakim Laama, qui avait reçu une balle dans l'œil, et « Moussa le rectifié ». On le surnommait ainsi car il avait reçu une balle dans la mâchoire, qui lui avait fait sauter treize dents. Nous avions confectionné un entonnoir de papier que nous coincions dans la bouillie d'os et de chairs. Nous y versions du lait. « Moussa le rectifié », de son vrai nom Moussa Charef, fut envoyé en Allemagne de l'Est, via Tunis. On lui greffa une prothèse et, deux ans plus tard, il était de retour chez nous. Natif de la Mitidja (Boufarik), ancien militant du PPA, il a participé au déclenchement de la lutte armée dès le 1er Novembre 1954. Recherché, il a préféré toujours les zones difficiles où, grâce à ses qualités humaines, il savait susciter les dévouements, les fidélités. De la Mitidja, il a été affecté dans la vallée du Chélif où il a réussi à obtenir l'adhésion des notables de la région tel que Sayeh Abdelkader (plusieurs milliers d'hectares), les Benbouali... Il a su aussi réinsérer au sein du FLN des militants communistes après la destruction du réseau de l'aspirant Maillot : les combattants de la liberté. Des communistes, qui disposaient d'une base populaire assez forte dans la région de Ténès — Aïn-Defla — le Chélif, ont fourni des cadres militaires très courageux (Zendari et Rebbah Nourredine entre autres) et des cadres politiques très compétents : Babou Abdelkader, Abdelhamid Boudiaf, Taleb Bouali, Mustapha Saâdoun et tant d'autres. Beaucoup sont morts les armes à la main. Les survivants, une fois le devoir accompli, ont occupé des fonctions modestes malgré leurs états de service.

Un jour, il a reçu le capitaine Ali Lounici qui traversait la vallée du Chélif pour rejoindre l'Ouarsenis, où il était chef régional. Après son départ, Ali Lounici lui écrira une lettre toute fraternelle dans laquelle il lui exprimera son admiration pour le travail accompli sur un terrain plat et nu comme la paume de la main. La réponse caractérise non seulement l'homme mais aussi la plupart des responsables du FLN des villes et des plaines. « Dans cette glorieuse plaine du Chélif, comme précédemment dans l'héroïque Mitidja, je ne me suis jamais senti seul, exposé. J'ai été dans la forêt la plus touffue, la plus impénétrable, celle que constitue un peuple debout autour des militants d'avant-garde. C'est à lui que revient l'hommage. Ma fierté est de le servir. » Moussa Charef rejoindra la zone I dont il assumera la direction quand le quadrillage fait par l'armée française sera le plus sévère. Commandant de l'ALN à l'indépendance, mais marginalisé de la vie politique il aurait pu rendre d'immenses services.

Mimi l'infirmière

Nous n'abandonnions jamais un blessé sur le terrain. Si nous n'avions pu réquisitionner des mulets, nous installions nos blessés dans des caches, avec de l'eau, des vivres, de la nourriture, une couverture, éventuellement des médicaments. Nous revenions les prendre quelques jours plus tard. A pied, soutenus par des djounoud, ou à dos de mulet, ils étaient alors conduits dans des infirmeries.

Puisque je viens d'aborder ce sujet, je voudrais rendre hommage ici à l'une des femmes les plus épatantes que j'ai eu l'honneur de rencontrer.

Nous surnommions Myriam Ben Mohamed : Mimi. Elle était infirmière et gagnait confortablement sa vie, chez un médecin d'Alger. Un peu plus de trente ans, petite et boulotte, un très joli sourire que soulignait l'éclat d'incisives en or, Mimi inspirait confiance car elle possédait la rare qualité d'écouter, de se mettre en toutes circonstances à la portée de ses interlocuteurs. Elle parlait mal arabe. Elle avait même, curieusement l'accent de la Cannebière. Les djounoud la taquinaient : « Attention ! si les Français arrivent, évite de rire, sinon tes dents vont les attirer », lui disaient-ils. Mimi avait la peau très blanche, diaphane ; pour passer inaperçue au milieu des femmes du djebel, elle se salissait le visage avec du charbon de bois mêlé à de la terre et se dissimulait sous une gandoura d'homme. Elle ressemblait à la Gelsomina de *La Strada*, engoncée dans un vêtement trop grand pour elle, avec son sourire permanent et ses taches de cendre sur le bout du nez.

Avant le déclenchement de la révolution, Mimi avait une situation privilégiée. Elle gagnait près de cinquante mille francs par mois (en guise de comparaison, je touchais, comme ouvrier spécialisé chez Caterpillar, dix huit mille francs par mois, à la même époque). Elle assistait le Dr Zmirli et faisait des piqûres, des pansements à domicile. Cependant, ce travail ne comblait pas sa soif d'absolu, l'idéal qui la dévorait. Mimi désirait, en effet, s'engager plus à fond dans la lutte. Sympathisante du Parti Communiste Algérien, elle cherchait à comprendre ce qui se passait. « Je rejoignais certains points de vue des communistes, me dit-elle un jour, parce qu'ils voulaient la justice sociale, l'égalité des salaires, préconisaient avant tout la valeur du travail, etc. Mais je ne saisissais pas pourquoi mes camarades ne voulaient pas adhérer individuellement, mais collectivement au FLN. Ce que le Front de libération nationale n'admettait pas. “Il n'y a qu'un seul parti, répliquaient mes amis du FLN. Face à l'ennemi, nous devons faire bloc. Ceux qui ont des opinions différentes des nôtres ne pourront les défendre que lorsque l'Algérie sera libre.” »

Mimi fut contactée, début 1955, par Hamedet, chef d'une cellule FLN d'Alger, et par Houcine le boucher, l'un des premiers maquisards de Palestro, qui lui dirent : « Puisque tu es constamment en rapport avec les médecins, ton rôle consistera à les persuader d'aider dans la mesure du possible la révolution, à condition que tu acceptes de travailler pour notre cause. » Mimi, qui cherchait par tous les moyens à rendre service, ne demandait que cela. Elle commença par apprivoiser l'homme qu'elle côtoyait chaque jour : le Dr Zmirli, un ancien communiste qui se sentait de plus en plus concerné par la lutte du Front. Le premier blessé transféré à Alger fut Houcine le boucher qui, comme moi, fut hébergé dans le refuge de Smaïl, au Clos-Salembier. Une excellente cache. Puis Mimi soigna des blessés vers lesquels on l'emmenait incognito en voiture, souvent seule, parfois avec Zmirli, lorsqu'il s'agissait de cas graves nécessitant des interventions compliquées. Zmirli et elle étaient amis : ils formaient une équipe efficace.

Un jour, Mimi fut avertie par Baha Mekaoui, agent de liaison de Ali Khodja, que le lieutenant de la région de la Palestro désirait installer un hôpital de campagne à Fort-de-l'Eau, profitant de l'aide des familles riches, comme celles des Benmerabet et Bennouniche (anciens militants du PPA). Mimi avait reçu des consignes strictes : elle ne soignait que les gens qu'on lui désignait, hors des soins normaux qu'elle prodiguait chez Zmirli. Le docteur, qui n'avait pas été contacté par le maquis, l'accompagnait moins. Encore une fois, afin d'éviter des fuites, le cloisonnement était maintenu, même entre des militants s'entendant bien et envers lesquels nous avions la plus grande confiance. Mimi continua de soigner sa clientèle urbaine, mais elle se déplaça de plus en plus souvent dans le maquis. Elle aurait pu, comme la plupart de ses collègues, songer à sa carrière, rester en ville, en donnant de temps à autre un coup de main. Ce n'était pas son caractère. Il lui fallait aller jusqu'au bout de ses choix, quitte à tout perdre.

Elle avait commencé à faire bâtir une villa à la sortie est d'Alger, à Cinq-Maisons, 17, rue de Brest, dont elle supervisait attentivement les travaux. Dès que les chambres furent terminées, elle y cacha des militants en danger, communistes, membres du FLN, combattants de l'ALN, prenant garde à ce que deux fugitifs de tendances politiques divergentes soient séparés par un mur et ne se rencontrent pas. Afin de mieux assurer la sécurité de ceux qu'elle protégeait, elle interdit à ses proches de lui rendre visite, prétextant que les événements perturbaient malgré elle les politesses familiales, d'autant plus que la police la surveillait de près. Ses parents n'insistèrent pas et le chantier de Mimi continua un certain temps à servir de cache aux militants pourchassés, comme Boudiaf Abdelhamid qui demeura un moment chez elle, après l'affaire de l'aspirant Maillot[1], et fut ensuite envoyé en Oranie, dans la ferme du beau-frère de Mimi. Abdelhamid Boudiaf, membre du BP (Bureau Politique) du PCA, au sein duquel il s'occupait des questions de la paysannerie, est un cousin de Mohamed Boudiaf, membre fondateur du CRUA et coordinateur de la direction du FLN du 1er Novembre 1954. Lors de la réunion du Comité central du PCA le 15 novembre 1954, il essaya de convaincre ses camarades sans y parvenir, en raison du refus du représentant du PCF d'accepter l'ouverture faite par le FLN aux communistes et de rejoindre l'ALN pour mener le combat pour l'indépendance. Je me trouvais dans une forêt de l'Ouarsenis lorsqu'il fut évacué, en raison de son âge, vers le Maroc, en 1958.

1. Officier de réserve communiste qui organisa un « maquis rouge » dans l'Ouarsenis. Voir p. 261.

Quand l'hôpital de campagne de Fort-de-l'Eau fut installé, Mimi s'y rendit régulièrement, deux fois par jour, le matin et le soir, à califourchon sur le tan-sad d'une Vespa que pilotait un militant. Les barrages pululaient sur la route menant de Cinq-Maisons à Fort-de-l'Eau. Mimi, qui avait du charme, un sourire désarmant, jouait à l'amoureuse, enserrant le torse, blotissant sa tête dans le cou du conducteur. Les gendarmes ou les soldats des barrages trouvaient le tableau touchant et laissaient passer le scooter. Au retour, Mimi ramenait toujours dans un panier des pigeons, du gibier, des volailles, pour faire croire qu'elle revenait du marché : Fort-de-l'Eau était un lieu de chasse réputé aux environs d'Alger. Le maquis correspondait avec Mimi grâce à un agent de liaison, l'un des premiers, Ahmed El-Harrachi. L'homme descendait de Palestro sur une bicyclette à laquelle était attachés des sacs de sucre, contenant lettres, pièces d'armes, munitions, et surtout des cartouches de revolver qu'Alger réclamait. El-Harrachi enlevait la selle de son vélo et versait les cartouches dans le tube du cadre. Arrivé à destination, il n'avait qu'à retourner sa bécane!

A Fort-de-l'Eau, Mimi prélevait du sang, pour des analyses. Elle réussit même à obtenir des radioscopies (comme pour El-Hadj, un tuberculeux, mort par la suite au combat) et à faire hospitaliser des malades dans la clinique de Verdun où pratiquaient les docteurs Chaulet et Stoppa, qui m'avaient quelques mois plus tôt opéré du genou.

La veille de l'accrochage qui coûta la vie à Ali Khodja, près de la ferme Merabet, Mimi fut contactée par un agent de liaison, afin qu'elle aille soigner un malade qui avait quarante de fièvre. L'infirmière rechigna un peu :

— Je suis déjà allée deux fois aujourd'hui à Fort-de-l'Eau et les militaires m'ont peut-être dans leur collimateur. Si je franchis les barrages une troisième fois, je risque d'être interpellée... Enfin, je vais quand même m'en occuper.

Elle téléphona aussitôt au Dr Zmirli. Craignant les écoutes téléphoniques, elle annonça prudemment : « Ma mère a d'effroyables nausées. » Comprenant qu'il se passait quelque chose de grave, Zmirli accourut. Mimi le mit au courant :

— Il y a un blessé qui a une fièvre de cheval à la ferme Merabet. Peux-tu lui rendre visite? Cela me serait difficile, car j'y suis allée deux fois aujourd'hui et ne puis encore franchir les barrages.

Zmirli répondit :

— Si j'y vais maintenant, je serai au retour bloqué par le couvre-feu, et je devrai passer la nuit là-bas.

Zmirli et Mimi envisagèrent plusieurs possibilités.

— J'irai demain matin de bonne heure, finit par promettre le médecin.

Le lendemain, Mimi retrouva son patron. Avant de commencer le travail, ils avaient l'habitude de siroter un café en devisant de choses et d'autres.

— Alors, comment se porte notre malade? demanda la jeune femme.

Zmirli était embarrassé :

— Avant d'arriver, j'ai croisé des militaires marchant en file indienne le long de la route et, dans le virage juste avant la ferme Merabet, j'ai vu une 403 arrêtée sur le bas-côté, capot ouvert. Ça sentait les flics à plein nez. J'ai donc poursuivi mon chemin tout droit, de plus en plus vite, car j'ai entendu des coups de feu. Des pigeons volaient haut dans le ciel. Jugeant qu'il était préférable d'éviter un guêpier probable, j'ai fait demi-tour. Je regrette, Mimi, nous nous rendrons plus tard à Fort-de-l'Eau. Je t'assure que le coin m'a paru malsain.

L'infirmière se moqua :

— Ne savais-tu pas que, derrière la ferme, les Français ont un champ de tir où ils s'entraînent? Toubib, je te croyais plus courageux...

Elle termina son café, dans un silence glacial. Pourtant, Zmirli ne s'était pas trompé. Ce qu'il avait entendu n'était pas un exercice de tir. En réalité, Ali Khodja venait de tomber avec une partie de son commando, et de nombreux blessés de l'hôpital de campagne.

Zmirli et Mimi examinaient leurs patients quand, à la fin de la matinée, un agent de liaison surgit et entraîna l'infirmière dans une pièce du cabinet médical. Il l'informa de l'accrochage et de la mort d'Ali Khodja :

— Cache-toi, tu peux être arrêtée d'un instant à l'autre.

Mimi rassembla ses affaires et prévint Zmirli :

— Prends aussi des précautions. Tu es moins impliqué que moi, mais j'ignore quelles seront mes réactions sous la torture, s'ils m'attrapent.

Si Lakhdar et Ali Khodja

L'après-midi, paraissait dans le journal, à la rubrique *Dernière Heure*, un article où il était écrit : « Une infirmerie du FLN a été découverte : une bande de rebelles en pyjamas a été détruite. »

Évidemment, ils avaient tué aussi des malades! Les maquisards se sentaient tellement en sécurité dans cette ferme située près de la route qu'ils s'y prélassaient comme sur la Côte d'Azur! Non loin de là, Ali Khodja et son commando attaquaient un poste. Les obus des chars n'avaient pas détaillé leurs cibles!

De petite taille, le visage ouvert et tout imprégné d'une sorte d'innocence enfantine, Ali Khodja, avec son physique effacé, ne correspondait pas à sa réputation de grand stratège. Sergent de vingt-deux ans, il avait déserté avec deux camarades la caserne de la rue de Lyon, emportant dix MAT et plusieurs mousquetons. En accueillant Ali Khodja dans son maquis de Palestro, Ouamrane « le bison » s'était pris d'affection pour ce combattant d'élite qui, comme certains jouent spontanément de tous les instruments de musique, savait d'instinct utiliser au mieux armes, hommes et situations. Khodja devint le chouchou de Ouamrane qui le nomma lieutenant de la zone de Palestro et lui laissa carte blanche pour entreprendre, à la tête d'un commando constitué des meilleurs fusils, des actions spectaculaires. Servi de surcroît par une veine de pendu, il remportait victoire sur victoire; c'est lui qui, le premier, osa effectuer des sorties en plein jour, affronter sur leur propre terrain les troupes du secteur. Ses djounoud, triés sur le volet, se prenaient à juste titre pour le fer de lance de l'ALN : ils étaient fiers de leur tenue, de leur armement et avaient tendance à rouler des mécaniques.

Si Lakhdar, quant à lui, commandait la région 4 de Aïn-Bessem. (Si Sadek, Si Salah et Si M'hamed étaient alors respectivement adjoint militaire, adjoint aux renseignements et adjoint politique de Ouamrane, chef de la Wilaya IV.) Les territoires de Lakhdar et de Khodja n'étaient pas délimités par des frontières; les deux chefs pouvaient se rendre l'un chez l'autre. Ils s'estimaient mutuellement tout en se livrant une sorte de tournoi au sommet. Alors qu'Ali Khodja et sa compagnie accomplissaient des exploits, Si Lakhdar jouait de malchance, ratait ses embuscades, subissait des revers. Jusqu'aux accrochages de Bousken et de Zbar-Bar. Au cours de ces deux batailles, Lakhdar récupéra deux fusils-mitrailleurs et environ quatre-vingts armes individuelles. Il y reçut aussi sa première blessure. Perdant ses complexes, il tenta de surclasser Ali Khodja qui, de son côté, voulait coûte que coûte conserver son prestige. Lorsqu'une embuscade, ou l'attaque d'un poste, était réussie, quand un accrochage tournait à l'avantage de l'ALN, le vainqueur recevait toujours de son « rival » une lettre de félicitations et d'encouragement, mais aussi, en post-scriptum, la promesse qu'on n'en resterait pas là et que le match continuait. C'est après la bataille de Zbar-Bar, où Lakhdar obtint un superbe palmarès, qu'Ali Khodja décida de prendre un poste de la Mitidja. Folle initiative ! Il était à l'évidence pour le moins irraisonnable de frapper l'ennemi dans son fief : le terrain de la Mitidja est plat, sillonné de routes sans replis, et les colons y abondaient. Ali Khodja était certes audacieux, mais il n'ignorait pas qu'en cas d'échec, il serait à la merci des chars, des half-tracks, de l'aviation, des troupes pullulant autour de Fort-de-l'Eau. Fut-il grisé par ses victoires antérieures ? Escompta-t-il que sa baraka le poursuivrait dans une témérité sans bornes ? Sa compétition avec Si Lakhdar lui fit-elle oublier les plus élémentaires règles de sécurité ? Voulait-il, par un coup d'éclat aux portes d'Alger, semer la panique parmi les colons en leur prouvant que l'ALN pouvait frapper quand elle décidait, là où elle le voulait ? Je n'en saurai jamais rien. Si le combat près de la ferme Merabet lui fut fatal, il eut cependant des répercussions profondes, aussi bien phychologiques que politiques à travers tout le territoire national. Par ailleurs, ce combat a amené les responsables militaires de la wilaya IV à revoir la stratégie et la tactique. Nous tirerons la conclusion que la griserie du succès et l'émulation effrénée peuvent avoir des conséquences néfastes.

Mimi face à la mort

Le lendemain de l'accrochage, l'inspecteur Kock, de Maison-Carrée, interpella la mère de Mimi, qui habitait à Hussein-Dey :

— Ma fille est fiancée, répondit celle-ci sans se départir de son flegme. Mais mon fils n'accepte pas le prétendant, un bon à rien, dit-il. Alors Myriam s'est sauvée en prenant ma voiture.

Kock éclata de rire :

— Vous vous foutez de moi, madame. Je ne suis pas dupe : cette histoire de fiancé, je n'y crois pas une seconde. Quand votre fille sera de retour, prévenez-la que je l'attends au commissariat. Une enquête est en cours.

Mimi continua à vivre aux alentours d'Alger. Le cloisonnement était tel qu'elle dut même jouer la comédie à Ben Khedda, et à Salima Ben Hafaf qui la contactèrent sans savoir qu'elle faisait déjà partie du FLN et qu'elle était recherchée par la police ! Mimi était « brûlée ». Elle constituait de plus en plus un danger pour l'organisation. On retarda son départ au maquis, sans doute parce qu'elle était femme, et qu'en 1955, on comptait sur les doigts d'une main les maquisardes. Mimi fut donc obligée de se réfugier quelque temps à Oran. Puis elle retourna à Alger où la filière de son réseau avait été démantelée. Une seule solution : gagner rapidement le maquis de la Mitidja où elle fut accueillie par Si Samaïl et Si Mohamed. Si Kamel était responsable de l'infirmerie régionale mobile et Mimi le seconda. L'armée française ne ratissait pas encore la campagne au peigne fin, et à cette époque une infirmerie pouvait sans problèmes stationner plusieurs jours dans un village.

Mimi était citadine. Elle lisait beaucoup, allait au spectacle, s'habillait à la dernière mode, était habituée au confort. Les rapports qu'elle avait eus précédemment avec le maquis, en soignant malades et blessés à la ferme Merabet, n'avaient été qu'assez superficiels et elle n'avait qu'une vague idée de ce qu'était vraiment la vie de ce maquis où souffraient les hommes les plus endurcis. Elle bascula soudain à l'intérieur d'un monde différent de tout ce qu'elle avait jusqu'alors connu. Mais elle ne regretta pas ce qu'elle perdait. Aux soirées douceâtres d'Alger où ses relations noyaient dans un verre ou une plaisanterie leur trouille des événements, à ces discussions molles que berçait la petite musique des nuits aux aubes tristes, elle préféra les veillées farouches où les nachids, les chants patriotiques des djounoud ravivaient les braises. Elle fut bouleversée par ces regards qui ne cernaient de son corps qu'un souvenir ne lui appartenant pas et cherchaient sur ses mains l'ébauche non d'une caresse, mais du geste qui apaise et sauve. Elle aima coucher sur une natte, hypnotisée par la flamme d'une lampe à pétrole, se réveiller endolorie, le dos « en forme de piano », comme disaient les frères. Elle aima marcher d'une traite trente kilomètres, la gorge en feu, les pieds meurtris. La vie du maquis de la Mitidja était d'ailleurs relativement agréable, en comparaison de celle du djebel de Palestro. Ce que Mimi mangeait, par exemple, dans la Mitidja, c'était du luxe : de la loubia, des lentilles, des pommes de terre, de la salade! Ah! le délice d'un légume vert... Dans la montagne, il n'y avait pas d'exercices de tir. Nous apprenions à utiliser nos armes lors des opérations, au cours des embuscades. Quand Mimi arriva dans la Mitidja, on lui confia un petit 7,65, puis un 11,43, un pistolet très lourd dont elle apprit le maniement dans un oued, en vidant des chargeurs sur des palettes de figuiers de barbarie ou sur des galets. Elle ne se servit d'ailleurs jamais de ce pistolet. Elle avait, il est vrai, un boulot plus urgent.

Mimi fréquentait la mort chaque jour dans les cliniques et les hôpitaux où elle travaillait. Le premier djoundi qui mourut devant elle avait été blessé par le lieutenant Si Mohamed qui faisait tourner son revolver au bout du doigt. Si Smaïl demanda à l'infirmière et à un groupe de moussebiline de conduire le blessé aux portes de Maison-Carrée. L'escorte fit étape dans une ferme occupée par un vieux couple. Le blessé succomba dans la nuit. Mimi crut que, comme en ville, il fallait le déshabiller, le laver et l'enterrer dans un linge blanc. Désemparée, elle sanglotait en déboutonnant la vareuse du djoundi, raidi dans la couverture dont l'avaient enveloppé les paysans. Les moussebiline l'écartèrent doucement : « On ne pleure pas un combattant, lui dirent-ils. Inutile de laver son sang, de changer ses vêtements. Il est heureux car il a accompli son devoir. Son âme est propre et pure. Un verset du Coran dit : "Ne croyez pas que sont morts ceux qui sont tombés pour la cause de Dieu. Ils sont toujours vivants auprès de Dieu qui les récompenses". Notre frère est directement allé au paradis. Nous allons l'enterrer avec sa tenue militaire. Tel qu'il est. » La nuit, ils creusèrent un trou de deux mètres de profondeur, y descendirent le mort, tête tournée vers l'Est. Et la tombe fut rebouchée, sans aucun repère, ni pierre ni tumulus. Bientôt l'herbe y repousserait. Sous un arbre de la Mitidja dort ce djoundi. Comme des milliers de combattants anonymes, fécondant la terre de ma patrie, enrichissant la sève de leur courage et de leur abnégation.

Le travail d'une infirmière au maquis ne consistait pas seulement à s'occuper de l'ALN. Des filles comme Mimi durent surtout soigner la population à laquelle le FLN avait interdit de se rendre dans les hôpitaux, les infirmeries, les dispensaires français, civils ou militaire. En effet, un malade est un être fragile, disponible, prêt à livrer une information pour peu qu'on le guérisse de ce dont il se plaint. Une visite anodine équivalait parfois à un interrogatoire en règle. En échange d'une piqûre, de quelques comprimés ou d'une compresse, des fellahs fournissent des indiscrétions, sans verser subjectivement dans la trahison, que les services de sécurité français utilisèrent contre les populations civiles et notre infrastructure politico-administrative. Des malades étaient retenus et ils servaient de monnaie d'échange pour arracher des informations à la famille. Les SAS ne respectaient rien, ils exigeaient du personnel sanitaire une coopération malsaine.

Les gens adoraient se faire piquer. La seringue était pour eux l'emblème du progrès. C'était le remède, le fétiche passe-partout, pour n'importe quel rhume des foins, n'importe quelle égratignure. Ils avaient, en outre, une étrange notion de leur anatomie. « J'ai un nerf qui vient, pleurnichait un hypocondriaque de la montagne, en montrant son orteil. La douleur monte au crâne, fait le tour et redescend à l'autre pied ! Toubib, s'il te plaît, je veux une *picura*. » L'aiguille retirée, il paraissait soulagé : « C'est passé ! »

Les infirmiers de l'ALN injectaient à tour de bras de l'eau distillée. Ils n'avaient pas de médicaments et ils ne voulaient pas contrarier la population. Mimi détestait cette façon démagogique de tromper les patients. Chaque fois qu'elle se rendait dans une dechra, elle expliquait aux gens que, d'une part, les médicaments étaient trop rares pour les distribuer à des malades imaginaires, et que d'autre part il n'y avait que de l'eau dans les seringues. Au début, les fellahs ronchonnèrent, se sentirent frustrés. Puis, peu à peu, ils comprirent. Des directives furent données aux infirmiers qui supprimèrent les piqûres à l'eau distillée. Avant le passage de Mimi, les malades souffrant du foie, de l'estomac ou des articulations, se rendaient chez le taleb qui roulait dans un morceau de tissu un verset du Coran. Ce talisman étant censé guérir tous les maux. Ils complétaient ce qu'ils croyaient être un soin médical par l'absorption de pastilles de vitamine B12, d'un cachet d'aspirine, d'un fortifiant quelconque, voire par une piqûre de pénicilline. Après que Mimi eut énergiquement démystifié ces procédés, les talebs ne furent plus consultés, et les infirmiers ne piquèrent plus les fesses à la chaîne. Leurs conseils d'hygiène eurent des résultats plus heureux.

Les responsables de la wilaya IV décidèrent un jour de confier à des hommes du maquis le travail des infirmières et d'envoyer celles-ci se recycler à l'extérieur, pour qu'elles forment les futurs cadres paramédicaux de l'Algérie indépendante. La décision s'expliquait par la difficulté des conditions de vie dans les maquis. Les hommes eux-mêmes étaient atteints par une usure lente mais permanente. Nombre d'entre eux, pourtant jeunes, haletaient après quelques heures de marche. Le corps se pliait avec de plus en plus de réticence à la volonté. Que dire de nos jeunes infirmières, pour la plupart frêles et de constitution délicate ? Elles souffraient sans se plaindre. Elles se savaient utiles et jamais aucune d'entre elles n'avait envisagé de se retirer de l'ALN pour songer à préparer son avenir en reprenant ses études. Leur engagement total constitue un tournant dans leur vie. Malgré leurs contributions et le réconfort que leur seule présence apportait, le conseil de la wilaya IV a organisé leur départ. Mimi refusa cette mesure et supplia Si Lakhdar d'intercéder pour qu'on la maintînt dans le djebel. Il accepta à contrecœur et Mimi demeura l'unique infirmière de la zone. Elle accomplit sa tâche avec un zèle magnifique gravissant tous les échelons de la hiérarchie jusqu'à être nommée responsable médicale de la zone 1, ayant sous son contrôle médecins et infirmiers. Elle fut arrêtée par l'armée française, puis, relâchée, trouva des avocats pour défendre les prisonniers politiques, consola les familles des moudjahidine morts au combat, les aida sur le plan moral et matériel jusqu'à l'indépendance.

Les relais et les « chouf »

Quand les zones interdites nous obligèrent à modifier la structure de la wilaya, nous établîmes donc des chaînes de relais. Au premier poste d'accueil, un agent de liaison triait les lettres venant de partout, puis ils les distribuait à d'autres agents de liaison qui les portaient dans les autres relais. Cet agent recevait aussi et distribuait le ravitaillement, nourrissait, hébergeait dans des gourbis réservés à cet usage les agents de liaison, les cadres de l'ALN et du FLN de passage. Ce poste — qui changeait souvent de place — orientait vers des postes secondaires les gens qui, avançant dans le maquis par sauts de puce, parvenaient ainsi jusqu'à l'infirmerie centrale. Les responsables des relais connaissaient les postes voisins, mais ignoraient où se trouvaient les autres. Grâce à ce système de cloisonnement, l'ennemi ne nous dénichait que par hasard. Lorsque l'homme-clé du système, l'agent du premier relais, changeait d'emplacement, il laissait deux ou trois jours un adjoint qui devait prévenir les voyageurs du nouvel endroit où pouvaient se ravitailler et se reposer les unités de l'ALN. Celles-ci étaient ensuite guidées à travers le dédale compliqué des pistes menant d'un relais à l'autre, de l'infirmerie au PC, de l'intendance à un poste de transmissions, etc.

Les djounoud du commando étaient les enfants chéris de la population. Les dechras nous accueillaient toujours avec des poules, des œufs, des friandises. Dès que le commando Ali Khodja arrivait dans une dechra, il s'éparpillait. Chaque chef de section répartissait ses groupes dans les oueds, sur les crêtes où, de nuit comme de jour, veillaient des sentinelles. Devant chaque porte de la dechra était aussi placée une sentinelle. Nous changions de mot de passe tous les jours.

Le matin, à quatre heures, tout le monde était debout, en état d'alerte. Au maquis, le moment le plus difficile, c'était le matin, entre le lever du soleil et midi. Quand le quadrillage n'existait pas, les opérations militaires, les raids aériens, les pilonnages de l'artillerie, avaient généralement lieu le matin. L'après-midi, et surtout le soir, nous étions relativement tranquilles. Nous étions les rois de la nuit, ombres de laine et de métal sous la lune complice, conquérants de la terre et du vent.

Dans une clairière abritée sous les arbres, dans une maison ou une cour, nous faisions du maniement d'armes. Groupe par groupe, les djounoud apprenaient, yeux bandés, à démonter et à remonter leurs armes, à reconnaître les pièces au toucher, à les nettoyer. Si un avion ou des camions survenaient, aussitôt retentissait un cri d'alerte, de crête en crête, porté par l'écho de la montagne. Et nous étions prévenus avant même d'entendre le ronronnement des moteurs. « A dix kilomètres, trois GMC avec trente spahis viennent de quitter la route goudronnée et suivent la piste menant vers la dechra », chantaient les bergers, les fellahs et les sentinelles des crêtes. Dans ce cas-là, nous tentions notre chance et nous montions une embuscade. Si le chouf signalait des forces plus importantes, escadrille ou blindés, on se repliait. Notre système de surveillance était très au point : chaque poste, chaque caserne, chaque route ou piste était surveillé.

Intendance et casemates

Pour des raisons de sécurité, le Conseil de la wilaya avait interdit le port des galons, institué par le congrès de la Soummam soucieux de construire une armée. Et nul ne pouvait *de visu* deviner nos grades. L'uniforme était le même pour tous. La solde était la même pour tous : chaque djoundi touchait 1 000 F (anciens) par mois. En revanche, sa femme, si elle habitait la campagne, percevait 2 000 F (anciens), et 5 000 F (anciens) si elle vivait en ville. Les femmes de combattants touchaient aussi 2 000 F (anciens) par enfant à charge.

Toute la compagnie mangeait la même chose. Les officiers et les sous-officiers du commando ne jouissaient d'aucun régime spécial. L'intendance relevait de la responsabilité du commissaire politique du village ou de son adjoint qui, dès notre arrivée, s'enquéraient de nos besoins ; non seulement en nourriture, farine, semoule, lait en poudre, conserves, viande fraîche, mais en matériel. En effet, ils devaient pouvoir nous fournir carnets, stylos, pataugas, chaussettes, tout ce qui fait défaut à une compagnie qui baroude en ne comptant que sur ses propres moyens. Ces produits de première nécessité, que le commissaire politique distribuait à la demande des chefs d'unité, étaient entreposés dans des caches, disposées un peu partout, étable, *matmora* (grenier souterrain), jardin, maison. Lors des ratissages, les Français découvraient et détruisaient parfois ces caches ; du moins leur alvéole superficielle.

Imaginez une sorte de ruche, ou un morceau de gruyère. L'office, par exemple, dissimulé sous un feu de cheminée, donnait dans une niche où étaient planqués un sac de farine, quelques galettes sèches, un treillis, un matelas, une bouteille d'huile... Ce n'était qu'un leurre. Tout heureuse d'avoir trouvé ce qu'elle croyait être une réserve de l'ALN, la patrouille française mettait le feu, malmenait les habitants de la mechta et s'en allait. Pourtant, sous cette niche, il y en avait une seconde, une troisième, où s'entassaient vivres, matériel, voire plusieurs djounoud. Certaines dechras étaient ainsi truffées de caches construites en paliers, avec des trous d'aération, des couloirs de communication. Elles étaient construites par des spécialistes qui perçaient, maçonnaient leurs trous, et s'en allaient ailleurs creuser comme des taupes d'autres galeries. Après avoir construit cinq, six caches, ces techniciens étaient envoyés à l'extérieur, au Maroc et en Tunisie, afin de ne pas courir le risque d'être arrêtés et de révéler les emplacements. Ces caches étaient si bien dissimulées qu'il en existe encore, à jamais perdues dans le djebel.

Tactiques de diversion

Allongé sur le dos, j'observe les Sikorski qui, comme des frelons, tournent autour du massif du Bou-Zeg-Za. Les T6 plongent en chuintant dans l'oued à sec, au ras des lauriers-roses. Je distingue les pilotes, larves de cuir dans leurs œufs de verre; des pipers jaunes sautant de crête en crête comme des sauterelles. Le nombre des appareils grouillant dans le ciel m'étonne. Ce n'est pas un bouclage de routine. Ce n'est pas non plus la manière de Bigeard de faire un tel boucan. A l'oued Lekra, il s'était montré plus discret! Les Français mettent le paquet, mais il s'agit là d'une opération avec des troupes du secteur. Ce qui ne me rassure qu'à demi. Je ne sais pas pour l'instant qui les appuie.

Lors d'une réunion dans la zone 2, il avait été décidé que toutes les katibas attaqueraient au même moment villes et villages afin de faire descendre les troupes françaises du djebel. La situation militaire dans le pays était assez complexe et exigeait, au niveau de la wilaya IV, l'élaboration d'une nouvelle tactique. Dans la wilaya I sévissaient les mouchaouichine (dissidents) après la disparition d'un homme dont le prestige était incontesté dans tout le pays. Il s'agit de Mostefa Ben Boulaïd qui avait su s'entourer d'éléments de valeur. Cet encadrement avait permis aux Aurès de mener une guerre qui présentait certaines caractéristiques d'une insurrection généralisée. Les Aurès avaient été longtemps le symbole de notre marche vers l'indépendance. Il est indéniable qu'en attirant une partie des troupes françaises sur leur terrain, en raison de l'âpreté de leur lutte les chaouïas ont permis à d'autres wilayas de parachever leur préparation pour rentrer de plein pied, avec une plus grande efficacité, dans le combat libérateur. La disparition tragique de Si Ben Boulaïd sera suivie de luttes intestines pour la direction de cette prestigieuse wilaya. Les Français allaient bénéficier d'un certain répit. La wilaya VI venait à peine d'être réorganisée et de reprendre un combat déjà difficile en raison des conditions géographiques, steppe et désert. Les wilayas II, III et V recevaient enfin des armes et n'agissaient pas tout le long des canaux de liaisons pour ne pas compromettre leur logistique. C'était compréhensible. Mais cela n'arrangeait pas les affaires de la wilaya IV qui se trouvait au centre du pays, où les intérêts colonialistes étaient importants : Alger, la Mitidja (l'émeraude verte), le Sersou et la Vallée du Chélif. Les Français avaient concentré en wilaya IV la moitié de leurs troupes et leurs unités d'élite. Militairement il s'agissait d'une stratégie simple : briser la wilaya IV pour se tourner ensuite vers la wilaya V, avant de finir avec les wilayas I, II, III et VI. Une réflexion s'imposait. La wilaya VI allait compenser sa faiblesse militaire par une plus grande mobilisation politique des masses, et adapter une tactique nouvelle face à une situation nouvelle. En portant le combat dans les centres urbains et les plaines fertiles, l'état-major de la wilaya IV comptait sur une réaction des populations civiles européennes, qui exigeraient une protection plus grande. La répression qui a suivi la grève des huit jours avait abouti à la destruction de l'infrastructure politico-militaire dans les villes, en particulier dans la capitale qui comptait de nombreux groupes armés. Les cadres politiques et les fidaïyine qui avaient échappé aux arrestations se virent dans l'obligation de rejoindre le maquis. Les villes et les centres de colonisation ont été dégarnis militairement. Avec la nouvelle tactique, l'armée française serait ainsi obligée de dégarnir les montagnes où l'ALN pourrait reconstituer ses forces. La tactique réussira.

Victoire sur le 3e REP

Si M'Hamed m'avait fixé Tablat comme objectif, Tablat que je connaissais, bien que je n'y aie vécu que quelques semaines, dans l'ombre d'une prison.

Le dernier jour de la réunion, sur le coup de deux heures de l'après-midi, on nous avait signalé que des camions de couleur sable se dirigeaient vers nous. Si Lakhdar avait brièvement dit à Si M'Hamed (qui, fort de l'expérience d'oued El-Akhra, ne discutait plus ses conseils d'ordre militaire) de se replier avec les commissaires politiques.

Le 3e régiment étranger parachutiste, au grand complet, se déployait lentement en formation de combat et avançait vers nous. Je n'avais pas peur. Ils ne venaient que d'un côté et nous bénéficions du facteur surprise et de la meilleure position stratégique : ils étaient en terrain découvert, le commando se tenait en embuscade sur une crête boisée. Quand ils furent à une trentaine de mètres, je hurlai : *Ham Harbou!* et mes djounoud bondirent à l'assaut. Depuis que je commandais la katiba zonale, j'avais donné à mes hommes la consigne formelle de m'abattre s'ils voyaient mon visage. Ce qui m'obligeait — c'est la moindre des choses quand on mène une troupe aussi valeureuse — à courir toujours en tête, le courage étant aussi contagieux que la peur. *Ham Harbou!* Les légionnaires accusèrent le choc. En deux minutes, nous récupérâmes vingt-sept MAT 9. Si, au lieu du 3e REP, nous nous étions trouvés nez à nez avec une unité moins aguerrie, nous aurions sans doute récolté une plus fastueuse moisson. Chez moi, je déplorais cinq morts. Car les paras avaient accepté le corps à corps. Considérant qu'il était inutile d'insister, les légionnaires s'accrochant fermement au sol, je sonnai le repli. Craignant une nouvelle embuscade, les paras avaient appelé l'aviation, mais quand les T6 bombardèrent à la roquette la crête, nous étions loin.

Victoire à Bou-Zeg-Za

En me dirigeant sur Tablat, je tombai sur une importante concentration de troupes. Plus question d'entrer dans la ville! Quoique téméraires, mes cent dix djounoud ne pouvaient affronter des milliers d'hommes prêts au combat. C'eût été trop stupide. Aussi ai-je contourné Tablat. Ayant appris par un agent de liaison que l'opération ennemie devait avoir lieu en zone 2, je me fis tout petit et fonçai sur la zone I, celle de Palestro, jusqu'au djebel Bou-Zeg-Za, que le général Massu surnomma par la suite le « djebel pourri », car il perdit dans ce mouchoir de poche d'à peine trente kilomètres carrés près de six cents hommes, ce 3 août 1957.

L'oued serpente dans une vallée encaissée, entre deux massifs dont les sommets sont distants l'un de l'autre d'une trentaine de minutes de marche. L'un des mamelons ressemble au dos pelé d'un chien galeux. L'autre est couvert d'arbres et de taillis épais. C'est sur son flanc, dans la dechra des Ouled Djerrah, que stationnent mes hommes. L'endroit est décidément marqué par le destin, puisque c'est là qu'Ali Khodja, le 18 mai 1956, abattit au fond d'une gorge, à la tête de quinze hommes de son commando, une section de rappelés. Aujourd'hui, la situation est sensiblement différente : j'ai en face de moi des centaines de soldats, et ce n'est pas moi qui ai l'initiative ! J'ai déjeuné chez un notable et la dechra m'ayant paru tranquille, j'ai revêtu une gandoura bleue et donné mon linge à laver aux femmes du village. Sur le coup de deux heures de l'après-midi, j'ai voulu rendre visite à l'infirmerie de Mimi, camouflée à quelques kilomètres de là. Les Sikorski, les T6 qui survolent et commencent à bombarder la forêt, m'ont arrêté sur le chemin. Je suis revenu en courant sur mes pas. Le commando est déjà prêt.

— Si Azzedine, qu'est-ce qu'on fait ?

— Ne bougez pas, ils ne nous ont pas encore repérés. Si nous tentons une sortie, on va les avoir sur le dos en moins de deux. Attendons que les hélicoptères soient partis.

Les « bananes » déposent à mi-pente des chapelets de soldats, puis, une à une, quittent à regret, ventre vide, le secteur. Comme si de rien n'était, les avions de chasse continuent à mitrailler les flancs du djebel. Les pipers d'observation ronronnent au-dessus de l'oued. Personne ne vous a vus. N'empêche, les bidasses tirent en l'air, les avions hachent les fourrés et les murs des mechtas en ruine. Il est un peu plus de trois heures de l'après-midi et le soleil éclabousse d'or en fusion les rochers gris de la montagne. Pourquoi les Français ont-ils monté une opération à une heure pareille ? Ce n'est pas leur habitude. J'ai plus tard appris la raison de ce bouclage monstre : la katiba du capitaine Boualem, de la zone I, avait attaqué Palestro et, au cours du repli nocturne, avait été rudement accrochée. L'un de ses infirmiers avait été capturé et interrogé : « Vers quel coin se dirige ton chef ? » L'infirmier avait tenu le coup sous la torture et menti. Il avait dit « djebel Bou-Zeg-Za », au hasard. Ce qui expliquait l'afflux de militaires autour de Djerrah.

Nous apprendrons plus tard que quatre généraux, Allard, Simon, De Maisonrouge et Massu supervisaient l'opération, qui au départ n'était pas de grande envergure.

Des camions suivent le cours de l'oued et déversent des soldats qui, sans songer à se déployer, contemplent le paysage ou font des cartons sur les rochers. Les T6 pilonnent le djebel où les hélicos viennent à peine de déposer des unités. Nous voyons que l'ennemi ne coordonne pas ses manœuvres. Je n'aimerais pas être à la place de ces soldats qui reçoivent des obus de leur propre artillerie!

— Profitons du merdier... Allez, hop! Sur la crête! Nous sommes habillés de treillis kaki, coiffés de chapeaux de brousse, chaussés de pataugas et, pour cause, nos armes sont les mêmes que celles de l'ennemi. Bien malin qui, de loin, pourrait voir la différence. L'un de mes djounoud me tend une paire de jumelles :

— Regarde, Si Azzedine.

Les soldats, selon toute vraisemblance des jeunes du contingent, ne portent pas de brassard de reconnaissance et ne respectent pas les consignes élémentaires de combat. Ils ont les joues roses, se déplacent maladroitement, certains l'arme à la bretelle. Les sections se mélangent. D'où je suis, j'entends les jurons des officiers : « Ne restez pas groupés, gardez vos distances, bande de cons! Mais, bordel! Tu l'installes, ton FM?... »

Le commando tient la crête. Rassuré, en raison de notre position stratégique, j'attends de pied ferme l'assaut. Impossible, pour l'instant, de décrocher, même si dans le ciel les T6 ont arrêté leurs rondes. Nous sommes encerclés, pris dans un filet aux mailles serrées. Je n'ai plus peur. Nous allons être écrabouillés comme de la margarine par un rouleau compresseur! Je songe à Si Lakhdar qui n'est pas là, comme à Oued Malah, pour me donner un coup de pouce.

— Allons, c'est l'heure!

Un djoundi déplie le drapeau vert et blanc de la compagnie, histoire de mourir en beauté. Avec mes jumelles, je balaie l'oued. En bas, la pagaille est totale.

— Enlève le drapeau. Ce n'est pas le moment de jouer à Fort Alamo. Il nous reste une chance. Ils ne savent pas encore qui nous sommes, sinon nous serions déjà faits aux pattes. J'ai une idée...

Profitant de la confusion, je laisse sur la crête 6 fusils-mitrailleurs et les fusils pour nous couvrir contre l'aviation, lors d'un éventuel repli. Avec quatre hommes, MAT 49 à la hanche, nous dévalons la pente par bonds successifs, cassés en deux. D'autres groupes nous suivent en retrait. Nous arrosons tout ce qui se dresse devant nous.

— Ne tirez pas, ne tirez pas! hurlent les soldats abasourdis. Nous sommes des dragons!

J'agite le bras d'un geste autoritaire :

— Si vous êtes des dragons, venez, bon Dieu, venez!

— Tu es dingue ou quoi? J'ai des blessés. Tu m'as descendu des types... Ah! mon vieux, tu vas en baver! Conseil de guerre! me crie un officier dont le tronc émerge d'un trou.

On les arrête par sections entières. « Levez les mains! » Délestés de leurs armes, paniqués, les prisonniers montent en courant la pente jusqu'à la crête où les cueillent mes djounoud. Ils s'entassent, s'accroupissent dans les cours des maisons. Nous jetons en tas leurs armes, leurs munitions. Quel pactole! Jamais vu ça. Et nous continuons, dans la foulée, à capturer les petits dragons qui ne comprennent pas ce qui leur arrive, à abattre comme à la foire ceux qui résistent. Un vrai casse-pipes! Derrière un rocher, je surprends un homme couché, son Garant coincé au creux de l'aisselle. Je le mets en joue. Il se retourne, les yeux exorbités.

— Viens ici, si tu veux revoir ta mère!

Il arrive jusqu'à moi, dos courbé, pose son flingue et lève les bras.

— Donne-moi ta cartouchière.

— Vous voulez des cartouches?

Sous son chapeau, il a placé un chargeur afin de ne pas avoir à bouger quand son arme est vide. Excellente idée, que j'adoptai par la suite.

— Enlève ta veste et ton pantalon.

— Pourquoi?

— Pour qu'on puisse te reconnaître. Car tu es prisonnier.

L'homme n'en revient pas d'avoir été attrapé comme un pigeonneau au nid.

Piaulement de ma mitrailleuse, chant de mes pistolets-mitrailleurs. Flac, flac... A la fin de l'après-midi, nous parvenons près d'une mechta où s'est réfugiée une section de dragons. Je leur fais signe de me rejoindre. Méfiants, ils refusent. Tout en parlant avec eux, j'ordonne à mes deux fusils-mitrailleurs de se préparer. Je crie :

— Venez donc, la bataille est finie! On a eu les fellouzes!

Les dragons se redressent, se décollent des murs qui les protègent. Visiblement, ils en ont assez de recevoir sur la gueule des obus, sans savoir d'où ils viennent. L'artillerie, l'aviation mitraillent, bombardent n'importe où. La plupart des hommes qui jonchent le sol ont été tués par leur propre artillerie, par l'aviation. Un grand sous-lieutenant pâle essuie ses lunettes. Il médite avant de se décider. Derrière moi, les culasses des FM glissent, engagent les balles. Je murmure :

— Vous êtes prêts ?

— Prêt, répondent mes djounoud.

En face, les autres avancent, torse penché en avant, avec précaution. L'officier n'a pas le temps de se raviser. Une rafale le découpe. Mes FM crachent des balles de laiton et les dragons chutent comme des quilles. Les survivants s'enfuient. Je ne récupère pas les armes. Nous en avons tant que chaque homme du commando, chaque civil de Djerrah, en portera deux ou trois quand la bataille cessera, à la tombée de la nuit. Impassible, le soleil se couche derrière Bou-Zeg-Za, ensanglante la roche... Là-haut, sur la crête encerclée par l'armée, qui s'est ressaisie, des dizaines de prisonniers ont été fusillés, en partie par le commando, mais surtout par les T6. Les Français se sont entretués. C'est terrible.

Lorsqu'il m'arrêta en novembre 1958, le général Massu tint à me féliciter pour cette victoire. En fait, c'est lui qui, faute d'avoir coordonné son action, porte sur la conscience la mort de quelque six cents soldats, en majorité des appelés sans expérience.

Dans mon commando, on ne compte qu'un blessé léger, un déserteur de l'armée française que nous surnommons « Garant », car il est arrivé chez nous, avant l'affaire du capitaine « Boukraâ », avec un fusil de cette marque. La population civile de Djerrah a relevé deux morts, deux moussebiline vêtus de treillis militaires. Je venais d'abattre un dragon qui s'écroula serrant contre sa poitrine son pistolet-mitrailleur, quand l'un des civils s'approcha de l'homme et le frappa avec sa canne.

— Arrête, il est blessé !

Le moussebel continua :

— Ah ! Si Azzedine, si tu savais ce qu'ils m'ont fait la semaine dernière ! Les salauds !

Furieux, il saisit le PM du dragon par le canon. Le moribond, dans un ultime sursaut, appuya sur la gachette, vidant le chargeur dans le ventre du civil.

J'ordonne à mes hommes de quitter la crête. Nous sommes encerclés. Ameutés, des renforts surgissent de partout. C'est grâce à une infirmière régionale de vingt ans, Baya El Kahla, « Baya la noire », que nous pouvons sortir de la nasse. Elle est la nièce de Mohamed Khider, ancien membre du Bureau politique du PPA ex-député MTLD au Parlement français. Membre du Comité de libération du Maghreb au Caire, il fut arrêté en même temps que Ben Bella pour devenir à l'indépendance secrétaire général du FLN. Ben Bella le chassera du BP du FLN lors du Congrès d'Alger en 1964 pour réunir entre ses mains tous les pouvoirs, en tant que

Secrétaire général du FLN, chef de l'État et des forces armées, président du conseil des ministres. Baya avait été à bonne école politique, ce qui lui facilitait le contact avec les masses. Bien que craintive, elle a su toujours puiser dans un patriotisme sans faille un grand courage au moment de l'épreuve. Il lui fallait rassurer ses blessés, préparer avec l'aide des paysannes le repli des djounoud, s'activer... Peu d'hommes auraient fait pour nous ce que Baya El Kahla avait fait ce jour-là pour le commando.

Pendant que nous nous battions, elle a pris seule l'initiative de préparer notre repli et celui de ses malades. Avec les femmes de Djerrah, elle a prévu trois itinéraires. Celui que nous empruntons est le bon. Personne. Nous marchons toute la nuit et nous arrivons avant l'aube dans un village. Les habitants nous offrent du miel, du lait caillé, de la semoule, des galettes. Nos pieds endoloris baignent dans les bassines d'eau chaude.

La deuxième bataille de Bou-Zeg-Za

Nous reprenons des forces. Deux jours plus tard, nous revenons sur le Bou-Zeg-Za. Les Français ne retournent pas immédiatement à l'endroit où a eu lieu une opération, sur un territoire qu'ils ont ratissé, bombardé, napalmé, et nous pensions que nous serons tranquilles à Djerrah. Pourtant, vers neuf heures du matin : alerte! Les civils nous signalent que des soldats ennemis occupent les crêtes. Nous sortons des maisons et filons vers la forêt, en contrebas, survolés à basse altitude par des avions.

— Espérons qu'ils vont commettre une nouvelle fois leur erreur. Mais armez la mitrailleuse Grant et les fusils-mitrailleurs. Tirez sur les pipers s'ils approchent trop près.

Vols des T6, chiens enragés dont les pièces brillent comme des crocs. Nous quittons le sous-bois et nous nous replions dans la rocaille. Un décor pour la mort, tout en arêtes, en aspérités, avec des creux et des bosses, des grottes.

Les paras qui nous ont encerclés nous attaquent le lendemain à la fin de la nuit. Les rochers sont bleus de lune : les insectes dont les élytres faisaient chanter les étoiles se sont tus. Cette fois-ci, nous n'avons pas affaire à des dragons, à des tirailleurs, à des spahis incapables, mais à des soldats coriaces, rompus à la guerre tout-terrain, entraînés au corps à corps. Un adversaire de premier choix. Le sous-lieutenant Boualem, originaire de Ouled-Djerrah, ne perd pas son sang-froid :

— Azzedine, je connais le coin comme le fond de ma poche. Prends position ici, sur le contrefort, avec ton commando. Moi, avec mes deux ferkas, je vais faire mouvement du côté de cet éperon. Si ça tourne rond, nous ferons ensuite la jonction.

Boualem n'a pas le temps de se mettre en place. Ses deux ferkas sont liquidées en quelques minutes par les léopards. L'hécatombe. Soixante-dix djounoud descendus ! Les paras montent à l'assaut par vagues, jusqu'au contact. Puis ils décrochent, afin que l'artillerie nous matraque. Quelle dégelée ! Les éclats de pierre arrachés à la roche sont aussi meurtriers que des balles. Puis les paras attaquent de nouveau. Pendant une accalmie, j'en aperçois un, à plat ventre derrière un rocher. Le gars mâche du chewing-gum et crache sa salive. Il doit avoir des fourmis dans les jambes car il gratte ses mollets de la pointe de ses rangers. Je contourne le rocher et lâche une courte rafale. Le léopard tressaute et se détend. Il n'aura plus jamais de crampe. J'envoie « Hélicoptère » notre agent de liaison, récupérer l'arme. Il se glisse jusqu'au cadavre et me ramène une MAT 49 sans chargeur ni crosse. C'est la seule arme que nous ramènerons ce jour-là. « Hélicoptère » sera tué. Le commando perdra aussi le coiffeur, Mohamed de Belcourt, et un chef de groupe dit l'« Intelligent ».

Les parachutistes nous lancent des grenades comme des enfants jettent des boules de neige. Ils n'attendent pas quelques secondes après avoir dégoupillé. Alors nous leur renvoyons leurs « bébés ». Un simple aller-retour. Un tournoi de tennis, en quelque sorte ! Je les entends crier :

— Qu'est-ce qu'ils ont comme grenades !

Celles qu'ils reçoivent, ce sont les leurs. Ce jour-là, des hommes sont morts parce qu'ils manquaient de patience et que les djounoud du commando Ali Khodja étaient plus rapides qu'eux.

Les léopards s'acharnent, mais ils ne peuvent nous déloger. Malgré l'artillerie, les assauts répétés, les ruses, mes hommes tiennent bon. Le combat se poursuit jusqu'au soir. Je me demande encore aujourd'hui comment nous nous en sommes sortis. Quand le manteau de la nuit a recouvert le djebel, les paras ont allumé des feux sur les crêtes, pour nous faire croire à des bivouacs. Nous n'étions pas nés de la dernière pluie et nous savions que, là où s'offraient à nous des échappées propices, ils avaient planqué leurs embuscades. « Les feux les repousseront dans les goulées d'ombre », pensaient les malins. Mon œil ! Nous connaissions leur truc et nous nous sommes directement dirigés sur les feux. Où, bien entendu, il n'y avait personne. Suivant notre technique éprouvée du crapahutage intensif, nous sommes parvenus à passer sans encombre à travers le bouclage. Je crois n'avoir jamais eu aussi soif de ma vie. Une impression de gueule de bois : la poudre, le tir, l'angoisse, assèchent la gorge. Et quand, au petit matin, nous sommes arrivés à un puits dont l'eau croupie était immonde, c'est de bon cœur que nous avons tous bu. De longues lampées que nous avalâmes comme le meilleur des nectars. Qu'importaient les mouches, la boue, la puanteur ! L'eau lavait la crainte, la fatigue et la mort... Nous aurions vidé ce puits, loin du djebel Bou-Zeg-Za où avaient rôdé les démons de la terre.

Journées de repos

S'il existe un point commun à tous les combattants, c'est bien celui du temps de repos : le moment béni où, au-delà des poussières, des violences et des fatigues accumulées, le maquisard pose son fusil, retrouve sa propre douceur d'être au monde. Pour nous, cette douceur, c'était le linge lavé dans l'oued, la partie de foot, la lecture, le contact avec la population, l'heure de la réflexion et de l'autocritique. C'était, enfin, la veillée autour des feux du refuge où luisaient dans la pénombre les sourires des copains. Les nachids s'élevaient dans la paix du soir, les vieilles complaintes et les chants révolutionnaires nous serraient autour des flammes, brûlaient nos rêves lourds.

J'essayais, quand c'était possible, de disposer de quatre journées de repos par mois, afin que mes hommes puissent refaire peau neuve, regonfler leurs forces physiques et morales. Ces journées, parenthèses dans notre vie de guérilla, ne s'improvisaient pas. Elles nécessitaient de ma part une organisation minutieuse. Il me fallait déployer maintes ruses et précautions pour orchestrer une diversion permettant au commando de se reposer en toute tranquillité.

Voici comment : une semaine à l'avance, je convoquais le commissaire politique, l'officier des renseignements et liaisons, l'intendant et, éventuellement, le médecin de la région. Au moins à une étape de marche — soit quatre, cinq heures — de la dechra que j'avais choisie en raison de ses commodités, point d'eau, forêt, sécurité, qualité d'accueil, etc. En même temps, je fixai rendez-vous, trois jours avant mon installation, aux responsables politico-administratifs de villes et de villages très éloignés du lieu de repos. Les participants à ce second rendez-vous, auxquels j'avais aussi adjoint les chefs des fidas (unités combattantes des villes) et des unités de moussebiline, ignoraient que j'avais établi une rencontre parallèle avec le commissaire politique, l'officier des renseignements et liaisons et l'intendant d'une région différente. Mais tous étaient chargés d'exécuter des missions de diversion.

Désirant, par exemple, m'installer un dimanche à Zbar-Bar, région 4 de la zone I, je convoquais les responsables des régions de Palestro, de Ménerville ou de Tablat, bien entendu opposées à celle de Zbar-Bar. J'ordonnai alors à l'officier des renseignements et liaisons : « A partir de vendredi, répandez dans les villes et les villages la rumeur que l'ALN va agir. Lancez des grenades dans les lieux fréquentés par les collaborateurs, les militaires, les policiers. Que les moussebiline, les fidaïyine, attaquent les fermes des colons, coupent des vignes et des arbres fruitiers, récupèrent dans ces fermes les fusils de chasse et de guerre, les bêtes de somme, le cheptel. Qu'ils coupent des poteaux télégraphiques, déboulonnent des rails, sabotent des routes, tuent des traîtres. Faites aussi courir le bruit, autour des postes français, qu'un colonel de l'ALN passera samedi sur telle piste du djebel, avec une importante bande de fellaghas... »

Le samedi, alors que ces régions s'embrasaient, que les Français étaient sur le pied de guerre, je rencontrais les responsables de la région où je comptais envoyer mon commando (aucun de mes hommes n'était averti du projet). Ordre leur était d'abord donné de poursuivre leurs occupations habituelles, mais en évitant les actions d'éclat. Je demandais au responsable sectoral des renseignements et liaisons des informations précises concernant le voisinage : circuits utilisés par l'ennemi, effectifs des postes, caractères de leurs officiers, endroits suspects, etc. Une fois toutes ces informations recueillies, je lui suggérais d'envisager les meilleures conditions pour monter une embuscade après le repos.

Le travail de l'intendant consistait à me fournir, le dimanche matin, à l'endroit que je lui indiquais au dernier moment, tout ce dont mes djounoud avaient besoin. Sur ma liste, j'écrivais toujours en tête : DDT. Après le colonialiste, l'ennemi numéro un du maquisard c'était le pou, acharné et sanguinaire. Nous avions beau nous laver, nous brosser, il suffisait de passer d'un refuge à un l'autre, de coucher sur des nattes, pour subir l'invasion de la vermine du djebel. Pour liquider systématiquement les poux, il n'y avait qu'un remède, la poudre DDT. Après nous être copieusement aspergés, nous étions débarrassés d'eux, du moins pour quelque temps.

Dans sa musette, chaque djoundi avait un morceau de savon, du dentifrice, une brosse à dents. Hygiène avant tout! Mais nous n'avions pas de linge de rechange. Nos blousons, nos vareuses, nos treillis, provenaient en partie des embuscades. Nous ne pouvions les renouveler souvent et nous en prenions grand soin. Aussi l'intendant était-il chargé de nous apporter des vêtements plus présentables, des caleçons, des tricots de corps, des chaussettes, des pataugas en bon état. Nos chaussures s'usaient vite, car nous parcourions en moyenne trente kilomètres par jour dans la montagne. L'intendant distribuait encore des piles, des carnets, des stylos, du matériel de couture, des lames de rasoir, des journaux pas trop périmés.

Le SPI au maquis[1]

Le meilleur auxiliaire du FLN, c'était en effet, paradoxalement, la presse colonialiste qui accomplissait à son insu un travail de propagande que nous ne pouvions pas assumer. Les mensonges, les insultes, les appels aux génocides, les calomnies de cette presse et les bilans fallacieux entretenaient la colère, l'esprit de revanche et la volonté de vaincre du peuple algérien. Chaque fait de guerre était déformé. Les paysans connaissaient nos propres bilans, car, témoins souvent actifs de notre combat, ils pouvaient ainsi introduire des correctifs à l'échelle nationale. Les manchettes de journaux annonçaient chaque jour des défaites infligées à l'ALN dans les Aurès, en Kabylie, les massifs de Collo, l'Algérois, et l'Oranie. Cela permettait au peuple de saisir que le combat se déroulait d'est en ouest et du nord au sud sur toute l'étendue du territoire. Il savait d'expérience aussi que nos pertes étaient surtout celles des populations civiles, auxquelles s'appliquait la loi du talion. La presse parlait toujours du dernier quart d'heure, qui s'étirait sur de longues années. Stratégiquement, le FLN avait raison. Dans sa déclaration du 1er Novembre 1954, il avait parlé de guerre de longue durée mais d'une victoire certaine. La sagesse populaire nous enseigne que le mensonge se retourne toujours contre le menteur, et que, même s'il court des années, la vérité le rattrape en un seul jour. Nous étions au maquis très sensibles aux positions de certains journaux français souvent saisis, qui préconisaient la reconnaissance du droit du peuple à l'autodétermination. Le courage d'un Jeanson, de Jean-Paul Sartre, d'un Duval, qui voulaient vivre le message du Christ, constituait un réconfort. Ils étaient peu

1. Service de propagande et d'information

nombreux, il est vrai. Nous ne pratiquions pas l'amalgame, c'est également vrai. Mais nous ne pouvions pas ne pas culpabiliser un peuple qui se réclamait de la Révolution de 1789 et de la Commune de Paris pour maintenir un ordre condamné par la morale, l'histoire et l'humanisme, le vrai, celui qui transcende les races, les religions. Dans sa *Lettre aux clercs qui n'ont pas trahi*, mon ami, mon compagnon d'arme Boualem Oussedik disait que, si le Christ devait ressusciter, il choisirait d'être un « sous-être » d'Algérie ou d'Afrique du Sud.

Notre presse jouait son rôle. Bien des journalistes sont tombés pour recueillir des éléments d'informations. Nous n'étions pas membres de l'Union internationale des journalistes pour mobiliser à nos côtés l'opinion publique mondiale. Beaucoup sont morts. Ne sont pas morts en vain. En tant que soldat, je tiens à dire qu'ils méritent un grand hommage. Ils ont su, sans moyens, dénoncer le crime, tromper les volontés, maintenir vivace les espoirs. Une révolution c'est : le fusil, la pensée, le stylo. Nous commentions aux paysans notre organe de la wilaya, *Révolution*. Chaque article appelait des commentaires, des explications. Les djounoud les plus politisés faisaient offices de commissaires politiques. Alors quand nous leur lisions un article affirmant que les rebelles, fellaghas, égorgeurs, criminels, étaient réduits à une poignée de va-nu-pieds que l'armée, tôt ou tard, allait anéantir grâce au soutien du peuple algérien tout entier, les montagnards se moquaient : « Si les Français osent écrire de telles choses, c'est que leur régime est vraiment blessé à mort ! »

Lors de ces discussions, le commissaire politique lisait les journaux à haute voix, puis les djounoud et les civils commentaient. Les pays occidentaux ne nous aimaient pas. De toute façon, nous ne comptions que sur nos propres forces. Mais il était très réconfortant d'apprendre que la Chine, le Viêt-nam, certains pays socialistes et tous les pays arabes épousaient notre cause ; que des alliés nous appuyaient, nous défendaient dans les grands organismes internationaux...

Nous parlions encore de la « pacification » dont étaient emplies les colonnes des journaux. Pour nous, ce mot avait un relent de pourriture. La population civile savait, pour l'avoir éprouvé dans sa chair, ce qu'il signifiait : bombes au soufre jetées à l'aveuglette sur les villages, tortures, assassinats, spoliations ou, plus tard, zones interdites, camps de regroupement, etc. Qui étaient les « ennemis du peuple » ?

C'est fou les services que nous rendait la presse colonialiste : par exemple, dans un domaine moins tragique, les Algériens ignoraient la signification du mot « vacances ». Grâce aux revues et magazines, nous leur apprîmes les plaisirs de la plage et de la neige. On leur montrait des photos où des Européens plongeaient dans les vagues ou sommeillaient sous des parasols. Les djounoud venant du littoral racontaient leurs impressions. Jusque-là, personne n'avait dit aux montagnards que l'Algérie s'ouvrait sur la mer... On leur expliquait que des gens allaient s'y reposer un mois par an, en famille, mangeaient au restaurant, servis par des Algériens.

L'hiver est souvent très éprouvant dans notre djebel, et les fellahs avaient horreur de la neige qui glaçait leurs os et les empêchait de sortir de leurs villages. Avec stupéfaction, ils découvrirent que des citadins payaient pour faire du ski à Chréa, et que des femmes portaient des manteaux de fourrure dont le prix correspondait au travail de toute une dechra pendant une année!

La presse « métropolitaine » n'était pas, heureusement, notre unique lecture, et nous trouvions plus de sel à créer nos propres journaux. Éditer un journal au maquis, sans d'autres moyens que les ressources de notre imagination, ce fut une aventure exaltante. Pour quelques feuilles de papier, quelques signes porteurs d'espoir, nous avions remonté le temps, retrouvé Gutenberg. Il faut savoir la joie que procure le premier tirage d'une imprimerie de fortune pour apprécier à sa juste mesure le sens du verbe « lire ». Nous eûmes, en effet, à résoudre le problème capital de la fabrication de tracts et de journaux. Pour une armée mobile comme la nôtre, cela tenait du prodige. Seule la wilaya pouvait installer une imprimerie fixe où elle éditait l'organe central, *Guérilla* d'abord, *Révolution* ensuite. Chaque secteur avait donc son service de presse qui suivait notre vie itinérante. Une ronéo est très lourde à porter; où trouver des stencils, des stocks d'encre, des rames de papier? Aussi avions-nous inventé notre propre imprimerie. La ronéo se trouva parfois remplacée par un système primitif mais ingénieux. Des planches jouaient le rôle de presses d'imprimerie. Des tampons de mousse servaient de rouleaux. Nous n'avions pas de stencils : leur furent substituées des bandes de tissu, gaze ou velours, sur lesquelles nous tapions nos articles. En guise d'encre, nos chimistes inventèrent un subtil mélange de sève d'arbre et de goudron. Pour le duplicateur, on se servait de rouge à lèvres! Et tourne la machine... Nos papiers passaient directement de la rédaction à la fabrication. Pour tous ceux qui y travaillaient, la joie de tirer le journal, ou le tract, était la même. Des paysans illettrés collaborèrent à ce travail avec un soin d'enlumineurs persans, conscients de participer par les mots écrits autant que par les armes à un idéal qui les transformait, qui les dépassait.

Un djoundi du commando, Abdelkader, mourut pour sauver sa ronéo. Il est difficile d'imaginer, à l'heure où un journal n'est souvent qu'un papier qu'on parcourt et qu'on jette, un jeune homme le trouvant assez beau pour lui sacrifier sa vie.

Abdelkader défendit sa ronéo comme s'il se fût agi de la plus perfectionnée des armes secrètes. Il était totalement analphabète, mais il avait senti le sens profond, la force explosive des mots qu'il contemplait avec émotion. Il se disait « journaliste » et s'en montrait très fier. Protégeant de son corps l'outil qui l'avait grandi, il mourut, criblé de balles, pour que vivent les signes.

La propagande est un élément essentiel à toute guerre révolutionnaire. Parler de révolution, c'est parler d'un changement radical. Dans cette optique, tracts, brochures, récits, portraits, dessins humoristiques, provoquent plus de réactions que beaucoup de longs discours. Le terme de propagande n'a rien de péjoratif. Le réduire au simple sens de bourrage de crâne serait en négliger l'aspect créateur et positif. Le but de notre service de propagande, dont Boualem Oussedik fut l'un des responsables, fut de décloisonner situations, idées et hommes, d'entraîner les combattants et les masses à une réflexion personnelle, qui faisait retrouver à chacun le sens de sa lutte, et de briser la sensation d'isolement inhérente à la guerre de maquis. C'est pourquoi il nous parut très vite nécessaire de compléter le travail de pénétration et d'action militaire par un service d'information.

Notre premier journal s'appelait *Guérilla* et n'excéda pas cinq numéros. Ouamrane désigna à la tête du SPI (Service de propagande et d'information) Si Ahmed Hadj Hamdi, dit Arslan, ancien directeur de la Médersa libre de Médéa contrôlée par le PPA. Si Ahmed Arslan, de culture arabe, s'occupera de l'édition en langue nationale. Il avait tendance à utiliser l'arabe classique, car il était soucieux de la pureté de la forme. La wilaya exigera de lui un effort sérieux pour utiliser la langue courante. Il y parviendra après plusieurs mois. Il éprouvera une véritable exaltation quand il s'apercevra que ses écrits avaient une grande portée parmi les paysans. Il sera ensuite désigné par le colonel Si M'Hamed comme morchid à l'échelle de la wilaya. Alors commence pour lui la plus belle des aventures. Il va vivre avec des compagnies, assister à leurs exploits, créer pour chacune d'elles un hymne et leur parler du passé (l'histoire), de l'avenir (que le peuple était en train de préparer). Arslan laissera le souvenir d'un intellectuel ouvert, qui saura replonger dans les masses, enthousiastes, sûr du destin du pays. Boualem Oussedik, licencié en lettres et d'un humour qu'il ne perdra jamais, succédera à Arslan avec le grade de capitaine comme son prédécesseur.

Il s'entoura de collaborateurs émérites : Belarbi, originaire de Sidi Ali (Cassaigne), licencié en sciences économiques et ancien membre de l'Union internationale des étudiants (siège à Prague), où il se fera remplacer pour répondre à l'appel de l'UGEMA, qui avait demandé aux étudiants de rejoindre le maquis. La wilaya IV voulait préparer Si Belarbi à des responsabilités en wilaya V. C'est en marchant vers cette wilaya qu'il tombera, les armes à la main.

J'ai encore en tête le contenu du premier numéro. L'idée centrale de l'éditorial a, depuis, fait son chemin. Notre guerre révolutionnaire n'y était pas représentée comme l'espoir du seul peuple algérien, mais comme le symbole des luttes du tiers monde. Sur nous se fixaient les regards du continent africain, dans l'attente de sa libération. On présentait dans *Révolution* un document sur la vie du commando Ali Khodja et un entretien avec Si Lakhdar. L'article tentait d'expliquer la tactique de la guérilla à travers la vie d'une compagnie zonale. De nombreux frères nous envoyaient des articles et *Révolution* devint vite l'organe d'expression de la wilaya. Nous réservions toujours la dernière page à une lettre du maquis.

En politique internationale, fidèles à l'appel du 1er Novembre 1954, nous inscrivions notre combat dans le cadre du mouvement de libération mondiale. En particulier, nous affirmions notre solidarité sans réserve avec les peuples opprimés de notre continent. Au centre de notre réflexion, la certitude que notre combat dépassait de loin le simple nationalisme. L'objectif de notre lutte n'était pas seulement le drapeau vert et blanc. Au-delà de ces couleurs, ce dont nous rêvions, ce que nous défendions, c'était une nouvelle conception des rapports entre les hommes et les peuples que, jusque-là, la culture occidentale présentait, d'une façon étriquée, en faveur des blancs chrétiens « civilisés », chargés de guider les autres nations en leur imposant le colonialisme, l'apartheid et parfois le génocide. Je garde en mémoire, à ce propos, une *Lettre adressée à un intellectuel français*. L'adversaire nous avait dépersonnalisés au point de prétendre nous couler dans le moule de sa propre culture, et notre grande jouissance était de lui démontrer l'échec de son idéologie en appuyant notre contestation sur ses propres valeurs. Toute la critique occidentale du fascisme se trouvait par là éclairée d'un jour nouveau. Le reproche fait à Hitler par des penseurs libéraux n'était-il pas, justement, sous couvert de crimes contre l'humanité, d'avoir utilisé contre des Européens des formes de répression réservées aux peuples du tiers monde ? Une à une, nous levions les impostures d'une réflexion humaniste qui avait engendré le colonialisme. L'histoire des temps modernes n'était-elle autre chose que ce persistant écrasement des cultures par la toute-puissance occidentale et sa certitude apostologique de détenir la vérité ? Hernan Cortés foulant les vestiges de la civilisation aztèque sous les sabots de son cheval ! *Révolution* avait des rubriques permanentes. En plus de l'éditorial qui faisait l'analyse de la situation générale, on y trouvait :

— La rubrique des actions de l'ALN avec un bilan aussi précis que possible. Des récits de batailles (Bou-Zeg-Za, Oued Souflat, Tizi-Franco, Djebel Louh, Damous, Bâata, etc.). La bataille de Souflat avait une résonance particulière, car la victoire avait été remportée à l'endroit même où Mokrani était tombé en combattant en 1871.

— Les Français à l'œuvre. Nous dépeignons la répression sous son véritable jour. On donnait le chiffre des pertes civiles avec souvent les noms des victimes. Évidemment nous ne pouvions pas le faire pour tous les villages, car le journal n'aurait pas suffi.

— La rubrique de « Sissane », où les journalistes pouvaient utiliser leur humour, tant il est vrai que pendant la guerre, l'humour est réconfortant et permet d'oublier momentanément les difficultés quotidiennes.

— La vie des héros. Dans chaque numéro, on retraçait la vie exemplaire et la fin héroïque d'un moussebel, d'un djoundi, d'un civil, d'un clandestin ou d'un officier de l'ALN et de tant d'autres... Ils venaient d'horizons différents et exerçaient des responsabilités à divers échelons (de moussebel jusqu'à l'état-major de la wilaya).

Une rubrique historique parlait du passé lointain et présent. Lettres du maquis à un intellectuel français, à un Mao-mao (mouvement révolutionnaire du Kenya), aux hommes politiques arabes, etc.

Je pense qu'il me faut aujourd'hui, et au moment où je parle de la presse, évoquer la torture et la répression érigées en système. La France ne les a reconnu officiellement que lorsque nous avions les armes à la main. Elle entendait se justifier en prétendant vouloir lutter contre le « terrorisme » des villes. Les bombes du FLN n'ont éclaté dans les lieux publics qu'après celles que les Français avaient fait exploser à Alger. Faut-il laisser occulter la torture employée à grande échelle avant 1954 ? Faut-il laisser dans l'oubli les martyrs morts pour sauvegarder l'organisation du PPA réduite à la clandestinité par le pouvoir colonial? Les justifications des maîtres à penser de l'anti-révolution, qui ont voulu justifier la torture en lui donnant un alibi humaniste, ne peut pas tromper tout un peuple qui a subi des souffrances inouïes. J'ai toujours été un soldat mais jamais je ne me suis senti gêné par les actions des fidaïyine. Ils avaient leurs missions militaires comme j'avais la mienne.

Très vite, nos tracts prirent un tour personnel, surprenant dans sa trame de vie le paysan du djebel ou le citadin isolé et encore hésitant :

« Tu es de Médéa, tu as peut-être un parent au maquis, tu as peut-être un frère, tu as connu la répression, alors ne vote pas, manifeste-toi, exprime ton opposition. »

Certains tracts étaient destinés aussi aux soldats français du contingent. Les arguments mis en œuvre étaient simples et s'adressaient à la conscience et au cœur d'un homme impliqué dans un conflit qu'on s'efforçait de rendre « national », mais qui, nous le percevions, ne concernait guère le Parisien, le Béarnais ou le Breton, jeté dans une guerre qu'il ne sentait pas tout à fait sienne :

« Tu es là, tu montes la garde. Tu te demandes ce que tu fais dans ce pays hostile. Les buissons, les rochers sont menaçants. Tu es dans une fausse position. On ne te demande pas de te rendre, mais ne tire pas quand tu nous vois. Nous n'avons rien contre ton pays, contre ton peuple. Nous luttons contre ceux qui t'emploient. Fais ton choix. Ce que tu défends, ce n'est pas ta terre, mais les intérêts des coffres-forts. Tu n'es qu'un instrument déguisé en soldat, un objet à qui on apprend à tuer et qu'on envoie à la mort. Ta mort n'aura pas de sens. Écoute-moi, je m'adresse à toi : toi, tu es dans ton poste et moi dans ma forêt. Je suis chez moi. »

Combien nous ont entendus? Combien ont été touchés? Beaucoup sont revenus chez eux avec l'impression d'avoir été trompés. On avait maquillé l'intérêt en patriotisme et le soldat rentrait chez lui avec un goût d'amertume et, pour la vie entière, une réserve d'angoisse qu'il cherche encore à éclaircir certains soirs de cafard. Ce qu'il garde de mon pays, c'est le souvenir d'une terre qu'il trouva belle, certes, mais inquiétante, car c'est là qu'il a rencontré la peur et le mal.

Nos ambitions étaient multiples, notre action se voulait multiforme. Nous nous adressions à tous dans l'espoir d'être compris. A travers la vie d'un commando, celle d'un commissaire politique, celle d'un responsable des renseignements et liaisons, celle d'un homme du peuple, nous voulions exprimer à tous les niveaux notre idée-force : notre lutte n'était pas seulement nationaliste, elle était celle de tous les hommes qui se battaient dans le monde pour une libération. L'Algérie se plaçait à l'avant-garde des combats de l'avenir et annonçait, avec la participation, non pas d'une élite en mal de privilèges, mais des masses les plus défavorisées, l'émergence possible des peuples du tiers monde.

Le repos du commando

Je suis donc arrivé à la dechra dans la nuit de samedi à dimanche, avec mes quatre sections du commando. Mes hommes croient que c'est en vue d'une embuscade ou de l'attaque d'un poste. Malgré des mesures exceptionnelles de sécurité (les moussebiline des environs sont tous mobilisés et assurent depuis la veille une garde très stricte sur les crêtes), je ne relâche pas la discipline habituelle. Chaque section se relaie par tranches de quatre heures et chaque groupe monte la garde devant son refuge. Ce n'est que lorsque les djounoud sont en place que je préviens mes lieutenants que nous allons — si Dieu le veut et si l'ennemi ne nous emmerde pas — prendre un peu de repos. J'ai plaisir à lire dans leur regard une gratitude confiante qui me récompense au centuple. Mes chefs de section sont rodés et je n'ai pas à détailler mes instructions. Ils savent que, dès l'aube, les trois groupes de chaque section vont à tour de rôle descendre à la rivière pour nettoyer leur linge et se doucher, les djounoud habillés de gandouras prêtées par les habitants de la dechra. Quand il a lavé son linge, le groupe s'empresse de le faire sécher, en moins de deux heures, au soleil ou au coin du feu ; les autres groupes de la section font de la gymnastique, un peu d'instruction militaire, du maniement d'armes.

L'intendant a marché toute la nuit avec ses mulets et il a distribué avant l'aube la nourriture dans les refuges, afin que la population prépare les repas que nous partagerons avec elle, aux frais du FLN et de l'ALN. Il a acheté sur mon ordre, et avec l'argent puisé dans le trésor de guerre du commando, des denrées « de luxe », c'est-à-dire des olives, de la loubia, des fruits, des légumes, des sardines… Puis il est reparti dans la nuit. Je ne lésine pas sur l'alimentation. Une fois, le colonel Si M'Hamed m'a fait ce reproche :

— Azzedine, en jetant un coup d'œil sur tes comptes, je viens de m'apercevoir que le mois dernier, tu as acheté trente kilos de raisin. Tu exagères. Le raisin, ça coûte cher et un combattant peut s'en passer !

Je me suis mis en colère :

— Non, Si M'Hamed, mes hommes ne se passeront pas de raisin. Oh! ils ne sont peut-être pas les meilleurs djounoud de l'ALN, mais, dis-moi, ceux que tu as vus à la dernière réunion, les vois-tu tous ? Non, certains sont morts. Lorsque je fais la revue le matin en face de chacun d'eux je me pose toujours la question : le reverrai-je ? Je nourris une affection particulière pour chacun et pour tous. Je connais leurs situations de familles, leurs espoirs, leurs rêves, leur misère d'hier, les difficultés d'aujourd'hui. Comme tous les moudjahidine de la wilaya, ils ont tout quitté : mère, enfants, maison, et beaucoup d'autres choses, pour servir la patrie. La plupart sont très jeunes et n'ont jamais connu de filles, n'en connaîtront jamais. Leur seul plaisir, à mes combattants, c'est la journée de repos. Si M'Hamed, le commando a un budget de guerre. Je le gère à bon escient. Avec cet argent, j'achète à mes hommes tout ce qui peut leur faire oublier l'enfer. Tout. Des bananes, des gâteaux, du pain, de la *chorba baïda* (soupe algéroise), des postes de radio à transistors ou du raisin qui fond sur la langue, gicle sous la dent comme un rire d'enfant, et remplace tout le bonheur du monde. Je comprends la politique d'austérité préconisée par le conseil de la wilaya et je la respecte. Mais de temps à autre, pendant le repos, tous les chefs militaires te diront comme moi que rien n'est trop bon pour nos hommes.

Et le colonel Si M'Hamed m'a répondu :

— Je retire ce que j'ai dit. Achète ce que tu veux.

Tandis que mes djounoud se baignent et se restaurent, je prépare une grande réunion où sont conviés les habitants des villages voisins. Dans la journée, le médecin visite chaque groupe du commando, soigne les bobos, vérifie si les blessés poursuivent convenablement les rééducations prescrites. Après mes hommes, il s'occupe de la population civile. La réunion de l'après-midi attire beaucoup de monde. Une section reste sur la crête. Les autres djounoud se mêlent aux montagnards, s'assoient sur la place, autour du commissaire politique qui les harangue :

— Si Azzedine a choisi votre dechra parce que vous êtes tous engagés dans la lutte pour la libération du peuple. C'est pourquoi vous recevez aujourd'hui une des unités d'élites de l'Armée de libération nationale.

Le médecin, l'officier des renseignements et liaisons succèdent au commissaire politique. Puis je prends la parole.

Je suis très jeune, amaigri par les privations et les combats. Je n'ai pourtant pas besoin, en enflant ma voix, de compenser ce qui me manque en épaisseur. Mes djounoud me regardent, m'écoutent avec une amitié qui me rassure. Je ne suis pas un tribun et je préfère les actes aux discours. Mais je porte en moi une foi que je désire transmettre. Je raconte quelques exploits du commando, évoque la situation générale, puis enchaîne :

— Frères, rien n'est plus important que l'unité du peuple algérien. Vous savez que notre pays n'a jamais cessé de se battre contre l'occupant et que plusieurs soulèvements régionaux ont eu lieu avant le 1er Novembre 1954. Depuis cette date historique, nous nous sommes unis et nous sommes désormais sûrs de l'issue du combat pour lequel nous nous battons tous : l'indépendance de l'Algérie que nous aimons. Le FLN n'a pas de couleur, rouge, blanche ou noire. Le Front accueille dans ses rangs toutes les couches de la société. Les paysans, les ouvriers, les étudiants, les commerçants... On y trouve même des Français comme ceux qui, à Alger, ont soigné mes blessures, comme ceux qui, en Algérie et en France, abritent, au risque d'être arrêtés par la police, les militants pourchassés. Tous les hommes épris de liberté peuvent adhérer au FLN. En revanche, la balle du colonialiste, la balle de l'armée réactionnaire, ne choisit pas ses victimes. Ni à gauche, ni à droite, ni au centre, un vieux ou un jeune, un beau ou un laid. Elle tue l'Algérien qui se dresse contre elle. Frères, tant que nous resterons unis, la victoire est certaine. L'union, et la foi en notre cause, sont les conditions essentielles qui nous permettront de faire plier les genoux à un ennemi plus puissant en matériel et en nombre...

Je n'insiste pas trop, car je voudrais laisser la population s'exprimer elle-même, après que j'ai terminé mon discours par une rapide définition des principaux objectifs de la révolution :

— Le but à atteindre, c'est vider notre territoire de l'occupation étrangère. Finis les coups de pied au cul, les « sale bicot », « bougnoule », « fromage rouge », « raton », fini le racisme! Ce que nous voulons — et vous le voulez aussi — c'est construire un pays où il fera bon vivre, où tous les enfants iront à l'école, où chacun aura sa chance.

Les montagnards se tournent vers la plaine, montrent du doigt l'horizon que nappent les brumes du soir, où se tapit, au fond des vergers et des champs, la ferme du riche colon, symbole de l'injustice. Et les fellahs de la montagne crient :

— Oui, Azzedine, c'est fini. Ces fermes-là, elles seront un jour algériennes!

Je les observe, soudés à moi. Ne sont-ils pas, tous ces fellahs, notre sang, notre chair, la force vive de l'ALN?

Les jardins de l'ALN

Les quelques milliers de djounoud qui constituent l'armée de la wilaya IV sont en majeure partie d'origine rurale. La lutte du peuple algérien est menée à quatre-vingt-dix pour cent par la paysannerie.

Cet éveil de la paysannerie a été déterminant pour notre révolution. Le paysan comprend mal le langage abstrait. Lui exposer la théorie de la guerre révolutionnaire, c'est se placer sur une autre planète. Pour le fellah, la dignité, c'était cette instinctive révolte qui se levait en lui au coup de pied du garde champêtre ; la dignité, c'est ne pas mourir de faim, se sentir libre et responsable de son avenir. Les paysans n'ont pas appris la guerre révolutionnaire dans les livres. Mais, chez moi comme ailleurs en Algérie, un à un, les fils de l'Ouarsenis, de la Mitidja, du djebel Belgroune, de Palestro, de Blida ou de Aïn-Bessem en ont retrouvé les principes, car ils étaient dans une situation révolutionnaire. Ces choses-là se vivent et ne s'apprennent pas.

Le paysan algérien a des traditions guerrières qui l'ont aidé à travers l'histoire à résister aux envahisseurs. Son sens très vif de l'honneur, son attachement viscéral au respect de la dignité individuelle et collective, son amour pour sa terre, sa frugalité, son endurance l'ont toujours préparé au combat sur un terrain, le sien, qu'il connaît très bien. Les partis réformistes ne se sont jamais intéressés aux montagnards qu'ils jugeaient inaptes à la compréhension de leurs idéologies. Le PPA avait fait un effort mais le succès n'a pas toujours répondu à ses espoirs. C'est dans les massifs où vivaient les émigrés temporaires (ouvriers des villes ou en France) qu'il a réussi à s'implanter : Massif de Collo, l'Aurès, le Zaccar, l'Atlas blidéen et surtout la Kabylie. Ailleurs, il y avait des cellules de parti qui devaient servir de relais pour la pénétration des dechras. On allait d'une famille de militant à une autre, qui préparait le terrain avant notre arrivée. L'administration colonialiste, heureusement, n'attachait pas d'importance à des régions pauvres, car elle était toujours guidée par des soucis économiques. Peu d'agent de l'État dans les montagnes, pas de route, de très rares écoles. Ce vide administratif allait nous servir. Le paysan est peu loquace, méfiant même. Il hésite à donner sa confiance. Mais il sait reconnaître les siens. Le combattant, qu'il soit de la ville ou de la montagne, se doit de respecter sa façon de vivre, ses mœurs, ses valeurs. Le citadin, peu habitué à la cuisine paysanne primitive, honorait l'hospitalité dont il bénéficiait. Bien qu'issu d'une famille bourgeoise très connue dans la Mitidja et la capitale, le Chahid Cherchali de Blida a très rapidement évolué comme « un poisson dans l'eau » en zone 2. Dans la montagne il y avait une vie que seuls les initiés pouvaient comprendre. Le peuple donnait l'impression de vivre dans un coquillage hermétique, lisse en apparence, mais vivant à l'intérieur ce que nul ne peut concevoir du dehors.

A ce propos, une anecdote me revient à l'esprit : on demande à un paysan ce qu'il pense des différents partis nationalistes qui se sont succédé en Algérie : « Ils ont joué un très grand rôle, répond-il, mais, malheureusement, leur influence s'arrête dès que s'arrête la route goudronnée. »

La route, frontière imperméable : l'administration, l'école, certains partis politiques, se contentaient de s'implanter dans les grands centres, les villes, les plaines faciles d'accès, le littoral. Mais la montagne, ce djebel que l'Armée française découvre et quadrille en hâte ? Le pouvoir colonial l'avait confiné dans son carcan féodal, lui faisant jouer le rôle de relais, renforçant même son encadrement par la nomination de bachaghas et de caïds dont l'influence résidait dans la crainte qu'ils exerçaient, provoquant le servage physique et moral de paysans sans terre voués à l'humiliation.

Le FLN, lui, a adopté la démarche inverse : socialiste dans son essence, sa révolution est partie du désir profond des masses. Un fellah, un fusil, c'est toute l'histoire de notre lutte, l'histoire d'une libération. Le paysan s'aperçoit, enfin, qu'il a pris son destin en main. Les places fortes respectées s'écroulent comme des châteaux de cartes; il n'y a ni garde-champêtre, ni caïd, ni bachagha, ni administrateur qui tienne devant la volonté armée du fellah de changer l'avenir, de faire sienne cette terre promise.

Dès 1954, pour les cadres politiques existants, le seul refuge fut le maquis et sa population. C'est au contact de ce peuple des campagnes, que beaucoup de militants ne connaissaient pas, que nous a été enseigné l'art du combat. Ici fut notre véritable école de révolution. Sans les paysans, leur science du terrain, leurs techniques de survie, leur organisation spontanée, l'ALN, n'aurait pu supporter une guerre de sept ans. J'ai déjà dit le rôle capital des bergers et des guetteurs au cours des opérations. Il est facile de le comprendre : quand il y a un ratissage, il y a concentration de troupes. Et toute la région s'en aperçoit. Où vont-ils? Route goudronnée à droite ? Piste à gauche ? Quel oued ? Qui peut veiller, sinon le moissonneur occupé à sa faucille, la femme du village courbée sous son fagot, l'enfant poussant son âne ou le vieux dormant d'un œil sous un caroubier ? Même la nuit : les colonnes ont beau progresser à la lumière des veilleuses, on voit de loin l'étroit rectangle des phares. De chouf en chouf, de dechra en dechra, le message est transmis à l'unité de l'ALN stationnée dans la région et l'état-major prend ses dispositions.

L'Armée française comprit si bien le rôle joué par les paysans qu'elle essaya de couper l'ALN de sa terre nourricière en appliquant des méthodes de contre-guérilla apprises en Indochine. Le maquisard se meut dans les masses populaires « comme un poisson dans l'eau » : alors supprimons son oxygène, anéantissons son milieu de vie. Dans ce but, dès la fin de 1957, l'ennemi créa les zones interdites. Une *zone interdite*, c'est un immense secteur, comme le massif de l'Ouarsenis, dans lequel on interdit toute vie libre. La terre doit retourner à l'état sauvage. Bien avant l'industrialisation de l'Algérie, les Français suscitèrent, pour nous étrangler, un large processus d'urbanisation forcée. Ils déportèrent dans des camps de regroupement deux millions de personnes. Des dechras, des douars entiers furent déplacés, afin de nous asphyxier et de laisser opérer les troupes.

C'était compter sans la ténacité prodigieuse des paysans de mon pays ; lorsque l'esprit d'initiative des masses est libéré, lorsque le génie d'un peuple s'exprime, il crée des miracles.

La wilaya IV se trouvait au centre du pays, et ne pouvait compter sur aucune aide extérieure. Il fallait donc s'organiser. Notre subsistance ne pouvait être assurée que par les paysans. Les zones interdites nous posèrent un problème vital qui aurait pu être dramatique sans le fantastique courage des fellahs. Sur l'initiative des assemblées populaires, on mit en place une organisation sans précédent. La première expérience en fut faite dans le djebel Louh sur l'instigation de Si Abdelaziz, chef militaire de la zone 2. Interdite à l'air libre, la vie s'organisa sous terre. Écoles, coopératives, infirmeries, ateliers, etc.

Le soleil dans sa course diurne n'éclairait qu'un paysage mort. Mais, dès le crépuscule, la vie reprenait en fraude, intense. Sous la protection de l'ALN, les paysans labouraient, semaient et moissonnaient la nuit. Ainsi prirent naissance dans l'Ouarsenis ces fabuleux jardins que l'on appela les « jardins de l'ALN ». Le mot jardin évoque d'ordinaire des parterres de fleurs. Pour nous, le paradis, ce furent des salades, des lentilles, des pois chiches, des fruits, tout ce dont nous avions besoin pour vivre et continuer. Moudjahidate, agent de liaison ou infirmière, intendante et cuisinière, notre sœur de la montagne est aussi cultivatrice. Elle bine, pioche, fauche, laboure tout comme un homme.

Très vite se posa le problème de la gestion et de la répartition des produits de ces jardins travaillés en commun. Sans le savoir, l'armée française nous fit faire un grand pas et la wilaya IV se lança dans la première expérience de coopérative agricole cogérée. Les décisions étaient prises par les assemblées populaires, émanation de la plate-forme de la Soummam. En wilaya IV, nous en avions scrupuleusement respecté les principes. L'objectif recherché dans la création des assemblées populaires était d'habituer le peuple à exercer le pouvoir à l'échelon local.

Voici comment nous procédions : prenons comme exemple Sbarnia. Le village élit le responsable de l'assemblée et ses adjoints. Chacun aura une tâche précise, la sécurité, la justice, les renseignements, l'intendance, etc., tous responsables devant le commissaire politique du secteur. Vote on ne peut plus démocratique. Les décisions des villageois ne vont pas nécessairement dans notre sens. A Sbarnia, les trois frères Boukena (morts par la suite au maquis), du douar Béni Miscera, étaient très populaires.

Les assemblées populaires au maquis

Lors de la constitution de l'assemblée, les vœux de la population allaient à Si Tahar Boukena. Mais le commissaire politique du secteur lui préférait comme responsable quelqu'un d'autre venu d'Alger. Les habitants de Sbarnia manifestèrent leur opposition : « Nous, militants des Béni Miscera et des environs, vous nous demandez un choix. Nous choisissons Si Tahar Boukena. Si vous voulez nommer un autre chef de l'assemblée, faites-le. Mais si vous respectez comme vous le dites la volonté populaire, nous voulons que ce soit Si Tahar. » Et nous fûmes obligés d'avaliser la décision des habitants de Sbarnia. Le commissaire politique du secteur fit son autocritique et coopéra activement avec Si Tahar Boukena, devenu par la suite son ami. Tous deux sont morts.

Ces assemblées ont donc assuré l'intendance et réparti les produits des jardins de l'ALN.

A chaque récolte d'oranges, de raisins, d'abricots, on en faisait une distribution dans le village. Les unités de l'ALN environnantes mangeaient aussi ces fruits frais, et tout le reste était transformé en confiture, ensuite distribuée dans les relais, dans les canaux de liaison. Les soldats français en opération disposaient de rations diététiquement composées par des spécialistes ayant calculé les calories nécessaires à l'effort. Pour nous, les femmes des dechras, n'utilisant que leur savoir ancestral, fabriquaient du *roup* et des boulettes de *tamina*. Le roup, c'est du jus de raisin concentré, très sucré et énergétique. La *tamina*, c'est une boulette de farine de blé provenant de la vallée du Chélif. Une seule boulette, grosse comme le poing, de ce pain complet, nous nourrissait pour la journée. Lorsqu'il y avait une opération ou un ratissage, on prélevait dans les réserves de la *tamina*, du *roup* et de la viande. Il nous arrivait aussi d'avoir des moutons. Nous les partagions entre le peuple et les djounoud. Manger de la viande fraîche était une fête rare. Le restant était salé, conservé, utilisé en hiver. Nous avions ainsi des stocks de vivres pour les douze mois de l'année.

De nombreuses villes se manifestèrent par leur ténacité et leur courage. Comment oublier les habitants de Cherchell et leur compagnie Hamdania, que Si Abdelaziz appelait « Katiba't Essabère wal Imane », *la compagnie de l'endurance et de la foi*. La région de Cherchell était très pauvre et la compagnie ne mangeait que des glands. Nous n'en aurions rien su si, après un accrochage, je ne l'avais rencontrée. Un djoundi de cette katiba me confia, le sourire aux lèvres, que pour eux, la première arme récupérée était le pain que portait l'adversaire blessé ou tué. Le conseil de la wilaya a prélevé sur les réserves de la région de Médéa le ravitaillement et l'habillement dont manquait la région de Cherchell.

L'équipe de football de Cherchell s'était engagée tout entière dans l'ALN. Aucun de ses joueurs n'a vu l'indépendance. A cette époque, la katiba Hamdania, lasse de manger des glands, n'y tenant plus, regagna sa ville en sautant les murs d'enceinte. Cherchell est une ville hermétiquement close, et c'était en outre une ville de garnison, la cité-école des officiers de réserve de l'infanterie française. Pendant quatre jours, les pêcheurs de Cherchell nourrirent les djounoud du produit de leur pêche, rougets, merlans, crevettes — la terre est pauvre mais la mer généreuse. Toute une katiba clandestine dans une ville caserne! Les groupes changeaient chaque soir de famille. Au terme de leur séjour, ils avaient fait le tour du port. Les Français n'en surent jamais rien. C'est dire une nouvelle fois l'attachement du peuple algérien à son Armée de libération.

Dans certaines villes existaient aussi des assemblées populaires. Médéa fut exemplaire sur ce point. L'assemblée élue comprenait, entre autres, des commerçants, épiciers, bouchers, marchands de fruits et légumes qui prélevaient un dixième de leurs bénéfices, cette somme étant automatiquement versée à l'ALN. Chacun consentait librement à cet effort.

Ainsi se mit en place une vaste organisation populaire qui nous libéra peu à peu des divers chapitres de l'intendance. Et chacun s'employa à servir dans la mesure de ses possibilités et de son savoir.

Les corps de métier au maquis

Une armée officielle n'a pas à se préoccuper des problèmes quotidiens de subsistance. Elle est vêtue, nourrie par un État. Pour nous, ces questions se posaient de manière aiguë. Comment, par exemple, se vêtir ? Cachabias, burnous, treillis récupérés dans les embuscades, volés dans les magasins de l'armée française ou achetés à l'extérieur dans les surplus, tout était bon. Mais bientôt, les djounoud eurent le bonheur de porter leurs propres uniformes. Les premiers furent confectionnés du côté de Teniet-El-Haâd. Des tailleurs avaient pris le maquis et s'étaient procuré des machines à coudre. Ils travaillaient sur du tissu blanc. Vestes et pantalons étaient ensuite teints en vert, dans des teintureries clandestines, comme celle de Batehia. Peu à peu, à travers la wilaya, tous les corps de métier participèrent à l'effort de guerre. Des cordonniers fabriquaient des souliers ; des soldats blessés ou malades, refusant d'être évacués sur l'extérieur, devinrent les bergers de l'ALN surveillant nos troupeaux ; il y eut encore des forgerons, des armuriers... Ces obscurs artisans firent plus pour l'idée de la révolution, par leur engagement simple et leur exemple, que bon nombre d'exposés théoriques. Leurs gestes concrets étaient compris du peuple dont ils sortaient et qu'ils savaient toucher au cœur. En l'occurrence les coiffeurs comptaient parmi nos meilleurs agents de propagande. Ils allaient de village en village et parlaient tout en maniant les ciseaux. Je me souviens de deux coiffeurs, deux frères originaires du Chenoua, près de Cherchell. Ils s'adoraient et refusèrent toujours d'être séparés, malgré notre légitime souci d'éviter que la mort ou la blessure survînt aux deux en même temps. L'un était poète. Partout où arrivaient ces baladins moudjahidine, c'était la joie : on se réunissait pour entendre contes et chansons, et pour quelques heures, la peur faisait trêve. Un jour, peinant tous deux sur les pentes rudes du Chenoua, ils composèrent, en hommage à l'un des nôtres enterré là, ce naïf poème de la longue marche : « La route que nous suivons est longue et dure. Au sommet nous verrons d'autres horizons. Nous dominerons la terre. Cette marche que nous faisons ressemble à celle de notre peuple. Montons à l'assaut de l'indépendance. Et à l'indépendance notre peuple verra d'autres horizons, et les plaines que nous contemplerons du haut de cette montagne seront nôtres. Nous savons que nous reviendrons. Nous pensons surtout aux paysans sans terre, aux ouvriers agricoles dépossédés qui, demain, retrouveront cette terre aux fruits d'or. »

Elle était belle, la révolution

Jour après jour, semaine après semaine, nous subsistons, nous résistons, nous nous battons. Les opérations, les accrochages, succèdent au temps de repos. Des frères nous quittent, d'autres nous rejoignent. La mort et la vie alternent selon un rythme qu'on pourrait croire éternel. Serions-nous installés dans la guerre ? Non. Ce soir, scrutant les regards, j'y perçois une flamme dure et intangible. Je pressens que ces années ont engendré une situation irréversible. Dans la foule des djounoud qui m'entourent, les intellectuels, les ouvriers, les paysans sont mêlés. Les mois vécus ensemble, la vie commune, ont modifié les traits, les allures et les pensées : c'est un peuple nouveau. Les clivages sociaux ne pourront plus être les mêmes.

Une anecdote a la vie dure dans le commando, car elle semble à tous révélatrice. Plaqué au sol au cours d'un accrochage, un étudiant ne peut vaincre sa peur. Il est récemment monté au maquis. Son fusil tremble comme un animal que l'on n'aurait pas encore apprivoisé. Le paysan commandant la katiba l'avise et lui lance : « Eh là ! Ce n'est pas un stylo que tu as entre les mains. Ici, tu as un fusil pour tirer sur l'ennemi ! »

La guerre a bouleversé les valeurs établies. Notre révolution réunit tout le monde. Quatre-vingt-dix pour cent de notre population étaient analphabètes, et certains parmi eux sont devenus de grands chefs. A leur côté travaillaient des universitaires. Au contact les uns des autres, tous se trouvaient enrichis. Nous avons tous appris ensemble la guerre de libération. Chaque action était suivie d'une critique et d'une autocritique. Nous avons su nous remettre en question, découvrir nos faiblesses et rectifier le tir. Un seul mot nous menait : l'indépendance. Il émaillait nos discussions et cimentait nos projets.

Ce soir même, nous en parlons. Mais comment penser alors que, les fusils raccrochés et les feux éteints, chacun reprendra sa place ? Que parmi les copains d'hier, certains revêtiront l'uniforme costume cravate et d'autres le burnous du berger ? Indépendance ! Le terme est terrible. Indépendance, comme nous te voulons belle ! Ce soir, au cours de notre discussion, je sens que les idées se précisent. Les paysans nous ramènent au problème de la terre. Pour eux, l'indépendance politique ne peut se concevoir sans le partage des terres que les colons se sont injustement appropriées. Descendre des montagnes arides vers les terres fertiles. Indépendance, je le sens ce soir, le mot a un contenu particulier pour chacun, chacun le remplit de ses désirs et de ses rêves, mais une volonté se dégage, unanime. Notre indépendance ne se fera pas au profit de quelques-uns. Nous souffrons. Nos frères sont morts pour elle. On ne nous volera pas notre révolution.

Les villageois parlent des récoltes, donnent leurs points de vue, posent des questions. Puis chacun retourne à ses occupations. Avec le commissaire politique et l'officier des renseignements et liaisons, j'organise, quand le terrain et les occasions sont favorables, les prochains coups de main et embuscades du commando, veillant à ménager — c'est mon souci constant — les dechras sur lesquelles s'abat la répression comme un vol de sauterelles, parce que le relief s'y prête : villages proches de la route goudronnée, agrippés sur les flancs accessibles de la montagne... Même si un virage de la route, ou si une gorge au fond de laquelle passe une piste me paraissent idéals, je prends la peine de déplacer l'embuscade de plusieurs kilomètres, afin qu'une dechra déjà opprimée n'ait pas à subir, une nouvelle fois, la vengeance de cet ennemi que, par la même occasion, je contrains à commettre des « bavures », d'irrémédiables erreurs psychologiques. Car il m'arrive de situer une embuscade, l'attaque d'un poste, à proximité d'un village indécis, qui jusqu'alors hésite à participer totalement. Alerte, raid aérien, bouclage. Le commando s'est éclipsé dans la nature. Mais les Français ratissent l'endroit, fouillent les maisons, rudoient les habitants, en fusillent, en torturent quelques-uns. Les villageois qui tergiversaient, qui se tenaient prudemment à l'écart du conflit, mais qui viennent d'être malmenés avec une brutalité sauvage, nous sont alors acquis. Les plus jeunes rejoignent l'ALN.

J'ai visité l'infirmerie sectorale, bavardé avec le personnel médical, les malades. J'accompagne le commissaire politique qui fait fonction de cadi, enregistre les naissances, les mariages, les décès de la dechra, règle les différends locaux. Mon séjour à Zbar-Bar m'a conféré une certaine expérience : maintenant on ne heurte plus le peuple, qui est en droit de nous juger à notre tour et de nous condamner si on ne fait pas preuve d'équité et si nous ne rendons pas correctement justice.

Heureusement, les litiges sont peu nombreux, et les affaires sont rapidement expédiées.

La nuit est tombée sur le djebel. La douceur m'habite peu à peu. Voici l'heure où nul ne saurait haïr ; l'heure où la planète semble faire halte dans sa course. La terre exhale des parfums troublants auxquels se confondent ceux, plus prosaïques, des feux où grillent les viandes. Je vais d'un groupe à l'autre, je provoque l'autocritique :

— Voilà ce que je n'aurais pas dû faire, confesse un chef de section. La prochaine fois, j'agirai d'une autre façon.

— Tu vois, Si Azzedine, avoue un autre, j'ai réfléchi et profité de la leçon de l'échec de notre dernier accrochage, où j'avais trop tôt lancé mes hommes à l'assaut. Dorénavant, je serai plus efficace...

Mes djounoud dînent. Je les bouscule, je leur dispute en plaisantant un morceau de mouton, une rondelle de tomate, un bol de cacahouètes. Comme un jeune chiot sa pâtée.

— Tiens, Si Azzedine, c'est pour toi !

Mains tendues, ils m'offrent la meilleure part. Ils me décrocheraient la lune. Si l'intendant nous a gâtés, je mords, je joue à l'ogre, romps le cercle et me précipite sur le festin. Si, au contraire, le repas est chiche, je rends l'offrande et, comme me l'ont enseigné Ouamrane, Sadek, M'Hamed et Lakhdar, j'exige d'être servi le dernier, d'une poignée de semoule rance humectée d'eau noirâtre où ont mijoté des artichauts fades. Et je blague, je chante. Je suis le meilleur chanteur du commando. Les hommes, blottis au chaud dans leurs couvertures, la torche du feu animant les contours de leurs visages détendus, reprennent en chœur, à tue-tête, un nachid :

O que de fois
Je me souviens
Combien l'Algérie
Était étonnante
Sur tout son sol
On ne voyait plus
Que le sang de ses enfants
Ruisseler
Et se répandre
O que de fois

Je me souviens
Combien l'Algérie
Était étonnante
Témoignez, témoignez
O Arabes
La France veut imposer
Sa dictature
Elle croit nous faire
L'aumône
En nous donnant
Un peu
De notre bois
Témoignez, témoignez
Notre révolte
Capable de mobiliser
Même nos ânes
La France a montré
Son visage au douar
Elle a assassiné
Femmes et enfants
Face aux patriotes
La France a organisé les traîtres
En acompte

Elle les a gratifiés
De sommes fabuleuses
Leur promettant
Pour le jour de sa victoire
Sur la Révolution
Le coup de pied
Dû aux traîtres
Ses avions
Nous bombardent
Mais, nous,
Nous sommes des Arabes
Nous ne sommes pas
Des roumis
De notre Révolution
Nous obtiendrons
La liberté
Admirables enfants des Aurès
Admirables enfants des Aurès

De Annaba à Bel-Abbès
La France est dans le pétrin!

Le courrier

Je tire d'une poche de mon blouson la lettre que je viens de recevoir de Si M'Hamed. Deux pages arrachées à un cahier d'écolier, tamponnées du cachet à l'encre violette du FLN, wilaya IV. Je déchiffre lentement l'écriture serrée, élégante, du colonel. Les djounoud écoutent, silencieux. J'ai maintenant, aujourd'hui, sous les yeux, ces feuilles de papier jauni, déchirées, trimballées par monts et plaines dans un petit sac de toile huilée fixé à mon ceinturon. A relire ce message, j'éprouve la même joie que jadis, quand nous n'avions que cela pour communiquer entre nous... Le voici, daté du 24 février 1958 :

« Chers frères, bien chers tous,

« Nous continuons notre petit bonhomme de chemin. La caravane diminue au fil des kilomètres. Tayeb, Rachid, Smaïn nous ont déjà quittés. Ils rejoignent chacun son poste de combat. Pour Smaïn, il va se reposer quelque part. Le docteur doit le voir. Il y a eu beaucoup d'actions ces jours derniers. L'ennemi a subi beaucoup de pertes — le salaud. Pauvre la Honte[1], lui qui avait demandé quinze minutes pour terminer sa "pacification"! De toute façon, le peuple reprend confiance et est décidé à tout. Les réunions populaires sont fréquentes aujourd'hui bien qu'insuffisantes, entre parenthèses. Les djounoud, n'en parlons pas : ils ont un moral de fer. Une sacrée émulation anime les compagnies. A la bonne heure! comme dit l'autre.

« Je vous signale que la katiba Zoubiria utilise des postes émetteurs-récepteurs maintenant. Fini le temps où il fallait courir pour transmettre les instructions. Le 13 février, à Moukorno (Berrouaghia), Zoubiria a tendu une embuscade meurtrière à l'armée du crime. Résultats : plus de 30 charognes, dont un capitaine, un lieutenant et un grand salaud. 5 fusils Garant, 2 MAT 49, 1 PA 9 mm, 28 chargeurs de FM Bar (oui, je vous comprends, vous les voulez ces chargeurs, les amis) 11 VB de Garant, 2 fusées éclairantes, 4 postes ER, une grenade offensive, une grenade défensive et une somme de 161 000 F récupérés... A

1. Robert Lacoste, nommé ministre résidant en Algérie le 9 février 1956.

ajouter un couple de prisonniers. Le hasard que madame et monsieur fassent de la piste avant l'embuscade! Évidemment, les frères les ont cueillis dans leur Simca.

« A El-Affroun, la presse parle de 15 tués et d'autant de blessés. Je n'ai aucun détail sur cette action. Le résultat est significatif de toute façon. Lorsque cette lettre vous parviendra, vous serez probablement au cœur du grand Palestro. Je vois d'ici l'accueil que vous réservera ce grand peuple assoiffé de liberté. Ici, nous ne nous faisons aucun doute sur les victoires que vous remporterez sur les soldats parfumés. Vos actions seront les bienvenues parce qu'elles permettront de redresser une situation politique détériorée.

« Comment vont les gars d'"Ali Khodja"? Matériellement, vous ne m'apprendrez rien. Sauf preuve du contraire. Organiquement : là est la question. Le commando contient des jeunes fraîchement débarqués. Il faut leur inculquer le véritable esprit commando; qu'ils sachent que la zone, et l'Algérie tout entière, attendent beaucoup d'eux. Pour cela, ils doivent s'instruire pour pouvoir servir. Lorsque vous arriverez en zone PC 6, faites-leur toucher du doigt les postes vacants de tous ceux qui sont morts pour que vive l'Algérie. Dites-leur combien la zone a besoin de cadres. Faites comprendre que *la Révolution est une question d'hommes*. Ce sont les hommes qui font l'histoire; ceux qui la subissent ne méritent pas le nom d'homme. Expliquez aux chefs de sections et de groupes combien il est néfaste de croire que tout va pour le mieux quand rien ne va plus. Enseignez, rabâchez l'esprit de continuité. On ne veille pas sur l'appareil commando, katiba ou cellule un temps, mais toujours, et avec le maximum de vigilance. L'homme, fils d'Adam, est fait ainsi, que voulez-vous. Il faut constamment le stimuler, l'aiguillonner jusqu'à ce qu'il mûrisse complètement. Je suis sûr qu'"Ali Khodja" est une équipe d'élite, capable de continuer les nobles et vaillantes traditions que lui ont léguées les héros de Palestro. Azzedine, Abdennour, Kada, El-Hadj, vous êtes responsables de l'éducation, de l'organisation de vos jeunes frères qui vous regardent et vous écoutent. Recevez et transmettez en attendant le salut fraternel de Bencherif, Ali, Abdellatif, Hacène, la compagnie Omar El-Ghoul de Blida. Mes affectueuses bonnes pensées à tous sans exception (Mustapha Mohamed de Blida, Kada, El-Hadj, "El-Hili", Abdelhakim, Hocène l'observateur, Kouar, Rabi, tout le commando enfin...). N'oubliez pas la petite compagnie des Abdelaziz, Mohamed, que sais-je encore... Votre frère à jamais.

« Quelque part en zone 203, « M'Hamed ».

« P.S. Écrivez si vous avez le temps. Faites une lettre au commando de Si Mohamed et aux autres compagnies des zones 3 et 4 en particulier. »

En fouillant dans mes papiers, je retrouve aussi cette lettre datée du 4 juin 1958. En mission en zone 3 de la wilaya IV, j'avais quitté le commando et mon ami Abdelhakim m'envoya des nouvelles. Dans ce mot sont cités des hommes dont parle ci-dessus le colonel Si M'Hamed. Je lis ces lignes maladroites et mon cœur se serre :

« Je t'écris cette lettre de loin, vu le grand trajet qui nous sépare, mais notre pensée vogue toujours chez vous. Les jours passés ensemble dans une ampleur d'ambiance et de fraternité, dans un climat de travail et prospérité, de Loverdo au Bou-Zeg-Za et jusqu'à Belgroune, ne sont pas oubliés et seront à jamais inscrits dans notre mémoire. C'est par une journée d'été longue et ensoleillée que je t'écris cette lettre, et à l'instant même, il y a à ma droite Abdennour discutant avec Rabia et Kada, pendant que Moh Slimane dort à poings fermés. Lakhdar zonal est avec son groupe et je viens de le quitter ; c'est toujours le même Lakhdar avec ses manières de taquineur, avec son rire moqueur et sa figure sympathique ; c'est au fond un vrai révolutionnaire. Je vois à travers son visage celui de la wilaya. Pour Mustapha, il se rétablit de jour en jour et on le voit gesticulant, criant pendant que les frères chantent les hymnes nationaux.

« Cher frère, je voulais tout simplement te décrire et te faire voir quelques anciennes figures telles que celles de Lakhdar, Mustapha, Hadj, Mokrane, Omar V.B., Ben Boulaïd, etc. Ils se portent bien et vont toujours de l'avant. Maintenant, je te parle un peu des accrochages qui nous mirent aux prises avec la soldatesque française depuis notre séparation. Le premier s'est déroulé à Douamimia, en zone 4. Là, des frères tels que Moh Saïd, Ahmed l'Aurès, ainsi que le petit Hocène au visage d'ange, sont glorieusement tombés au champ d'honneur. Une deuxième action s'est déroulée à Souadkia : là les frères sortirent sains et saufs du bombardement. La troisième action s'est déroulée à Zbar-Bar et l'ennemi eut des pertes sévères. L'accrochage ne dura qu'une heure environ, puis ce fut le repli. Dans cet accrochage, nous disons adieu au petit Mohamed El-Blidi qui était la joie du commando et l'espoir de l'avenir. Ce jeune, qui a donné sa vie pour que vive l'Algérie, n'est plus ; que Dieu ait son âme !

« Cher frère, pour finir ma lettre, tous les frères du commando se joignent à moi pour te donner le grand salut fraternel. Je te les cite chacun par son nom : Hadj, Rabia, Tahar, Kada, Lakhdar, Mustapha et tous les frères, ainsi que le frère Ali Khalfouni.

« Vive l'Algérie libre et indépendante! Vive le commando! Vivent les jeunes! Hommage à nos chouhada! Un grand salut à tous les frères de la wilaya : Si M'Hamed, Si Tayeb, Si Salah et Si Rachid.

« Ton fils à jamais : Abdelhakim.

« Vive le commando! »

Dix survivants sur douze cents

Je les revois tous aujourd'hui, ces hommes épris de justice, de dignité et de liberté, se battant pour qu'advienne une Algérie selon leurs vœux. En moins de deux ans, j'ai mené au combat, à la tête du commando Ali Khodja, plus de 1 200 djounoud. Il ne reste qu'une dizaine de survivants... C'est en relisant ces bouts de papier maculés de boue, lavés par la pluie et la neige, brûlés par le soleil, dérisoires drapeaux qu'emporte le vent de l'histoire, que je rencontre de nouveau Hocène « au visage d'ange », et Mohame de Blida, si drôle, si enthousiaste, et les autres. Que je me rappelle leurs problèmes quand, les soirs de lune de nos journées de repos, ils venaient me dire, à moi qui n'étais pas même leur aîné, des choses qu'un homme ne confie qu'à ses parents. Et j'écoutais, envahi de pitié et de tendresse, ces gosses qui devaient mourir me parler des femmes. De celles qu'ils avaient épousées, ou de celles qui surgissaient dans leurs rêves fiévreux; êtres hybrides, imaginaires, superposition de bouches adolescentes des villageoises et de rondeurs agressives de vedettes entrevues dans un magazine. Je savais que certains de mes hommes se masturbaient, refoulaient leurs désirs jusqu'à en être malades d'angoisse. Moi-même j'étais parfois inquiet de mon inappétence envers les choses du sexe. Depuis des mois et des mois, je n'avais pas touché une femme.

Nous avions été un jour invités par les capitaines Athman et Nasser de la wilaya V et leurs lieutenants, afin de tirer la leçon de nos expériences respectives. Les médecins des deux wilayas, conviés, eux aussi, à cette réunion, avaient bien entendu abordé le problème délicat de la sexualité des maquisards. De nombreux cas de refoulement étaient signalés par toutes les unités. Les médecins concluaient que ces déviations, ces névroses, provenaient des rigueurs d'une existence où l'action occupait une trop grande place. L'isolement, les soucis de la guerre, la fatigue physique, la responsabilité du commando, le contact perpétuel avec la mort, avaient distrait en moi — comme chez la plupart des djounoud — le goût d'une sexualité normale. Les médecins nous recommandèrent donc d'autoriser les mariages entre djounoud et civiles.

Je me souviens du retour de l'un de mes hommes à qui j'avais accordé une permission. Il avait la mine abattue :

— Qu'y a-t-il? Tu n'es pas content d'avoir vu ta femme...?

— Oh non! Si Azzedine...

— Pourquoi? Elle te trompe?

— Ce n'est pas ça... Je n'ai pas pu lui faire l'amour.

— Pas possible!

— Si. Je suis sûr qu'on m'a jeté un sort et que je suis impuissant.

J'avais répondu sans rire :

— Allez, ce n'est pas grave. Nous allons arranger ça tout de suite.

J'appelai un djoundi taleb :

— Écoute, ce frère se dit frappé d'impuissance, il faut le délivrer.

Et je tapai le malheureux : « Donne mille francs, car le taleb doit acheter un coq noir. » On égorgea le coq et le groupe se régala, tandis que notre homme patientait à l'extérieur de la mechta. Au moment où les djounoud suçaient les os, je criai :

— Entre, tu es guéri! Maintenant, tu peux retourner chez toi. Je te donne deux jours supplémentaires de permission.

Cette blague psychologique, dont le but était de lutter contre le fétichisme, porta ses fruits, puisque le gars assomma ses copains pendant une semaine avec le récit de ses prouesses. J'avais ensuite expliqué à cet homme les raisons de notre farce. Il avait très bien compris.

Tous les cas n'étaient pas aussi simples à résoudre.

Car le FLN et l'ALN interdisaient formellement aux moudjahidine d'avoir des rapports physiques avec les infirmières et les autres femmes que nous côtoyions au hasard des étapes. Même lorsque nous en étions sérieusement épris. Elles étaient nos sœurs, nos mères, des révolutionnaires auxquelles nous devions respect et dévouement. Une seule plainte et le coupable était traduit devant un tribunal militaire. Les punitions étaient sévères : les peines encourues — blâme, dégradation, mutation dans une unité moins prestigieuse, bannissement, voire exécution en cas de viol — refroidissaient les solitaires en quête de compagnes. Une telle intransigeance empêchait sans doute les chauds lapins d'exercer un droit de cuissage, mais elle réduisait aussi les amoureux transis à l'état de fauves castrés. Alors, je fermais parfois les yeux, me bouchais les oreilles, et arrondissais les angles. Houssine Barbès, de la Casbah d'Alger, était un djoundi très courageux. Il mourut en wilaya VI, à Maginot. Houssine Barbès se tenait à mes côtés et tirait des rafales de mitraillette. A découvert. Il pensait qu'il pouvait feinter les balles, ou les arrêter d'une main, comme un goal. « Couche-toi ! » lui criai-je. Mais il roula, bras en croix, le sourire goguenard, un trou en plein front.

Quelques semaines auparavant, Houssine avait disparu au cours d'une dispersion du commando. Ne le voyant pas sur le lieu de repli, nous l'avions cru tué et nous avions pleuré le héros. Mais, quinze jours plus tard, mon Houssine rappliquait, tout guilleret :

— D'où viens-tu ?

Mi-figue, mi-raisin, il me répondit qu'il s'était foulé la cheville en dévalant un talweg et que, ne pouvant suivre le commando, il s'était planqué dans une dechra.

— Bon. Tu me feras un rapport. Rejoins ton groupe.

Je n'étais pas dupe et je tirai les vers du nez de Kouar, l'un de ses vieux copains d'Alger :

— Peu importe ce que Houssine Barbès va écrire dans son rapport, mais je veux la vérité.

— Il était chez lui à la Casbah. Il a été voir sa femme, ses enfants et sa mère. Pour descendre à Alger, il a braqué un camion et a revêtu un costume civil. Puis il est remonté au maquis avec sa Thomson cachée sous une cachabia.

Je dis alors :

— Moi, je ne suis pas au courant. Préviens-le toutefois qu'il a pris un risque énorme, mis en danger le commando, et que, s'il recommence, il sera exécuté.

Hadj Baha, l'un de mes lieutenants, disparut de la même façon durant une dispersion. « Où est-il passé ? » demandai-je. Mes hommes me regardaient en souriant. « Il a été auprès de sa femme ? C'est ça ? » Quand l'autre revint, je lui administrai un blâme et quelques heures de garde, en rabiot. Sans plus.

Je n'octroyais que de rares permissions. Les responsables de la wilaya admettaient difficilement que les chefs de katiba distribuent des congés qui auraient éclairci les rangs de l'ALN. Sauf en cas de force majeure. Aussi mes hommes inventaient-ils mille prétextes pour faire un tour. L'un d'eux se lamentait chaque fois que je passais près de lui :

— Qu'as-tu ? Tu es souffrant ?

— Oh oui ! Si Azzedine, je languis de mes enfants...

Il habitait une dechra des environs et j'envoyai chercher ses gosses. Il les embrassa, joua un moment avec eux.

— Là, maintenant, tu es heureux ?

— Non, non.

— Quoi ?

— Je voudrais voir le tout petit, celui qui n'a que cinq mois.

— On va aller le chercher.

— C'est-à-dire que je voudrais surtout le voir téter sa mère...

Le djoundi était pitoyable, broyant son chapeau de brousse comme un torchon mouillé.

— Ah ! voilà donc ce que tu veux. Tu aurais dû le dire plus tôt, bougre d'âne ! Cours, tu as deux nuits de perm pour voir téter ton nouveau-né.

Mustapha de Blida vint aussi un jour me trouver pour que je lui accorde une permission :

— Impossible, le colonel Si M'Hamed est de passage et personne ne doit quitter le commando.

— Nous ne sommes qu'à huit kilomètres de Blida. Ce n'est pas loin.

— Tu as une raison valable ?

— Bien sûr. C'est affreux, tu sais, ma mère est morte.

— Hein ?

Il était déjà parti en permission pour le même motif. Mustapha manquait d'imagination...

— Négatif. Tu restes ici.

Je ne voulais pas le vexer en lui disant : « Ta mère est morte quatre fois en un an, change de disque. »

Mustapha alla trouver Si M'Hamed et lui demanda en geignant s'il pouvait avoir l'autorisation d'enterrer sa pauvre maman. Le colonel m'appela :

— Azzedine, ce n'est pas parce que, toi, tu habites Alger et que tu ne peux pas avoir de permission, que tu dois priver les hommes du commando...

— Si M'Hamed, tu m'as dit que les permissions étaient interdites.

— Oui, mais sois plus souple.

— D'accord. J'autorise donc Mustapha à enterrer sa mère pour la cinquième fois. Je lui donne aussi de l'argent, peut-être ?

— Oui, cinq mille francs.

J'étais si furieux que j'évitai Si M'Hamed pendant tout son séjour parmi nous.

Ils viennent tous ainsi, non se confesser, mais dire à la nuit — dos appuyé au mur, menton sur les genoux — près d'un chef qui les écoute peut-être, ce qui les empêche de dormir. Quelque part une famille, quelque part un toit, un paysage, une enfance ressuscitée, éclaboussant de sa fraîcheur ce que la guerre durcit à jamais chez un homme, hormis l'oasis du cœur où le souvenir vient boire encore à la source de la tendresse. C'est là, quoique je refuse généralement d'y penser, redoutant un apitoiement sur moi-même, dans ces soirs calmes où la houle des mots amis m'assiège, que mon songe éveillé appelle parfois les êtres que j'aime et que je ne vois plus depuis si longtemps. Ma famille éprouvée, dont une lettre, un message, une information transmis au hasard de mon périple m'enseignent d'autres combats, d'autres souffrances... Tlidja, Saïd, Zehor, M'Hamed, Kheira et Abdennour, vous tous, ma vie.

Zehor Zerari

Pour Zehor, ma nièce, la fille de mon frère aîné Sidi, l'éveil nationaliste se confondit très tôt avec l'éveil de sa conscience de jeune fille. « Il me suffit de fermer les yeux, me dit-elle aujourd'hui, son visage émacié et précocement marqué, mais le regard encore si clair, si pur, qu'il me fait penser à quelque lac dont le vent ne peut troubler longtemps la limpidité. Oui, il me suffit de fermer les yeux pour retrouver la silhouette de mon père Saïd. C'est lui qui fut mon maître, à l'école du nationalisme. C'est pourquoi le 1er Novembre 1954 ne m'apparut pas comme le rendez-vous d'un destin nouveau, mais comme l'apparition en pleine lumière d'un personnage qui avait hanté mon enfance et pénétré toute mon éducation : l'Algérie.

« Quand j'y pense, l'Algérie fut le seul luxe de mon père, ajoute Zehor. Travailleur acharné, il travaillait pour vivre et nous faire vivre, de trois heures du matin à neuf heures du soir, sans repos ni dimanche, trois cent soixante-cinq jours par an. Le temps gratuit, le temps surajouté aux heures de labeur, le temps qui libère l'homme, il le consacrait à l'Algérie.

« Tu sais, Azzedine, je me revois toute petite. J'ai huit ans, dans l'arrière-boutique close et fraîche, c'est enfin le silence après l'animation de la journée. Des sacs ventrus s'élève le parfum entêtant des épices. J'aime me caler là et écouter les conversations des grandes personnes. Saïd discute avec M'Hamed. Il s'échauffe, s'anime ; je le contemple et découvre un autre homme que le père bougon dont j'ai l'habitude ; il parle d'intérêt national. Nous sommes en mai 1945. Le 8 mai, la police fait irruption chez nous. En quelques minutes de perquisition s'écroule le fragile ordre quotidien et patient de ma mère Tlidja. Les uniformes bleus éventrent les matelas, cassent meubles et humbles bibelots, démolissent tout. Je sens la terreur dans les yeux de ma mère. Ce que les Français détruisent alors, ce n'est pas seulement la tranquille ordonnance des choses, c'est tout mon univers enfantin. Maintenant, tout est clair pour moi : j'ai compris que nous ne sommes pas tous de la même race. Il y a en Algérie une race de privilégiés, celle de l'occupant. Et les autres. Les autres, c'est-à-dire nous, les indigènes. Certaines attitudes de mon père me paraissent désormais évidentes, je comprends ses gestes de solidarité ; je sais pourquoi il parcourt quelquefois les cafés maures et tend sa chéchia en disant : *Aounou khoukoum* (Aidez votre frère). A chaque occasion de la vie de notre quartier, mariage, fête, deuil, maladie, il intervient, alerte la communauté, éveille en chacun le sens de la solidarité. En lui, sa foi se nourrit à deux sources qui se confondent : Dieu et l'Algérie... »

Ainsi s'écoulèrent pour ma nièce Zehor les années d'enfance et d'adolescence, jusqu'au 1er Novembre 1954 qui allait changer notre destin à tous. Toute la famille travaillait durement. J'ai déjà évoqué notre vie quotidienne. Zehor allait à l'école, se levait à six heures du matin, révisait ses leçons, avalait son café et descendait aux bains-douches où elle remplaçait son père jusqu'à l'heure de l'école. A son retour, elle venait aussi nous remplacer pour nous permettre, à Saïd ou à moi-même, de manger.

Zehor passait ainsi, sans transition, d'un monde à l'autre : celui de la salle de classe, des enfants sans soucis, où un professeur souverain dispensait une culture « occidentale, désintéressée et humaniste », à notre univers familial, chaleureux, affectueux certes, mais toutefois dominé par l'obsession de la lutte pour la vie.

Malgré cette vie difficile, mon frère Saïd faisait le maximum pour ses enfants, et son désir le plus cher était de les voir continuer leurs études. Me rhabillant un jour dans la cabine des douches, je surpris une conversation. Saïd parlait avec son ami intime Hassen Bouassida, fonctionnaire à l'hôpital de Bône :

— Ta fille aînée Zehor devient demoiselle, expliquait Hassen. Il est temps de ne plus la laisser sortir, de lui mettre un voile, selon la tradition islamique.

— Moi, je pousse mes enfants et mes jeunes frères et sœurs à suivre leurs études, répondit Saïd. Le plus loin possible. Parce que, même si demain elle est pute, ce sera une poule de luxe et non la fille à bricoler dans les rues. Je veux leur meubler l'esprit, leur donner le maximum d'instruction pour que, lorsqu'ils feront quelque chose, ils le fassent avec art, avec conscience...

— Je pense que tu as raison, répliqua Hassen. Fais ce que bon te semble. Nous en avons discuté avec les notables du pays : nous savons que tu es un homme de tradition, un homme à principes, un nationaliste. Tu es très aimé dans la ville; c'est pourquoi j'ai accepté cette démarche. Mais ne t'en fais pas : tout Bône surveillera tes enfants, et les enfants que tu as à ta charge, pour qu'ils ne soient pas ennuyés par des voyous.

Tradition et nationalisme : les deux mots s'associaient dans les conversations de mes aînés, et l'on devine quel dilemme ils devaient poser à Zehor quand, à son tour, elle s'engagea dans la lutte révolutionnaire.

En 1954, Zehor avait dix-sept ans. Mince, élancée, elle était devenue une élégante jeune fille. Et sous ses cheveux noirs se cachait déjà une personnalité bien affirmée. Elle se sentit tout de suite concernée et ne dissimula pas sa joie lorsqu'elle apprit, quelque temps après le 1er novembre, mon action à l'usine Caterpillar, mon choix de militant. Quand je me réfugiai chez son père, dans le noir cagibi des bains-douches de la rue Damourah, ce fut elle qui m'apporta des journaux illustrés pour me distraire et me servit en quelque sorte de premier agent de liaison. De Belcourt, elle montait jusqu'au Clos-Salembier où se trouvait notre PC, chez un jeune horloger, Chambord, qui devait par la suite nous trahir.

Qui, en 1955, eût soupçonné cette adolescente d'allure insouciante qui traversait directement le bois de Belcourt au Clos-Salembier, prenait par l'institut Pasteur, et s'en revenait aussi légère qu'elle était partie?

Cependant, quand il l'apprit, mon frère Saïd entra dans une violente colère : « Il y a le téléphérique, lui dit-il, il y a d'autres moyens pour arriver au Clos-Salembier. Je ne veux pas que tu traverses le bois. Tu es folle ou quoi? Ignores-tu ce qui peut t'arriver là? » Saïd avait eu très peur. En effet, ce bois était fréquenté par des voyous de tout acabit.

C'est la grève des étudiants de mai 1956 qui paracheva l'engagement officiel de Zehor au sein du FLN. La grève avait été annoncée par des tracts dont elle n'avait pas eu connaissance. Le mot d'ordre avait circulé de bouche à oreille, parmi les lycéens et les étudiants musulmans. Grève limitée, illimitée? Nul ne savait. Mais il était cependant sûr que le FLN reconnaîtrait les non-participants aux résultats des examens, qui paraîtraient dans la presse. Peine perdue. Les résultats furent publiés à l'aide des seuls numéros d'inscription, et l'Université française favorisa ainsi les champions de l'intérêt personnel, ceux qui, dans toutes les universités du monde, recherchent le diplôme d'avocat, d'ingénieur, de médecin, qui leur assurera une place, quel que soit l'ordre social, au mépris de la prise de conscience et de la réflexion historique.

Depuis le début des événements, l'animosité n'avait cessé de grandir entre étudiants algériens et français. Les heurts étaient fréquents. Dans l'établissement que fréquentait Zehor, certains Européens paradaient avec couteaux et matraques et, mimant leurs pères, ne cachaient pas leur ostracisme à l'égard des étudiants algériens. Zehor échappa même de justesse à la lame d'un poignard lancé contre elle, et qui se planta dans le bois d'une table à dix centimètres de sa gorge ! Des groupes se formèrent. L'Administration restait la grande muette, murée dans un silence prudent. Les gestes haineux qui, en d'autres temps, auraient été sévèrement réprimés, étaient soigneusement passés sous silence. Quelques étudiants musulmans adoptèrent même une impossible neutralité que Zehor et ses camarades assimilèrent aussitôt à de l'hostilité.

Les examens approchaient et les questions des étudiants européens se firent plus pressantes :

— Allez-vous réviser, poursuivre vraiment la grève ?

Zehor répondait sans ambages :

— Quand nous faisons une grève, nous allons jusqu'au bout. Nos parents n'iront pas implorer notre pardon à l'académie, comme les vôtres le firent, lors de votre grève de Pâques.

Le mouvement étudiant se structurait : des groupes de réflexion se formaient et organisaient l'encadrement. C'est ainsi que Zehor se trouva non plus sympathisante mais militante, intégrée à un groupe de choc. Finies l'attente, l'hésitation, l'obéissance. L'heure était enfin venue de l'action et de l'engagement. Comme des milliers de femmes algériennes, en même temps qu'elle bouleversait la tradition, Zehor apportait à la lutte, avec le cœur des femmes, les prémices de leur émancipation.

Chez elle, cependant, les choses n'allaient pas d'elles-mêmes et, dès la grève des étudiants, ne fréquentant plus les cours, Zehor rencontra pour militer une multitude d'obstacles quotidiens. A l'époque, une jeune fille ne sortait pas librement et restait soumise aux autorisations paternelles. Zehor tourna adroitement la difficulté : on lui avait, en effet, demandé de donner des cours bénévoles dans une vieille medersa, c'est-à-dire une école arabe moderniste, et elle avait répondu à cette sollicitation. Connaissant les sentiments nationalistes de son père, elle savait qu'il ne pourrait qu'approuver ce choix, bien qu'ignorant qu'elle travaillait en même temps au sein du FLN. Pour elle, tout se passa donc pratiquement sans encombres, jusqu'à la grève des huit jours, en janvier 1957.

Ce début d'année 1957 allait marquer un tournant sur tous les fronts de la lutte. La question algérienne devait être débattue à l'ONU. C'était l'occasion unique de démontrer à la face du monde politique international l'importance du mouvement révolutionnaire algérien, sa structuration tant à l'intérieur qu'à l'extérieur et, surtout, son implantation au cœur des masses populaires algériennes. Il fallait pour cela un coup d'éclat prouvant clairement que le peuple d'Algérie suivait le FLN, non seulement dans les maquis isolés de la zone d'influence coloniale, mais dans les villes importantes, dans cette splendide ville d'Alger dont les Européens se croyaient les maîtres, et dans cette Casbah que Yacef Saâdi avait depuis longtemps constituée en une véritable place forte FLN, ville dans la ville, État dans l'État, narguant ouvertement la puissance militaire et l'autorité civile françaises. Depuis des mois, l'armée ne s'y était pas trompée. Elle bouclait la Casbah avec des chevaux de frise dérisoires et éloquents. Ces remparts de barbelés séparaient deux mondes : d'un côté, la cité européenne, hésitante et passionnée, réagissant par à-coups, ignorant que le militant la côtoyait journellement, cherchant encore une conduite face au cours irrésistible de l'Histoire; de l'autre, les cités populaires, prêtes, organisées, termitières de caches FLN... Ce coup d'éclat, décidé par Ben M'Hidi et le CCE (Comité de coordination et d'exécution), prit la forme de la grève des huit jours. Pendant huit jours, Alger et toute l'Algérie devaient se transformer en ville morte : nul ne sortirait, nul ne travaillerait, les vitrines seraient aveugles, les ruelles tortueuses, si animées d'ordinaire, désertes; toute vie se retrancherait à l'intérieur des maisons. Pour cela, il fallait s'organiser. Les plus nantis aideraient les plus pauvres. On ferait des provisions pour huit jours. Pour la première fois, les classes sociales se confondraient dans la lutte.

Pour Zehor, ces huit jours posaient néanmoins un problème supplémentaire. Plus question d'invoquer les cours à la medersa. Comment dès lors, justifier ses sorties tardives, inopinées? Comment avouer que le FLN l'avait chargée de l'assistance aux familles déshéritées pendant la grève? Elle devait, coûte que coûte, obtenir sa liberté d'action, pouvoir aller et venir sans expliquer ses mouvements.

N'osant aborder de front Saïd, elle plaida sa cause auprès de son frère M'Hamed, le suppliant d'intervenir pour elle auprès de son père. Événement sans précédent dans la famille où nul n'avait jamais « discuté » avec Sidi, l'autorité, le chef, le Dieu... M'Hamed sentit très vite l'urgence de la requête, sentit l'angoisse dans le regard de sa nièce. Sur-le-champ, il s'en alla trouver Saïd, aux bains-douches, tandis que Zehor rentrait chez elle, inquiète, tournant et retournant dans sa tête les arguments qu'elle exposerait en affrontant pour la première fois son père adoré et craint. Peu importait l'incident, se disait-elle, il lui fallait être forte : c'était pour le pays, et rien n'arrêterait sa volonté tenace. Vite la maison, le havre après la rue. Le cœur qui cogne. Un pas. Une porte. C'est déjà Saïd. Deux regards :

— Bonjour, dit Sidi.
— Bonjour, répond Zehor, étonnée.
— Depuis quand ?
— Depuis quelque temps déjà.
— Saha... dit simplement Saïd.

Ce fut tout. « Merci de quoi, mon père ? songea Zehor. Merci de t'avoir informé, merci de respecter ton autorisation ; ou bien merci d'être ta fille jusqu'en cet engagement qui va encore plus nous rapprocher ? Il est sûr que depuis longtemps, maman et toi, vous vous doutiez de quelque chose. Te voilà devant le fait accompli, et tu me dis : *saha*, merci. »

Dès ce moment, les rapports de Zehor avec son père changèrent du tout au tout. Les discussions furent plus libres. Père et fille parlaient politique, échangeant, confrontant leurs idées, s'opposant même parfois sans que la traditionnelle réserve filiale vînt y mettre un terme. Houria et Hanette, les sœurs cadettes, écoutaient, regardaient, admiraient leur aînée qui avait acquis son indépendance. Bien plus encore : c'est à des signes ténus, silencieux, infimes, que Zehor reconnaissait l'amour de son père. Nul événement, par exemple, n'avait jusque-là changé les horaires ponctuels des repas familiaux. Saïd était très strict sur ce point. Tlidja le savait et préparait ses repas à heures fixes, selon des conditions scrupuleusement respectées. Or, depuis que Zehor « travaillait », Saïd ne mangeait plus seul ; Saïd attendait ; Saïd guettait sa fille et, quand l'obscurité envahissait la ville, suivait par la pensée, dans les ruelles désertées d'Alger, la silhouette légère et dansante de Zehor se hâtant vers des tâches graves auxquelles ses dix-neuf ans ne l'avaient pas préparée.

Dehors, dans les rues vides, la ville attendait. Boulevard Cervantès, quartier du Ruisseau, Zehor se hâtait, croisant les colonnes de paras de Massu qui envahissaient Alger de leur pas élastique. Les Français lui souriaient — enfin une Algérienne qui n'appliquait pas le mot d'ordre de grève ! — tandis que des balcons et des terrasses fusaient sifflets méprisants et insultes : « Salope !, *Saha ya rabi!* Merci à Dieu ! Maintenant les femmes sortent et les hommes restent à la maison : les hommes portent le voile ! » Sourde aux lazzis et aux injures, ignorant les bonsoirs et les clins d'œil, Zehor marchait tête basse. Houria, sa sœur cadette, l'accompagnait : elles avaient besoin de parler, de rire, de mimer à deux l'insouciance pour secouer l'effroyable chape de silence et de peur qui s'abattait sur la ville investie.

Le FLN n'avait pas encore donné l'ordre de laisser les portes ouvertes afin que chaque habitant pût offrir un refuge aux militants poursuivis. Et, rentrant de nuit chez elle, rue Damourah, Zehor trouva la porte fermée par un locataire de l'immeuble. Agrippée au lourd marteau de bronze, froid sous la main, elle cogna à tout rompre. Le voisin descendit ouvrir et n'épargna ni sa colère ni son mépris :

— En voilà des façons ! Une jeune fille dehors, à une heure pareille ? En pleine grève ! Quelle honte pour une famille si estimée jusque-là !

Zehor entra, négligeant de répondre. Le lendemain, même retour tardif dans les rues effrayantes. Le voisin lui ouvrit la porte et gratifia Zehor d'un salut qui la surprit. Comme à l'accoutumée, Saïd l'attendait :

— Le voisin veut te voir, lui dit-il. Quand tu auras mangé.

— Rien à faire, dit Zehor, violente. Je n'ai pas à parler à cet individu !

Sidi insista fermement, mais un sourire amusé éclairait son visage :

— C'est un homme âgé, un homme très bien, tu dois y aller, ma fille.

A contrecœur, Zehor grimpa l'étage, frappa à la porte du voisin… La théière et les verres à petites fleurs bariolées étaient posés sur la table basse. Amical, le vieil homme embrassa Zehor :

— Dorénavant, tu peux entrer quelle que soit l'heure. Je serai là, en haut de la terrasse ; je ferai le guet et je t'ouvrirai : je sais maintenant que tu travailles pour le FLN.

Délicieuse fraternité entre un vieillard sévère et une jeune fille de dix-neuf ans. Ces conversations du soir, quand tout reposait dans la ville en grève, furent pour Zehor les dernières oasis de paix, moments privilégiés dans la lutte qui s'intensifiait.

Zehor prit une part active à la lutte du FLN : elle participa très vite à l'action « terroriste » directe. Lorsque Alger entra dans le cycle de la violence où seuls parlent les explosifs, Zehor posa trois bombes. Celles-ci n'étaient d'ailleurs pas destinées à tuer. L'effet recherché était psychologique et non meurtrier. Un autre militant, Safi Yahia, accompagnait Zehor dans sa tâche. Son compagnon, la précédant de deux cents mètres, lui montrait l'endroit d'un signe convenu et continuait sa route, tandis que Zehor se délestait de son paquet. Pour les deux premières bombes, Zehor poussa l'audace jusqu'à les abandonner en face du poste de gardes mobiles de l'immeuble de la Radio, rue Berthezène. La troisième bombe fut celle de l'EGA (Électricité et Gaz d'Algérie). C'est alors que Zehor fit connaissance avec la peur.

Selon la technique soigneusement établie, Zehor devait se défaire discrètement de l'innocent paquet où se cachait la charge de TNT, le détonateur réglé sur un mouvement d'horlogerie. Ce jour-là, à peine eut-elle parcouru une dizaine de mètres, que la bombe explosa sans attendre, et Zehor en réchappa de justesse.

Ma nièce allait chercher les bombes dans un appartement situé près de la mosquée de Sidi Abderrahmane, au pied de la Casbah. En y retournant quinze jours après la bombe de l'EGA, Zehor avisa sur le canapé quatre explosifs enveloppés dans du papier bleu d'écolier. Une autre jeune fille attendait elle aussi, défigurée par l'angoisse. Zehor apprécia vite la situation et dit au pourvoyeur :

— Tu ne vois pas que cette fille crève de peur ? Donne-moi les paquets, je les placerai. Seulement, je ne suis pas un avion supersonique, trouve-moi une Vespa ou un autre véhicule. Ne t'en fais pas, j'arriverai à les mettre aux endroits choisis.

A l'instant même, une terrible détonation se fit entendre d'une pièce contiguë où se réglaient les bombes. Un mouvement d'horlogerie mal réglé venait de faire péter une charge. Zehor et ses compagnons se ruèrent vers l'autre pièce. Spectacle horrible. Le chimiste, grièvement blessé, hurlait en se tenant à deux mains le ventre ouvert. Fuite éperdue. Zehor remonta à toutes jambes les escaliers de la mosquée et se posta là, dans l'espoir de revenir sur ses pas afin de récupérer les bombes. Mais déjà accouraient les zouaves, bouclant le quartier comme on ramène un filet de pêche. Zehor avait vite compris. Il fallait disparaître, se cacher, et sauver ainsi le réseau. Un taxi passa. Elle sauta dedans : « Vite, rue Damourah ! » Le chauffeur ne parut pas surpris par l'affolement de la jeune fille, et, sans demander d'explications, se perdit dans la circulation. Mais, devant les bains-douches, il réclama une somme énorme, le triple du prix de la course, que Zehor régla sans rien objecter. Pendant plusieurs jours, elle se terra chez ses parents. Pourtant, le calme de la maison ne parvenait pas à la rassurer. Inlassablement, l'atroce scène se déroulait dans sa tête comme un film trop réaliste : le chimiste, son râle de bête blessée, les mains crispées sur son ventre pourpre. Traumatisée, elle revécut cent fois sa rencontre avec la mort.

Cependant, la machine policière s'était mise en marche. A l'agonie, le chimiste fut une proie facile pour les services de renseignements. Selon le cloisonnement minutieux de l'organisation FLN d'Alger, Zehor et le fabricant de bombes ne se connaissaient pas. Leur intermédiaire était Safi Yahia. Ce dernier fut arrêté et torturé. Et l'on rechercha alors Zehor. A ce moment-là, brûlée en ville, elle aurait dû monter au maquis. Mais son père avait été arrêté ainsi que son oncle M'Hamed. Elle se fit donc une obligation de rester à Alger et de continuer à travailler, demeurant chez elle jusqu'à son arrestation.

On frappe à la porte de la maison. Forts, sûrs d'eux, les coups résonnent dans l'aube calme de fin d'été. Il est quatre heures du matin. Les cœurs battent. Pour qui viennent-ils ? Tlidja, Zehor et Houria se consultent du regard. C'est Houria qui va ouvrir. Devant elle, des policiers, des militaires dont l'abord ne trompe pas :

— Embarque ! lui disent-ils. Comment se fait-il que tu ne portes pas de lunettes ?

Zehor survient :

— Que voulez-vous ?

— On recherche Zehor Zerari !

— C'est moi !

— Assez de discussions, on vous embarque toutes les deux, comme ça on ne risque pas de se gourer.

C'est ainsi que Zehor et sa sœur Houria sont arrêtées en même temps, pour terrorisme et dépôt de bombes.

Houria et Zehor s'habillent rapidement sous le regard des paras.

— Pourquoi veux-tu t'habiller ? Inutile, puisque tu vas te déshabiller. Tu vas nous faire du strip-tease, ma chérie.

Tutoiement, « strip-tease », « ma chérie », le programme est précis : à la solitude de tout résistant tombé entre les mains de son oppresseur, s'ajoute, pour les femmes, tout un chapelet d'outrages, dus non plus à leur situation de militantes, mais à leur simple nature de femmes, qu'il est facile d'atteindre. Subtile politique de renseignements qu'en 1957 les services français manient avec un art confirmé. En chemise de nuit, ma nièce est amenée au poste, dans une école désaffectée du boulevard Gambetta, en pleine Casbah. Dans une salle de classe se trouvent un officier de renseignements, des parachutistes, et deux frères de combat arrêtés, dont Safi Yahia, que Zehor reconnaît tout de suite, malgré les hématomes qui tuméfient son visage.

Les paras lui arrachent sa chemise. « Espèces de vicieux, tournez-vous, ne vous rincez pas l'œil ! » hurle l'officier aux deux militants. Les militants se détournent. Peu importe à Zehor d'être nue devant ses bourreaux. La haine et le mépris tissent entre elle et eux un écran infranchissable. Mais ses camarades, ses frères... Les Français savent très bien que, pendant des mois, leurs liens ont été ceux de la lutte, que l'amitié qui les soude n'a jamais eu le temps de s'attarder sur elle-même, qu'un grand respect existe entre ces garçons et ces filles que la tradition musulmane a formés à la pudeur. L'officier préposé aux tortures commence par là, justement, car c'est imposer aux membres du réseau leur première séparation.

Séparation... Que dire alors de la détresse solitaire, des longues heures qui suivirent ! La « gégène », pour ceux qui l'ignorent encore, c'est un générateur d'électricité dont les électrodes, fixées aux endroits les plus sensibles du corps, diffusent une décharge de courant : le nez, les oreilles, les doigts, le sexe, partout où l'imagination sadique du tortionnaire le jugera bon et soi-disant utile, puisque le grand mobile de ce genre de pratique est l'efficacité. Ces méthodes de gestapistes sont employées à leur tour par des Français. Où ? Dans des salles de classe destinées à l'épanouissement de la jeunesse ! Obstinément, au fur et à mesure que la douleur l'envahit, la jeune fille fixe les murs, le tableau, tout un attirail dénué de sens. O ombres, du Grand Meaulnes et de Jules Ferry, mythe de l'école ! Fantômes de mots, frères humains, poètes, Villon, Victor Hugo, Verlaine, Apollinaire, vos rimes sont effacées du tableau noir où les léopards ont agrafé l'organigramme du réseau à reconstituer. « C'est la culture qui rime avec torture, pense Zehor. Car la torture se pratique dans les classes de la civilisation française ! »

Pendant trois jours, les brutes se succèdent et éprouvent leur impuissance. Zehor n'avouera que ce qui est déjà connu. Les deux frères l'ont prévenue, en arabe : « Tu peux parler, ils savent tout. » Mais un coup d'œil sur l'organigramme affiché au tableau a suffi à l'éclairer : le seul réseau découvert est celui des bombes. Or, simultanément, Zehor travaillait avec plusieurs cellules. Le jour même, elle avait rendez-vous avec d'autres militants. Elle saura plus tard qu'ils filèrent au maquis dès la nouvelle de son arrestation. Seule l'affaire des bombes, d'ailleurs, intéresse les Français.

Au tableau, l'organigramme se reconstitue sous ses yeux ; à son arrivée, plusieurs noms étaient déjà notés. L'arbre étrange se ramifie avec chaque heure du soleil.

Tout nom représente un militant. Les cases vides représentent les militants en fuite ou les heures de résistance à la torture. Zehor ne livrera que les éléments concernant le réseau des bombes déjà reconstitué. Et l'officier, satisfait, pourra inscrire son nom dans l'ultime case blanche.

Pour obtenir des aveux, les procédés abondent. Les services de renseignements calculent leur alternance afin d'anéantir totalement la personnalité qui leur résiste. Ma nièce est d'abord livrée à la violence des soldats de la pacification. Dans la salle de classe, l'odeur de cuir, de cirage, de transpiration et de tabac froid des « unités d'élite » se mêle à celle du sang et de l'urine. Les coups de pied pleuvent, son sang coule, on pisse sur elle, elle pisse sous elle, de douleur, de peur, d'horreur. Au centre d'elle-même s'est réfugiée, inaccessible, sa volonté de résister. Elle découvre, hagarde, les visages murés de la haine, les regards lourds où réapparaît l'épaisseur primitive de la barbarie. Les léopards en cage arpentent la salle de classe. Ils braillent, ils cognent, aveuglés par leur propre délire, s'enivrent, fascinés de leur puissance de horde.

Pourtant, la « civilisation » ne perd pas ses droits. Ici on torture, mais les victimes doivent rester propres ; à l'image que se font d'eux-mêmes et de leur art les bourreaux. Chacune de ses séances se termine par la douche. On donne à la jeune fille une dose de shampooing, une serviette, un peigne, pour qu'elle aille se laver. Après la douche, nouvelle méthode. Elle pénètre dans un bureau impeccable, en parfait ordre militaire. La page blanche est prête. La machine à écrire est nickel :

— Allez, commence ! lui dit-on.

Zehor s'étonne :

— D'abord, je ne sais pas taper à la machine.

— Ne te fous pas de nous, tu sais écrire.

— Je sais écrire, mais je ne travaille pas chez vous. Je ne suis pas là pour cela ! Que voulez-vous au juste ?

Paternelle, tombe la réponse de l'officier :

— Écoute, ma fille, on veut te récupérer, on ne veut pas continuer à te torturer. De toute façon, tu es brûlée pour l'organisation. Sur quoi comptes-tu ? Devenir une héroïne, épouser un ministre FLN ?

Zehor résiste à la persuasion doucereuse comme à la violence. Salles et hommes se succèdent comme les différents cercles infernaux. Après ses aveux, on pousse ma nièce dans une autre salle de classe. Un para entre. Il lui dit :

— Tu es vierge ?

— Qu'est-ce que cela peut vous faire ? Ça ne vous regarde pas !

— Vierge ou pas vierge, ce soir tu y passeras.

L'humiliation que n'avaient réussie ni les coups ni la torture submerge Zehor, révulsée. La gorge nouée, elle retient mal des larmes de détresse. Le temps s'arrête. Son destin semble avoir jeté l'ancre dans cette absurde école. Sa vie était d'un autre monde d'où lui parviennent une à une les silhouettes familières : Saïd, Tlidja, Houria, Hanette, ses oncles... la vie d'avant.

Mais un second parachutiste entre à son tour. Un caporal. Le responsable des sentinelles qui gardent les salles de classe. Zehor le reconnaît sur-le-champ. C'est lui qui, depuis trois jours, l'a aidée en cachette, lui apportant furtivement du café matin et soir, dans son quart. Étrange exception dans cet univers de brutalité. Son nom est Jean Garnier. Il s'enquiert de la raison de ses larmes, appelle le para et l'apostrophe avec colère :

— Si je te vois parler une fois encore avec cette demoiselle, je te détruis, je te casse la gueule et je te fais muter ailleurs. Je ne veux plus te voir ici !

L'autre sort. Ma nièce s'interrogea longtemps sur cette rencontre. Habituée à la méfiance, elle se demanda même si cette humanité ne voilait pas d'autres intentions moins généreuses. Il lui proposa de l'aider à s'évader. Elle pensa à une feinte. D'après la presse, on s'évadait beaucoup à cette époque. Peu de temps avant son arrestation, une jeune Algérienne, Ourida Medad, avait été assassinée dans cette école. On a raconté qu'elle s'était jetée par la fenêtre. Pour démanteler les réseaux, les services de renseignements tenaient à arrêter les suspects vivants, les faisaient avouer sous la torture puis cherchaient parfois à les éliminer. Pour les autorités coloniales, il fallait que crève la vermine terroriste qui osait contester l'ordre ancien. D'où les nombreuses évasions manquées au cours desquelles furent tués tant de frères et de sœurs. Néanmoins, aujourd'hui, pour ce qui concerne ce caporal qui tenta de l'aider, ma nièce estime qu'elle s'est trompée.

Zehor passa ensuite des mains des parachutistes à celles des policiers et fut transférée de l'école du boulevard Gambetta dans une maison délabrée et désaffectée de Bir-Traria. Nouveau cadre, mais mêmes méthodes. Les policiers se targuaient pourtant de ne point ressembler aux léopards :

— Ici, lui dit-on, il n'y a pas de torture ! On ne reconnaît pas ton premier interrogatoire. On va recommencer et tu vas avouer.

Incohérence des rapports armée-police ! L'État français, c'est un château à la Kafka dont les serviteurs ne se croisent pas et se méfient les uns des autres. Leurs fins sont identiques, mais, d'un ministère à l'autre, on s'ignore. Et la police accepte mal les paradoxes d'une politique qui a appelé l'armée pour mater une « rébellion » qu'elle a été impuissante à réduire. « On va faire la reconstitution. » A ce simple mot, Zehor est en alerte. Elle imagine tout de suite les articles dans les journaux, les représailles contre sa famille, et oppose aux enquêteurs un mutisme complet. Pour obtenir des aveux, les policiers ont recours aux mêmes humiliations que les paras : passage à tabac, nudité. Les murs de la pièce où on l'interroge sont couverts de dessins et de graffitis obscènes, de photos pornographiques, tout ce que peut inventer pour choquer une femme la pauvre imagination des défenseurs de l'Occident. Mais après son séjour boulevard Gambetta, Zehor surmonte aisément ce nouveau choc. Elle tiendra le coup tout au long de son séjour à Bir-Traria. Dans son souvenir, près de vingt ans après, un vieux CRS gradé se détache de la multitude des uniformes. Comme si — Saïd l'avait aussi constaté — dans tout groupe emporté par la violence, il se trouvait toujours un être pour témoigner du cœur et de la conscience humaine.

Dès que cet homme lui offre son aide, Zehor sent instinctivement sa sincérité. Elle lui demande tout de suite des nouvelles de Houria dont elle a su qu'elle se trouvait dans un camp de Beni-Messous. Il lui promet de s'y rendre avec le camion de la popote et, très vite, peut lui donner des nouvelles de sa sœur et de sa maman. Il est allé voir Tlidja et l'a rassurée sur le sort de sa fille aînée, l'a priée de se mettre en quête d'un avocat avant le jugement, lui recommandant surtout de garder le silence sur leur entretien et son intervention. En effet, Zehor ignorera toujours le nom de ce CRS généreux. A son retour à Bir-Traria, il lui a offert une fleur, accompagnant son geste de ces mots :

— De la part d'un con.

— Comment, d'un con ? a répondu Zehor.

— Moi, je suis un con de faire ce foutu métier, mais je ne compte pas y rester.

Pendant le séjour de ma nièce à Bir-Traria, il fit aussi de son mieux pour adoucir ses conditions de détention. Après les chaudes journées de cellule, il arrivait le soir disant : « Amène ton seau jusqu'aux poubelles. Comme cela tu prendras un peu l'air, ça te changera. » Et il l'accompagnait pour qu'elle aspire un peu de l'air du soir. Nul ne t'a célébré, vieil anonyme. Paix à tes doutes et merci pour ces fraîches goulées d'air pur !

Après les paras, après les flics, vint enfin le moment de l'incarcération. Autre forme de persuasion, la douceur paternaliste du juge d'instruction de la 5e chambre, un bel homme : c'était quand même malheureux de la rencontrer là, déplorait-il ; il la priait de réfléchir ; il pouvait encore l'aider, lui éviter la prison, lui trouver du travail : ne valait-il pas mieux penser à son avenir, poursuivre ses études ? Non, tout cela n'était pas sérieux pour une jeune fille intelligente. Bref, le lavage de cerveau normal, mais Zehor, qui en avait déjà tant supporté, était passée depuis longtemps à un autre registre.

— Incarcérez, incarcérez, monsieur le juge, rétorqua-t-elle dans un sourire.

C'en était trop pour le magistrat qui se fit soudain menaçant :

— De toute façon, ma petite, les paras sont dans le couloir, et si vous dites que vous avez été torturée, on recommence.

Connaissant trop bien le nouveau bras séculier de la justice française, Zehor s'abstint de répondre. Néanmoins elle fut examinée par un médecin légiste qui chercha sur son corps les preuves de torture : « Les coups sont bien placés, docteur, et l'électricité ne laisse pas de traces. » Ces choses-là s'apprennent-elles en faculté ? « Avez-vous été violée ? » Son enchaînement démontrait qu'il était informé de certaines pratiques. Il répéta :

— Avez-vous été violée ?

— Il s'en est fallu de peu, mais, heureusement, non.

— Alors, de quoi parlons-nous ?

Et, indifférent, le toubib s'en retourna aux affaires courantes : des hommes et des femmes qui ne portaient pas de traces. Les cœurs déchirés ne saignent pas.

Le 2 septembre 1957, ma nièce fut incarcérée à la prison de Barberousse, puis transférée ensuite à Maison-Carrée. Après les pénibles moments des interrogatoires et de l'instruction, la prison lui parut un séjour digne des *Mille et Une Nuits*. Situé en bordure de la Casbah, au long du boulevard de Verdun, ce vieil édifice de style mauresque, dès les prémices de notre combat, avait enfermé un grand nombre de nos militants. C'est à Barberousse que, le 19 juin 1956, furent exécutés les deux premiers condamnés à mort de la guerre d'Algérie : Zabana Ben Mohamed et Ferradj Abdelkader. Mois après mois, les arrestations se multipliant, elle s'était emplie d'un grand nombre de frères et de sœurs militants qui avaient transformé l'univers carcéral. Pour les détenus, faisant suite à l'isolement de l'interrogatoire et de l'instruction, l'entrée à la prison représentait la fin de la solitude, le retour à la solidarité, les retrouvailles avec une communauté regroupée autour du même idéal, que nulle souffrance ne parvenait à altérer. Oublieuse des leçons de sa propre Résistance, la France enfermait dans ses prisons la fine fleur d'une terre si aimable qu'elle se résolvait mal à ne pas la croire sienne; l'emprisonnement exacerbait encore plus dans les cœurs notre soif d'une Algérie indépendante. Aux violences du combat, au sang versé, succédaient des images si souvent évoquées au fil des jours que la trame s'en usait.

En prison, Zehor pensait beaucoup à son père. Elle écrivit et lui dédia ce poème :

C'était au petit matin
Des chiens verts t'emmenèrent
Sur le pas de la porte
Je te regardais partir
Et je me souviens encore
De ton sourire ensommeillé
Je me souviendrai toujours
De ton sourire malmené
Car
Tu souriais quand même
Tes bras ballants
Ton grand corps
Ton dos
Au loin
Me disait encore
Toute ta tendresse
Je me souviens encore
Et me souviendrai toujours
De ton sourire malmené
Quand les chiens verts
T'emmenèrent
Quand les chiens verts
T'emmenèrent

La bouche de sang barbouillée
Tu souriais encore

Au fond d'elle-même se faisait jour l'ultime conviction que Saïd était mort et que l'attente était vaine. Mot à mot, lui revenait une de leurs dernières conversations. Pesée par sa mémoire, chaque parole lui paraissait atteindre alors son véritable sens, celui pour lequel Saïd les avait prononcées, donnant à chacune sa valeur de justification, d'héritage, d'éternité. Le message, dégagé de sa gangue quotidienne, la frappait de plein fouet. Au-delà de la mort, à travers l'espace et le temps, s'achevait le dialogue entre l'enfant et le père.

« Zehor, disait Saïd, j'ai été un peu rude avec vous, mes enfants, mes frères. J'ai été quelquefois très dur. Mais c'était la vie. La vie était quelquefois aussi très dure. Il y avait aussi la lutte politique. Je n'ai pas toujours pu vous expliquer certaines choses. Ma colère était à fleur de peau. Alors j'éclatais. Mais une chose me satisfsait : c'est à toi ma fille aînée que je m'adresse. Je t'ai donné l'instruction nécessaire. Je t'ai donné l'éducation qu'il faut. Si demain tu te casses les dents, ce ne sera pas de ma faute. Je ne lèverai plus la main sur toi, je te le promets. C'est fini. Mais la vie est difficile. Maintenant nage seule. Alors, tu découvriras ce que c'est. »

Nager seule... Les circonstances le lui avaient, en effet, appris. En quelques mois, elle avait acquis une lucidité sur les événements qu'une existence entière, parfois, ne peut appréhender. Elle se tailla vite une place parmi les détenues. Sa force de caractère l'entraîna, tant à Barberousse qu'à Maison-Carrée, à utiliser toute occasion de résistance. Pour un oui, pour un non, elle revendiquait et se fit redouter autant que brimer par les autorités françaises.

Tout se passa bien pour elle jusqu'au 17 novembre 1958, date de ma seconde arrestation, qu'elle apprit en prison. L'une des avocates du collectif, Michèle Beauvillard, l'en informa au cours d'une visite. Quelques jours auparavant, Tlidja lui avait fait parvenir, au milieu d'un paquet de linge, une de mes photos d'identité. Des bruits couraient que je m'étais rendu. Zehor ne comprenait pas. Elle ne fut rassurée qu'après un entretien au parloir, où la famille lui laissa entendre mes intentions réelles.

Les jours succédaient aux jours.

Les plus tragiques sont, à la prison de Barberousse, ceux des exécutions capitales. Le capitaine Nachet, de son vrai nom Bensalah Amar, mon adjoint quand je devins chef de la zone autonome d'Alger, les vivra, lui, à l'intérieur du quartier des condamnés à mort. Originaire de Mila, il se signalera très tôt au PPA et au FLN en raison de son patriotisme sans faille et de son courage. Ouvrier maçon, il rejoindra les premiers groupes de fida et fera des actions d'éclat avec toute la sérénité qui le caractérise. « Brûlé » dans la capitale, il rejoindra la wilaya IV où il gravira les échelons, de moussebel au grade lieutenant de l'ALN puis capitaine dans la seconde ZAA.

Les exécutions ont lieu à l'aube. A quatre heures du matin, le premier cri s'élève, donne l'alarme à toute la prison : « *Allah Ouakbar! Oua Tahia Djezaïr!*, Dieu est grand et vive l'Algérie! »

Dans chaque cellule s'achèvent les longues heures de veille. A Barberousse, la peur éclot à minuit et s'aiguise jusqu'aux lueurs de l'aube. Exercée au silence, l'oreille des détenus s'alerte au frôlement le plus ténu, car, tels les voleurs de la quatrième heure, c'est en chaussettes que les gardiens viennent chercher les condamnés.

« Dès que l'on entend du bruit, ça y est, raconte le capitaine Nachet, on sait qu'ils arrivent. Quand *ils* viennent chercher un condamné, *ils* ne marchent pas normalement. »

Pour s'en emparer, chaque geste est étudié, et certains gardiens sont fiers de leur technique consistant à agir le plus subrepticement possible. Chacun a sa spécialité. Verrous et serrures sont tirés sans bruit. Parce que le condamné qui sait qu'il va mourir est saisi soudain de la rage de vivre. Cette rage le gonfle d'une énergie désespérée et surhumaine que contient mal la force inerte des gardiens. Alors, quand la porte s'ouvre sur celui qui attend, noué dans un coin de sa cellule de deux mètres sur un mètre cinquante, chacun sait comment et par où saisir cette boule palpitante.

Les gardiens se jettent sur le prisonnier, s'en emparent l'un par les bras, l'autre par les jambes. On l'entraîne vers l'économat pour lui passer une chemise sans col. Maintenant, on ne se gêne plus. On parle. On fait du bruit. Les portes claquent. La prison écoute. La prison se tend vers cet homme qu'on emporte. *Allah Ouakbar!* Le condamné s'encourage des versets du Coran ou de chants révolutionnaires. Il est déjà au-delà de la peur.

Allah Ouakbar! lui répondent les frères et les sœurs de l'intérieur des cellules. « Dieu est grand! Dieu est grand... *Tahia el-Djezaïr...* Que l'Algérie vive! Que l'Algérie vive!... »

Psalmodiés tout d'abord, l'hymne, la prière s'amplifient jusqu'au grondement qui envahit les couloirs, dégringole les escaliers de la prison jusqu'à la cour grise où se dresse la guillotine et où attend le fourgon noir menant au cimetière d'El Alia. Les paroles de paix se changent en un cri de colère qui décuple les forces du condamné. Il résiste souvent en un ultime sursaut. Les gardiens le frappent de leurs clés, le maltraitent au point parfois de le tuer presque avant l'exécution. Comme Rezki Louni, dont parle le capitaine Nachet : « Il s'est battu une heure dans le couloir. Personne ne pouvait plus l'approcher. Ils l'ont peut-être tué avec leurs grosses clés. »

Jusqu'à la fin, les détenus manifestent, agrippés aux barreaux des cellules. Les CRS rentrent alors dans la prison, matraquent les mains, pénètrent dans les cellules des hommes, tabassent les détenus, mais ils ne parviennent pas à étouffer les appels depuis longtemps perçus de la Casbah toute proche. Des terrasses, des ruelles, répondent les youyous et les pleurs des femmes. Le peuple entier cri sa rage. Au loin repose la mer, indifférente. Le monde est laid, on a privé un homme de la lumière du jour.

Zehor et les prisons de France

Telle fut donc la vie de ma nièce en prison, jusqu'au moment où, à Alger, l'OAS proclama sa décision de liquider les terroristes et les condamnés à mort « qui engraissaient à l'ombre des prisons ». Sur la pression des avocats, les autorités judiciaires acceptèrent alors de transférer les détenues les plus menacées dans les prisons de France. Un matin, sans autre avertissement, les gardiennes entrèrent dans les cellules, lançant des ordres bizarres : « Allez, allez, fissa, rassemblez vos affaires ! » Zehor et ses compagnes pensèrent à un transfert de routine. Mais, menottes aux mains, on les mena sur un quai du port d'Alger, devant un bateau en partance. D'un regard, il fallut tout quitter. Sourdes aux appels et aux bousculades, les prisonnières contemplaient la rade, les quais, le port, la ville blanche, les derniers signes de la terre pour laquelle elles avaient vécu et choisi. Soudain s'éleva le premier nachid. Sur les joues tannées des dockers coulèrent des larmes.

En France, Zehor séjourna dans plusieurs prisons. La plus dure fut celle de Toulouse. Le surveillant en chef était un pied-noir et prétendait leur mener la vie dure, les confondre avec les droits communs.

Comme nous l'avons vu, Houria avait été arrêtée en même temps que Zehor, mais sa première détention ne dura que quinze jours. Les paras l'arrêtèrent de nouveau trois ans plus tard, en septembre 1960. Elle transportait alors des médicaments, procurés par une infirmière française progressiste. Cette dernière fille d'un gendarme avait adopté notre cause. Zehor l'avait connue en prison et, à sa sortie, envoyée à notre famille. Houria fut donc arrêtée par les paras et amenée au lycée Fromentin, près du Golf. Les soldats l'interrogèrent dans une villa des hauteurs d'Alger où elle subit les mêmes tortures que sa sœur. Elle fut condamnée à six mois de prison avec sursis. Normalement, elle aurait dû sortir immédiatement. En fait, elle passa six mois à Barberousse, trois mois à Béni Messous et trois mois à Tefeschoun. Là, elle servit d'écrivain public et fut frappée, en contactant chaque jour un grand nombre de détenues, par l'énergie et le courage des paysannes. Elles résistaient, dit-elle, beaucoup plus que les citadines. Quelques portraits restent gravés dans sa mémoire. Inoubliables. Tel celui de cette mère qui avait perdu ses six enfants : murée dans le silence et ne se plaignant jamais, ou bien encore de ces femmes qui eurent des enfants à la suite de certains viols. Toutes les femmes du camp les aidèrent. Les enfants ont été chéris et soignés : « Vous n'avez pas à rougir ou à avoir honte, disaient-elles aux mères. Vous faites la guerre. »

Quand Houria fut libérée, Zehor comprit, par les lettres de Tlidja, que sa sœur était en danger. L'OAS était à sa poursuite et voulait la liquider. Zehor parvint à la faire venir en France, grâce à l'aide du collectif des avocats. Une militante l'accompagna à Pau. Qui se fût douté que la tranquille cité béarnaise abritât alors un réseau d'accueil pour les militants FLN? Toute à sa douceur de vivre, contemplant les Pyrénées qui la dominent, la ville avait déjà vu arriver depuis quelques années bon nombre de pieds-noirs fortunés qui la choisissaient pour son climat, ses hivers doux, sa quiétude méridionale. Dans les facs toutes neuves, une pointe d'accent pied-noir se mêlait à la chanson gasconne. Des clivages existaient; cependant, ils ne donnaient guère lieu à des affrontements. On aurait pu oublier la guerre, n'eussent été les fausses notes jouées par les récits des jeunes appelés en permission. Torture? Ce n'est pas possible! Et pourtant, lequel de ces étudiants en Vespa aurait imaginé que derrière les murs de la prison croupissait une étudiante algérienne qui en savait long sur ce chapitre? On préférait applaudir le défilé des paras des camps voisins dont les lieutenants, de retour d'Algérie, faisaient rêver les filles!

C'est dans ce cadre créé pour la joie de vivre que Houria trouva refuge. Elle fut hébergée par des religieuses et fréquenta une école dont elle était l'unique Algérienne. L'essentiel était de rencontrer sa sœur. Les démarches furent longues, mais elle y parvint. Au retour d'une de ces visites, une voiture stoppa devant elle. Une 403. L'endroit était désert et le quartier résidentiel. Un homme descendit, s'empara d'elle et la jeta dans la voiture. On lui fit baisser la tête. Peu après, du gravier crissa sous les roues. Elle se trouva dans une demeure cossue et retirée. Là on l'interrogea. Parmi les kidnappeurs, certains parlaient arabe, certains avaient l'accent espagnol. Ma nièce reconnut aussi des pieds-noirs.

— Que faites-vous ici ?

— Je poursuis mes études.

— Qui êtes-vous allé voir en prison ?

— Ma sœur.

— Rentrez chez vous, vous n'avez rien à foutre en France.

L'entretien s'arrêta là, mais l'incident inquiéta Zehor, qui fit rapatrier sa sœur en Algérie par le collectif des avocats.

Zehor connut la France à travers ses prisons : Toulon, Toulouse, Pau, Bordeaux et Rennes, d'où elle fut libérée le 16 avril 1962. Cinq ans à l'ombre des barreaux. Cinq ans de cellules froides, de maigres promenades, de cours grises aux végétaux chétifs. Cinq ans de colères enfouies et de rêves broyés qu'on emprisonne avec des mots. A Pau, en 1960, elle écrivit ce poème qui est aujourd'hui enseigné aux lycéens algériens :

Au loin
Un train siffle
Un appel déchirant
Dans la nuit
Il siffle siffle
Appelle à la liberté
Aux voyages
Aux grands espaces…
D'où vient-il
Où va-t-il ?
Emportant
Des hommes et des femmes
Indifférents, soucieux, blasés
Impatients, pleins d'espoir
Pour les uns
C'est une nouvelle vie
Pour les autres
C'est une parenthèse…
Il fait nuit
Le train siffle
Appelle à la liberté
Aux voyages
Aux grands espaces
Mes rêves fous
Se cognent aux barreaux

Se blessent pour retomber
Pantelants dans ma cellule
Le train est déjà loin.

Le collectif des avocats

Zehor et ses compagnes n'étaient pas seules. A travers la France et ses prisons, un réseau invisible travaillait depuis le début de la guerre ; un réseau de sympathisants qui n'acceptaient pas de réduire les événements à la version officielle et pudique, qui savaient que derrière les titres des journaux, les « dangereux fellaghas », les détenus méprisés et déjà jugés par l'opinion publique, se cachaient des hommes et des femmes à l'engagement lucide. Les premiers accusés algériens furent défendus par des avocats français, animés par le sentiment d'une cause juste. Il y eut en France des femmes et des hommes que ne rendirent pas sourds les fausses sirènes patriotiques. Le procès du réseau Jeanson suffit à en porter témoignage. La notion de patrie se trouvait élargie à celle de liberté. Très vite, enfin, fut créé le collectif des avocats FLN prenant en charge la défense des Algériens par les Algériens.

Mon ami, maître Mourad Oussedik, participa à la naissance de ce collectif. L'un des rôles essentiels de la Fédération de France a été précisément de mettre sur pied une organisation sans faille qui, à l'intérieur même des prisons et des camps d'internement, imposerait les structures et l'idéal du FLN. Ce résultat fut atteint. Et l'on peut dire que les quinze mille internés politiques algériens constituèrent une véritable wilaya.

Les débuts furent difficiles. Lorsque Mourad arriva en France, fin 1955, la défense des accusés était assurée par des avocats français qui, depuis longtemps, soutenaient notre cause : maître Jacques Vergès, Gisèle Halimi, Michèle Beauvillard, Pierre et René Stibbe, Yves Dechezelles... Ces avocats assumaient indifféremment la défense des accusés d'obédience messaliste et FLN. Bien qu'ils fussent informés, l'équivoque messaliste-FLN ne leur était pas apparue clairement dès l'abord, car ils estimaient que tout militant arrêté combattait pour une même cause : l'indépendance de l'Algérie.

Dans un premier temps, le petit groupe FLN qui s'était constitué en France choisit la politique de la modération. Les divergences n'éclatèrent pas au grand jour. Le comité FLN, dirigé par Salah Louanchi, s'accordait sur ce point avec les avocats de la nouvelle gauche française engagée à nos côtés ; la première bataille à gagner était celle de l'opinion publique. Obtenir l'appui d'une importante fraction de l'opinion paraissait préférable à l'étalage de nos dissensions internes. Mais, très vite, l'engrenage de la répression joua son rôle : Salah Louanchi et son équipe furent arrêtés. De nouveaux responsables leur succédèrent, aux positions plus radicales. Le MNA, attaqué sur son terrain d'élection, le recrutement des militants, prit l'initiative de la guerre ouverte et fratricide. La première victime fut un vieux militant nommé Saïfi, tué dans un café du IVe arrondissement. Le MNA l'abattit d'une balle en pleine tête. Le FLN réagit immédiatement à la violence et passa à l'action directe. Les fiefs messalistes du XIXe arrondissement et de Saint-Ouen furent réduits. Il ne restait donc plus de MNA qu'une frange contre-révolutionnaire noyautée par la police française en diverses grandes villes, telles que Lyon, Lille, ou, selon la formule « diviser pour régner », les messalistes devinrent de véritables instruments de la police.

Cette équivoque levée, la nouvelle direction de la Fédération de Paris s'orienta vers la création d'un collectif d'avocat émanant du FLN. Les Algériens prenaient en charge leurs frères arrêtés. C'était la défense des Algériens par des Algériens. Engagés à titre personnel, les avocats algériens se soumettaient, il va sans dire, à la discipline et au projet du FLN. Cette attitude nouvelle fut expliquée aux avocats français. Les positions respectives s'en trouvèrent clarifiées. La décision fut suivie à l'échelon des deux pays, la France et l'Algérie.

La tâche numéro un du collectif était d'ordre psychologique. Lorsqu'un militant se voyait arrêté, il était capital de l'empêcher de se laisser réduire au statut de simple prisonnier. Il n'était pas hors de combat, mais un militant en prison. Le nouveau terrain de lutte devenait l'intérieur même de la prison. Cette œuvre de persuasion incombait à l'avocat. L'opinion publique ignorait tout ou partie de ce qui se passait derrière les murs. Mais, au cours du procès, le militant manifestait de manière flagrante son identité. Selon la logique de notre lutte et les principes qui l'inspiraient, l'accusé récusait la justice française dans son fondement même. En qualité d'Algérien, celle-ci n'était pas de son ressort.

A l'intérieur des prisons, les structures FLN s'instaurèrent très vite. Qu'il fût en liberté ou enfermé, il était important que le militant pût se situer dans un cadre précis. Le comité de la prison, désigné démocratiquement par l'ensemble des détenus, mettait en place des comités de discipline, d'instruction, de scolarisation. On arrivait même à créer des magasins qui alimentaient les détenus à la cantine. On y trouvait des produits algériens. Il y eut aussi des salles de prière. Le comité de prison se tenait en rapport direct avec le Comité fédéral, en Allemagne. Il établissait des rapports financiers et des rapports d'activité. Bien entendu, toutes ces créations furent obtenues par des grèves, dures et efficaces.

Les militants du FLN se livrèrent en prison à un important travail idéologique. Des cellules de réflexion s'organisaient et évoquaient les problèmes de l'avenir : la réforme agraire, la société algérienne et l'indépendance. Ces travaux étaient communiqués à la Fédération qui donnait son avis et parfois dégageait de nouvelles orientations.

Les années passant, les prisons devinrent des écoles de cadres. La justice française ne fut pas dupe et décida de ne plus relâcher des militants jugés trop forts et trop armés idéologiquement. Ils furent internés dans des camps pudiquement appelés « administratifs ».

En dernier ressort, ces camps furent à leur tour structurés, et le « cessez-le-feu » ne surprit pas quinze mille militants démobilisés, mais des résistants organisés qui n'avaient pas le sentiment d'être demeurés en dehors de la lutte.

Il est clair que ce travail n'eût pu réussir sans le cordon ombilical que constituait le collectif des avocats. L'avocat était une sorte d'agent de liaison, le représentant de l'extérieur. J'en veux pour exemple la répartition de l'argent des détenus. La résistance avait, par autodiscipline, créé un véritable esprit communautaire. Tout détenu qui recevait un secours financier de sa famille le versait à la caisse commune. En contrepartie, la Fédération, par l'intermédiaire de chaque avocat, envoyait un mandat à chaque détenu. Il n'y avait ainsi ni riche ni pauvre.

Les avocats du collectif suivaient eux-mêmes ces principes égalitaires. Ils devinrent peu à peu des permanents travaillant en accord étroit avec le « comité de soutien aux familles des détenus ». Lorsqu'elle s'en aperçut, la police française arrêta deux avocats, Mourad Oussedik et Ben Abdellah. Les détenus organisèrent une grève de la justice qui obligea les autorités à les relâcher. Les détenus refusaient de comparaître et le jugement se déroulait en leur absence. La justice n'était plus qu'un simulacre vide de sens et la machine complètement bloquée.

Le noyau initial du collectif comprit donc, à l'échelon de Paris, Smaïl Mehana, Ould Aoudia et Mourad Oussedik. Issu d'une famille totalement assimilée, maître Ould Aoudia se réalisera pleinement grâce à la révolution. Intellectuel marxiste, il va adhérer avant 1954 au parti communiste et étudiera tous les manuels marxistes, et les œuvres de Mao-Tsé-Toung et de Liu Shaouchi, qui réveilleront en lui de nouvelles perceptions. C'est tout naturellement qu'il quitte le parti communiste pour adhérer individuellement au FLN, dont il accepte et les idéaux et les formes de lutte. Il servira avec abnégation, convaincra sa famille de se mettre au service de la patrie. C'est lui qui assumera la direction du collectif des avocats jusqu'à son assassinat.

Dès le changement de direction de la Fédération, il s'enrichit de maîtres Ben Abdallah, Jacques Vergès, Zavrian, Courgés, Bendimered. Les responsables successifs de ce collectif furent Smaïl Mehana, Bachir Boumaza, Abderrahmane Barka, Mourad Oussedik, Ben Abdellah et Moussa Mahdaoui. Ces avocats recevaient une allocation mensuelle qui ne dépassait jamais 150 000 anciens francs, frais de cabinet inclus. Les extrémistes ne tardèrent pas à les pourchasser de leur haine. M. Ould Aoudia fut tué en mai 1959 à huit heures du soir, alors qu'il fermait son cabinet, abattu de deux balles tirées d'un silencieux, au cœur. Être avocat du collectif FLN, c'était vivre pratiquement dans la clandestinité, au centre de Paris. Mourad Oussedik habitait rue Guénégaud. Le groupe armé du Ve arrondissement assurait sa protection. Toute tête étrangère algérienne ou française était immédiatement repérée dans le quadrilatère des rues de l'Odéon au Pont-Neuf. Il était surveillé par des guetteurs habiles, des commerçants, et un dénommé « Moustique », marchand de fleurs, si bien qu'il était pratiquement impossible d'accéder au 13 de la rue Guénégaud, siège de l'organisation, sans être signalé.

Arrestation de mes deux frères

En Algérie, la justice procédait de manière plus brutale. Mon frère M'Hamed en fit l'amère expérience.

Il avait, quant à lui, brillamment réussi un examen de secrétaire de mairie à Maison-Carrée : deuxième sur quatorze ! Il avait été néanmoins écarté en raison de son dossier d'ancien condamné politique. On lui proposa par la suite d'entrer dans l'administration, mais il refusa, car le Front de libération nationale avait interdit à ses militants d'accepter une promotion. M'Hamed avait pourtant été admis comme comptable dans l'administration pénitentiaire, et, pour faire vivre sa famille, il accepta un poste à la prison de Barberousse. Là, il tenta, dans la mesure du possible, d'atténuer les souffrances des prisonniers, leur apportant des journaux, des lettres, des mandats.

Alors éclata, le 28 janvier 1957, déclenchée par le FLN en

prévision du débat sur l'Algérie à l'ONU, la grève des huit jours qui marqua le début de la « bataille d'Alger ». M'Hamed fut cueilli chez lui, rue Damourah, au cours de la cinquième nuit. Saïd avait été arrêté deux jours plus tôt. Le portail de sa maison était bouclé avec une chaîne. Les paras sautèrent par-dessus le mur et frappèrent à la porte : « Ouvrez, police ! » On demanda à M'Hamed d'ouvrir la boutique de Saïd. Il refusa : « Le magasin appartient à mon frère. Nous l'avons fermé comme il nous l'a demandé. Je ne veux pas ouvrir. Ma nièce et moi, nous avons peur de recevoir une balle dans la tête. » M'Hamed fut conduit au commissariat de police, interrogé (on l'accusa d'avoir participé au meurtre d'un soldat abattu la veille par des fidaïyine), transféré au centre de triage de Beni Messous, puis amené au Stade municipal. Au sous-sol, les cabines de la piscine servaient de cellules. Les bérets verts y torturaient à l'abri des regards indiscrets.

M'Hamed fut interpellé le deuxième jour de son incarcération au Stade municipal : « Zerari ! » cria un parachutiste. M'Hamed avança d'un pas. En même temps qu'un autre prisonnier : « Saïd ! » Les deux frères se tenaient au garde-à-vous. Le para beugla :

— Vous vous foutez de moi ou quoi ?

M'Hamed et Saïd ne bougeaient pas. M'Hamed se serait jeté dans les bras de son frère aîné si l'homme engoncé dans sa tenue camouflée n'avait levé le menton, aboyant :

— Zerari M'Hamed !

— C'est moi, dit-il.

Saïd était blême. A son habitude, il aurait sans doute répondu « me voilà » à la place de M'Hamed, si celui-ci n'avait décliné son identité.

M'Hamed fut entraîné dans la salle des douches. Un para le retint quand il recula d'effroi en voyant les cordes, les fils de fer, la gégène posée sur une toile cirée, la baignoire emplie d'eau savonneuse, et le projeta en avant d'une bourrade, vers ses bourreaux. En déséquilibre sur le carrelage bleu mouillé, il se déshabilla. « Enlève ton slip ! » Un petit capitaine qui, malgré la moiteur de la pièce, portait un blouson doublé de fourrure, le regarda longtemps, puis, détachant ses mots, l'interrogea :

— Qui est le propriétaire des bains-douches de la rue Damourah ?

— Saïd, dit M'Hamed.

Un béret vert qui triturait une cravache murmura :

— Celui-là, on le connaît, c'est un salaud.

M'Hamed serra les dents. Le capitaine quitta comme à regret le bureau métallique où s'entassaient de minces dossiers. Les mains glissées dans son ceinturon, il arpentait la salle :

— Vous n'avez pas d'autres frères, monsieur Zerari ?

— Si, Abdennour et Rabah...

— Vous avez des nouvelles de Rabah ?

— Il est en France, il vient de m'envoyer une carte postale de Marseille.

— De Marseille, curieux, curieux...

L'officier parut un instant méditer.

— N'est-il pas plutôt dans le maquis en train de tuer des Français ?

Un lieutenant, qui n'écoutait pas la conversation, s'avança vers M'Hamed et le frappa. Scientifiquement. Froidement. On entrava les pieds et les mains de M'Hamed et on le plongea dans la baignoire. Le lieutenant maintenait d'une poigne ferme sa nuque sous l'eau. Mon frère résista et on lui plaça sur la langue, les aisselles, les doigts de pied, le ventre, le sexe, les pinces de la gégène. Un para, aussi consciencieux que s'il eût tourné la manivelle d'un moulin à café, manœuvra le générateur. A chaque décharge, M'Hamed tressautait comme une bête, ses genoux heurtant le sol.

— Où est Rabah ? Où est ton frère Azzedine ?

— Je n'en sais rien, Monsieur, je vous jure que je ne sais pas où il est. Il m'a envoyé une carte postale de France...

Ses tortionnaires ne le lâchèrent qu'au bout d'une heure. Épongeant son visage avec sa chemise, M'Hamed s'aperçut que sa sueur avait la couleur du sang. Chaque jour, il était interrogé dans la salle des douches, qui lui devint familière. A droite, au fond, la baignoire et le bureau verdâtre du capitaine frileux; près de la porte, la gégène noire et les fils reliés à des pinces prêtes à mordre comme des gueules de vipère; la lumière pisseuse filtrant à travers le vasistas, réfléchie par les carreaux de céramique luisants de graisse et d'eau; et l'odeur lourde de la peau, du savon et du linge humide.

M'Hamed n'appréhendait guère la torture de la baignoire, ni le rituel de l'électricité qui annihilait en lui tout réflexe. Il redoutait, en revanche, plus que tout, l'atroce étau dont on lui enserrait le crâne quand, irrités par sa passivité, ses bourreaux décidaient d'animer la séance. L'invention était simple : un fil de fer bloqué en arrière de la tête par un bâtonnet de bois que l'on tournait lentement. A chaque torsion, M'Hamed sentait sa cervelle exploser. Il avait l'impression qu'au-dessus de ses sourcils, ses os et son cuir chevelu bouillaient dans une marmite chauffée à blanc.

— Encore un tour, mon capitaine ?

L'officier s'approchait, examinait le front de M'Hamed que cisaillait le fil de fer :

— Encore un.

Comment répondre à la litanie des questions déchirant comme des clous son cerveau ? « Pourquoi as-tu commis cet attentat ? Envoies-tu des armes, de l'argent, des vêtements à ton fumier de frangin ? » Il balbutiait, essayant d'avaler sa salive sanglante, qui l'étouffait : « Je ne sais rien, je ne sais rien... » Inlassables, les paras le battaient jusqu'à l'évanouissement. Il se réveillait sur la planche de sa cellule.

Un jour, en sortant de sa cabine, il entrevit le général Massu, l'air affairé, discutant avec quelques officiers. Il surprit aussi Saïd, faisant la queue devant la salle des douches. Saïd était enchaîné. Il avait le visage tuméfié, des yeux exorbités de grenouille. Sa bouche n'était plus qu'un trou violet et pourpre. Mon frère ne pouvait plus marcher : on lui avait grillé les orteils.

Il fut libéré quelques jours plus tard. Il rentra chez lui où il soigna ses blessures. Zehor lui offrit de douillettes pantoufles pharmaceutiques, le dorlota. Il confia à sa fille qu'il se moquait d'avoir été torturé.

— J'ai cru, dans mon délire, que tu étais enfermée dans la cellule voisine. Il me semblait entendre ta voix, tes hurlements... Ça me rendait fou.

Zehor découvrait son père sous un autre aspect.

— Tu ne sais pas ce que je donnerais aujourd'hui pour connaître le nom du para qui tous les soirs m'allumait une cigarette, m'apportait un bout de pain trempé dans du lait, lui dit-il. J'avais les yeux bandés et je n'entendais que son pas feutré, le glissement de ses rangers sur le carrelage. Sais-tu, ma fille, que même au fin fond de l'enfer, quand la haine oblitère tout, on trouve des êtres généreux ? Que même là où aucun sentiment ne semble pouvoir résister à la violence, on rencontre l'amour universel ?... Non, Zehor, je n'oublierai jamais cette voix. A chaque fois que je l'entendais, elle apaisait ma souffrance, à chaque fois que je sentais cette main me tendant une cigarette, un quignon de pain, calmant d'un simple effleurement la fureur bouillonnante du monde, cela me rendait le courage de vivre et de me battre. Le geste avait d'autant plus de valeur qu'il était anonyme.

Quinze jours plus tard, Saïd fut une seconde — et dernière fois — arrêté. Une jeep se gara le long du trottoir de la rue Damourah et des hommes, vêtus de la tenue camouflée des parachutistes, s'engouffrèrent dans le magasin. Parmi eux un certain José Cool, un jeune footballeur du quartier, un type qui travaillait aux halles centrales. Ils perquisitionnèrent dans les bains-douches. Hélas ! un vague cousin de la famille, Djelloul Benkedhat, larbin d'un commandant de l'armée française, était venu en permission à la maison. Et il avait laissé son fusil dans un placard. Tlidja expliqua aux paras que l'arme appartenait à un troufion, à un membre de la famille. José Cool et ses collègues entraînèrent pourtant Saïd, trébuchant dans ses chaussons imbibés de pus, et le jetèrent dans la jeep. Étaient-ils des gens de la « main rouge », formation fasciste qui précéda l'OAS ? J'ai de bonnes raisons de le croire, puisque le fusil de Djelloul fut par la suite retrouvé dans un commissariat de police. Lorsque mon cousin alla chercher son arme, les flics lui dirent que ce n'était pas l'armée qui avait récupéré le fusil : « Ne cherche pas à comprendre et ferme ta gueule... ».

Abattu au cours d'une « corvée de bois », fusillé, balancé dans la mer du haut d'un hélicoptère, rompu de coups au fond d'un cachot ? Qui saura jamais ce que devint Saïd ? *Allah ya rahmou!* Que Dieu ait son âme !

Tlidja, affolée commença les recherches dès qu'on lui dit que son mari avait été emmené aux environs d'Alger. Au PC des paras, à Hydra, des dizaines de femmes, mères, épouses, sœurs, faisaient la queue. Un parachutiste pressé annonçait à l'une d'elles, comme s'il se fut agi d'un banal communiqué :

— Vous cherchez Untel ? Pas la peine de pousser plus loin. Il a tenté de s'évader et nous avons été dans l'obligation de l'abattre.

Des femmes s'évanouissaient, d'autres poussaient des gémissements de bête, arrachaient leurs cheveux, se tordaient les mains.

— Pourquoi, monsieur, pourquoi ? Il n'a rien fait, mon fils !

Rabattant son haïk plus bas sur son front, serrant un peu plus fort les doigts glacés de Zehor, Tlidja scrutait les listes qu'un bidasse punaisait sur un tableau de liège, tendait l'oreille quand un para énumérait des noms.

— Savez-vous où se trouve Zerari Saïd ? demandait-elle.

Mouillant son index, un soldat tournait les pages d'un cahier où des lignes rouges indiquaient les hommes qui avaient été exécutés.

— Ça fait la troisième fois cette semaine que vous venez nous emmerder. Zerari, il n'est pas ici... Au suivant !

Et Tlidja harcelait d'autres commissariats, d'autres casernes. En vain.

Paul-Cazelles et Bossuet

M'Hamed resta, quant à lui, un mois incarcéré au Stade municipal. Un jour, il entendit une rafale de pistolet mitrailleur : une sentinelle qui gardait l'entrée du stade avait été tuée par un fidaï et un para se vengeait en tirant au PM sur les prisonniers entassés dans la piscine vide. Plusieurs furent grièvement blessés. L'un d'eux, qui avait reçu un chapelet de balles dans le ventre, mourut.

M'Hamed fut ensuite transféré dans un centre de tri. Les Français enfournaient les prisonniers par troupeaux de cent. Les hommes étaient tassés dans les camions à coups de crosse dans les reins, sur la tête. Encadré par deux half-tracks, le convoi traversa les gorges de Médéa et descendit vers le sud, jusqu'aux portes du Sahara. Le camp de Paul-Cazelles avait été implanté sur la plaine désertique et entouré tous les cents mètres de miradors. Mains liées derrière le dos, les prisonniers avançaient à genoux, entre deux rangs de territoriaux et de chiens bergers menaçants.

M'Hamed reconnut le Dr Maouche, le pharmacien Zaïbek, des amis de Bône et d'Alger, le coureur cycliste Zaaf, progressant par petits sauts dans la poussière. Près de mon frère se traînait un homme de soixante-cinq ans, avec un cou maigre de dindon, tout en fanons, les joues blanchies de poils épars. C'était le mois de mars, mais le soleil tapait quand même si fort que le vieux s'écroula. Un appelé du contingent se pencha et cria :

— Allez chercher un médecin, ce type va crever…

Les territoriaux ne bougeaient pas, indifférents. Un détenu osa intervenir :

— Nous avons un médecin parmi nous.

Et il désigna le Dr Maouche qui, lui aussi accroupi sur le sable, attendait son tour. Un territorial consentit à écouter :

— Fais voir ta carte !

Maouche lui présenta sa carte professionnelle, datant de 1955. Le territorial repoussa la pièce d'identité d'un geste méprisant :

— Vous étiez médecin en 1955... Mais nous sommes en 1957.

Maouche retint un sourire :

— Vous voulez dire que je ne suis plus médecin ?

— Non. Vous l'étiez peut-être en 1955. Plus maintenant. Je vais appeler le médecin du camp.

Le toubib militaire accourut et fit transporter le vieil homme dare-dare à l'infirmerie.

Comme les autres, M'Hamed, toujours accroupi, déclina son nom, déposa dans un carton ses menus objets personnels. Il eut enfin le droit de se lever. On lui donna une gamelle en fer-blanc, une cuillère et une couverture kaki, raide de crasse. Il fut dirigé vers une tente. Le camp de Paul-Cazelles n'était pas encore construit. Chaque matin, M'Hamed et ses compagnons d'infortune fixaient des barbelés aux poteaux hérissés de griffes. Il garde de ce travail des cicatrices indélébiles sur les mains et les avant-bras. Un garde-chiourme, le surprenant en train de bavarder, lui ouvrit la main droite, de l'index à l'auriculaire, d'un coup de cravache.

La vie du camp était extrêmement dure. Les premiers temps, les gardiens se contentèrent d'humilier les détenus raflés et Médéa, Boufarik, Alger, etc. Des camions bourrés de prisonniers arrivaient chaque jour. Il fallut monter des dizaines de tentes. Le reste de la journée était consacré à l'édification des clôtures de barbelés.

Impossible de correspondre avec l'extérieur, de recevoir des colis. Mais les détenus, se concertant, parvinrent peu à peu à améliorer le régime carcéral : ne supportant pas la nourriture indigeste qu'on leur servait (une boîte de sardines pour deux, une boule de pain pour quatre, des patates bouillies au petit bonheur la chance et un os enveloppé d'une mince pellicule de viande, pour dix, une fois par semaine), ils participèrent à la cuisine avec les maigres moyens dont ils disposaient. Quand il fut empli, le camp de Paul-Cazelles contint trois mille deux cents personnes. Parmi elles, il y avait toujours d'anciens prisonniers de 1954, dont certains avaient pourtant déjà purgé leur peine, mais que l'administration pénitentiaire ne voulait pas libérer. Les trois blocs du camp — Ouest, Est et Nord — contenaient chacun dix tentes groupées autour de la place d'armes où flottait le drapeau tricolore. L'hygiène laissait plutôt à désirer. Les prisonniers se seraient contentés du peu d'eau qu'on leur distribuait pour leurs ablutions quotidiennes, si le vent de sable n'avait rendu inutiles, en quelques minutes, leurs efforts de propreté; si serpents et scorpions n'avaient pullulé sous les châlits en tubes métalliques où, épuisés, ils s'étendaient le soir après la sonnerie grêle du clairon; si les travaux de maçonnerie, en plein soleil, n'avaient constamment asséché leur gorge. Bon nombre se connaissaient de longue date, mais il leur était interdit de communiquer. Malgré tout, les plus actifs réussirent à créer un comité qui alla trouver le colonel du camp et lui présenta les doléances de la collectivité. Celles-ci avaient surtout trait à la nourriture, aux conditions sanitaires, et aux exactions des territoriaux, qui avaient inventé une punition que les détenus surnommaient le « mort-vivant » ou le « tombeau de la mort ».

Le prisonnier, puni pour une raison souvent bénigne, creusait lui-même sa tombe. A l'aube, les territoriaux l'enterraient jusqu'au cou et ne le sortaient qu'au crépuscule. Le soleil saharien rôtissait la tête du malheureux. Ainsi, un chauffeur de car de Blida fut déterré un soir, les yeux cuits et les lèvres éclatées. Parfois, le détenu restait enfoui dans le sable vingt-quatre heures durant. A la chaleur torride du jour succédait le froid glacial de la nuit. L'homme bleuissait, saignait du nez. Pour corser le supplice, un sous-officier sadique chassait des fourmis rouges qu'il faisait jeûner dans une boite d'allumettes, puis les déversait dans les cheveux de sa victime. Le picotement des pattes et les morsures des insectes rendaient fou le prisonnier qui hurlait, sans que personne pût essuyer sa sueur, ôter les grains de sable et les sales bêtes qui s'aventuraient sous ses paupières, dans ses oreilles, dans ses narines.

Le dimanche, personne ne travaillait. Assis sur leur châlit, profitant de chaque seconde du repos, cœur battant au ralenti, des hommes imaginaient des bonheurs enfuis, dessinaient derrière leurs yeux clos des portraits de famille et des paysages souriants. D'autres rêvaient d'évasion, établissaient des plans compliqués. D'autres enfin s'organisaient pour faire peser sur la direction du camp le poids d'une volonté populaire. Un de ces dimanches moites et silencieux, tout le bloc I se mit en branle et descendit vers le bloc III. Le colonel avait autorisé les détenus à se rendre visite. Mais une sentinelle, affolée par cette foule, digne, superbe dans ses oripeaux que le vent déployait comme des fanions de guerre, croyant qu'une émeute se déclenchait, tira... Et des prisonniers tombèrent. On les ramassa. On les soigna à l'infirmerie. Routine des camps de concentration.

Paul-Cazelles s'organisa. Les barbelés, crocs étincelants, ceignaient la forteresse. Les détenus obtinrent l'autorisation d'écrire et de recevoir du courrier, de voir leurs parents, une fois par semaine. M'Hamed eut la joie de bavarder avec Tlidja. Comme la femme du film de Lakhdar Hamina, *Le Vent des Aurès*, ma belle-sœur parcourait les camps de regroupement, assiégeait les casernes, les prisons, les gendarmeries, quêtant des nouvelles de son mari. On la renvoyait d'un endroit à l'autre. Jamais lasse, espérant un signe, elle cheminait, un couffin sous le bras, disant à la ronde : « Vous savez où est Zerari Saïd ? » Les réponses étaient identiques. Tlidja persévérait, tout entière tendue vers son but.

Lorsque le camp fut comble, M'Hamed fut envoyé ailleurs, à Bossuet, à Sidi-Chami, à quinze kilomètres d'Oran. Les prisonniers qui pensaient que la guerre pourrait être pacifiquement conclue étaient manipulés, en vue d'une propagande anti-FLN. Isolé en cellule, surveillé à cause de ses antécédents, mon frère ne céda pas aux pressions, même quand on lui faisait entrevoir une possibilité de libération à condition qu'il reniât le FLN.

— Combien as-tu tué de Français ? lui demandait-on.

— Aucun, répondait-il.

Et il était battu, enchaîné, bouclé à double tour dans un cul-de-basse-fosse. C'est à Bossuet, où étaient enfermées toutes les têtes fortes de l'Ouest, que M'Hamed eut des nouvelles de Zehor. Notre nièce lui écrivait qu'elle se trouvait à Pau, dans la section des détenues politiques, qu'elle se portait bien, que l'administration pénitentiaire n'était pas trop sévère, que des avocats s'occupaient d'elle. Un officier de la prison l'appela et lui lut la lettre :

— Zerari, dans ta famille, vous êtes tous nés rebelles ! Hommes, femmes, enfants, vous tenez tête à l'armée française ! Mais lis donc ce que ta nièce dit de la France. Après tout, elle n'est pas si mal que ça. En métropole, tu peux parler comme tu veux. Ici, mon vieux, tu n'as pas le droit d'ouvrir le bec. Heureusement. Si on était moins cons, ta nièce et toi boufferiez depuis longtemps les pissenlits par la racine !

— Puis-je vous demander ce que Zehor dit d'autre dans sa lettre ?

— Voyons... Ah ! voilà, elle dit que ton frère Saïd a été torturé et qu'il est mort.

M'Hamed ravala ses larmes.

— Écoutez, Zerari, ajouta l'officier, soudain frappé par tant de dignité, je ne comprends pas pourquoi vous continuez à être anti-français. Cela ne vous mène vraiment à rien. Sinon à ronger doucement votre jeunesse dans des camps.

— Je ne suis pas anti-français, répliqua M'Hamed, mais anti-colonialiste. J'ai appris à l'école combien la France compte d'habitants, les noms des préfectures et des sous-préfectures, des départements. L'histoire de France, d'Alésia à la Libération de Paris, les spécialités gastronomiques des provinces. Je sais où le Rhône prend sa source et je pourrais vous raconter la bataille d'Austerlitz. J'apprécie la France à sa juste mesure. Je lutte seulement contre le colonialisme.

Et M'Hamed, noir comme un charbon, le crâne tondu, la peau fissurée par le gel et les tempêtes brûlantes, continua de vivoter dans les camps de la mort. Un jour, on lui annonça qu'il était libre, qu'il pouvait rentrer à Alger. Il ne le crut que lorsqu'on lui remit son titre de transport, qu'on lui rendit ses affaires. Il restitua sa gamelle, sa cuillère et sa couverture, et on le conduisit à la gare de Sidi-Bel-Abbès. C'était au début de 1960.

Les rigueurs de la discipline

Début 58, le colonel Si M'Hamed visitait la zone I. Il provoqua une réunion des chefs de région à H'Djer Maghroua. Le colonel interrompit soudain la discussion pour me dire :

— Azzedine, fais assister quelques jeunes de ton commando à cette réunion, afin qu'ils apprennent quels sont les véritables problèmes qui se posent à notre pays. Pour que demain, s'ils prennent des responsabilités, ils sachent comment trancher.

Je fis donc venir une dizaine de jeunes, dont trois étudiants. A la fin de la réunion, Si M'Hamed nous expliqua ce qu'était la discipline révolutionnaire librement consentie, à la différence de celle imposée dans les armées classiques.

Ces trois étudiants, affectés dans des groupes distincts, se retrouvaient chaque soir pour écouter à la radio de la musique européenne. Les autres djounoud voulaient eux, écouter de la musique arabe. Pour mettre un terme aux chicaneries, je divisai la soirée en deux tranches horaires, l'une réservée à la musique arabe, l'autre à la musique européenne. J'ajoutai, à l'intention des étudiants :

— Il est normal que vous ayez plaisir à bavarder entre vous, mais, pendant la journée, que chacun reste dans son groupe.

Un moment après avoir dit ça, je trouvai de nouveau ensemble mes trois lascars. Je grondai.

— Et la discipline librement consentie, Si Azzedine, c'est fait pour les chiens ?

Je répondis ;

— Vous n'avez pas bien compris. Si, par exemple, je vous donne un ordre qui ne vous plaît pas, dites-le-moi, qu'on en discute. Mais je ne veux pas qu'il y ait de coupure entre les djounoud de la ville et ceux de la campagne. C'est pourquoi je brasse citadins et montagnards. Ils ont tous à apprendre les uns des autres. Ainsi, pour ce qui concerne la radio, vous devriez écouter les informations en langue française et les traduire à vos compagnons de lutte qui ne parlent que l'arabe.

A la tombée de la nuit, les étudiants décampèrent. Mon adjoint estima qu'ils s'étaient rendus.

— Mais non. C'est impossible. Ils sont jeunes, mais se sont déjà battus très convenablement. Je devine où ils sont allés.

Bien entendu, en zone limitrophe, chez le capitaine Ali Lounici, un universitaire ! Croyant que je ne les comprenais pas parce qu'ils étaient étudiants, ils allaient se plaindre à quelqu'un ayant une formation identique. C'était plus drôle que grave. Je fonçai quand même au PC de Lounici, à Tiberguent. Omar Oussedik m'accompagna :

— Je ne sais pas s'il est utile de les faire comparaître devant un tribunal militaire, mais je profite de ta présence pour mettre un point final à cette discussion à propos des rapports entre les étudiants et les paysans au sein de nos unités.

Ali Lounici était de mauvais poil. Moi aussi. Il m'assura d'abord que les trois gamins n'étaient pas chez lui. Mais, un instant plus tard, il prévint Oussedik que nous n'avions pas à nous inquiéter, que les étudiants préféraient être mutés dans sa katiba zonale. Je me mis en boule :

— Pourquoi ces cachotteries ?

— Parce que tu ne les as pas compris.

— Ah oui ! Maintenant, je ne comprends plus mes hommes ! Et de quel droit me juges-tu ?

Je brandis ma mitraillette dans sa direction. Omar me donna un coup de canne sur l'avant-bras. « C'est fini, on s'en va. » Lounici et moi regrettâmes plus tard notre impulsivité. Les trois jeunes furent replacés dans leurs précédents groupes. Il y avait cependant de l'orage dans l'air. Omar, pour décrisper l'atmosphère, me suggéra d'aller dormir plus loin dans une autre dechra. « On discutera. » Je quittai Tiberguent après avoir donné rendez-vous le lendemain à mon commando. Dans l'après-midi, on me signala une importante concentration de troupes près des postes environnants. Je prévins aussitôt mes hommes, leur disant de faire attention en me rejoignant. Vers quatre heures du matin, Tiberguent était encerclé. Au centre du ratissage, il y avait mon commando, celui de la zone 2 et diverses petites unités de la même zone. Je crois que jamais autant d'avions n'avaient été utilisés par l'ennemi dans un accrochage, ni autant de blindés. Des milliers d'hommes se jetèrent dans la curée. Ali Lounici fut blessé. Ce jour-là, l'ALN perdit plus de cent cinquante djounoud, dont une douzaine du commando Ali Khodja. Trois cents civils des dechras de Tiberguent furent aussi abattus par les forces ennemies.

La bataille de Riacha

Baba Saad, l'homme qui, la veille de mon évasion de Tablat, m'avait laissé en gage d'amitié son argent, son ravitaillement et ses affaires personnelles, est venu me voir hier. Le sourcil épais, l'œil vif, le visage rond, Baba Saad est un incorrigible optimiste qui saura toujours sourire même dans les circonstances les moins drôles. Il deviendra mon agent de liaison entre le maquis et Alger. Il est monté au maquis avec son frère et son fils de dix ans que les djounoud impressionnent beaucoup. Il nous a apporté des sucreries, des gâteaux, des lames de rasoir, de la pâte dentifrice, des pataugas et du linge. Il m'a aussi donné des nouvelles. Pas très bonnes : aucune trace de Saïd; mon frère M'Hamed et ma nièce Zehor sont toujours en prison. Mais je chasse les idées moroses. La journée s'annonce resplendissante et je suis heureux d'avoir avec moi Si Lakhdar, de retour d'une tournée d'inspection dans les zones 2 et 3.

Je mijote une embuscade contre un convoi qui doit passer à Aïn-Bessem pour se rendre à Aumale, via Bouira. Si Lakhdar a l'intention de se joindre au commando, dont il adore l'ambiance. Je n'y tiens pas tellement. Il est le commandant militaire de la wilaya IV. Ce n'est pas sa place de jouer au petit soldat. « Allons, Azzedine, se moque-t-il, je suis né pour le baroud. Je reste avec toi, main dans la main ! » En réalité, je suis plutôt fier qu'il m'accompagne. Ses conseils sont toujours bienvenus.

Un agent de renseignements nous précise le nombre de camions, l'heure du passage du convoi, les appuis aériens et d'artillerie qui assureront sa protection. Nous sommes une fois de plus dans la région d'Oued-Malah, et l'embuscade doit avoir lieu à Riacha, terrain par endroits vallonné, ce que j'apprécie, car il favorise notre style de guérilla : à découvert et attaqué depuis les crêtes découpées en créneaux et couvertes de végétation, le gibier ne peut s'échapper. Nous bivouaquons près d'un marabout dont le dôme immaculé émerge d'une maigre forêt de pins rabougris.

Vers quatre heures du matin, un chouf nous alerte : l'ennemi se déploie de notre côté. Pariant qu'il ne nous a pas encore repérés, je tente un coup. Si Lakhdar, avec une section, s'installe autour du marabout, la katiba de Cheikh Messaoud descend plus bas sur la ligne de crête et je place mon commando à l'autre bout sur un mamelon un peu en retrait. Entre chaque unité, une centaine de mètres, à vol d'oiseau.

Les léopards — on dirait des fauves en chasse tant ils avancent prudemment — nous ont reniflés.

Heureusement, ils viennent de face. Derrière nous, sur les flancs de l'embuscade, personne. Les paras accrochent d'abord Si Lakhdar qui, sans trop de problèmes, les reçoit sur son piton orné d'un téton blanc. En ligne sur un front, comme à l'exercice, ils s'arrêtent, se couchent, s'accroupissent. A la jumelle, je vois un officier qui évalue nos forces. D'un geste rotatif du bras, il indique à ses subordonnés qu'il faut encercler le marabout d'où s'élève la fumée de l'accrochage. Il me serait facile, d'où je suis, de faire un carton. Mes FM et mes fusils sont à bonne distance des léopards, mais je préfère que ceux-ci s'approchent encore. Pourquoi n'essaierions-nous pas de réduire massivement l'offensive et de récupérer le maximum d'armes, dont cette carabine automatique à crosse pliante, à chargeur géant et courbe, qu'arbore l'officier des « longues casquettes »? Cette carabine, je la veux! Brusquement, l'officier entraîne les paras, afin de prendre Si Lakhdar à revers. Par où? En passant entre Cheikh Messaoud et moi. Nous les dominons de nos crêtes. Ils ne nous ont pas encore vus. Mon vieux complice de Aïn-Bessem a eu le même réflexe que moi. Il laisse passer. « Avance, petit, avance... » La poitrine de l'officier grossit au bout de mon point de mire. Des grenades offensives sont accrochées aux larges poches de sa veste entrebaillée sur un torse bronzé. Il a glissé sa carte d'état-major sous son ceinturon. Hop, hop, hop! Encore un saut de cabri. J'ouvre le feu. Médusé, l'officier me regarde. A la base de son cou, une tache rouge. Les paras qui l'entourent sont hachés par la mitraille.

Ham Harbou, Ham Harbou! Je ramasse la carabine. Les léopards refluent en désordre... sur la katiba de Cheikh Messaoud qui, à son tour, entre dans la danse. L'unité parachutiste, ou plutôt ce qu'il en reste, détale. Les djounoud la poursuivent un moment, mais les T6 arrivent. Nous déshabillons en vitesse quelques cadavres, récupérons soixante-cinq armes et j'organise le repli.

Je me tiens derrière un tronc d'arbre et je parle avec volubilité, en agitant les mains. Vieille manie méditerranéenne. Un « Sabre » surgit, lâchant rafales et roquettes. Une balle de 12,7 frappe mon bras droit. Ma carabine à crosse pliante vole à trente mètres. La douleur est atroce. Le sang éclabousse mes interlocuteurs. Hébété, je cherche mon bras dans l'herbe. Pensant qu'il est parti avec la carabine, je hurle : « Où est mon bras? Trouvez mon bras! », comme si je pouvais le recoller avec un morceau de sparadrap!

— Mais il est derrière toi, Si Azzedine!

Le choc l'a plaqué sur mon dos. Avec précaution, des djounoud le déplient. La balle est entrée dans le creux du coude, de haut en bas, et ressortie en fracassant le cubitus.

Le lieutenant Abdennour attache les lambeaux de mon avant-bras avec un chèche et demande à Mustapha El-Blidi et à Houssine

Kouar de me conduire à la dechra la plus proche de Riacha. Je me mords la langue pour ne pas geindre, ne pas m'évanouir.

Au-dessus, la ronde des avions... Et quoi! nous y sommes accoutumés. Maintenant, nous savons comment faire pour éviter les roquettes et les rafales. Il ne faut pas courir en avant. D'abord on s'accroupit, on essaie de ressembler à un buisson, on utilise la nature et le relief du terrain à notre profit. Si l'avion nous a situés et repasse pour nous arroser, on évalue d'un coup d'œil quand et où il va tirer, et on gicle de côté. Dans tous les cas, il est souhaitable de coller à l'infanterie ennemie comme l'écorce à l'arbre. L'aviation n'ose pas se méprendre et ne tire pas. Vus d'en haut, les uniformes se ressemblent. Quel pilote distinguerait un léopard d'un djoundi?

On descend l'oued en cahotant quand apparaît un T6. J'ai apprécié où va exploser la roquette. Kouar, collimateur pédestre, qui lui aussi a vu juste, me pousse du côté opposé. Mais Mustapha El-Blidi se jette dans un petit talweg, celui qu'a visé le pilote du T6. Et bang! Le corps de Mustapha est soulevé par l'explosion; il tourne en croix dans un tourbillon de roches et de terre, rebondit et est enseveli sous un arbre que la roquette a déraciné. Kouar l'extrait péniblement. Avec mon bras valide, je l'aide. Mustapha, le djoundi de Blida qui aimait tant sa mère qu'il « l'enterra » cinq fois pour obtenir une permission et l'embrasser, Mustapha El-Blidi saigne de la bouche. Mais il paraît mieux en point que moi. Un éclat de roquette s'est pourtant logé à deux centimètres de son cœur. Il sera plus tard opéré à Tunis par le professeur Heddem, qui le sauvera *in extremis*. Kouar nous traîne, ahanant sous le poids. C'est horrible. Je voudrais mourir tout de suite, dans l'oued, la tête près de l'eau, entre deux rochers, à l'ombre d'un bosquet...

L'orage est passé tout à l'heure
On n'entend plus la fusillade
Mais dans le cadavre des fleurs
Regarde bien camarade
Il reste encore quelque chose
Il traîne comme un parfum de rose...

J'ai lu ce poème écrit par un combattant dans *Révolution*, le journal du maquis. Oui, je voudrais m'arrêter là, dans ce djebel que je veux libre, sans jamais plus d'orages, pour que mes frères y fassent germer la semence de l'amour et de la paix. Mais les djounoud nous rejoignent au crépuscule. Les blessés sont couchés sur des mulets et nous nous replions dans une ancienne zone de la wilaya VI qui dépend désormais de la wilaya IV : le djebel Belgroune, massif violet au relief lunaire.

Je reprends conscience dans une mechta. Autour de ma couche, un groupe de djounoud du commando, et Si Lakhdar, bien sûr, mon cadet d'un an, qui dissimule sous un sourire qu'il voudrait désinvolte son inquiétude et sa peine. Il y a aussi le capitaine Abdelaziz. Il a quatre frères dans l'ALN, dont un, est adjudant-chef de section, dans mon unité.

Les cinq frères Abdelaziz ont donné leur vie à l'Algérie.

Le capitaine Abdelaziz est assis sur ma natte. Il a posé une main sur mon épaule. Il ne dit rien. Les effusions n'ont pas cours dans notre équipe et nous n'avons pas besoin de mots pour manifester notre amitié.

Le capitaine Abdelaziz

Cet officier de l'ALN a la curieuse particularité d'être à la fois un combattant et un meneur d'hommes hors pair, un croyant et un socialiste, vouant au peuple un culte réel où le respect se mêle à l'affection. Ce baroudeur issu d'une très modeste famille, ce soldat ne manquant jamais, même au cœur d'une action, de rendre gloire à Dieu à l'heure de la prière, me parlait souvent de réforme agraire, de distribution des terres, d'une Algérie socialiste. C'est lui qui modifia les structures des compagnies de la wilaya IV en organisant un « gouvernement » à l'intérieur de chacune d'entre elles : un commissaire et son adjoint étaient en permanence chargés de la formation politique des djounoud, un *morchid* leur donnait une éducation morale et religieuse, un responsable des renseignements et liaisons préparait tous les déplacements de l'unité. Pour Si Abdelaziz, une réunion était sacrée. Elle devait être minutieusement mise au point. Une fois le dialogue provoqué, chacun avait le droit et le devoir de tout dire, de rendre compte aussi bien du déroulement d'une action que de ce qui avait gêné ou pouvait l'améliorer. Chacun pouvait critiquer les responsables. Mais, une fois la réunion terminée, Si Abdelaziz exigeait une discipline militaire qui, choisie puisque révolutionnaire, était plus rigoureuse que toutes celles imposées. Quand une erreur était faite par l'un de ses hommes ou collaborateurs, Si Abdelaziz demandait à la communauté le châtiment contre lui-même. Il disait : « Je n'ai pas été à la hauteur pour éviter que les miens commettent cette erreur. C'est donc sur moi que doit retomber la faute, et c'est à moi de payer. »

En le mutant de la zone 1 à la zone 2, Si M'Hamed l'avait

nommé à la tête d'une katiba. Si Abdelaziz était pratiquement illettré, mais, comme la plupart d'entre nous, il avait appris les rudiments de la révolution au contact des masses populaires. Et il était devenu, au fil des jours, un expert.

Il avait réuni les cadres de sa compagnie : « Je viens d'être désigné par le conseil de la wilaya IV pour commander cette unité. Vous ne connaissez que mon nom. Si vous ne me croyez pas capable d'être votre chef, si je ne réponds pas à vos exigences, surtout dites-le-moi. » Le discours avait plu aux cadres. Puis Si Abdelaziz avait rassemblé toute la compagnie, définissant ce que l'Algérie se battant pour son indépendance réclamait à chacun de ses moudjahidine. « Maintenant, je me retire, avait-il conclu. Je veux des adjoints, des chefs de section et de groupe. Élisez-les. Quand vous aurez décidé, je prendrai acte de votre choix. »

J'ai, pour ma part, toujours désigné les cadres de mes unités. Si Abdelaziz, démocratiquement, fit voter ses hommes, qui confirmèrent d'ailleurs la structure hiérarchique de la katiba en réélisant les précédents cadres. Je crois que Si Abdelaziz en fut heureux. « Maintenant, il faut que nous baptisions notre katiba en lui donnant le nom d'un patriote, d'un héros tombé au champ d'honneur. Pas nécessairement celui d'un cadre. » Après maintes réflexions, les djounoud de la katiba choisirent le parrainage du lieutenant Zoubir, l'adjoint de Cheikh Tayeb El Djoughlali, quand ce dernier fut désigné comme chef de zone en septembre 1956. Natif d'un douar proche de Berrouaghia, Tayeb El Djoughlali avait, en 1942, refusé de rejoindre les rangs de l'armée coloniale pour faire son service militaire. Il avait milité au PPA puis dans l'organisation clandestine. Pour vivre, il enseignait le Coran de dechra en dechra. Au maquis depuis 1942, il fut chargé de déclencher l'insurrection de la Mitidja à Aïn-Bessem. L'échec de Blida, en novembre 1954, força les maquisards à se replier en Kabylie. Il resta en wilaya IV, préparant la lutte armée, organisant les réseaux de soutien à l'ALN. Avant d'assumer des responsabilités dignes de son patriotisme, de ses convictions religieuses et de ses qualités d'homme, Tayeb El Djoughlali fut agent de liaison, courant le djebel sans jamais éprouver la moindre amertume. Le conseil lui confia des tâches de plus en plus importantes, jusqu'à ce qu'il fût nommé, en 1958, commandant politique de la wilaya VI, dont le chef était Cheikh Haouès.

Le lieutenant Zoubir, non seulement avait toujours manifesté de remarquables capacités de maquisard, mais possédait aussi une formation politique très solide, qui facilitait ses contacts avec les masses. Il connaissait tous les cadres PPA de la région pour avoir milité avec eux dans le passé. Il était particulièrement apprécié pour son courage, son humour, ses qualités d'organisateurs. Bien qu'originaire de Soumaâ (région de Blida) son nom a été donné à la katiba de Médéa, fortement impressionnée par le palmarès de ce héros.

La première mitrailleuse 12,7 de la wilaya IV avait été récupérée par Zoubir et Si Hamdane sur un half-track dans les gorges de la Chiffa, ainsi que les deux premières mitrailleuses de 30, à Beni Mered. Zoubir fut tué dans un village de la forêt des Beni Miscera. Il avait pris en charge un groupe de lycéens et d'étudiants inexpérimentés et non armés à Sbarnia, et était tombé, en cours de route, sur une opération héliportée. Debout sur la place de la dechra, Zoubir avait affronté les ventilos ; empêchant les soldats de sauter à terre, permettant aux jeunes gens de se disperser dans la forêt comme une volée de moineaux. On découvrit son corps, criblé de balles, auprès d'un tas de douilles. Seul avec son pistolet mitrailleur, Zoubir s'était battu comme un seigneur, jusqu'au bout.

La katiba de Si Abdelaziz s'était donc baptisée Zoubiria, comme la mienne Ali Khodja, ou telles autres Athmania, Slimania, etc. Le choix était d'autant plus heureux qu'il existait une certaine complicité entre Si Zoubir et la ville de Médéa où, paradoxalement, le secret de la clandestinité n'était pas respecté. Toute la ville connaissait le mouvement de la Zoubiria, mais jamais les Français n'ont pu obtenir des renseignements pour frapper cette unité. Lorsqu'elle était en embuscade, la population, sur le qui-vive, préparait, sur toutes les lignes de replis, ravitaillement, médicaments. Médéa tout entière était complice de Zoubir, la ville était un djoundi ! Quand je suis devenu commandant militaire, j'ai essayé de rétablir des règles de discrétion mais en vain. J'ai échoué ici comme mes prédécesseurs du Conseil de la wilaya.

Un chèche et des jaunes d'œuf

Dès que j'émerge du brouillard, je comprends que ma blessure est grave. Pas de médecin, pas d'infirmier, pas de médicaments. Je serai manchot. J'ai failli perdre ma jambe, et je ne suis pourtant pas unijambiste. Mais ici, que puis-je faire ? Le paysan chez qui je suis « hospitalisé » ne se bile pas : il tâte mon bras comme s'il examinait la patte d'un animal : « Bah ! Je vais t'arranger ça ! » J'ai déjà vu des toubibs couper à la scie, au fond d'un trou, à la lueur d'une chandelle, un membre gangrené. Le fellah, se prenant pour un chirurgien, va-t-il m'amputer ? Non. Il mélange dans un grand plat des jaunes d'œufs et de la semoule, y plonge un chèche trempé dans l'eau chaude. Puis il me bloque le bras à angle droit sur la poitrine, entre deux planches de caisse. Il me bande avec le chèche serré très fort, en laissant une lucarne pour que ma blessure puisse respirer. Il ajoute, enfin, une seconde pellicule de semoule et d'œufs. « C'est ainsi que je soigne mes bêtes », dit-il en lissant ce plâtre de fortune à l'aide d'une touffe d'herbe. Ce pansement a aussi bien tenu que s'il avait été moulé dans une clinique.

Dans la musette du maquisard, il y a un petit miroir rond comme un couvercle de Nescafé dont nous nous servons pour nous raser. Plusieurs fois par jour, je cale cette glace entre mes genoux, pour examiner l'intérieur de la plaie. J'ai, au fond d'une poche de mon treillis, un flacon de mercurochrome et du coton, pas très propre car il voisine avec un morceau de galette, mon mouchoir, un chargeur de mitraillette, un oignon. Tant pis ! Je nettoie la blessure et, avec une pince à épiler, je retire une à une les esquilles d'os. J'ai ainsi enlevé sept centimètres de mon cubitus que la balle de 12,7 a déchiqueté. J'ai continué le combat sans passer un jour à l'hosto. Aujourd'hui, je ne peux pas me servir tout à fait normalement de mon bras, mais les médecins qui me palpent de temps à autre sont très étonnés que je me sois guéri uniquement avec une pince à épiler, un peu de mercurochrome et un chèche malaxé dans de la semoule !

Pendant trois jours, Si Lakhdar m'entoure de soins. Avec douceur. Le capitaine Abdelaziz plaisante :

— Quoi ! Azzedine, tu veux déjà te lever, jeter à toi seul les colonialistes à la mer ? S'il te plaît, laisse-nous notre part !

Lakhdar ajoute :

— Tu as la peau dure. Des types qui n'ont jamais été blessés meurent au premier impact. Avec toute la ferraille qui truffe ton corps de ouistiti, tu es immunisé. Tu vivras jusqu'à l'indépendance. Nous sommes en mars 1958, elle ne saurait tarder. Tiens, Azzedine... si nous faisions un pari, toi et moi ? Supposons que tu vives et que je tombe au champ d'honneur. Promets-moi d'appeler ton fils Lakhdar.

— Je te le jure ! Voyons, il est idiot ton pari !

— Si c'est le contraire, je prénommerai mon garçon Azzedine.

— Et si c'est une fille, gros malin ?

— Elle s'appellera Rabeha.

Mon fils aîné s'appelle Lakhdar.

La bataille du Djebel Belgroune

Il a plu pendant trois jours. Une pluie grasse, qui colle. Par endroits, le ciel ressemble au cul d'un vieux chaudron. Avec sa croûte de pain trop cuit, la montagne a perdu de sa tendresse. Ne nous admettrait-elle plus dans son ventre, nous qui la caressons tant de nos corps avides ? Les ravins gobent les nuages d'encre, vomissent la boue arrachée aux falaises. L'oued en crue joue à saute-Niagara.

Si Lakhdar tourne en rond. Il a senti un danger. Son flair ne le trompe pas. Mais quelle menace ? Sa réserve repousse ma question. « Ce soir, on s'en va. » On m'enveloppe dans une couverture, on m'assoit sur un mulet. Les katibas essaient de franchir l'oued qui roule son tumulte. Des djounoud n'y parviennent pas :

— Si Lakhdar, la rivière va nous bouffer !

— Bon, on retourne dans notre dechra du djebel Belgroune.

On rallume les feux. Le commandant militaire de la wilaya attise les braises. Son visage est très pâle. « *Mektoub Allah*, c'est le destin de Dieu. Advienne que pourra ! »

L'ennemi commence à ratisser le djebel dès l'aurore. Si Lakhdar envoie le commando sur la crête. « Azzedine, ne me quitte pas. Aujourd'hui, on reste ensemble. » Les troupes pullulent : paras, tirailleurs, Légion étrangère, biffins du secteur. Il y a même Cherif Saïdi et ses traîtres. Impossible d'éviter l'accrochage ! Le temps est incertain, mais il ne pleut plus et les ventilos, les avions sont là en appui, Pipers, T6, B26, Sikorski H 21 C...

Si Lakhdar et moi, nous sommes allongés sur une crête. Deux agents de liaison transmettent nos ordres aux unités. A neuf heures claquent les premiers coups de feu. Je veux être avec mes hommes. Pistolet dans la main gauche (pas pour me battre, j'en serais incapable avec mon bras droit dans le « plâtre », mais juste pour ne pas être pris vivant), je quitte la crête. Des soldats munis de lance-VB m'envoient des grenades. En slalomant, je reviens me coucher près de Lakhdar de plus en plus inquiet de la tournure des événements. Je ne lui suis d'aucun secours. Mon bras me fait très mal et la fièvre brouille mes réflexes. La Zoubiria d'Abdelaziz est au corps à corps avec les « têtes de lézard » et le commando Ali Khodja en découd avec les ralliés du « colonel » Si Cherif. L'ennemi recule parfois, afin que l'artillerie et l'aviation puissent bombarder la dechra et les pitons alentour. Les djounoud essaient de coller à leurs adversaires, mais le terrain ne se prête guère à cette manœuvre. Quand ils quittent la crête, ils sont à découvert et les fusils-mitrailleurs les canardent. Vers quatre heures de l'après-midi, les avions à réaction interviennent : les F84 Thunderstreak au bec jaune, leurs six mitrailleuses de 12,7, leurs deux énormes suppositoires sous les ailes. Ah! si la pluie pouvait de nouveau tomber! Ni le djebel ni le ciel ne sont avec nous. Ces foutus F84, on ne les voit, on ne les entend qu'après leur piqué, après qu'ils nous ont mitraillés.

Nous sommes sept sur la crête, en position de tir, couchés en rang d'oignons. Un Thunderstreak lâche une rafale qui nous embroche tous les sept. Une balle a frappé dans le dos Si Lakhdar. Abdelhakim a un œil arraché et l'épaule fracassée. Un djoundi est mort. Trois autres combattants sont plus ou moins blessés. J'ai, quant à moi, été touché aux reins. Sous le choc, j'ai cru qu'une main de géant m'enfonçait en terre.

L'orage éclate enfin, nous débarrassant des avions.

Lakhdar râle un moment, cassé en deux, en position fœtale. Abdelhakim est hideux : la bouillie de son œil coule sur sa joue. Je peux remuer les jambes, me redresser, me pencher sur mon ami. Il ne respire plus. Ses yeux sont clos. J'appelle Hadj Baha et Abdennour, mes adjoints : « Le commandant est mort. Il faut l'enterrer immédiatement. Je ne veux pas que les Français apprennent que la wilaya IV a perdu son chef militaire. »

Je vide ses poches. Papiers, photos, objets personnels. Des djounoud creusent une tombe sur la crête. Les paupières de Si Lakhdar bougent, ses épaules frémissent et, dans un souffle :

— Oh, Azzedine... Azzedine... (sa main tâtonne à la recherche de la mienne), Azzedine, ne m'abandonne pas.

Lakhdar est vivant! Ma poitrine se dilate de joie :

— Tu es fou! Le commando va te sortir de cette saloperie de montagne. On mourra pour toi, mon frère.

Nous tenons jusqu'au soir. Le commando et la katiba de Si Abdelaziz stoppent tous les assauts des Français, que la pluie gêne plus que nous : sans avions, sans chars, ils sont handicapés. Nos forces respectives sont équilibrées et nous nous battons à égalité, si ce n'était le nombre des hommes qui nous coupent le chemin du retour en wilaya IV. La nuit, nous descendons donc vers le sud, le terrain plat, transportant des dizaines de blessés. Une infirmerie ambulante. Le capitaine Abdelaziz a été tué et la Zoubiria est réduite de moitié. Son frère, qui contre-attaquait avec sa ferka, est mort lui aussi comme douze autres djounoud du commando.

Chérif Saïdi nous tend une embuscade du fond de l'oued, mais

— à croire que ses types n'ont jamais tiré que sur des civils — il ordonne le feu à cent cinquante mètres et nous rate. Si Lakhdar, porté sur deux fusils, en tête de notre cohorte d'éclopés, me crie : « Azzedine, une mitraillette ! » Quel homme ! Il veut se battre. Dans chaque dechra que nous traversons, nous empruntons un âne, un mulet, sur lesquels nous juchons les blessés les plus atteints.

J'ai demandé à Antar, la « terreur des colons », un colosse de cent dix kilos qui porte son FM comme une cravate autour de son cou de taureau, de me soutenir. Le sang coule dans les jambes de mon pantalon. Ma chemise, mon slip, mon treillis adhèrent à ma blessure. En tâtant mes reins de la main gauche, j'ai compté six trous dans lesquels j'enfonce le doigt. Heureusement, les balles n'ont touché aucun organe vital (aujourd'hui encore, trois balles qu'on n'est pas parvenu à extraire se baladent çà et là). « Antar, si je vacille, épaule-moi, mais sans rien dire aux autres. » Lakhdar agonise, Abelaziz est mort. Notre troupe n'a plus qu'un chef. Et quel chef ! Manchot et l'arrière-train truffé de laiton.

La mort de Si Lakhdar

Ce n'est qu'en arrivant dans la dechra des Ouled Znim, douar Djouab, que les hommes du groupe s'aperçoivent que je suis blessé. Je les écarte. Lakhdar souffre. Des bulles roses éclatent sur ses lèvres. Dans son dos, le sang s'est coagulé, mais la balle a déchiré les poumons. Il griffe le sol, laboure de ses ongles la terre de son Algérie. Il n'est plus là, mon frère. Il regarde le ciel où, comme des drapeaux, flottent des nuées pourpres. Autour du gisant que le froid envahit, les djounoud attendent, silencieux. Certes, la mort est leur compagne, si peu farouche qu'ils ont oublié jusqu'à sa présence quotidienne parmi nous. Ce soir, pourtant, ne la contemplent-ils pas pour la première fois ? Les femmes de cette dechra, dont le comportement nous avait toujours paru équivoque, s'étaient mises à l'écart, fortement impressionnées par notre douleur. Dos au mur, les fellahs observent ces soldats exténués qui occupent leur village, se battent et meurent pour être libres un jour.

Un djoundi égrène les vers d'un poème de mon ami, le capitaine Boualem Oussedik. Jamais les paroles ne me remueront comme ce jour-là :

Ceux qui ont su mourir au milieu des batailles, ceux qui ont su partir debout dans la mitraille, ils étaient les meilleurs, ceux qui ont su mourir transfigurés, sereins, ceux qui ont su partir sans regret, ni chagrin, ils étaient les meilleurs.

— Ma carabine.

Si Lakhdar agrippe son arme. Son visage livide se tourne vers moi. Un sourire. Sa casquette a tracé sur son front une ligne où perlent des gouttes de sueur.

— J'ai soif, Azzedine, donne-moi à boire.

Non, je ne peux pas. L'eau va l'achever. Mon frère, mon meilleur ami, demeure avec nous. Un peu encore, jusqu'à ce que vienne la nuit, jusqu'à ce qu'on allume les feux qui sécheront nos larmes.

— Je t'en supplie, Azzedine. C'est de toute façon ma dernière gorgée. La mort m'enlève.

Je lui tends un bol. Il boit d'un trait, ferme les yeux. Le commandant Si Lakhdar est mort. Il avait vingt-trois ans.

Je crois n'avoir jamais eu aussi mal de ma vie. Au-dessus des collines s'estompent les ultimes rayons du soleil. Un chacal entame son chant funèbre. *Ceux qui ont su mourir pour une juste cause, ceux qui ont su partir pour que les fleurs éclosent, ils étaient les meilleurs, ceux qui ont su mourir ne doivent pas partir, ceux qui ont su partir ne doivent pas mourir, ils étaient les meilleurs.*

Mais je me ressaisis. Je dis aux djounoud immobiles :

— Pour l'instant, à part Si M'Hamed et le conseil de la wilaya, personne ne doit savoir la vérité. Pas même les trois autres sections du commando. Allez en zone 2 et dites que Si Lakhdar, blessé au djebel Belgroune, a été transporté dans une infirmerie.

Les djounoud se redressent avec une lueur dans les yeux où je lis leur volonté de poursuivre leur mission avec une détermination inébranlable, et comprennent la consigne. Ils ne parleront pas. Nous avons enterré Si Lakhdar dans la dechra, vêtu de son uniforme. Le lendemain matin, la bande de Cherif Saïdi a de nouveau été signalée dans le secteur et, emportant nos blessés, nous nous sommes évanouis dans la nature. Après l'indépendance, les combattants de la wilaya ont voulu reprendre à cette dechra le corps de Si Lakhdar pour l'inhumer à Palestro. Les Ouled Znim se sont insurgés : « Si Lakhdar est mort ici. Il y restera. » On a alors bâti à sa mémoire un monument de marbre et appelé Palestro « Lakhdaria ».

Pour rentrer chez nous, nous avons effectué un immense détour par le sud, répartissant nos blessés dans les infirmeries souterraines. J'ai pansé mes blessures en zone 2.

Un peu plus tard, le colonel Si M'Hamed, chef de la wilaya IV, me nomma commandant militaire. Et le lieutenant Abdennour me succéda à la tête du commando Ali Khodja.

La force K

Mon commando me manquait, comme la veine se vide de son sang, comme l'arbre perd ses feuilles. Mais je le retrouvais sous la houlette d'Abdennour, au cours des multiples trajets que j'effectuais aux quatre horizons de la wilaya, visitant non seulement les unités combattantes, mais tout ce qui constituait l'infrastructure de l'ALN, postes d'intendance, services de renseignements et de liaisons, infirmeries, etc. Le commando Ali Khodja m'accompagnait souvent et nous participâmes ensemble à de nombreuses opérations dont il serait fastidieux de raconter les péripéties, tant elles se ressemblent : embuscades, accrochages, replis... Litanie de la guerre, chant cruel des héros et silence des morts, répétition de l'action emportant dans sa roue ces fétus de paille que nous étions, hommes de l'instant et du futur, soldats de la révolution.

Mes nouvelles responsabilités m'ont conduit jusqu'en wilaya V, me permettant de découvrir certaines régions qui m'ont imprégnées d'une façon indélébile. J'ai parcouru la forêt des Béni Mered, le Chenoua, le Dahra, le Zaccar, Djebel Louh, l'Ouarsenis, le Sersou, le Chelif... Elle était vaste, la wilaya. Elle était belle aussi. Elle était debout. J'ai rencontré des combattants de toutes les régions du pays, de toutes les couches sociales. La plupart étaient jeunes. D'autres, trop âgés pour participer à la guerre dans une unité, refusaient d'être évacués à l'extérieur. Ils rempliront des tâches modestes et préféreront rester sur le terrain, au risque de mourir, plutôt que de se séparer de leurs compagnons. Un même esprit patriotique, une même foi mobilisaient les populations.

C'est ainsi que j'eus à conclure, quelques mois après la mort de Si Lakhdar, dans l'Ouarsenis, une ténébreuse affaire. Celle de la « force K ».

Pour y comprendre quelque chose, un préliminaire s'impose. Belhadj Djilali Abdelkader était né en 1921 dans la région de Miliana. Sa famille était d'origine rurale, mais son père, officier de réserve, avait fait la guerre 14-18. Belhadj avait été secrétaire d'une commune mixte, avait milité dans les rangs du PPA de Messali Hadj. Mais il avait été arrêté en 1950 et condamné à trois ans de prison.

Pendant son interrogatoire, il est passé très rapidement aux aveux, alors que les militants PPA avaient l'habitude de résister aux sévices et parfois même de mourir sous la torture sans dévoiler les secrets de l'organisation. Cette attitude le prédisposera au retournement que réussira la police. Libéré avant terme, il ne sera pas repris dans le parti mais maintiendra des relations avec des militants dont il trompera la confiance, ou le manque de vigilance. Il sera un jouet entre les mains du directeur de la sûreté Vaujour, qu'il informera sur les préparatifs de l'insurrection de 1954. Il va jouer un rôle identique à Bellounis, qui lui aussi avait été retourné en prison, et qui montera un maquis contre-révolutionnaire en wilaya VI en se réclamant de Messali. Belhadj Abdelkader et Bellounis combattront tous deux le FLN et apporteront une aide non négligeable aux troupes colonialistes, tout en semant la confusion dans les esprits. En 1956, la DST a fourni des armes et des munitions à Belhadj, dont le nom de code pour la police était « Kobus », afin de monter un « maquis » dans la région du Chelif, plus précisément entre Aïn-Defla et Oued Fodda, pour couper les liaisons entre les zones 3 et 4 de la wilaya IV. Dans une ferme mise à sa disposition par les services français, il y avait toute une panoplie d'instruments de torture, ainsi qu'un matériel d'imprimerie moderne. Les premières recrues sont pour la plupart d'anciens nationalistes, auxquels il impose sous menace de mort d'exercer la torture contre des prisonniers FLN-ALN, que lui livrait l'armée française. Se croyant ainsi irrémédiablement compromises, ses recrues suivront Kobus, avec cependant une très mauvaise conscience. Kobus va calquer l'organisation ALN tout en menant une propagande intense contre le FLN, accusé d'être communiste à la suite de la formation du maquis créé par le PCA qui ne tiendra pas longtemps. Peu à peu ses troupes deviennent assez nombreuses pour atteindre le chiffre de 1 400 hommes en 1958. Ces soldats n'avaient aucune combativité, malgré les soldes conséquentes qu'ils percevaient et le drapeau algérien hissé dans leur base. Ils se savaient traîtres à leur patrie, malgré l'alibi anticommuniste utilisé par Belhadj. Ce dernier menait des opérations conjointes avec la harka des Béni Boudouane du bachagha Boualem.

Le bachagha Boualem

Ce dernier a été à l'origine de la mort de l'aspirant Maillot et de la destruction du maquis communiste, dont les survivants ont été recueillis par le FLN. Nombre d'entre eux mourront courageusement les armes à la main, après avoir servi avec compétence et fidèlement la révolution. Il est vrai que le PCA s'était implanté dans la région du Chélif après le tremblement de terre de 1954 en dénonçant le racisme de l'administration colonialiste, qui avait totalement négligé les populations algériennes pour ne réserver son aide et ses attentions qu'aux Européens. Il est à noter que le PCA avait reçu une aide importante du secours populaire français, distribué en priorité aux populations algériennes victimes du séisme. De plus, le PCA était servi dans cette zone par des cadres de valeur qui lui donnaient une certaine assise populaire.

Je voudrais ici rapporter les propos d'Abdelkader Babou, ancien membre du BP du PCA, sur le voyage qu'il effectua en République populaire de Chine à la tête d'une délégation de son parti avant le déclenchement de la lutte armée. Il eut un long entretien avec le président Mao Tsé-Toung qui voulait s'informer sur la situation qui prévalait à l'époque en Algérie.

— Si je comprends bien, c'est le PPA qui plonge ses racines dans les masses populaires et qui représente un courant révolutionnaire conséquent ? demanda Mao Tsé-Toung.

— Oui, camarade président.

— Il est alors de votre devoir, camarade, d'inciter les meilleurs de vos militants à adhérer à ce parti, pour accentuer son caractère progressiste et pour être présent en cas d'élévation du niveau de lutte. Pour nous, Chinois, le communiste doit être le meilleur patriote et doit consacrer ses efforts à consolider l'unité avec les courants nationalistes, surtout, comme c'est votre cas, quand ils sont déterminés.

En novembre 1954, des dirigeants communistes, se rappelant des conseils de Mao, ont voulu les mettre en application, mais le PCA s'y opposa. Il a fallu la destruction du maquis rouge pour que les communistes algériens rejoignent individuellement le FLN.

L'aspirant de réserve Henri Maillot, journaliste à *Alger Républicain*, rappelé sous les armes, avait déserté en 1956 avec un camion d'armes et de munitions pour installer un maquis dans la zone Ténès-Aïn-Defla-Vallée du Chélif. Il se fit tuer parce qu'il avait demandé à un paysan de lui acheter à Orléansville du fromage, du vin et le journal. L'épicière, étonnée qu'un cultivateur musulman réclamât ces denrées réservées aux seuls Européens, alerta la police. Le pauvre bougre avoua et indiqua où se trouvait le PC de Maillot. L'officier et quelques-uns de ses amis furent tués. Les rescapés du « maquis rouge » de l'Ouarsenis (ils n'étaient qu'une trentaine) étaient venus à nous. Nous étions en droit de prendre des précautions. C'étaient des cadres chevronnés, mais il nous était impossible, dans l'immédiat, de leur confier des responsabilités dans l'ALN. Ce fut Omar Oussedik, chef des renseignements et liaisons, qui se chargea de répartir les maquisards communistes dans la wilaya.

Cousin germain de Boualem Oussedik, Omar est un homme d'une intelligence remarquable, un fin tacticien, un as de l'embrouille politique. Militant du parti clandestin depuis mars 1942, il monta au maquis après les événements de mai 45 qui ensanglantèrent l'Est algérien. Imprégné de philosophie marxiste, il dénonçait le PCA sur la question nationale, tout en condamnant l'anticommunisme qu'il jugeait négatif. Lorsque la wilaya le chargea d'intégrer les survivants du maquis rouge, Omar les avait répartis à travers les zones 2, 3 et 5 de la wilaya, en leur interdisant des relations épistolaires ou toute activité fractionnelle. Il exigeait le respect et la discipline du FLN. Ils surent s'intégrer et servirent avec intelligence la nation.

Neutralisation de la force K

C'est dans cette atmosphère que prend corps « l'affaire Kobus ». Au début, Belhadj Djilali Abdelkader n'a eu qu'une poignée de partisans, dont certains ignorent le double jeu de leurs chefs. Corbeau sur son arbre perché, il tient à ses hommes à peu près ce langage : « La France est d'accord pour nous donner un jour l'indépendance. Il y a une négociation. Mais les Français ne veulent pas traiter avec les communistes. » Désignant le FLN comme un repaire de communistes, il ajoute : « Voilà l'ennemi : le FLN manœuvré par les marxistes. Il faut nous battre contre lui. Il faut l'éliminer. Une fois l'Algérie débarrassée de la lèpre rouge FLN, les Français traiteront avec nous, les vrais nationalistes. »

Les troupes de Kobus arborent des insignes semblables aux nôtres. Le matin, ils hissent dans la cour du camp de Saint-Cyprien-des-Attafs, le drapeau vert et blanc avec l'étoile et le croissant rouges. Kobus n'a eu jusque-là que des contacts discrets avec Hentic, le commandant de la harka des Béni Boudouane, avec le capitaine Conille de la SAS de Lamartine. En mars 1957, le lieutenant Heux est désigné pour ramener officiellement la « force K » à la France, qui tente de développer les harkas. Des milliers de harkis collaborent déjà avec l'armée française. Kobus présente l'officier à ses cadres, tous algériens. Surprise. Ceux-ci découvrent la curieuse alliance dont leur chef s'est bien gardé de les avertir. Quelques-uns se mutinent. Un des adjoints de Kobus étouffe discrètement la rébellion.

Désormais, les drapeaux algérien et français voisinent au lever des couleurs. A quelques centaines de mètres du camp belhadjiste, s'implante un poste français. Une piste frontière sépare les deux postes. La « force K » livre aux maquis FLN quelques combats, viole, torture, prélève l'impôt, taxe les plus riches fermiers, fait régner la terreur.

Il est temps d'intervenir pour éliminer la « force K ». Pour décourager la France qui voulait multiplier l'implantation de groupes contre-révolutionnaires, la wilaya avait déjà réussi à supprimer un certain nombre de petites harkas. Elle avait, pour ce faire, utilisé toutes les branches d'organisations. Mais nous voulions frapper un grand coup. L'opération devait avoir une résonance nationale. C'était toute la contre-révolution à l'échelle nationale que nous visions. Il fallait donc une préparation minutieuse. Le service de renseignements nous informe qu'un équipement neuf et des armes modernes, avec beaucoup de munitions, viennent d'être livrées à Kobus. Ciosi, inspecteur général de l'administration, a accepté de porter les effectifs de Kobus à 1 400 hommes. Kobus voit grand. Très grand. Mais sa force, après une période très active, piétine, et depuis décembre ses unités préfèrent jouir de leurs privilèges plutôt que de se frotter à l'ALN. Elles n'obtiennent pas de résultats mais au contraire subissent des revers. Nous savons par notre service de renseignement que deux cents nouvelles recrues sont cantonnées dans une ferme, à l'extérieur du camp belhadjiste. Omar Oussedik m'appelle afin de désigner une unité pour attaquer la ferme.

— Azzedine, demande à cette unité d'agir avec souplesse car nous devons mener une opération psychologique après l'action militaire.

Le commando Djamel, de la zone III, était le mieux désigné pour cette action. Le lieutenant R.L. Bouchouchi l'accompagnait. L'attaque fut fulgurante. 120 hommes furent faits prisonniers. Pendant quinze jours, ces prisonniers furent emmenés dans une série de bases de l'ALN, autour de Teniet El-Had, Djebel Louh et Buth'ya. L'ordinaire fut considérablement amélioré pour la circonstance. La wilaya et la zone n'avaient pas lésiné sur les moyens. Lors des veillées, des commissaires politiques ouvraient des débats très animés sur l'avenir de la patrie. Les morchids dirigeaient la prière et faisaient des prêches pour supprimer tous les doutes que pouvaient nourrir les belhadjistes. Pour la dernière journée avant leur libération, un festin fut organisé. De Sebdou, les moussebiline avaient ramené un grand troupeau de moutons. Autour du méchoui s'étaient rassemblés les djounoud, la population et les prisonniers. Une compagnie défilait inlassablement (environ une heure) dans la pénombre en maintenant la distance réglementaire, afin de donner l'impression d'une force imposante.

Le chef zonal annonce aux prisonniers leur libération. Ils refusent de partir. Ils ont compris le message. Ils insistent pour s'enrôler : « Nous voulons servir l'Algérie au sein de l'ALN. Kobus est un salaud, c'est un traître. Nous voulons nous aussi le combattre. » La réponse les fera réfléchir : votre devoir, après votre séjour parmi nous, est de répéter la vérité à vos anciens compagnons. Beaucoup se sont trompés. La révolution est généreuse. La patrie pardonne à ceux qui saisissent leur chance. Retournez. Si vous voulez revenir parmi nous, amenez vos armes et vous serez intégrés dans nos rangs.

On relâche les types. Kobus, bien sûr méfiant, les met à l'écart mais ils avaient déjà donné un compte-rendu complet de leur séjour parmi nous à leurs anciens compagnons. Un grossier mensonge venait d'être dévoilé. Kobus avait réuni ses mercenaires pour leur dire qu'il possédait des informations sur un prétendu massacre des prisonniers. Il avait parlé de torture et de liquidation physique. Il situait même les endroits où auraient été enterrées les victimes. Le retour des prisonniers le dérangeait terriblement au moment où il préparait une opération de ratissage avec l'appui de l'armée française.

Je dois ici faire une petite diversion. Pendant les quinze jours précédents, quelques petites opérations avaient été montées dans la région. Deux postes du Bachagha Boualem furent harcelés dans les Béni Boudouane. Un domaine de riche colon fut brûlé et le cheptel emmené dans la forêt de Medad. Le chemin du repli avait été conçu de façon à créer des doutes parmi les Français de la région. Du domaine, les moussebiline passèrent jusqu'aux alentours du camp belhadjiste en y laissant les traces des bêtes, qui furent effacées à partir de ce même camp. Une section fut chargée d'attaquer un poste français pour empêcher les soldats de porter secours aux colons. Le lendemain, les commentaires allaient bon train.

Omar Oussedik tisse sa toile. Il patiente. Il guette sa proie et continue l'intox :

— Maintenant on harcèle très fort le poste français, mais surtout sans tirer un coup de fusil contre le poste de Kobus.

Trois, quatre nuits de suite, nous mitraillons le camp. Nos artificiers minent la piste frontalière avec des explosifs télécommandés. Chaque matin, une patrouille de la « force K » ouvre la piste qu'emprunte les militaires français. Nous laissons passer la patrouille. Quelque temps plus tard, une jeep quitte l'autre poste. La mine saute. L'officier français se trouvant à bord du véhicule est grièvement blessé. Ça ne rate pas. Les Français s'irritent. Peut-on compter sur les belhadjistes? C'est bien dans leur manière de se sucrer sur le dos de la population. Ils ont démoli la ferme, pris des moutons.

— On a la preuve, toutes ces traces autour de leur camp! Et en plus, ils se sont tellement excités qu'ils nous ont flingués. Les hommes de Kobus sont des gangsters! C'en est trop.

Le lieutenant Heux, magicien tirant les ficelles de cette mascarade, pique une crise. Il rassemble les officiers de Kobus : « Parmi-vous, des traîtres sont complices du FLN. Vous êtes indignes de notre confiance! » Il menace, arrache le drapeau algérien, remet en question les procédés jusque-là tolérés de contrôle de la population, annonce que deux officiers du poste contiguë encadreront la « force K », ordonne l'évacuation du douar Fodda où règnent les belhadjistes... Kobus est lâché des deux côtés. Car trois lieutenants-colonels, dont Madjid, son adjoint administratif, désertent quelques jours plus tard, chacun portant plusieurs armes. C'est bon signe. Le commandant Omar Oussedik et le capitaine Si Mohamed, qui sera plus tard colonel, gardent leur sang-froid. Ils avaient juré d'avoir la « force K » en entier.

— Nous ne voulons pas de vous individuellement, disent-ils aux déserteurs. Vous êtes des officiers supérieurs, votre ralliement individuel aura certes un impact, mais nous voulons plus. Pour effacer votre passé, nous vous proposons un marché clair qui donnera des preuves intangibles de votre patriotisme. Les Français vous rejettent. Ce que nous vous demandons à vous, nous ne l'exigeons pas des simples soldats. Nous voulons Belhadj mort ou vif. Nous le préférons vivant mais si vous ne pouvez pas, il faut ramener sa tête. Il faut également lancer un appel aux soldats pour qu'ils viennent avec vous au point de ralliement que nous vous donnerons, si vous êtes d'accord.

Les trois hommes acceptent, prêts à tout pour se racheter. Kobus se trouvait à Alger, où il devait fournir des explications à ceux qui le payaient. L'action ne pouvait donc être entreprise que plus tard.

Elle a été fixée au surlendemain. Le commandant Omar Oussedik dit que Si Tayeb devait se rendre à l'état-major de la wilaya, lequel devait se réunir au djebel Louh avec la participation des cadres de la zone 2. Dès son arrivée au PC nous avons tenu une réunion limitée aux membres du Conseil de la wilaya, qui décida de mon départ immédiat avec Ben Chérif pour épauler le capitaine Si Mohamed dans une opération qui ne pouvait pas avoir de suite. Les Français devaient réagir et réagir vivement.

Dès leur arrivée au camp de la « force K », les trois officiers organisent le ralliement de leur troupe. Ils choisissent leurs hommes de confiance et désignent ceux qui doivent liquider le grand traître, pendant que les autres s'occupent de la récupération de toutes les réserves du camp.

Le 28 avril 1958 au soir, Belhadj Djilali Abdelkader regagne son poste des Attafs. Il porte son uniforme de colonel. Il ouvre la portière de sa voiture, s'étire. Devant la troupe au garde-à-vous Madjid s'avance, sort son pistolet de sa gaine et abat Kobus d'une balle entre les yeux. Ismaïl Rachid Rabah et deux soldats lui coupent la tête et plantent dans le tronc bouillonnant la hampe d'un drapeau français.

Et neuf cent cinquante belhadjistes, conduits par un groupe de moussebiline, débarquent le lendemain en zone interdite, avec armes, poste émetteur récepteur, munitions, paquetages et une ronéo. Le lendemain dans l'après-midi, des troupes françaises affluèrent de toute part pour faire un grand ratissage soutenu par l'aviation. De violents accrochages se poursuivirent tard dans la nuit. Les unités belhadjistes étaient réparties entre les diverses sections de l'ALN, rassemblées comme convenu par le capitaine Si Mohamed. Les moudjahidine aguerris se montraient d'une grande utilité car les belhadjistes ignoraient totalement l'art de la guérilla. Parmi ces derniers, quelques-uns se distingueront et attireront notre attention. Le commando Djamel se montrera d'une très grande efficacité en abattant un avion et en récupérant du matériel de guerre sur l'ennemi. Le repli se fit à partir de minuit vers l'est, le nord et l'ouest, car nous voulions éviter une bataille prolongée avec des groupes non homogènes. Nous avions par ailleurs de graves problèmes à résoudre, que nous voulions soumettre au conseil de la wilaya qui se trouvait toujours en zone 2. Conformément à la plate-forme de la Soummam, chaque rallié devait garder son grade. Or, il y avait pléthore d'officiers chez les belhadjistes. Nous ne pouvions pas leur donner de commandement effectif sur des moudjahidine plus expérimentés qu'eux, ni les laisser dans une région où la population les haïssait. Au cours de la réunion qui suivit, le conseil de la wilaya procéda à une répartition des déserteurs à travers l'Algérois. La décision la plus délicate concernait le sort de dix-sept officiers dont nous connaissions le comportement ignoble à l'égard des populations. La wilaya chargea le lieutenant Bouchouchi Rachid de rallier les cadres de la région et de les intégrer au tribunal de guerre réuni pour la circonstance. Fallait-il les liquider dans le plus grand secret ou les envoyer vers le Maroc à travers la wilaya V ? En arrivant à la forêt de Buth'ya, nous avons été surpris de trouver des délégués de la population des plaines et de la montagne qui demandaient justice. Les scènes d'horreurs portées à notre connaissance influeront sur la sentence. Ce sera la mort. Les dix-sept officiers sont là, ignorant tout. Le tribunal se sépare. Si M'Hamed vient de nous rejoindre (Ben Chérif et moi). Nous ne sommes plus que trois responsables avec un groupe de moussebiline. Tous les autres officiers de l'ALN de la région, ainsi que les autres membres du conseil de la wilaya, se trouvaient ailleurs pour procéder à une réorganisation des unités en raison du recrutement brutal de près d'un millier d'hommes armés. Mais la surveillance aérienne continuait. Les avions rôdaient depuis quinze jours. J'aime l'Ouarsenis, le superbe massif couronné par un pic orgueilleux montant à l'assaut des nuées opales, les damiers verts et roses, ses champs et ses mechtas de tourbe et de failles tressées, éparpillées le long des chaâbêtes, ces filets d'eau que la moindre averse change en torrent. Je l'aime moins quand les hélicos pondent sur les crêtes des milliers d'œufs tachetés ! Mais nous sommes planqués à flanc de djebel, sous le couvert d'une forêt aux reflets métalliques qui éblouissent les pilotes.

Nous passons à l'exécution de la sentence. Nous nous trouvons dans deux gourbis en zone interdite. Si M'Hamed s'isole dans l'un des deux, qui a deux ouvertures. Je suis chargé d'amener les officiers un à un.

— Vous partez demain sur l'extérieur. Le colonel doit constituer vos dossiers et faire des propositions sur vos affectations ultérieures. Certains iront dans des académies de guerre, et d'autres auront des tâches politiques. Vous comprendrez aisément que vos conversations avec Si M'Hamed doivent rester secrètes. Je vous conduirai donc séparément.

Les officiers se concertent du regard.

Pas d'objection ?

— Alors messieurs décidez-vous !

— Et mon arme, je la prends ou je la laisse ?

— Voyons, lieutenant-colonel Madjid, vous la conservez avec vous.

L'officier me suit, son PM pendant sur sa cuisse, Si M'Hamed est assis en tailleur sur une natte. Il fait semblant d'étudier un dossier. Sa carabine est appuyée sur sa droite. Madjid a rectifié sa position.

C'est lui qui a abattu Kobus. Il attend son brevet de cadre supérieur de l'ALN. Il a tiré un trait sur les dizaines de civils massacrés, sur les djounoud tués par la « force K ». Pour un peu, si nous récompensions les héros avec des médailles, il gonflerait la poitrine, côté gauche, afin que le colonel lui épingle un ruban. Le visage de Si M'Hamed paraît encore plus pâle dans la pénombre. Je recule d'un pas, me glisse comme un cobra derrière Madjid, je le muselle d'une main et, de l'autre, lui plante le canon d'un revolver dans les reins :

— Silence et lâche ton PM.

Ben Chérif et moi l'entravons, le baîllonnons et l'allongeons dehors. Je retourne au gourbi des belhadjistes :

— Commandant X..., à votre tour.

— Et le lieutenant-colonel Madjid ?

— Il vous attend de l'autre côté. Il rédige son rapport.

Le commandant entre dans le second gourbi. La main sur la bouche, le revolver dans les reins : la scène se répète dix-sept fois. La population d'Oued Fodda a réclamé les prisonniers. Elle les a condamnés à mort et exécutés. Une balle dans la nuque. Deux jours plus tard, les Français les ont découverts dans un fourré. Coincée entre deux branches d'un olivier, la tête putréfiée de Kobus veillait... Tout le mérite de cette opération revient aux cadres de la région, de la zone 3 et de la wilaya, qui ont élaboré et mis en application une tactique difficile, mais avec une mention particulière à Omar Oussedik, je tiens à le préciser.

Ce type d'action nous fournissait la plupart des armes dont nous avions besoin pour poursuivre la lutte à l'intérieur. Au début de l'insurrection, nous n'étions, je le rappelle, que quelques petits groupes disséminés dans la nature. Grâce aux fusils de chasse remis par les montagnards, puis aux fusils de guerre, aux armes automatiques individuelles et collectives saisies sur l'ennemi lors des embuscades, nous avions pu constituer des groupes, des sections et des compagnies, fin 1956.

L'aide des pays frères et amis

Dans tout ce qui précède, j'ai exclusivement abordé les problèmes que j'ai vécus en tant que combattant, soit dans une unité, soit dans l'infrastructure politico-militaire du FLN-ALN. Les problèmes de direction ne me concernaient pas et j'avais une foi aveugle dans le CNRA et le CCE. Comme tout un chacun, j'avais lu dans la presse française des articles sur les contradictions entre l'intérieur et l'extérieur. Je n'y croyais pas, car ceux qui pouvaient me fournir les indications, en l'occurrence l'état-major de la wilaya, se taisaient. La plate-forme de la Soummam, à laquelle j'adhérais totalement et sans restriction aucune, constituait pour moi un guide d'autant plus infaillible que je ne pouvais imaginer de luttes pour le pouvoir entre des hommes qui avaient consacré leur vie à la libération de la patrie, et cela bien avant le déclenchement de la lutte armée. Je tiens à rappeler brièvement les explications fournies par les membres du conseil de la wilaya, après le congrès du 20 août 1956 :

— La primauté de l'intérieur sur l'extérieur s'imposait, en raison des transformations sociales qui bouleversaient les structures anciennes. La direction se devait de vivre au sein des masses pour comprendre les mutations et prévoir les nouvelles formes d'organisation pendant la lutte, et celles à mettre en place au lendemain de l'indépendance pour répondre aux aspirations du peuple à la justice sociale, au progrès, à la prospérité et à la liberté.

— Primauté du politique sur le militaire : les objectifs étaient éminemment politiques. L'action militaire ne visait pas la destruction de l'armée française, que nous savions impossible. Elle servait à poser avec acuité les problèmes sociaux-politiques. Les solutions passaient par la négociation. Il fallait prouver enfin au gouvernement français qu'il ne pouvait plus, comme par le passé, écraser l'ALN (Émir Abdelkader, Mokrani, Bouamama et tant d'autres).

— Assemblée populaire. C'était l'initiation à la démocratie en faveur d'un peuple, le peuple algérien, dont les traditions démocratiques millénaires ont été foulées pendant cent trente ans d'occupation coloniale.

L'extérieur avait pour mission fondamentale de répondre aux besoins logistiques de l'intérieur et de mobiliser l'opinion publique internationale en faveur de l'Algérie. Si la seconde mission a été accomplie d'une façon parfaite, la première n'a pas été réalisée comme nous le souhaitions à l'intérieur. La solidarité arabe a été spontanée. Cependant, les fournitures d'armes restaient limitées. Les pays arabes se trouvaient dans la zone d'influence occidentale et recevaient eux-mêmes des quantités minimes d'armement. Les pays socialistes, à l'exception de la Yougoslavie, ont mis du temps pour accepter de nous fournir de l'armement. Ce n'est qu'après la formation du GPRA que le premier convoi d'armes, chargé à Bourgas (Bulgarie), sera débarqué au Maroc après avoir traversé toute la Méditerranée surveillée, où plutôt contrôlée par la flotte française. C'est la Chine populaire qui, après 1959, livrera la plus grande quantité par l'intermédiaire de l'Égypte.

L'Union soviétique nous donnera des armes en 1961 après l'intervention du président Ahmed Sékou Touré.

Pendant les premières années donc, les pays arabes seront les seuls à nous fournir en quantité nettement insuffisante les armes et les munitions. Les services de l'armement du FLN d'abord et du GPRA ensuite, essayeront d'en acquérir auprès de l'Espagne et des trafiquants parfois noyautés par les services secrets français. C'est dans de telles conditions qu'un homme comme Aït Ahcène sera assassiné en Allemagne par des policiers dépendant de l'État français. L'attaque par l'armée de libération marocaine de l'enclave d'Ifni mettra un terme aux livraisons espagnoles. L'erreur que l'on peut reprocher à la direction est de n'avoir pas pris au départ les dispositions nécessaires pour empêcher la construction des barrages électrifiés sur nos frontières est et ouest. Avec le recul, on peut dire que l'obstacle avait été sous-estimé par la direction. Ce n'est pas un mauvais procès que j'entends faire mais une constatation qui montre qu'à l'époque les analyses étaient parfois trop subjectives. Nous avions l'habitude de surmonter les difficultés et nous pensions que les lignes électrifiées ne pouvaient pas entraver la marche en avant de notre révolution. C'était une erreur militaire, compensée dans une très faible mesure par l'élévation du niveau politique du peuple. La guerre se serait certainement déroulée dans de meilleures conditions pour nous si un harcèlement constant avait été entretenu par les unités qui se trouvaient aux frontières. Ces dernières en voulaient. Cependant, cette armée des frontières jouera un rôle utile à l'indépendance dans la mise en place d'un État structuré, en raison de sa formation et de la discipline qui régnait dans ses rangs.

Le CCE s'installe à Tunis

En 1957, après la grève des 8 jours, le CCE s'installera à l'extérieur. Les conditions de lutte étaient si difficiles qu'il ne pouvait pas assumer ses responsabilités à l'intérieur. Je le dis avec d'autant plus d'aisance que personnellement, au CNRA, à Tripoli, je plaidais en faveur de la formation d'un nouveau CCE qui devait entrer en laissant au GPRA le soin de remplir les missions citées plus haut. Mes amis et moi, nous avons été mis en minorité. Je pense aujourd'hui que notre position était frappée de subjectivisme et teintée d'un peu d'aventurisme. Mon ami Abdallah Bentobal avait raison et a su manœuvrer pour recueillir la majorité autour de son point de vue. Au risque de froisser sa modestie, et malgré l'amitié qui nous a toujours liées, je dois dire qu'Abdallah Bentobal est un très habile tacticien. En militant éprouvé, il avait accepté les décisions de la Soummam tout en émettant des réserves. Il acceptait la formule du front tout en refusant de donner des responsabilités aux dirigeants de certains partis et d'un courant qu'il considérait comme des alliés pour une étape précise : l'indépendance. La direction devait être homogène, résolue et issue d'une seule école.

En wilaya IV, nous eûmes à déplorer le départ à l'extérieur du colonel Ouamrane qui, malgré les milliers de kilomètres « avalés » depuis 1945 au service du PPA d'abord et du FLN ensuite, restait toujours un combattant alerte, courageux et endurant. Aucune marche ne le fatiguait. En responsable ouvert, il s'entourait de cadres politiquement mûrs et bien préparés. Il était vraiment un drapeau à travers l'Algérie. Son affectation à l'extérieur par le CCE, pour s'occuper de logistique auprès du docteur Lamine Débaghine, ne fut pas bien accueillie par le conseil de la wilaya IV. C'était un homme de terrain. La mitraillette qui ne le quittait jamais ne lui faisait pas oublier sa vocation politique. Il appliquait et faisait appliquer les principes cardinaux des organisations révolutionnaires : responsabilité collective, direction collégiale, respect de la minorité, exécution des décisions arrêtées par la majorité, secret des délibérations et des scrutins. En tant que colonel, il assumait totalement ses responsabilités vis-à-vis du CCE en cas de litige. Il fut remplacé à la tête de la wilaya par son adjoint Si Sadek, qui a tenu à maintenir cet état d'esprit, devenu une sorte de tradition.

Nous apprendrons par la suite que des contradictions allaient naître à l'extérieur. C'était une fatalité, car la direction avait une prise très faible sur les maquis qui ne recevaient pas le matériel nécessaire pour passer à une phase nouvelle de notre guerre. Fin 1957, avec l'arrivée de quelques convois d'armes et les victoires remportées sur le champ de bataille, nous avions ressenti la griserie du succès et commencé à organiser, en wilaya IV, des bataillons. C'était une erreur. Nous avions perdu de notre fluidité et nous présentions une cible facile à atteindre par l'aviation. Quatre mois après nous sommes revenus à l'ancienne structure qui nous permettait un quadrillage meilleur du terrain et nous évitait les accrochages. La wilaya IV a toujours eu une prédilection pour l'initiative tactique qui compensait l'inégalité des forces en présence : embuscade, mine, déraillement de train, fida et destruction de l'infrastructure économique coloniale.

Les Français, eux, nous menaient une guerre impitoyable, mettant tout leur potentiel économique et militaire en œuvre pour nous écraser. Ils n'hésitaient pas à mobiliser deux mille hommes, l'artillerie, l'aviation, les blindés, pour traquer onze djounoud grelottant de froid et de faim, armés de pétoires, cachés dans un refuge du djebel. Ah! si l'extérieur avait rempli sa mission! Très vite! Mais avec des « si », que n'imagine-t-on pas? Il fut facile à un Massu, assisté par le capital, la presse, la radio, la police, de gagner avec ses parachutistes la « Bataille d'Alger ». N'en déplaise au général, il fallait une foi indestructible en l'issue du combat, et un courage sans commune mesure avec celui de ses léopards, pour qu'un fidaï de la Casbah osât brandir son pistolet modèle 1920, avec quelques cartouches mouillées, sous le nez des half-tracks; il fallait aussi un sacré courage aux militants pour affronter la torture.

Certes, l'extérieur informait le monde que le peuple algérien, refusant d'abdiquer devant l'une des plus grandes puissances, aspirait à la liberté et à la dignité.

Et cette lutte fut indispensable. Mais Tunis ne nous envoya son premier convoi d'armes qu'en 1957 : des mitrailleuses MG 30 et MG 43 (on les surnommait les « faucheuses électriques », car elles tiraient 1 200 balles 7,92 à la minute), des fusils-mitrailleurs britanniques, des mausers allemands, des pistolets, des mitraillettes, de très lourds bazookas anglais de la Seconde Guerre mondiale, des grenades, etc. Si Lakhdar et moi, nous avions équipé deux katibas avec cette manne venue de l'Est. « Si les convois se multiplient, disions-nous, nous allons pouvoir passer à l'échelon du bataillon, du régiment, attaquer des casernes, des postes, des villes!... »

Malheureusement, les convois d'armes espérés ne suivirent qu'au compte-gouttes. Nous eûmes alors l'idée, puisque Tunis ne venait pas à nous, d'aller à Tunis chercher des armes. Nous dépêchâmes à l'extérieur plusieurs milliers de civils, des volontaires, escortés par des moussebiline. De l'Algérois à Tunis, la route était périlleuse. Mais ils partirent, par colonnes de cent, accompagnées par dix moussebiline armés de fusils de chasse. En tête de chaque convoi marchaient deux djounoud avec des fusils de guerre. Ainsi, des milliers d'hommes de nos wilayas parvinrent en

Tunisie. Beaucoup furent tués en cours de route. Beaucoup d'autres furent retenus. On les habilla, on les enrégimenta, on les arma. Ils formèrent des groupes de pression pour la lutte du pouvoir, négligeant par là même le véritable problème : ravitailler l'intérieur, car, pendant ce temps, les Français avaient construit, kilomètre par kilomètre, le barrage électrifié, les radars de surveillance. L'extérieur, au lieu de harceler la ligne Morice, la faisait contourner ! Et ce ne fut que quand le mur fut hermétiquement clos qu'on essaya de le franchir. En sacrifiant des milliers d'hommes.

Création de l'EMG

Quand fut créé, le 7 janvier 1960, l'État-major général, avec les commandants Slimane (Kaïd Ahmed), Mendjli et moi-même, soudés au colonel Boumediene, il réalisa un prodigieux travail. Il ramena d'abord à l'ordre les bandes indisciplinées dont les dissensions ralentissaient le développement de la révolution ; il unifia les deux commandements de l'Est et de l'Ouest, en Tunisie et au Maroc ; il assura le ravitaillement de ces forces rassemblées aux frontières, instaura une école de formation politique des cadres, entreprit de faire venir les Algériens de l'étranger, vers la Tunisie et le Maroc pour y être enrolés. Une armée disciplinée fut créée. De l'argent et des armes furent fournis aux combattants de l'intérieur, par exemple à bord de voitures trafiquées en Suisse. En quantité très, très limitée il est vrai. Il est bon de rappeler ici que mon ami Frantz Fanon a bien voulu venir donner de nombreuses conférences aux officiers et cela contre l'avis des médecins et qu'il a tenu à finir son livre les *Damnés de la terre* dans un cadre austère (le camp militaire de Chardimaou) au lieu de se reposer dans un hôpital. Les Français mobilisèrent d'énormes effectifs sur les frontières sans pourtant alléger sérieusement les pressions qui pesaient sur les wilayas. L'armée des frontières attaqua la ligne Morice et les postes qui s'échelonnaient tout le long du barrage électrifié, sans réussir cependant à le rompre et à faire passer des unités. Il est vrai que le GIG (Comité inter-ministériel de guerre) fit venir des officiers d'état-major d'Indonésie pour obtenir une aide théorique en vue de la rupture du barrage. Les conseils fournis ne pouvaient malheureusement pas être mis en application, car il fallait disposer d'énormes moyens d'artillerie et d'une totale liberté d'action dans les pays voisins. Ces derniers craignaient à juste titre pour leur jeune indépendance une réaction brutale de la France, qui agitait sans cesse la menace du droit de suite. Sakiet Sidi Youcef, aujourd'hui symbole de la fraternité algéro-tunisienne, fut détruite par l'aviation française pour un motif somme toute banal en temps de guerre. C'était un coup de semonce.

Un autre service, indispensable dans les guerres modernes, avait été créé par le colonel Boussouf à l'extérieur. Il s'agissait de transmissions. La formation, très stricte, des opérateurs et des chiffreurs, s'était échelonnée sur plusieurs années, car le personnel se devait de connaître la technique pour effectuer des réparations en cas de panne. Ces hommes menaient une vie très difficile, car ils étaient coupés du monde extérieur et ne pouvaient même pas rendre visite à leur famille avant le départ au maquis. Ancien militant clandestin, Boussouf se montrait très exigeant quant au respect du secret et de la discipline. Un service d'écoute chargé d'intercepter les émissions de l'armée française avait été installé au Maroc, en Tunisie, en Libye et au Mali. Dans ce dernier pays, notre service de transmissions avait découvert un important réseau d'espions dont la liste complète fut fournie à Modibo Keïta (président de la république) et Madéra Keïta (ministre de l'Intérieur). De hauts responsables de l'État et du parti étaient impliqués dans la trahison. Ce service nouveau était d'une grande utilité, car il permettait des liaisons ultra-rapides entre les wilayas et l'extérieur. Nous étions naïfs dans ce domaine, car ce n'est que longtemps après que nous apprendrons que le décodage des chiffres n'exigeait pas beaucoup d'efforts pour des puissances aussi bien outillées que la France. Toute expérience se paie. Le poste récupéré sur la « force K » complétera notre dotation et nous permettra d'avoir trois postes à l'échelle wilaya, dont l'un sera installé au PC. Ce service embryonnaire pendant la guerre deviendra un outil efficace au lendemain de l'indépendance. La formation de cadres dans ce domaine se fera en Algérie, par des Algériens. Elle a exigé du temps mais nous a mis à l'abri des indiscrétions qui n'auraient pas manqué si cette tâche avait été confiée à des étrangers. Cela répond à un trait de notre caractère et à un principe cardinal de notre révolution : ne compter que sur soi-même. Je rends hommage aux militants des transmissions qui pendant la guerre ont affronté les mêmes risques que les autres combattants et ont servi avec courage, abnégation et modestie. Ils garderont au lendemain de l'indépendance leurs habitudes de discrétion. Le général Crépin lui-même a donné comme instruction à ses subordonnés d'accorder une importance particulière aux ANGRC 9, en leur disant : « Si vous avez à choisir entre une katiba et un poste émetteur de l'ALN, détruisez la radio, c'est plus rentable. » J'ai gardé des liens d'amitié avec les hommes des transmissions qui ont servi en wilaya IV et partagé nos épreuves : Allel, officier supérieur de l'ANP, l'avocat Bélal Mohamed dit Chouaïb et Tounsi Mustapha, cadre au ministère de l'Habitat.

Prise d'un poste de goumiers

Alors que je me trouvais au mois de juin dans l'Ouarsenis, j'ai été rappelé en zone II pour assurer temporairement la direction du commando Si Mohamed, qui avait perdu son chef et des officiers de valeur. Le message disait : « Azzedine, le commando de la zone II (Blida, Médéa) manque de tonus. Il n'a pas réussi une action depuis deux mois. Quand tu visiteras cette zone essaie de faire quelque chose avec eux. » Cette unité a tenté en vain des embuscades, mais elle traversait une période de poisse qui abaissait le moral des combattants. A mon arrivée aux Ouled Ouanid avec le commando, les services de renseignement m'informent de l'existence d'un poste de goumiers à deux cents mètres d'un camp français, comptant un millier d'hommes environ. C'est une aubaine, car le RL a réussi à « pénétrer » le poste en y plaçant un de ses agents, discret et résolu. Il est prêt à rejoindre l'ALN avec son arme mais nous le lui déconseillons.

— Amenez-moi cet homme le plus tôt possible, dis-je au commissaire politique et au responsable des renseignements et des liaisons du bled.

Un jour, je revêts un burnous, j'enroule un chèche autour de ma tête et je m'approche du camp dont je relève le plan. Je discute avec le goumier qui me donne des détails : nombre d'hommes, armement, noms et caractères des sous-officiers encadrant le groupe, description des lieux, etc. Oui, on peut monter un coup payant.

— Demain, je serai de garde à dix heures du soir, me dit le goumier. Tu viendras par ce sentier. Pour que je te reconnaisse, imite le cri de la perdrix, et je te répondrai comme ça...

Il place ses mains en conque autour de sa bouche et souffle. Exactement l'oiseau surpris dans les chaumes ! J'essaie, mais mes lèvres ne produisent qu'une sorte de pet de mulet souffreteux :

— Ça ne va pas, ton truc...

Le RL du secteur se marre :

— Commandant Si Azzedine, moi je sais.

Il souffle dans ses doigts : une perdrix, une escadrille de perdrix ! Le gars aurait du succès sur une scène de théâtre. Notre mot de passe ainsi réglé, le goumier continue :

— Je te ferai alors entrer dans le poste. Les goumiers dormiront. L'armurerie est à dix pas du dortoir.

Dois-je croire cet homme, déserteur en puissance qui peut très bien nous attirer dans un guêpier ? Voyons : il a choisi lui-même le chemin d'accès. J'ai vérifié, c'est le seul qui ne soit pas balayé par les projecteurs des miradors. Mais le cri de la perdrix ? N'est-ce pas un signal convenu pour qu'un piège se referme sur nous ? Prudent, j'envoie quelques moussebiline surveiller de loin le sentier. Aucun déplacement de troupe, pas d'embuscade. Le goumier est crédible.

J'ai seulement besoin de vingt hommes. Je rassemble le commando de la zone 2 :

— Je prendrai la tête du groupe. Quels sont les volontaires ?

Un cadre proteste :

— Si Azzedine, tu es le commandant militaire de la wilaya. Ce n'est pas ton rôle de prendre des risques. Reste en dehors et confie à quelqu'un d'autre le soin d'attaquer le poste.

— Non, je viens avec vous.

Tout le commando est volontaire. J'en choisis vingt à la grande déception des autres.

Dix heures trente. Le sectoral RL lance trois fois le cri de la perdrix. Le gardien répond et nous précède à l'intérieur du camp jusqu'à l'armurerie. La chaîne attachant les armes n'est pas cadenassée. Le poste est silencieux, désert. Pas un chat. La porte de la chambrée est entrebâillée. Ils ronflent tous. « Haut les mains ! » Ils sursautent. La proximité du poste français les sécurisait et ils faisaient des rêves paisibles. Échevelés, médusés, ils se dressent sur leurs lits. On les bâillonne, on leur ligote les mains derrière le dos et on se replie avec eux, emportant tout jusqu'aux couvertures, aux lampes électriques, aux ustensiles de cuisine, dont les zones interdites ont tant besoin. Un goumier, le sergent responsable du groupe, sachant d'avance qu'il ne peut attendre de nous aucune indulgence en raison des exactions qu'il a commises, tente le tout pour le tout, se débarrasse de son bâillon en le frottant contre son épaule et braille : « A la garde ! » Le djoundi qui l'empoigne ne parvient pas à le faire taire. « Fiche-lui un coup de poignard. » L'autre s'écroule, mais ses cris ont alerté les Français. Les projecteurs s'allument. Les batteries du poste voisin nous bombardent. Au trot, nous sortons avec les prisonniers du périmètre dangereux. Vers deux heures de l'après-midi, le lendemain, bouclage monstre dans les Ouled Bouachra, attaque des Sikorski, des avions ; les paras, les légionnaires, effectuent des opérations éclair dans les dechras, brûlent la forêt, tuent quatre des nôtres... Le goumier déserteur deviendra chef de section. Deux de ses camarades entreront dans l'ALN. Les autres goumiers seront exécutés. Et le commando de la zone 2, regonflé, fier d'avoir pris un poste, volera de succès en succès.

Les purges

Dans les derniers mois de 1958, le colonel Amirouche, patron de la wilaya III, intoxiqué par l'action psychologique des services spéciaux du colonel Godard et du capitaine Léger, croyait voir partout des agents de l'ennemi fomentant une vaste conspiration contre la révolution algérienne. En proie au vertige de la trahison, il avait ordonné des purges sanglantes, privant le FLN d'éléments de valeur, notamment des étudiants. Transformé en grand inquisiteur, il entendait étendre l'épuration à toute l'Algérie.

J'avais moi-même reçu une lettre : « Azzedine, prends garde. En wilaya III, j'ai démasqué un énorme complot. L'ALN est pourrie à l'intérieur, les traîtres pullulent. Tu n'y échappes pas. Trois djounoud du commando Ali Khodja, originaires de Belcourt, fournissent des renseignements à l'armée du crime. Il faut que tu les exécutes immédiatement », disait-elle en substance. Cette lettre m'avait d'autant plus bouleversé que les trois hommes, dont Amirouche citait les noms, étaient tous morts héroïquement, quelques mois auparavant. Le premier se trouvait en convalescence dans une infirmerie de campagne qui avait été attaquée par l'armée. Mes djounoud blessés ne se séparant jamais de leur arme individuelle, il avait protégé le repli des malades et du personnel médical, tirant toutes ses cartouches, pour finir grillé au lance-flammes. Le second et le troisième avaient été tués au combat en donnant l'assaut.

J'avais gardé cette lettre sans en faire part à quiconque, jusqu'à la réunion du conseil de wilaya, en zone 2. A cette réunion avaient assisté le colonel Si M'Hamed, les commandants Si Salah et Omar Oussedik, et moi-même. Nous avions débattu des multiples problèmes du moment : l'attitude du GPRA et des politiciens de l'extérieur, les répercussions sur la population du discours de Constantine, l'aide à apporter aux wilayas défavorisées, etc. Et nous en étions venus, bien entendu, à parler des purges. Plus de quatre cents cadres liquidés par Amirouche en wilaya III, nous avait-on dit! Un chiffre disproportionné. Comment quatre cents comploteurs avaient-ils été incapables de renverser la situation et de prendre le pouvoir ? Ou les chiffres étaient « gonflés », ou Amirouche exagérait, et il était temps de le raisonner. Si M'Hamed avait reçu du chef de la wilaya III une liste de « mesures draconiennes » qu'Amirouche lui conseillait vivement d'appliquer dans notre wilaya : arrêt de recrutement et contrôle des personnes recrutées pendant les trois derniers mois ; surveillance étroite de « presque » tous les djounoud originaires ou venus d'Alger depuis la grève des huit jours ; arrestation des goumiers et soldats ayant « déserté » depuis peu l'armée française ; suppression des permissions, chacun devant rejoindre immédiatement son poste ; suppression de toute correspondance privée, contrôle du courrier de service, arrêt de toute circulation sauf aux titulaires de laissez-passer délivrés par un responsable de wilaya ; interdiction des mutations d'une région ou d'une zone à l'autre ; arrestation de toutes les personnes provenant d'autres wilayas et examen sévère de leurs papiers ; fermeture des frontières avec les autres wilayas, sauf aux agents de liaisons dûment accrédités par la wilaya ; arrestation enfin de tous les suspects, de toutes les personnes dénoncées de quelque grade qu'elles soient, et interrogatoires énergiques de ceux dont la situation ne paraîtrait pas régulière !

Ces instructions avaient inquiété Si M'Hamed. Nous n'étions nullement d'accord avec l'analyse d'Amirouche et les liquidations. Le conseil nous avait délégués, le colonel et moi, pour rencontrer le chef de la wilaya III, exiger de lui des explications et freiner l'épuration. Je n'avais toujours pas parlé de ma lettre. Mais, à la fin de la réunion, je demandai à Si M'Hamed de la lire à haute voix.

— Et ces trois hommes, où sont-ils ?

— Je vais rassembler le commando et tu vas les interroger toi-même.

— Tu ne l'as pas déjà fait ?

— Non, je vous attendais.

Le commando est aligné dehors. Abdenour fait présenter les armes. Je l'appelle :

— Que Mohamed, Ali, Kaddour sortent des rangs. Abdenour me regarde avec reproche comme si je blasphémais.

— Sors-moi ces trois hommes.

Les djounouds du commando Ali Khodja murmurent. Les visages se sont fermés. Un mur de réprobation. Ils doivent me haïr.

— Alors ? J'attends !

— Mais, Si Azzedine..., balbutie Abdenour, ils sont morts au champ d'honneur. Tous les trois !

— Comment sont-ils morts ?

— Tu le sais, Si Azzedine.

— Ne discute pas. Raconte devant la compagnie, devant le colonel Si M'Hamed et les responsables ici présents.

Et Abdenour, au garde-à-vous, la voix étranglée par l'émotion, décrit la mort de mes trois anciens compagnons. Je me tourne vers la katiba :

— Est-ce ainsi qu'ils ont été tués ?

Tout le commando crie :

— Oui, Si Azzedine, *Allah y a R'Ham Echouhada !* Gloire aux martyrs !

— Merci. Je n'avais pas oublié comment étaient tombés ces braves. Mais je voulais que le conseil de la wilaya le sache.

Si M'Hamed me dit :

— Pourquoi as-tu fait ça ?

— Pour que tu l'apprennes de nos propres bouches. Les accusations de la wilaya III ne sont pas fondées. Et nous étions partis, décidés à arrêter le carnage en wilaya III. En arrivant à Zbar-Bar, nous avions constaté que, durant notre absence, la situation s'était détériorée un peu plus. La zone avait beaucoup souffert. Les pertes s'étaient accumulées. Le quadrillage serré, les opérations quotidiennes empêchaient les unités de circuler. Et la proximité de la wilaya III, où régnait la terreur, n'arrangeait pas le moral des djounoud. « Azzedine, ne vaudrait-il pas mieux que j'aille seul en wilaya III ? Il serait préférable que tu restes ici pour rétablir la situation politico-militaire. C'est ton fief. Tu y es très populaire. On t'écoutera. »

Cela m'avait, en effet, paru raisonnable. Le commando Ali Khodja était une école de cadres de l'ALN : presque tous les chefs militaires régionaux de la zone I en sortaient. Je les connaissais tous.

J'avais reçu très tôt une lettre du colonel Si M'Hamed, m'encourageant. Il était sur place, à son tour ébranlé par la panique d'Amirouche. La missive du colonel était en contradiction avec l'appréciation que nous avions des purges.

FLN/ALN/W.IV
République Algérienne Démocratique et Sociale

« *Quand une femme pleure pour son pays,*
son pays est déjà libre. »

Le 14 novembre 1958

Cher frère,

Je t'écris pour t'annoncer que je dois continuer mon chemin jusqu'en wilaya II. Amirouche est déjà parti et je n'ai trouvé que le colonel Ben Abderrezek de la wilaya VI. Il fera route avec moi. C'est loin, n'est-ce pas ? Que veux-tu, le coup en vaut la chandelle. C'est une occasion que je ne voudrais pour rien au monde laisser passer. Il y aura (peut-être) la présence de ceux de l'extérieur. De toute façon, cette rencontre sera instructive et positive, je l'espère. B. Abderrezek paraît un homme intéressant, nous avons beaucoup discuté hier et je constate que nos points de vue se rejoignent sur les grands problèmes : notre colère est la même, *ya Akhi!* L'autre jour, nous discutions du congrès. Si tu te rappelles, nous estimions que le GPRA provoquait une situation nouvelle, etc. Personnellement, je crois que la convocation du Moûtamar est toujours nécessaire, surtout après la séance d'hier. Enfin, nous verrons la chose sur place, n'est-ce pas ?

Comment va Moussa ? Tu lui expliqueras que c'est indépendant de ma volonté. Je croyais trouver les frères ici et régler la question sur place. Maintenant, je vois que cela va prendre du temps. Pourra-t-il patienter encore ? Voyez de votre côté s'il n'y a pas quelque chose[1].

La région où vous vous trouvez a joué un rôle par le passé. Est-ce que des possibilités demeurent encore ? S'il n'y a rien, qu'il ne s'aventure pas : dès mon arrivée là-bas, la première question que je poserai sera la sienne, et si par bonheur il y a quelque chose, je vous ferai signe. Le cas échéant, et ce que je ne souhaiterais pas, nous l'évacuerons à l'extérieur. Pour la réunion des PM zonaux, vous attendrez mon retour. J'espère qu'il y aura de nouvelles instructions, des résultats, *inch' Allah.* Je compte beaucoup sur toi pour aider les frères à redresser cette glorieuse zone I. Inutile de m'acheminer le courrier, car il risque de se perdre en route. Garde tout chez toi, détruis ce qu'il faut détruire. B. Abderrezek m'a demandé un capitaine pour la zone Aumale. Aïssa-Berrouaghia. Je lui ai répondu que nous verrons la question au retour et qu'il ne m'était pas possible de lui désigner X ou Y. Il a soulevé le cas d'Abdellatif, je lui ai donné les explications nécessaires. Maintenant, pour ce qui est du fameux secteur limitrophe à Médéa, il n'y voit aucun inconvénient et se tient prêt à tout sacrifier. Pour lui comme pour nous d'ailleurs, vouloir s'accrocher aux parcelles de

1. Il s'agissait de trouver un médecin pour Si Moussa.

terrain, ce n'est que bêtise. Il a des appréhensions surtout en ce qui concerne la zone 4 ; je lui ai promis que nous l'aiderons, comme, sinon plus, que par le passé. Il m'a raconté les fourberies de la wilaya V. Que te dire de la wilaya III ? Nous trouvons ici un peuple admirable, peut-être inégalable. Hommes, femmes, gosses, tous travaillent à l'unisson au service de l'ALN. On nous cite les prouesses de tel vieux, de tel enfant, de telle femme qui récupèrent des armes, souvent au prix de vies humaines. Le peuple de Kabylie est un peuple très évolué, très avancé. Ici le commissaire politique ne se fatigue pas les méninges. Quant au Djurdjura, il a revêtu son burnous. Tout est blanc au-dessus de nous, il fait froid, terriblement froid, heureusement que nous avons les cachabias ! L'armée et le peuple respirent à pleins poumons aujourd'hui. Les bleus ont fait du mal, beaucoup de mal. Amirouche a fait un grand nettoyage. Plusieurs dizaines de « cadres » sont partis rejoindre Kobus, Bellounis et autres salopards du même gabarit, ce qui fait que les *Ittarat* manquent. La wilaya III était noyautée jusqu'au cou. Heureusement qu'*Allah* est avec nous. As-tu des nouvelles de Salah et Tayeb ? Dès que j'aurai terminé avec toi, je leur écrirai une lettre. Tout à l'heure, je te disais que ceux de l'extérieur seraient présents à la réunion. Eh bien, d'après Abderrezek, il a été décidé la présence du Comité d'organisation militaire à l'intérieur. C'est bon signe si cela tient debout. Je dirai qu'ils commencent à comprendre. Que te dire de plus sinon que Saïd, Rabah et les deux djounoud de la Slimania vont bien et vous donnent le bonjour. Ici les beignets, les figues, l'huile, et de temps en temps les alertes, ne manquent point. Insiste, entre autres, sur le *secret*. Car ici comme chez nous, il faut le dire : *ya latif !* Transmets nos affections à Moussa, Lagrâa, Bélaïd, Abdenour, Tahar, enfin toute la zone I.

Bien à toi *Roud balek !* Ton frère qui t'aime.

M'Hamed.

Échec de l'action psychologique

J'avais retrouvé avec bonheur Mimi, l'infirmière de la zone I, et mon ami Smaïl, le militant de Clos-Salembier chez qui je m'étais réfugié trois ans plus tôt. Si M'Hamed partit aussitôt et je passai la nuit à bavarder avec Smaïl et Mimi dans l'infirmerie de celle-ci, à M'Khateria.

Vers quatre, cinq heures du matin, le 17 novembre 1958, on nous signala une formidable concentration de troupes, au sud de

Palestro et de Laperrine. J'évacuai l'infirmerie et, remettant ma sacoche contenant des documents, de l'argent et des lettres à Mimi, je lui indiquai le moyen de sortir du bouclage avec blessés et malades, sous la protection d'une escorte. Puis je me mis en marche avec un groupe de douze moussebiline pour rejoindre le commando Ali Khodja, qui devait faire la jonction avec quatre katibas que Si M'Hamed et moi avions convoquées dans la région. Sept heures trente : c'est la compagnie d'Aïn-Bessem qui entre en action ; à neuf heures, le commando Ali Khodja, à neuf heures trente la Athmania de Palestro.

Le général Massu, renseigné, est chargé de nous intercepter. Pour son opération « Courroie », il dispose des 2° , 3° et 6° régiments parachutistes d'infanterie de marine, de trois bataillons de tirailleurs, de sept batteries d'artillerie, de blindés, etc. Quinze mille hommes pour anéantir les « fellaghas », ces « coupeurs de bois ».

Il fait frisquet mais le ciel est bleu. L'incomparable bleu de certains matins d'hiver en Algérie. La visibilité est parfaite et les pipers d'observation, rétrécissant leurs ronds, ont repéré vers dix heures mes moussebiline. Les avions à réaction, les T-6, nous mitraillent, l'artillerie nous pilonne. Je file sur un flanc de l'oued Soufflat, affluent de l'oued Isser, et prends position avec un petit groupe mieux armé sur un piton boisé, dechra Dbiaâte, d'où plongent à l'Ouest et à l'Est des ravins vertigineux. Un sous-groupement du 3° RPIMA, l'ex-RPC de Bigeard, commandé par le colonel Trinquier, m'accroche à dix heures trente. L'unité du commandant Moulié a emprunté la ligne de crête menant à Laperrine. Le piton est intenable. Suivi de quelques djounoud, je me coule dans un ravin qui dégringole dans l'oued. Une compagnie nous poursuit : celle du capitaine Planet. Smaïl a la jambe arrachée par une rafale de fusil-mitrailleur. Je reçois une balle dans le coude gauche. Catapulté par le choc, je roule sur le ventre au moment où une roquette éclate au milieu de nous. Je suis projeté au fond de l'oued par l'explosion. Deux côtes cassées. Les oreilles qui sifflent. Je m'évanouis. Quand je reviens à moi, je suis seul, abrité sous un bouquet d'épineux et de lauriers-roses. Un bruit de pas. Deux paras s'accroupissent, me mettent en joue. Je tâtonne les galets. Où est mon PM ? A mes pieds, devant moi. Je suis cuit. Je lève mon bras valide. Les « longues casquettes » hésitent :

— Quel est ton grade ?

— Commandant. Je suis le commandant Azzedine.

Je suis aussitôt entouré. Je ne bouge pas. Mon corps s'est brusquement engourdi et j'ai envie de fermer les yeux, de me coucher sur la berge. Un soldat musulman, Djerbou Mohamed, du

2º RI, 3º bataillon, 9º compagnie, me fait sortir de mon trou en me parlant en arabe :

— Azzedine, *couneck rajal*, sois un homme, n'aie pas peur.

On m'entraîne sur la crête. Des dizaines d'officiers s'empressent autour de moi, avec un intérêt certain. On me photographie, on me filme. Un médecin militaire, qui, surpris, a relevé sur mon corps treize blessures, me fait une piqûre et panse mon coude. Quelqu'un me tend une orangeade. Les radios crépitent : « Le commandant Azzedine a été coxé en NY 84-A-9. » La nouvelle vole de PC en PC. J'apprends que nous avons perdu dans la bataille près de deux cents combattants. Des paras déploient une carte d'état-major :

— Commandant Azzedine, vous avez participé à telle action?

Pour les complexer, je réponds :

— Oui, et j'y ai récupéré tant d'armes.

— On vous avait encerclé. Par où diable êtes-vous sorti?

Je ne sais pas lire une carte et pose mon doigt au hasard :

— Par là.

— Mais c'est impossible, j'y étais, grogne un capitaine.

— Je suis sorti quand même.

— Ah! Ce con de colonel, je lui avais bien dit que les fells allaient se carapater dans l'oued. Il ne m'a pas cru, et voilà le résultat!

Si j'ajoutais que ce furent les femmes d'une dechra qui organisèrent mon repli dans cette action, le léopard aurait un malaise!

Une « Alouette » dépose le colonel De Maisonrouge. Cramoisi, excité, il court vers moi et me gifle à toute volée sous les yeux réprobateurs des autres officiers, qui m'ont traité avec correction, voire avec respect. De Maisonrouge n'est sans doute pas de cette race de guerriers qui respectent l'adversaire, car il agrippe mon pull, secoue mon bras blessé :

— C'est toi Azzedine? Allez, à table! Où sont tes unités? Combien as-tu d'hommes aujourd'hui sur le terrain? Où est le colonel Si M'Hamed?

— Doucement. Vous avez affaire à un commandant de l'ALN, un officier comme vous. Cette gifle ne vous honore pas. Tuez-moi si vous voulez, mais je ne vous réponds plus.

— Ah! Monsieur réplique?

— Oui, et monsieur sait aussi mourir.

Il détourne le regard et appelle Massu.

Un hélico me transporte au PC du général, près de Laperrine. Béret amarante vissé sur le crâne, treillis bariolé, épaulettes noires étoilées, visage taillé à la serpe avec un nez en soc de charrue, le général m'accueille en souriant :

— C'est donc vous le commandant Azzedine! Félicitations, vous avez réussi à me faire inscrire sur mon livret militaire l'une des plus grandes déconfitures de l'armée française dans cette guerre : le djebel Bou-Zeg-Za! Et ça fait des mois que je vous cours après!

Je passe une demi-journée au poste de Khemis et un hélicoptère m'amène à Alger. Aveuglé par une cagoule, je roule en voiture puis me retrouve dans un vaste bureau. Il y a beaucoup de monde dans cette pièce. Interrogatoire. Nombre de combattants de la wilaya IV, combien d'armes, noms des responsables? Je ne réponds pas. On ne me frappe pas.

— Écoutez, inutile de vous casser la tête en me posant toutes ces questions. Torturez-moi, sciez-moi les bras, jetez-moi d'une « banane » dans la mer, faites ce que vous voulez. Je ne dirai rien.

— Il n'est pas dans nos habitudes de nous conduire de cette façon, proteste un officier interprète algérien.

— Les paras ne torturent pas? Je suis prisonnier, je n'ai pas envie de rigoler.

— Commandant Azzedine, voulez-vous que nous vous parlions de vos hommes?

Ils découvrent un immense tableau sur lequel tout est inscrit : cartes des wilayas, responsables des conseils, adjoints chefs des katibas, chiffres des effectifs, agents de liaison, commissaires politiques, etc. Tout est exact. Je suis assez déconcerté. « Et voilà maintenant le dossier : “Commando Ali Khodja.” Ils me précisent la tribu de l'un de mes anciens chefs de section, le prénom de son père, son métier dans le civil. Un par un, nous y passons tous, Si Lakhdar, Abdenour, Mustapha El-Blidi, Kouar, les autres. Ils me donnent les détails sur les actions que j'ai entreprises, les dechras où j'ai séjourné, sur mes défauts, mes qualités, mes tics. Ils me montrent des photos que je n'ai jamais vues, saisies sur des djounoud tués au combat ou capturés.

— Vous voyez, commandant Azzedine, nous n'avons pas besoin de vous. Après nous, vous êtes l'armée la plus paperassière du monde. Au Viêt-nam, les viet congs n'écrivaient pas autant!

D'où tiennent-ils cette masse de renseignements? Facile à deviner. Les lettres circulent d'une région à l'autre, portées par des agents de liaison qui, parfois, sont interceptés. De temps en temps, des prisonniers, pressés comme des citrons, livrent fatidiquement des informations. Fatigués du combat, abusés, dégoûtés des erreurs commises par des chefs irresponsables, quelques-uns se rallient à la France et parlent. Les archives, les photos récupérées sur les cadavres, les recoupements d'interrogatoires, ont étayé le fichier de l'ennemi qui, fin 1958, a une vision heureusement incomplète mais, dans l'ensemble, juste de nos forces et de nos armes.

Le quatrième jour, je rencontre sans témoins le capitaine Marion, Deuxième Bureau, de l'état-major de Massu. Il est en civil. Svelte, les yeux clairs, il a de l'allure. Il me tend cordialement la main :

— Commandant Azzedine, puis-je vous tutoyer ?

La jovialité du ton me plaît.

— Cela m'est égal. Pourquoi pas ?

— Voilà. Je viens directement de l'Élysée. Je ne suis pas un flic et je n'ai rien de commun avec les gens qui t'ont jusqu'à présent interrogé.

— Le général Massu m'a parlé de toi et m'a dit d'avoir confiance.

Une conversation s'engage. Plutôt un soliloque, car Marion est bavard.

— Je t'en prie, Azzedine, écoute-moi attentivement. Je n'ai pas à connaître aujourd'hui ton avis, tu me le donneras demain, après avoir réfléchi. Nous savons que vous êtes plus affamés de dignité que de pain, nous comprenons votre colère, votre soulèvement, car il y a eu trop d'injustices dans ce pays. Je peux même dire que nous vous approuvons. Mais nous savons aussi que de très nombreux maquisards de l'intérieur désapprouvent les « révolutionnaires de palaces », comme les a un jour surnommés Ouamrane, qui, à Tunis, à Rabat et au Caire, se bouffent entre eux comme dans un panier de crabes, vous assomment de belles paroles, parlent au monde en votre nom, mais se soucient fort peu de vos souffrances, de vos besoins en matériel et en armes. Qu'est devenue la plate-forme de la Soummam où le principe de la primauté de l'intérieur sur l'extérieur avait été solennellement affirmé ?

Le capitaine Marion enfonce une porte ouverte : il ne se doute même pas de ce que nous avons à reprocher à l'extérieur. En tentant de me désolidariser de mes frères, il m'en rapproche. Et ces différends dont il me parle me paraissent superflus. Le capitaine Marion s'enflamme :

— As-tu lu le discours de Constantine du 3 octobre où le général de Gaulle s'est engagé à assurer à l'Algérie une véritable promotion sociale et économique ?

Et Marion me récite alors le passage de ce discours auquel sont, dit-il, si sensibles les Algériens, ce fameux plan de cinq ans qui, selon de Gaulle, doit tendre « à ce que ce pays si vivant et si courageux, mais si difficile et si souffrant, soit profondément transformé ; que les conditions de vie de chacun et de chacune deviennent constamment meilleures ; que les ressources du sol, le travail des habitants, la valeur des élites y soient mis au jour et développés ; que les enfants y soient instruits ; bref, que l'Algérie tout entière prenne sa part du bien-être et de la dignité que la civilisation moderne peut et doit procurer aux hommes ».

Je me tais et écoute Marion, qui poursuit :

— Les maquisards ne comprennent pas pourquoi Ferhat Abbas a rejeté ce qu'il appelle la « demande de capitulation », alors que le général de Gaulle a offert la « paix des braves ». Son propos est clair. Il y a un mois, le 23 octobre, au cours d'une conférence, il a dit, et je le cite textuellement, au cas où tu ne serais pas au courant : « Je dis sans ambages que, pour la plupart d'entre eux, les hommes de l'insurrection ont combattu courageusement. Que vienne la paix des braves. Qu'est-ce à dire ? Simplement ceci : que ceux qui ont ouvert le feu le cessent et qu'ils retournent sans humiliation à leur famille et à leur travail. On me dit : "Mais comment peuvent-ils faire pour arranger la fin des combats ?" Je réponds : là où ils sont organisés pour la lutte, il ne tient qu'à leurs chefs de prendre contact avec le commandement. La vieille sagesse guerrière utilise depuis si longtemps, quand on veut que se taisent les armes, le drapeau blanc des parlementaires. Et je réponds que dans ce cas les combattants seraient reçus et traités honorablement. Quant à l'organisation extérieure dont nous parlions tout à l'heure, qui du dehors s'efforce de diriger la lutte, je répète tout haut ce que j'ai déjà fait savoir. Si des délégués étaient désignés pour venir régler avec les autorités la fin des hostilités, ils n'auraient qu'à s'adresser à l'ambassade de France à Tunis ou à Rabat. L'une ou l'autre assurerait leur transport vers la métropole. Là, une sécurité entière leur serait assurée et je leur garantis la latitude de repartir. »

Je ne dis toujours rien.

Paix des braves, paix des braves, mais, Seigneur, qu'est-ce que cela représente pour un homme comme moi ? La recrudescence sur le terrain, depuis l'arrivée au pouvoir du général de Gaulle, des opérations militaires, comme « Courroie » aux confins des wilayas III et IV, la guerre totale sur toute l'étendue du territoire, l'emprise absolue de l'armée et de la police, la prééminence de la communauté européenne, l'écrasement physique, sous le bulldozer du colonialisme persistant, des Algériens qui ne se soumettent pas aux dogmes de l'Algérie française... Que puis-je espérer d'une armée qui redouble d'efforts pour nous éliminer ? En moins d'un an, nous avons perdu plus de moudjahidine que pendant tout le reste de la guerre. Céder, désagréger notre résistance, c'est offrir notre gorge au poignard. De plus, les purges qui ont déjà affaibli la wilaya III et qui malheureusement s'étendront ensuite aux wilayas IV, V et VI, diminueront le potentiel du FLN-ALN à l'intérieur. Un cessez-le-feu unilatéral avec l'armée coloniale aurait des répercussions sur l'ensemble du pays. En fait, ce que visent le général de Gaulle et son équipe gouvernementale, c'est la destruction par étapes de l'ALN.

En outre, le « cessez-le-feu » n'est pas seulement un problème militaire. Il est encore politique, et la négociation doit avant tout porter sur l'ensemble du problème de l'Algérie. Je ne suis pas politique. Mon territoire, c'est le djebel, et j'y suis trop occupé pour, à vingt-quatre ans, errer hors des limites qui sont les miennes. Je ne puis trahir mon pays, renier mon passé, jeter l'éponge. Je veux reprendre la lutte et rejoindre mes frères de combat.

Comment pourrais-je oublier ces « dix commandements » de l'ALN que j'ai enseignés à des centaines de djounoud du commando ?

1. Poursuivre la lutte de libération jusqu'à l'indépendance totale.

2. Poursuivre la destruction des forces de l'ennemi et la récupération au maximum du matériel.

3. Développer le potentiel matériel, moral et technique des unités de l'ALN.

4. Rechercher au maximum le mouvement, la dispersion avec regroupement et l'offensive.

5. Renforcer la liaison entre les postes de commandement et les différentes unités.

6. Développer le réseau de renseignements au sein de l'ennemi et au sein de la population.

7. Développer le réseau d'influence du FLN auprès du peuple afin d'en faire un appui sûr et constant.

8. Renforcer la discipline dans les rangs de l'ALN.

9. Développer l'esprit de fraternité, de sacrifice et d'équipe parmi nos combattants.

10. Se conformer aux principes de l'Islam et aux lois internationales dans la destruction des forces ennemies.

Le capitaine Marion, tout à son rêve, imagine-t-il à quoi je songe tandis qu'il tire de sa poche un paquet de cigarettes et le pose devant moi ?

— Que vois-tu, Azzedine ?
— Deux faces du paquet.
Il se lève et tourne autour de la table :
— Eh bien, moi, je vois les trois autres ! Ton côté, je le devine, mais je ne le connais pas parfaitement. Si nous travaillons ensemble, ce paquet de cigarettes ne sera plus un mystère pour nous. Tu aimes tes hommes. Nous aimons les nôtres. L'effusion de sang a trop duré. Si tu acceptes la « paix des braves » proposée par le général de Gaulle, et si tu la fais accepter aux autres responsables de la wilaya, ce sera la fraternité retrouvée. Tu vois l'Algérie... (le capitaine Marion dessine une carte avec son stylo). La wilaya IV est ici (il lâche une grosse goutte d'encre au milieu de son croquis). Si c'était de l'huile, que se passerait-il ?
— L'huile s'étendrait.
— Voilà, Azzedine, notre action va s'étendre, car nous voulons arrêter la guerre. Il faut parvenir, avec des adversaires estimables et courageux comme toi, à des cessez-le-feu locaux. Nous nous occuperons des djounoud. Ceux qui voudront entrer dans l'Armée française y entreront. Les autres ne seront pas inquiétés. Quant aux chefs des wilayas, ils seront cadres dans l'Algérie nouvelle.

Marion m'abandonne à mes réflexions. Dans ma cellule, on me sert du poulet-frites.

Pendant la nuit, le sommeil fut long à venir. Le drame est à ma porte. La réflexion fut dense, difficile. Le passé défile devant moi. Je revois les visages des morts, des compagnons encore vivants et des responsables auprès desquels, en raison de leur âge et de leur formation, j'ai beaucoup appris. Tout d'un coup un déclic se produit, je me revois à Tiberguent assis à deviser avec des compagnons d'armes. Ils disaient : la duplicité dans les sociétés normales, dans les sociétés saines et libres, où l'homme s'épanouit, est un très grave défaut, un manquement à la morale et à l'éthique. Elle devient chez le colonisé une arme, un moyen de se défendre, un instrument de libération. Le militant profondément attaché à l'idéal de la liberté cache ses sentiments, se domine physiquement et fait tout pour obtenir l'information qui servira à l'ALN, pour se procurer des médicaments et du ravitaillement. Il saluera le soldat français dans la rue, il s'inclinera devant l'officier mais il n'en pense pas moins. Les marxistes disent que la fin justifie les moyens, les musulmans que la guerre est ruse et tromperie. Ce rappel m'illumine un instant et m'entrouvre une porte. Pourrais-je jouer le jeu ? Je suis un homme d'action, je décide de prendre quelques heures de repos. Au réveil, ma décision est prise. « Il n'est pas nécessaire d'espérer pour entreprendre ni de réussir pour persévérer. » J'essaierai.

Le lendemain, le capitaine vient aux nouvelles :

— Alors, Azzedine ?

— D'accord.

Je ne me moque pas de lui. Mais je pense : parle, parle capitaine ! Que te répondre d'autre ? Quel raisonnement t'entraîne, toi et les tiens, le gouvernement, les pieds-noirs et l'Armée ? La dialectique révolutionnaire m'a enseigné ce qui vous meut tous. Et, de toute façon, qu'aurions-nous à faire avec vous ?

Ma décision est prise : il faut que je sorte de la toile d'araignée où m'ont englué ma défaite militaire et le succès du général Massu. Quitte à signer, à écrire, à dire n'importe quoi ; pourvu que je me taille. Marion se frotte les mains. Il est heureux. Il danserait la gigue, ma parole !

— Viens avec moi.

Une voiture nous conduit au PC de Massu, à Hydra. On m'a préparé une chambre avec un lit, un oreiller, des draps blancs. Mais ma main droite est attachée au montant par une paire de menottes. Marion me rend visite trois ou quatre fois par jour. Il me chouchoute, surveille ma porte, me recommande certaines personnes, filtre les autres. Un jour, un civil tourne en rond dans le couloir en se rongeant les ongles.

— C'est un emmerdeur, me dit Marion. Un haut fonctionnaire des renseignements généraux. Reçois-le, mais si tu ne veux pas lui répondre, envoie-le chier !

L'autre entre, s'assoit sur le bord du lit, l'air méchant :

— Tu t'es évadé de la prison de Tablat ?

— Oui, c'est dans mon fichier.

— En effet. J'y ai lu que tu avais tué le gardien ?

— Si je ne l'avais pas tué, je n'aurais pas pu m'évader.

Ça le chiffonne.

— Tu oses me répondre sur ce ton ?

— Comment voulez-vous que je vous réponde ? Pour m'échapper, il a bien fallu que je liquide le gardien. Si je lui avais demandé la permission de sortir, pensez-vous qu'il m'aurait gentiment ouvert le portail ?

— Tu as un sacré culot, le fell. La « paix des braves », mon cul ! Des gens comme toi, une balle dans la nuque et au suivant...

— Fous le camp !

Et je me suis recouché. Il n'a pas le droit de me frapper. Puisque les français veulent tenter avec moi le grand schlem, j'en profite.

Quand Marion juge que je suis à point, il me conduit dans le bureau de Massu. Le général se lève, me serre la main, s'enquiert de ma blessure au coude gauche, m'offre un siège, me scrute longuement :

— Ça va, Azzedine?

Il enchaîne sans attendre ma réponse. La coupe en brosse, le piton en arête du nez avec la moustache en buissons d'épineux sur l'oued des lèvres, me font songer à un paysage de Kabylie. La lumière en moins.

— Azzedine, j'ai confiance en toi.

Décidément, ce mot doit leur paraître magique.

— Je partage le point de vue du capitaine Marion et ce que vous faites, je l'approuve à cent pour cent. Travaillez ensemble et vous réaliserez de grandes choses.

Je souris. Un officier supérieur de l'action psychologique entre dans le bureau avec un magnétophone. Que veut-il? Une déclaration.

— Commandant, vous êtes musulman?

— Oui.

— Pourtant, votre lutte ressemble beaucoup à celle du Viêtnam. Êtes-vous communiste?

— Non, nous sommes des nationalistes et nous nous battons pour notre pays.

— Mais vous êtes communistes.

— Enfin non! Vous êtes obsédé ou quoi?

— Vous êtes communistes sans le savoir.

Il m'ennuie celui-là avec sa gueule de fouine et son magnéto :

— Excusez-moi, mais votre philosophie est trop forte pour moi. Peut-être savez-vous mieux que nous ce que nous sommes...

En sortant de chez Massu, Marion m'emmène faire la tournée des grands ducs : Alger, que je n'ai pas vue depuis 1955. Il me promet monts et merveilles, et la liberté si je collabore à son projet. Un militaire en uniforme pilote la voiture noire de l'armée. Il veut vraiment m'amadouer, car, surprise! après la visite touristique de la capitale, où se préparent les élections législatives du 30 novembre, il descend sur Belcourt et se gare devant le 27 *bis*, rue Damourah. Chez moi! Tlidja pleure dans son haïk, Houria et Hanette m'embrassent à m'étouffer. Elles étaient inquiètes. Ma photo a paru dans les journaux, des milliers de tracts ont été diffusés dans l'Algérie. Les retrouvailles ne durent que trois minutes. La phase sentimentale est terminée :

— Vous voyez, madame Zerari, dit Marion à Tlidja, en me

poussant vers la porte, la France est généreuse. On vous a ramené votre neveu. Préparez-lui un lit. Ce soir, il dormira chez vous.

Dehors, le capitaine ajoute :

— Azzedine, ne triche pas. Si par malheur tu te sauves, tu nous trahis, nous exterminons toute la famille Zerari.

Je croyais qu'il n'était pas comme les autres. Mais, de nouveau, voilà les menaces, la politique de la carotte et du bâton. Nous continuons notre tournée. Au PC d'Hydra, il me somme de mettre un béret basque et de raser ma moustache. Il craint que les pieds-noirs ne me reconnaissent et ne m'abattent. Et, le soir, il me dépose rue Damourah. Seul. Conseil de famille. Ils sont tous réunis autour de Tlidja, des neveux, des nièces.

— Vous parlez de moi ?

Ils sont très gênés.

— D'accord, j'ai été arrêté. Et je suis ce soir avec vous parce que les Français veulent m'exploiter. Vous avez tous la trouille et je vous comprends. Ou vous pensez que j'ai trahi, vous avez honte, et je vous comprends aussi. Je vous accorde quelques jours, le temps de déguerpir, à Bône, à Bougie ou ailleurs. Car moi, je vais rejoindre mon poste de combat. A bon entendeur, salut !

Ma belle-sœur me prend dans ses bras, m'assure qu'elle n'a jamais douté de moi.

Le lendemain, Marion vient me chercher et m'emmène chez lui, me présente sa femme, me montre des films sur le 13 mai, l'industrialisation du pays.

— Azzedine, me dit-il, il faudrait raconter ce que tu as vu ici au conseil de ta wilaya. Nous savons que Si M'Hamed est en wilaya III. Je vais faire ordonner qu'il n'y ait plus d'opérations d'Orléansville à Palestro ni dans la région où se trouve ton colonel. Ainsi, on détendra l'atmosphère et on évitera le risque de tuer un responsable. Quand tu les verras, je te recommande de te méfier d'Omar Oussedik. C'est le plus dur. Il a été communiste. Si Salah est un romantique et Si M'Hamed est un sentimental. C'est toi, en fait, le patron de l'ALN. Il n'y a pas de raison pour que les autres ne marchent pas.

La pommade, j'ai horreur. L'action psychologique du capitaine Marion se développe à partir d'un postulat issu de la lecture de mon dossier et d'une recette de cuisine lue dans Mao. Pour les Français, je suis un baroudeur sans formation politique. Ils m'assimilent à ce folklore d'Arabes armés jusqu'aux dents et réglant de sombres vendettas dans ces montagnes âpres que les coloniaux aiment tant, alors que la plupart n'y ont jamais fichu les pieds, dans ces douars reculés dont ils parlent en se pâmant sans jamais avoir pénétré dans un gourbi. A l'école des « affaires indigènes », Marion aurait dû au moins apprendre nos traditions. Il essaie de me manœuvrer en exaltant mes qualités de chef de maquis, sans se soucier un instant de savoir quelles sont mes convictions profondes. D'abord spontanées, puis enrichies au cours de la lutte par le contact permanent avec le peuple algérien, par un dialogue constant avec mes compagnons de combat plus cultivés. Mon cœur d'Algérien, il s'en fout. Il me considère toujours comme un chaudronnier illettré qui a obtenu ses galons au combat, aimant le baroud et les honneurs, jouissant d'une grande popularité auprès de ses hommes. En échange de mes services, il m'offre — civilisation oblige, à un razzieur il proposerait un troupeau de chameaux! — un compte en banque de millionnaire, une situation confortable, une villa sur les hauteurs, une voiture de fonction, un appartement somptueux en plein centre, ajoutant même à cette tombola de la trahison une femme!

Comment cet officier, pourtant intelligent, peut-il penser que je vais crier « pouce! », alors que mes frères aînés ont été torturés, que Saïd a été assassiné, que Zehor croupit en prison, que j'ai enterré des dizaines de djounoud du commando et Si Lakhdar mon ami, mort dans mes bras?

Et même, si je voulais changer d'idéal — alors que j'étais un révolutionnaire me battant pour une cause noble et juste — contre de l'argent, une maison, des femmes, comment pourrais-je ensuite aborder mes hommes? En leur disant : « Écoutez, on était dans l'erreur jusqu'à aujourd'hui. Maintenant, on va se rendre. » Ou me présenter, la bouche en cul de poule, devant le conseil de la wilaya : « Les Français ont raison. Vous avez tort. » Je serais zigouillé et personne ne me suivrait! Marion réfléchit court et « tire en l'air ».

J'ai écrit sous sa dictée ce texte extorqué qui sera par la suite largement diffusé par la presse et la radio. Je le publie ici, non par masochisme, mais pour livrer au lecteur tous les éléments de l'histoire. L'omettre serait faillir à la vérité. J'ai, en outre, déjà dit plus haut que j'aurais signé n'importe quoi pour filer du guêpier. Les termes de ce tract correspondent au rêve de Marion et de Massu :

« Moi, Azzedine, ex-commandant militaire de la wilaya IV, déclare ce jour : j'ai rejoint les rangs de l'ALN depuis bientôt quarante mois et je m'y suis toujours battu avec toute la force de mon être dans les différents commandements que j'ai exercés. Fait prisonnier le 17 novembre 1958 dans les Zbar-Bar, j'ai eu la possibilité, à la suite de nombreuses conversations avec le capitaine Marion, de comprendre que la situation en Algérie à ce jour n'avait plus rien de comparable avec celle de 1954. L'arrivée du général de Gaulle à la tête de la France et l'assurance apportée par ses actes et ses discours, en particulier celui de Constantine, m'autorisent à déclarer formellement que la poursuite de la lutte n'a plus aucun sens et entretient en Algérie de grandes souffrances inutiles. Je regrette que les responsables de l'extérieur n'aient pas compris ou voulu comprendre les paroles du général de Gaulle. Je pense donc que c'est aux responsables de l'intérieur de prendre les contacts qui ont été refusés par eux. Sans renier mon passé, j'affirme solennellement aujourd'hui que je suis décidé à tout faire pour mettre fin à cette lutte fratricide, en travaillant en accord complet avec les personnes qui m'ont accordé librement leur confiance. Je souhaite désormais me consacrer à l'édification de l'Algérie nouvelle, celle voulue par le général de Gaulle. Ces paroles que je prononce sous la foi du serment engagent ma propre personne, ma famille et mon honneur de musulman, de soldat, d'homme. Zerari Rabah, dit Azzedine. »

Ils m'ont alors envoyé vers le maquis.

— Où peux-tu rencontrer un responsable sans trop t'éloigner ?

— Du côté de Thiers, juste après Palestro. Là, je trouverai toujours quelqu'un.

C'est là qu'ils me laissent.

Un habitant du village rêvasse sur le bord de la route. Il ne veut pas me parler.

— Mais je suis le commandant Azzedine !

— Pourquoi tu as rasé ta moustache ?

— Je viens de m'évader.

Il a l'air satisfait et va chercher le sous-lieutenant Tahar, que j'avais détaché comme chef militaire de la région de Palestro. J'explique la situation en quelques mots :

— Il faudrait que je parte demain sur Bouira, et de là à pied à Kef l'Ahssan. Essaie de toucher le capitaine Si Moussa. Maintenant, je redescends.

— Tu es fou ?

— Laisse faire, j'ai mon plan.

Le capitaine Marion est convaincu que j'ai retourné ma veste. A Alger, c'est la fiesta chez Massu et on me laisse libre de mon temps.

Second voyage, le 2 décembre, au maquis. Seul, cette fois. J'ai pris le car Alger-Bouira. J'ai rencontré Rabah Dermouche, responsable de la région de Aïn-Bessem, et me suis dirigé vers Kef l'Ahssan par le chemin le plus court, c'est-à-dire les labours. J'y ai trouvé le capitaine Si Moussa.

Enrôlé dès le déclenchement de l'insurrection, dans la Mitidja, Charef Moussa avait reçu, au cours d'une action avec le commando Ali Khodja, une balle dans la mâchoire qui lui brisa treize dents. Il avait fallu toute l'autorité de ses chefs pour le faire évacuer vers l'extérieur afin qu'il se soignât. On l'appelait le « Rectifié ». Il avait écrit une lettre à la wilaya : « Je viens pendant un combat de subir une opération esthétique, une rectification du portrait. Malheureusement, je ne peux plus mâcher, mais j'espère que ma bouche se consolidera. Ne soyez pas tristes, les amis. Quand je me regarde dans une glace, je me trouve très amusant. » Et ce diable d'homme au visage irrémédiablement abîmé s'était empressé, sitôt sa mâchoire rafistolée, de retourner à son poste !

« Le briseur de barreaux de prison ! » s'est esclaffé Si Moussa. Nous avons passé la nuit ensemble en compagnie des djounoud, chanté des nachids. A l'aube, il m'a dit :

— Que comptes-tu faire ?

— D'abord, descendre. Je dois sauver ma famille. Marion menace de l'exterminer si je ne remplis pas mon contrat. Les miens ont une semaine pour se cacher. Et puis, j'ai envie de faire monter des trucs d'Alger... Veux-tu que je transmette ton bonjour à ta famille ?

Je lui ai bien entendu expliqué l'objectif des Français, ma résolution, et lui ai remis un message pour Omar Oussedik, Si M'Hamed et Si Salah.

— J'ai peur pour toi, Azzedine. Fais gaffe.

— Ne t'inquiète pas. A bientôt.

De retour à Alger, je vais chez Ziane et ma sœur Kheira, puis chez le frère de Si M'Hamed, qui a une trouille bleue. Je lui glisse : « N'aie pas peur, je n'ai pas trahi. » Il me remet une lettre pour le colonel rédigée par Marion. Je vais aussi voir la famille du capitaine Si Mousa à Boufarik. J'ai pris un taxi. En arrivant au Golf, celui-ci s'arrête devant un commissariat.

— Que fais-tu ?

— Je dois avoir une autorisation pour t'emmener là-bas. Donne-moi ta pièce d'identité.

Aucun problème. Massu a signé un sauf-conduit me permettant de circuler de la capitale en wilaya IV sans être importuné. La famille de Charef Moussa habite juste en face d'un colon. Je rentre avec mon bras bandé. Tout le monde me regarde. « Ne craignez rien, je suis le commandant Azzedine », dis-je à la maman de mon ami en lui tendant de la part de son fils des gâteaux et un flacon de parfum achetés en ville. J'ai passé dans cette maison une partie de la journée. Hélas ! Les colons m'ont vu. Et reconnu. Plus tard, l'OAS de Boufarik harcèlera la maison, lancera des grenades. Les Moussa seront obligés de changer d'adresse.

Le capitaine Marion est satisfait. Son plan se déroule comme il l'a prévu. Et je continue de le rassurer :

— J'ai envoyé partout des agents de liaison afin de rassembler le conseil de la wilaya. Il me faut encore quelques jours.

— Tu remontes quand au maquis ?

— Demain. Mais je voudrais quelques paires de pataugas, des treillis neufs, des médicaments... Mes hommes en ont besoin : nous avons des blessés et des malades. Et puis, si notre armée doit prendre rendez-vous avec la vôtre, il ne faut pas qu'elle se sente en état d'infériorité vestimentaire.

Marion est ravi. Mais comment donc ! Et hop ! On remplit une camionnette qu'un chauffeur conduit à Médéa où je remets vêtements, vivres et médicaments à Dahou, commissaire politique du secteur. Je rencontre Si Salah, commandant politique de la wilaya. Il m'écoute, m'assure de son appui. On rassemble les djounoud, la population de la région. Je les harangue :

— Après demain, je viendrai avec un autre convoi.

Je répète au capitaine Marion exactement ce que j'ai dit. Il trouve astucieuse ma façon de procéder. Mais il hausse un sourcil quand j'évoque la possibilité d'un second convoi de matériel. Il doit trouver que je tire un peu sur la corde. J'ajoute :

— C'est beaucoup plus compliqué que nous ne le croyions. De toute manière, la décision se fera à l'échelon supérieur, au conseil de la wilaya qui va se réunir. Les capitaines, les lieutenants et les djounoud viendront ensuite.

La SAS de Médéa a informé les autorités supérieures de l'armée que j'aurais tenu un discours à la population. Massu me convoque :

— Bravo ! Tu joues franc jeu.

— Et ce convoi que j'ai promis aux gens de Médéa ?

— OK. Pas de problème.

Le jour J, je prends congé du capitaine Marion. Pour la dernière fois. Moins d'un mois après mon arrestation.

L'officier m'avait menacé, en cas de fuite, d'exterminer ma famille. Cela m'angoissa longtemps, quoique j'eusse ordonné à Tlidja, à mes neveux et nièces, à Kheira et à son mari, de quitter Alger. Le capitaine Marion se montra au contraire fort courtois. Et je reconnais qu'il eut même des attentions auxquelles son rôle ne l'obligeait pas. Certes, en rendant souvent visite à ma belle-sœur, il était convaincu d'un retournement de ma part : « Vous verrez, madame, le commandant va réfléchir et rentrer à Alger... » Il disait à Houria : « Ton oncle est un homme courageux. Je l'aime beaucoup. Grâce à lui, l'Algérie va enfin connaître la paix. »

Pour les fêtes de fin d'année, il offrit à Hanette et à Houria des paires de bas, et à mes neveux Ahmed et Mustapha des pistolets de cow-boy. Mon séjour au maquis s'éternisant, il tenta une ultime fois de m'appâter. En se servant de ma nièce :

— Houria, lui dit-il, voilà un stylo et du papier. Il faut que tu écrives une lettre à ton oncle.

— Mais, que lui écrire ?

— Je te dicte : « Cher oncle, on se languit de toi. Depuis ton départ, la maison n'est plus la même. Descends, nous t'en supplions », etc.

Et, sachant bien que je ne céderai à aucun prix, Houria avait obéi.

— Azzedine va bien entendu penser que ce mot est envoyé par l'armée française. Comment ton oncle peut-il être sûr que c'est toi qui l'as écrit ?

— Je n'ai qu'à signer : ta nièce aux dents de lapin. Il comprendra, car j'ai les incisives longuettes.

Marion emmena Houria à Hydra où ils prirent un hélicoptère qui se posa du côté d'Oued-Malah. Le capitaine avisa un berger :

— Houria, confie-lui cette lettre. Et demande-lui de la remettre au commandant Si Azzedine.

Cette lettre ne me parvint jamais. J'avais déjà pris le départ pour la Tunisie !... Quelque temps plus tard, une vingtaine de policiers en civil firent irruption aux bains-douches de la rue Damourah, et perquisitionnèrent. « Votre beau-frère est un criminel de guerre, dirent-ils à Tlidja. Vous aurez de nos nouvelles. » Et ce fut tout, jusqu'en novembre 1961, où maison et bains-douches furent plastiqués par l'OAS.

Omar Oussedik, Si Salah, beaucoup d'officiers m'attendent. Accueil chaleureux d'Omar Oussedik qui m'approuve quand je lui révèle les tenants et les aboutissants de mon aventure. Et tant pis si les Français (ce qu'ils ne manqueront pas de faire dès qu'ils apprendront mon évasion) s'imaginent que j'ai été capturé par ma wilaya.

L'arme de l'humour

L'humour trouve chez nous toujours sa place. Rire de l'adversaire ou de soi-même, c'est prendre du recul par rapport à la situation, se montrer optimiste et faire de nouveau aimer la vie. Un dessin, une caricature, une plaisanterie, démontaient les conjonctures politiques les plus compliquées. Par exemple, lors de la Foire internationale d'Alger, la wilaya IV avait diffusé un tract qui épinglait Robert Lacoste. Le gouverneur s'était vanté, on le sait, de régler le problème algérien en un quart d'heure. Le tract le transformait en une poule lacostienne couvant son œuf de Pâques avec ces mots historiques : « Encore un quart d'heure et vous verrez du neuf sortir de mon œuf! »

Autre dessin qui reste en ma mémoire : le football passionne les Algériens et devint l'un de nos terrains de propagande privilégiés. Sur un stade, un djoundi shoote dans un ballon sur lequel est inscrit : « Indépendance. » Dans les bois, long short et képi, toisant les tribunes et les destinées lointaines, le général de Gaulle tente un mouvement pour bloquer le ballon. Légende : « Avec un goal ou de Gaulle, le but sera atteint! »

Si Salah m'explique en riant ce qui vient de se passer à Médéa, où le général Massu devait se rendre pour prononcer un discours sur la « paix des braves ». Des moussebiline de la ville avaient lâché sur la place du marché un âne portant une pancarte : « Je cherche mon frère Massu. Je suis pour la paix des braves! » Des agents de police avaient dramatisé la facétie et averti les autorités militaires : « Tout le monde rigole sur le passage du bourricot. Il faut intervenir! »

En prélude aux opérations « Courroie », « Étincelles » et « Jumelles », l'armée monta d'urgence l'opération « Aliboron ». En guise de représailles, une patrouille ratissa les souks, les rues et les places, en quête de l'âne de Massu. Les bidasses finirent par le retrouver. Nul n'est immortel. Les guerriers l'abattirent. Et le peuple de Médéa de rire : « L'âne est mort en héros. Dieu ait son âme! »

Création du COM est et ouest

Pendant mon absence, l'extérieur a créé deux états-majors (Commandement opérationnel militaire), l'un à l'Est, dirigé par le colonel Mohamedi Saïd, et l'autre à l'Ouest, par le colonel Boumediene. Si Salah doit quitter la wilaya et gagner le Maroc pour être le numéro 2 du COM, l'adjoint du colonel Boumediene. Il boude :

— J'en ai marre de l'extérieur. Je voudrais me battre. Je vais envoyer un message déléguant un membre de la wilaya qui me remplacera au COM. Ce sera toi, si tu en es d'accord.

Omar Oussedik qui vient, quant à lui, d'apprendre sa nomination de Secrétaire d'État à la Guerre du GPRA, me dit :

— Azzedine, tu as besoin de te soigner. Tu m'accompagnes à Tunis car dans ton état tu ne peux même pas manier une arme. J'ai exprimé mon refus brutal d'une évacuation sur l'extérieur. Je voulais rester parmi mes hommes. Cependant, et ce par amitié, j'ai tenu à accompagner Omar Oussedik aux limites de la wilaya IV, où il devait rencontrer Si M'Hamed qui avait décidé de son départ pour rejoindre le GPRA.

En route donc vers la wilaya III. Escortés par le commando, nous sommes accueillis par l'adjoint d'Amirouche, Hacène Mayouz, surnommé « Hacène la torture ». Ce capitaine à la cervelle dérangée. Et je me demande par quel mystère il vient d'être détaché comme chef des renseignements à l'échelon interwilayas. C'est un homme expéditif, malade de l'espionnite. C'est lui qui, manipulé par la Sûreté nationale et le groupe de renseignements dirigé par le capitaine Léger, a exécuté des dizaines de « suspects » après les avoir interrogés avec une sauvagerie indigne de ce qu'il croit défendre. Hacène a inventé le supplice de l'« hélicoptère » : la victime, pieds et mains liés dans le dos, était suspendue par une corde, les reins chargés de pierres, au-dessus d'un brasero sur lequel on jetait de l'eau froide. Brisé, asphyxié, le suspect était ensuite tué. Mayouz est un fou dangereux, qui me répugne.

Le colonel Si M'Hamed m'embrasse :

— Je croyais que c'était fini, qu'on n'allait plus te revoir.

Je lui explique mon histoire.

— Je sais, Azzedine. Comme le dit le proverbe populaire : « Le mensonge peut courir toute une année, la vérité le rattrape en un seul jour... » Nous avons reçu un curieux message signé : « M. » Tout nous oblige à croire qu'il est du général Massu. Voici ce qu'il déclare, car il t'est destiné : « Je regrette beaucoup de ne pas avoir reçu de tes nouvelles depuis notre dernière rencontre ; ton silence, et l'ignorance dans laquelle tu nous a laissés, te feront comprendre l'obligation d'agir qui nous a été imposée, mais je t'assure que nos intentions demeurent toujours celles dont nous avions discuté. Aussi, je te demande de prendre rapidement contact avec moi, pour que nous sachions ce qu'il y aurait lieu de faire dans l'avenir — et la suite à donner à ces entretiens. » Il compte encore sur la trahison des hommes de l'ALN ! Voudrait-il recommencer les affaires Bellounis ou Kobus ? Vois-tu, Azzedine (comme je vais l'écrire dans le journal *El-Moudjahid*), aujourd'hui le commissaire Georges Period, ancien colonel au Maroc, assassin de patriotes marocains connu sous le pseudonyme de « El Hadj », le capitaine Ege, le colonel Godard, directeur de la Sûreté nationale, le capitaine Jean-Auguste Cazalet, chef de la 2° section, état-major Alger-Sahel, le lieutenant Pierre Lamy, chef de tous les sous-secteurs de la banlieue d'Alger, le colonel Grozason, le colonel Vaudrai, leur grand patron, le colonel Blay, responsable de l'action psychologique de la 5° section, le capitaine Léger, chef de groupe de renseignements élémentaires en liaison directe avec le général Massu, s'occupant des groupes mobiles de sécurité (et plus spécialement pour la wilaya IV), le capitaine Fournier, second du capitaine Marion, le capitaine Dubois, chargé de la région blidéenne, ancien collaborateur de la Gestapo, le lieutenant Penillon, adjoint du général Massu, l'éminence grise de tous ces experts psychologiques — tous doivent comprendre que la réalité est une dure pâte qui ne se laisse pas pétrir aisément, comme les mensonges et les rêves.

La colère de l'intérieur

Le colonel Si M'Hamed m'apprend aussi qu'entre le 6 et le 12 décembre, une réunion interwilayas s'est tenue dans la région de Taher-Mila-El-Milia. Outre lui-même, y assistaient Amirouche, chef de la wilaya III, Si Haouès Ben Abderrezek, de la wilaya VI, et Hadj Lakhdar, de la wilaya I. Manquaient le Constantinois et l'Oranais. Au cours de la réunion, chacun a dressé un tableau d'ensemble de sa wilaya, des décisions d'ordre militaire ont été prises. On a traité de l'épuration qui sévit et se propage en wilaya III et menace les wilayas limitrophes. On a, enfin, discuté des rapports entre l'intérieur et le GPRA. Il manque partout des armes et des munitions, les services de santé sont pitoyables. En revanche, le travail effectué dans les « assemblées populaires » est positif (sauf en wilaya IV du fait du quadrillage et des forces militaires considérables engagées par l'ennemi, ce qui limite les réunions populaires et les possibilités d'action des katibas).

Les services de propagande et de contre-propagande surclassent partout les Français, qui commettent souvent des erreurs ridicules. L'« affaire Azzedine » en est une, me précise Si M'Hamed.

Les wilayas III et IV, mieux équipées, acceptent de faire un effort en faveur des wilayas I et VI, en leur envoyant des vêtements et des explosifs. Les colonels ont reconnu que des agents français se sont infiltrés dans les rangs de l'ALN et que des éléments armés algériens, comme les messalistes, les chaouïas dissidents en I, se battent ouvertement contre le FLN. Amirouche est obsédé par la subversion et Si Haouès lui a fait remarquer que des « purges » injustifiées font le jeu de l'ennemi.

Les colonels ont décidé d'adresser une lettre aux ministres du GPRA, protestant contre la lenteur et l'incurie de l'aide extérieure, et posant le problème d'une réorganisation du FLN qui donnerait un rôle plus important aux chefs des wilayas combattantes. Lettre mesurée dans ses termes, car le Gouvernement provisoire reste notre essentiel pourvoyeur d'armes, de fonds et de matériel sanitaire.

Omar Oussedik a été chargé de remettre cette lettre au GPRA. Si M'Hamed réitère l'ordre au Secrétaire d'État à la Guerre, qui ne voulait pas partir mais obéit par discipline.

— Azzedine, va à Tunis. Ce n'est pas un exil. Tu y seras notre représentant le plus apte à faire comprendre que nous avons un impérieux besoin d'armes. Tu n'en as pas envie ? Voyons, mon frère ! Tu pèses cinquante kilos tout mouillé, tu es troué de balles, tu es épuisé, les Français vont s'acharner contre toi... Tu seras plus utile à l'extérieur. J'insiste. Dans six, huit mois, tu reviendras dans le djebel.

Et Si M'Hamed, en souvenir et en gage d'amitié, m'a offert sa carabine.

Le 6 janvier 1959 au matin, nous nous réveillons au milieu d'une vaste opération. Puisque je ne suis pas redescendu, en dépit de la lettre de Massu, puisque les Français pensent que je suis prisonnier de mes pairs ou que j'ai été exécuté, l'armée met de nouveau le paquet. La « paix des braves » n'aura été que fumée emportée par le vent de l'histoire. Le cirque habituel. En cinémascope. Les blindés, l'artillerie, l'aviation, le napalm, les troupes d'élite. Moh El-Fahem, un gars de ma katiba, est calciné sous mes yeux. C'est ce jour-là que le fameux capitaine Graziani, du 6e RPIMA, l'ancien attaché au 3e bureau de la 10e division portée, surnommée « Criquet » par ses hommes, fut accroché et tué par les moudjahidine de la wilaya III et du commando Ali Khodja.

En route vers Tunis

D'étape en étape, nous avons tant marché qu'à seulement y penser j'ai envie de m'asseoir. Quelle odyssée ! Deux mois et demi de marche. C'est la première fois que je vois Amirouche. Très grand, hypernerveux, mince comme un sloughi du désert, la peau sur les os, les sourcils épais ombrageant un regard minéral, une moustache à la Clark Gable... Il ne parle qu'extermination des traîtres qui, selon lui, envahissent la Kabylie. Impossible de lui faire entendre raison. Il a réussi à contaminer Si M'Hamed qui n'est plus le même depuis son voyage en wilaya III, et portera en wilaya IV la folie des purges.

Amirouche est cependant très fraternel. Il nous accompagne pendant trois jours et nous donne cinq cent mille francs anciens. Nous passons en wilaya VI où nous restons une semaine, puis en wilaya I où nous accueille le colonel Hadj Lakhdar, un colosse tout en muscles, chaoui armé d'un fusil Garant qu'il ne quitte jamais. La population des Aurès souffre atrocement, et bien douces me paraissent nos misères devant celles de ces femmes aux yeux fixes qui ne peuvent plus pleurer, de ces hommes que redresse malgré tout la rage de vaincre. Ce n'est partout que villages rasés, familles décimées, forêts grillées au napalm. Sous le ciel gris d'hiver, la désolation.

Avec un groupe d'escorte guidé par un agent de liaison surnommé « Bourguiba », car c'est un miraculé du barrage qu'il a plusieurs fois franchi, nous mettons le cap sur le Sud, marchant de nuit pour éviter les accrochages. En cours de route, des gens se sont joints à Omar Oussedik et à moi. Maintenant, nous sommes onze à traîner la patte dans les Nemencha, à traverser la route Tébessa-El Oued, à nous enfoncer dans le désert. Vagabonds traqués. Longue marche. Transpiration, mal aux pieds, gorge en feu. Parfois, des chars. Au loin, une source fraîche comme un glaçon. Et la fournaise qui entaille notre cuir. Avant-dernière étape : nous achetons avec l'argent d'Amirouche cinq chevaux. Nous montons nos canassons deux par deux, le onzième trottant derrière comme un marathonien, agrippé à la queue d'un cheval. On se relaie et, en une nuit, nous parcourons les quatre-vingts kilomètres de l'ultime étape.

« Bourguiba » s'oriente à l'aide de la lune, des étoiles et de sa montre. Mais cette nuit-là, il s'égare et rebrousse chemin vers le Nord. Je l'arrête :

— Où vas-tu?

— Au sud.

— Non, c'est de l'autre côté.

Sachant moi aussi m'orienter grâce à l'étoile Polaire, je prends mon cap :

— Suivez-moi, si vous ne voulez pas être mangés tout crus par les blindés!

En effet, nous avons un moment suivi des traces de jeeps et de half-tracks. A l'aube, plus de traces, mais des touffes d'herbe rêche des steppes. Je ne me suis pas trompé : nous sommes en Tunisie. « Bourguiba » réfléchit, renifle le vent : « Pas encore! » J'en ai marre. Nous sommes épuisés, nos chevaux boitent. Nous continuons. En réalité, nous sommes passés entre le point d'eau d'Elma-El-Abiod, le bout saharien de la double rangée de fils électrifiés posés depuis la côte à l'est de Bône sur une longueur de 320 kilomètres, et Négrine, le dernier contrôle radar du barrage. Et nous avons progressé sans nous en rendre compte d'une trentaine de kilomètres à l'intérieur du territoire tunisien entre Tozeur et Gafsa.

Des tentes! Des nomades nous hébergent, nous servent un repas. Nous dormons. Nos chevaux se sont l'un après l'autre écroulés. Les Tunisiens nous secouent :

— Sortez, sortez... les Français.

Dieux nous en garde! Ils ont pénétré en Tunisie et, des dunes, ils scrutent le campement à la jumelle. Je dis aux nomades :

— Surtout, n'ayez pas peur et continuez de vaquer à vos occupations habituelles.

Si nous étions sortis des tentes, les militaires nous auraient pourchassés comme des gazelles avec leurs jeeps ou se seraient contentés de nous mitrailler.

Le soir, dès qu'ils sont partis vers Bir-El-Ater, nous montons sur Tunis. Harassante nécessité qui nous pousse en avant pas à pas. En longeant la frontière nous rencontrons enfin des frères de l'extérieur, cette fois motorisés, qui nous amènent à Ghardimaou, à dix kilomètres de la frontière algéro-tunisienne. C'est dans cette localité, au nord-ouest de la Tunisie, que le colonel Houari Boumediene installera un an plus tard le principal quartier de son état-major et qu'il remaniera l'ALN.

Première délégation de l'ALN en Asie

J'apprends que mon aventure est connue à Tunis et que les tracts du colonel Si M'Hamed (le mensonge peut courir toute une année, la vérité le rattrape en un seul jour), avec ma photo ont été partout distribués. Mais Azzedine a besoin d'être lavé et rasé. Je prends à Ghardimaou mon premier bain. Les Romains se prélassant dans les jardins de Megara n'étaient pas plus heureux que moi dans ce bain maure, décapant en ronronnant de plaisir la couche de crasse qui double mon épiderme. Vêtu d'un treillis neuf flottant aux entournures (à croire que l'intendance n'habille que des gaillards d'un mètre quatre-vingts), coiffé d'une casquette ronde, je ressemble à un officier égyptien.

Le colonel Nacer (trois étoiles rouges), responsable de l'extérieur, est plutôt pessimiste. Il nous annonce que l'on vient de démanteler un complot militaire fomenté contre le GPRA. Nous lui parlons de l'intérieur, de la pénurie d'armes, de la vie infernale des maquis. Il nous raconte des anecdotes sur les rivalités de ses collègues. Au repas, je suis ébahi par l'abondance des mets. Un festin pantagruélique ! Omar Oussedik et moi, habitués à plus de frugalité, nous calons au second plat. Mais le colonel Nacer, ogre ventripotent qui s'exprime comme un tremblement de terre, avale tête de mouton, poulet salade, petit lait... Déçus par l'entrevue, nous ne nous attardons pas. Le GPRA étant au Caire, nous allons directement à Tunis, au ministère de la Guerre, dont le chef de cabinet, le commandant Mouloud Idir, nous reçoit chaleureusement et nous propose un hôtel. « Inutile, dit Omar, j'ai un frère dans la ville, Tahar. »

Nous dormirons chez lui. Merveilleux accueil. Le lendemain de notre arrivée nous nous rendons au siège d'El Moudjahid, organe central du FLN. Nous étions attendus par celui qui deviendra ensuite mon ami Rédha Malek et par mon ami depuis ma blessure du genou, Pierre Chaulet. Un programme de travail est arrêté. Omar Oussedik sera interviewé par Rédha Malek sur la situation à l'intérieur du pays alors que m'échoit le rude honneur d'aborder le problème de « la politique des contacts locaux » avec un journaliste français originaire de Blida, Jean Daniel. Ce dernier, démocrate généreux, avait défendu les causes justes de libération des peuples et combattu l'oppression coloniale chez nous et au Viêt-nam. Je le remercie pour l'ambiance qu'il a su créer au départ en rappelant à Omar Oussedik qu'il avait fait ses études dans la ville des roses (Blida) avec plusieurs Oussedik. Il connaissait bien Si Tahar Oussedik. Cette entrée en matière a balayé ma gêne. Il m'était au départ, moi ancien chaudronnier, extrêmement pénible de donner une interview. Jean Daniel en grand reporter a su créer le climat. J'ai pu ainsi expliquer à l'opinion publique internationale les desseins machiavéliques que nourrissait « la politique des contacts locaux ». Au terme de l'interview, j'ai remercié le destin qui m'a épargné de la wilaya IV jusqu'à Tunis, et offert ainsi une nouvelle opportunité pour servir la cause. Mais court est le séjour d'Omar Oussedik, qui part au Caire.

J'en ai très vite assez de cette vie de patachon. Je demande au commandant Idir de me constituer une unité pour entrer en Algérie, barrage ou pas.

— Tu dois d'abord voir le GPRA, me répond-il, embêté.

— Non, je veux retourner me battre. Je rejoins les unités originaires de la wilaya IV sur la frontière. Je me démerderai là-bas.

Et je file. Les djounoud me fêtent. On chante, on bâtit des plans sur la comète. Mais le lendemain un télégramme impératif m'ordonne de me rendre au Caire. Idir a déjà établi un faux passeport, de faux papiers ; il me donne de l'argent, ma valise est prête.

La capitale égyptienne m'attend avec une certaine curiosité. L'affaire « paix des braves » intrigue tout le monde. Ferhat Abbas, Ahmed Francis, les ministres m'invitent, me posent des questions, me sondent. Cela m'est égal. Je m'aperçois surtout que les luttes d'influence, les contradictions, la perte d'autorité, les complots du GPRA, m'enlèvent à des années-lumière de la réalité algérienne. Les membres du gouvernement se complaisent dans les fastes bourgeois de la table et des salons. Je perds mes dernières illusions et songe au proverbe kabyle qui dit : « Plus le singe grimpe à l'arbre et mieux on voit son cul ! » Le colonel Si Sadek et Ouamrane sont bien sûr de vieux amis, et ils sont aussi blessés que moi par l'indigence du Gouvernement provisoire. Eux, au moins, me disent la vérité sans jouer au chat et à la souris. Mais ils ont quitté le maquis avant l'avènement du général de Gaulle et ignorent les difficultés qu'endurent les djounoud de l'intérieur. Je tourne en rond.

Une délégation militaire algérienne doit partir en mission en Chine. Omar Oussedik, le colonel Si Sadek, onze officiers supérieurs de l'ALN et moi, nous sommes priés de nous préparer. Ben Khedda, qui rentre de Pékin avec Mahmoud Chérif, nous donne quelques informations.

Étape à Moscou. Aseptisée : les autorités semblent se soucier de notre révolution comme d'une partie de billes. Dommage. L'attaché militaire chinois nous fait visiter le mausolée de Lénine-Staline, le métro de Moscou et quelques musées.

A Pékin, autre ambiance. Un millier d'officiers chinois et d'attachés militaires nous attendent. Nous sommes reçus comme des ministres. A notre descente d'avion, le maréchal Shen Yi, héros de la longue marche, nous accueille, un peloton rend les honneurs. Le drapeau algérien, notre drapeau, flotte librement dans le ciel de Pékin, à côté du drapeau chinois. Exécuté à la perfection, notre hymne national nous revient, familier, amplifié, insolite à mon oreille, car je l'ai surtout entendu chanté par les hommes du maquis.

Notre voyage constitue un nouveau pas pour le FLN. J'en veux pour seul témoin l'écho que lui réservèrent à l'époque les presses occidentales. Le FLN s'engageait résolument auprès des deux grandes démocraties populaires d'Asie : la Chine et le Viêt-nam du Nord. Notre mouvement de libération marquait ainsi un net virage à gauche, selon la logique interne de toute lutte révolutionnaire de longue durée, issue du peuple.

Notre rencontre avec le peuple chinois, nos entretiens avec ses dirigeants, ont été très importants. Pour la première fois, nous avons exprimé les axes fondamentaux de notre politique étrangère. En Chine, nous avons trouvé une aide matérielle et militaire efficace. Les Chinois nous ont beaucoup appris. Mais limiter l'intérêt de notre mission au strict plan matériel, politique et militaire, serait en faire une caricature. Comment traduire notre émotion devant l'accueil qui nous était réservé, pour la première fois, dans le premier pays au monde, par la population ? Nous étions reconnus. Cette réception était un hommage rendu à notre peuple en lutte. Devant l'immense défilé du 1er mai 1959, distingués parmi les innombrables délégations des tribunes officielles, nous avons senti la fin de notre isolement. Nous pensions à nos maquis lointains, à nos combattants solitaires, et voici que par-dessus les mers et l'espace, un point de contact s'établissait. Nous étions ébahis par l'ampleur du spectacle. Des millions de travailleurs défilèrent en une demi-journée. Mon sang de footballeur ne fit qu'un tour : à la gloire du foot, des milliers et des milliers de joueurs paradaient, tenant haut leurs ballons. Tout cela peut paraître naïf, mais, pour le ressentir, il faut imaginer le contexte dans lequel nous vivions à l'époque.

Nous allions de surprise en surprise. Après le défilé, Mao Tsé-Toung fit l'honneur à la délégation algérienne de la recevoir, seule entre toutes. L'entrevue dura près de deux heures. Inoubliables. Nous attendîmes dans l'émotion et la ferveur. Mao apparut ; il marchait déjà très doucement, soutenu par ses deux interprètes qui lui marquaient un respect infini. Ce grand homme sut s'inscrire dans notre réalité avec une présence surprenante. Mao posa des questions précises, allant directement au cœur des problèmes. Il nous demanda comment le peuple supportait le poids de la guerre, comment la lutte se déroulait.

Le chef de notre délégation, Omar Oussedik parlait en notre nom. L'entretien suivait son cours, chaleureux mais officiel, quand Braïm Ghafa, qui admirait beaucoup Mao Tsé-Toung, leva le doigt et, hors de toute attente, intervint :

— Camarade Président, chez nous, quand on vénère quelqu'un, quand on le porte au plus haut de son cœur, on lui embrasse la tête.

L'entrevue parvint à son terme. Intimidés, nous ne savions trop comment prendre congé. Il est vrai que dans la tradition nous exprimions notre profond respect pour les sages en leur embrassant la tête. La révolution a balayé certaines traditions, même si certaines demeurent encore vivaces. La délégation a considéré qu'en hommage à Mao Tsé-Toung, à l'ALP et au peuple chinois il fallait placer le Président du PCC au-dessus de nos traditions. Avec sa courtoisie raffinée, Mao nous guida vers son jardin, nous salua, et eut un geste dont la délicatesse m'émeut encore : le grand Mao donna le premier l'accolade à Braïm Ghafa, qui put à son tour embrasser la tête du Président, en signe de respect, « comme on le fait chez nous quand on porte un homme au plus haut de son cœur... »

Chou En-Laï nous reçut ensuite pendant près de deux heures, avec ce souci des autres, cette finesse de rapports qui m'ont paru caractériser le peuple chinois. Il fit une analyse de la situation internationale et nous expliqua en détail la position de la Chine sur la question du Tibet. Nous écoutions, non sans une certaine gêne, qu'on peut comprendre. Nous faisions la guerre contre la France, l'une des cinq premières puissances mondiales. Il n'était pas question de nous déterminer contre l'Inde. Chou En-Laï le sentit et termina son exposé par cette phrase : « Camarades, nous avons simplement voulu vous informer. Mais nous ne désirons pas connaître votre position sur ce problème. Il est de notre devoir de vous dire la vérité. Mais il serait malvenu de notre part de vous dire : condamnez l'Inde. Vous avez besoin de tout le monde pour vous libérer. »

Toute notre mission en Chine nous conforta dans la voie de l'indépendance. Chou En-Laï avait évoqué les difficultés du peuple chinois avant la prise du pouvoir. Notre périple à travers la Chine nous permit d'apprécier aussi son génie créateur. Usines, communes populaires, nous visitions tout et abordions les problèmes en toute liberté.

L'étonnant peuple chinois menait à bien des travaux d'Hercule. Une anecdote vécue la nuit même de notre arrivée en donne une image exacte. Pékin nous apparut dès l'abord comme une ruche bourdonnante. L'avenue menant à notre hôtel, plus large que les Champs-Élysées, apparaissait dans un état lamentable. Des milliers d'ouvriers étaient à l'œuvre. Les travaux de réfection s'effectuaient sans la moindre machine, ce qui ne laissa pas de nous étonner. Le soir, au cours de la réception officielle, quelqu'un nous déclara : « Ces travaux seront finis demain. » « C'est impossible, pensions-nous, la propagande les emporte ! » Les discours se succédèrent et l'on nous conduisit, enfin, dans nos chambres respectives. La mienne communiquait avec celle du commandant Kaci. Pris dans un tourbillon d'impressions, j'avais oublié l'avenue. Le lendemain, à mon réveil, je m'approche de la fenêtre. Stupeur ! La route était terminée, goudronnée, large avenue encadrée d'arbres déjà hauts, comme s'ils avaient poussé là depuis dix ans.

Je n'en crois pas mes yeux et je mets en doute mon sens de l'orientation. Ma chambre doit donner sur une autre perspective ! A peine habillé, je me précipite en bas : c'est bien l'avenue, me dit-on avec un sourire. Je me rue alors chez le commandant Kaci : « L'avenue est finie, et même bordée d'arbres ! » Émergeant du sommeil, le commandant doit mettre en doute mon équilibre mental et se dirige vers la fenêtre. Même réaction. Les uns après les autres, les membres de la délégation ont eu bien du mal à y croire !

Les discussions furent nombreuses et toujours nos interlocuteurs chinois se montrèrent discrets, ne tentant jamais de s'immiscer dans nos affaires. Nous eûmes souvent l'occasion de préciser un certain nombre de nos positions.

En 1959, l'Égypte nassérienne entretenait de mauvaises relations avec les mouvements communistes internationaux, en raison de l'appui apporté par les pays socialistes à Abdelkrim Kassem, en Irak. Chez l'attaché militaire de la RAU, nous lançâmes un appel à l'unité entre les peuples frères du monde arabe et les compagnons de lutte des pays socialistes. Les Chinois furent très sensibles à cet appel, car ils cherchaient déjà à dépasser les contradictions entre les pays socialistes et la république arabe unie. En Chine, nous avons aussi exprimé officiellement notre attitude vis-à-vis de l'OTAN. L'Algérie, considérée par la France comme un département français, faisait partie du pacte. Nous dénoncions cette appartenance dans le cadre d'une Algérie indépendante. Quelques mois après notre voyage, le GPRA dénonça à son tour le pacte.

Nous désirions également obtenir, par l'intermédiaire du parti communiste chinois, un entretien avec la délégation du parti communiste français, présente à ces fêtes du 1er mai. Le parti communiste chinois servirait de garant à d'éventuels accords. L'engagement plus précis du PCF soutiendrait notre cause. Nos discussions avaient échoué par le passé car, chaque fois, toute décision se voyait remise en question. Les Chinois répondirent avec franchise à notre requête : « Vous êtes, il est vrai, un mouvement de libération nationale. Mais nous sommes communistes. Le PCF est un parti frère. Ne craignez-vous pas une certaine partialité de notre côté ? » Nous répondîmes : « Non, vous avez fait la Longue Marche. Nous faisons la nôtre. Vous avez lutté pour la libération de la Chine, et la portée de votre révolution a largement dépassé vos frontières pour s'étendre à l'Asie entière. Derrière la lutte du peuple algérien, toute l'Afrique est en marche. Le triomphe de nos révolutions peut secouer les bases de l'impérialisme mondial. Une meilleure coordination des mouvements de libération nationale en Asie, en Afrique, en Amérique latine, jointe au mouvement ouvrier international, facilitera la décolonisation et, par voie de conséquence, renforcera la montée du socialisme dans les pays capitalistes. »

Les Chinois transmirent notre proposition. Au cours de notre ultime entretien, le maréchal Chen Yi nous fit part du refus du PCF. Le parti communiste français protestait contre l'immixtion du parti communiste chinois dans une discussion suscitée par le seul FLN, et non par le parti communiste algérien. Cette réaction du PCF fut riche d'enseignements pour les Chinois. Notre attitude nous montrait clairement ouverts à toute lutte de décolonisation — nous avions perdu près d'un million des nôtres — bien plus, elle démontrait aussi notre appui à tout mouvement populaire en lutte contre l'impérialisme... ce qu'était censé devoir être aussi le but du parti communiste français ! Les Chinois nous déclarèrent : « Nous tirerons nos conclusions. Nous comprenons mieux l'attitude de nos camarades algériens et nous soutiendrons dorénavant votre cause au sein du mouvement communiste international. Vous avez notre appui total et sans faille. » Leur amitié ne se démentit jamais.

Notre mission fut une réussite. La Chine nous a apporté une aide financière, matérielle et morale. Bon nombre de jeunes militants ont par la suite séjourné à Pékin et y ont reçu une formation solide, sans que jamais on n'essaya de les endoctriner ou d'influer sur leur choix politique. Au cours de notre périple, pas la moindre fausse note.

J'aimerais cependant rapporter une anecdote au cours de laquelle le maréchal Pen To Hué s'est livré au jeu du chat et de la souris, la souris bien entendu étant Omar Oussedik. Ce dernier a d'abord procédé devant le ministre de la Défense chinois à une analyse de la situation, sur le terrain en Algérie, avant de formuler les demandes d'aide au nom de l'ALN. L'entretien a duré deux heures (aussi longue que l'éternité).

Voici les réponses à chaque demande :

1) Pour les armes nous avons une armée de 5 millions d'hommes bien équipés. Nous avons des usines d'armement. Vous voulez un équipement pour 100 000 combattants. Nous nous préparons à une nouvelle guerre mondiale. Nos 190 millions de miliciens sont mal armés. Nous ne pouvons pas vous fournir une aide concrète.

2) Vous voulez une aide financière. Si chaque Chinois verse une équivalence de 10 F, une vétille, votre budget de guerre serait entièrement couvert. Mais le peuple chinois est pauvre. On ne peut rien vous donner.

3) L'aide aux réfugiés peut être satisfaite si chaque citoyen donne quelques grains de riz et 1 mètre de fil de coton. Mais le peuple chinois est sous-développé et couvre difficilement ses besoins. Nous ne pouvons rien.

4) Vous voulez renforcer l'amitié entre l'ALN et l'ALP et vous pénétrer de notre expérience. Nous sommes entièrement disposés. Nous apprécions totalement vos sentiments et les partageons. Vous pouvez nous poser toutes les questions. J'espère que vous n'êtes pas déçus ?

Omar Oussedik a exprimé sa satisfaction de la rencontre et a tenu à rappeler que le peuple algérien assume seul son destin, car tel est son devoir. L'aide internationale peut raccourcir la durée de la lutte. Le peuple algérien ayant décidé seul, sans aucune consultation, de l'ouverture des hostilités, ne peut demander aux autres d'endosser les responsabilités qui sont les siennes. L'Algérie compte d'abord sur elle-même, tout en appréciant le soutien, de quelque forme qu'il soit, des autres peuples. Merci camarades.

Les deux heures étaient lourdes, nos visages s'allongeaient et puis tout d'un coup une éclaircie. Le maréchal reprend la parole. Nous apprécions à sa juste valeur, dit-il, votre détermination. Vous pouvez choisir de quoi armer 180 000 hommes, escompter une aide conséquente pour les réfugiés et j'ai pour instruction de vous informer que notre ambassade au Caire versera au compte que lui indiquera le GPRA le montant du budget de guerre pour une année. Ainsi, votre émigration en France sera déchargée des 4 milliards qu'elle verse annuellement. Omar répond : la contribution de l'ouvrier est la première expression de son enrôlement au sein du FLN. Il continuera à verser. Vous avez raison camarade, conclut le ministre de la Défense. L'humour est parfois pénible.

Partout, c'était le même désir de donner des preuves de sympathie au peuple algérien, jusque dans les moments les plus détendus. Ainsi la veille de notre départ, à la frontière vietnamienne, pendant une réception offerte par un état-major. La pièce était immense, l'ordonnance des êtres et des choses si impeccable que, avisant une mouche étonnante, incongrue, j'en fis la remarque à voix haute. Bizarre idée que je regrettai aussitôt. Sur-le-champ, une meute d'officiers supérieurs se livra à une folle chasse à la mouche. Enfin, on sonna l'hallali. Je sauvai l'honneur de la bête et ma propre contenance par une boutade : « Une mouche est venue constituer une cellule impérialiste ! »

De la frontière chinoise, nous prîmes l'avion pour Hanoï. Une atmosphère différente de celle de Pékin nous attendait. La courtoisie chinoise n'exclut pas l'intensité, mais l'émotion reste contenue dans des limites finement déterminées. Au Viêt-nam-Nord, nous redécouvrîmes l'enthousiasme et l'exubérance. Notre délégation fut accueillie dans un fougueux désordre. Le général Giap était présent et, levant les bras dans un geste d'affection, s'exclama : « Ah ! bonjour les camarades algériens !... » Des voitures nous entraînèrent dans une course folle à travers la ville. Des Algériens au Viêt-nam-Nord, en mai 1959, c'était la rencontre de deux peuples en lutte ! La fraternité naturelle remplaçait le protocole. La garnison d'honneur d'Hanoï nous hissa sur ses épaules, hommage qui nous alla droit au cœur : la garnison était composée d'anciens combattants de Diên Biên Phu.

Ces gestes, ces rires, cette joie, manifestaient des liens anciens et profonds entre nos deux peuples. Déjà, dans les années 30, *L'Étoile nord-africaine* collaborait étroitement au *Paria*, journal du mouvement anticolonialiste dont le directeur était Hô Chi Minh. De plus, outre leur accueil chaleureux, les Vietnamiens se montrèrent de précieux conseillers sur le plan militaire. Certes, les terrains sur lesquels nous combattions étaient différents par leur climat, leur relief, la nature de leurs sols. Mais l'expérience vietnamienne ne fut pas négligeable. Les Vietnamiens ne comprenaient pas qu'il fût impossible de venir à bout des lignes Morice et Challe. Ils auraient creusé des souterrains, posé des mines. Nous leur expliquâmes qu'on ne fait pas des trous dans le djebel ou le sable du Sahara comme dans le sol meuble du Viêt-nam et qu'en Algérie, dans certains endroits, un djoundi, pour creuser un trou individuel, aurait eu besoin non d'une petite pelle, mais d'une barre à mine!

Ils nous emmenèrent dans la cuvette de Diên Biên Phu et nous expliquèrent les détails de la bataille. Nous rencontrâmes les déserteurs nord-africains de l'Armée française, restés au Viêt-nam après la guerre de libération. Omar Oussedik leur promit de les faire rentrer en Algérie avec leurs familles. Ce qui fut fait par la suite.

Hô Chi Minh nous reçut à sept heures du matin. C'était un homme d'une énergie incroyable. Il se levait à cinq heures, faisait sa gymnastique et se mettait aussitôt au travail. Il nous accorda plusieurs heures d'entretien et nous prodigua conseils et encouragements : « Vous conquerrez tôt ou tard votre indépendance, nous dit-il, ne perdez pas espoir, c'est le cours de l'histoire. »

La réunion des dix colonels

De retour à Tunis, les services de renseignements du Caire nous avaient ordonné de ne rien dire de notre voyage. J'allai trouver le commandant Idir, le conseiller militaire de Krim Belkacem :

— Quand donc reprendrai-je le combat ? Je n'ai pas l'intention de me tourner les pouces !

— Je ne peux pas prendre de décision, Azzedine...

Cette passivité m'exaspéra. Mohammedi Saïd (Si Nacer), le patron des troupes de l'Est, fut plus conciliant et il me proposa un sous-groupement de mille deux cents hommes, en majorité issus de la wilaya I, à l'extrême Sud tunisien. Il me donna pour adjoints les capitaines Zerguini et Boutella, officiers de l'Armée française qui avaient quitté leurs régiments stationnés en Allemagne pour rejoindre le FLN, lui apportant leur expérience de soldats professionnels sortis des écoles militaires. Sitôt à mon poste, j'essayai de constituer avec eux un commando de choc pour détruire le barrage et faire passer des armes à l'intérieur. Mais les colonels de Tunis n'acceptaient pas que des officiers comme Zerguini, Boutella, Chabou, Hoffman, etc., se battent, aient des responsabilités. Ils devaient rester sur la touche. C'était idiot. Les officiers des wilayas à l'extérieur craignant la concurrence des cadres issus de l'armée française firent même courir des bruits : ils ne se sont pas battus au maquis, ce sont des réactionnaires. Ces reproches n'étaient pas fondés dans la mesure où il n'avait jamais été proposé à ces cadres de combattre en Algérie et où ils étaient contraints de se tenir en marge d'une guerre dans laquelle ils voulaient pourtant s'engager à fond. Des responsables critiquaient mes adjoints, mais sans jamais les avoir placés en condition de prouver leurs capacités sur le front. J'étais choqué de l'attitude de Si Nacer et de Krim Belkacem, qui ne tenaient aucun compte de mes propositions, très mortifié de rencontrer pour la première fois des mouchaouchine, c'est-à-dire des djounoud dissidents. Je perdis trois mois dans ce coin désertique. Démissionnant du sous-groupement, j'attendis à Tunis la réunion du CNRA, réclamée par les dix colonels les plus influents, les plus prestigieux de l'ALN, dont Houari Boumediene, Lotfi, son successeur à la tête de l'ALN d'Oranie, la wilaya V, Hadj Lakhdar de la wilaya I, Yazourène Saïd représentant Mohamed Ou El-Hadj, le fameux « renard » de la wilaya III, Ali Kafi de la wilaya II, Si Sadek de la wilaya IV... Ces colonels voulaient transformer le FLN et changer le GPRA, jugé incompétent et ne bénéficiant plus de la confiance des combattants.

Crise au sein de la direction

Le 28 septembre 1959, le GPRA avait admis l'autodétermination proposée par le général de Gaulle, à condition que les garanties de ce principe fissent l'objet de pourparlers bilatéraux et que les cinq « chefs historiques » incarcérés à l'île d'Aix devinssent des négociateurs officiels. Ben Bella, Khider, Bitat, Boudiaf et Aït Ahmed avaient eux aussi pris position en faveur de l'ouverture du dialogue avec le président français sur le contenu à donner à l'autodétermination des Algériens, mais en refusant d'entrer dans les querelles de Tunis. L'équipe dirigeante du GPRA, la troïka des « B », Krim Belkacem, Boussouf et Ben Tobbal, se trouvait profondément divisée. Krim Belkacem pensait que la direction du GPRA lui revenait de droit. Boussouf et Ben Tobbal s'opposaient violemment à cette prétention. Le conflit des trois « B », étendu dans les milieux dirigeants, risquait ainsi d'atteindre l'unité de la révolution.

Mes amis et moi-même avons rendu visite à Krim Belkacem, à qui nous avons apporté notre appui à condition qu'il accepte que le CCE renaisse et s'installe en Algérie. Bien entendu le GPRA devait rester à l'extérieur. Il accepta la proposition. Nous sommes allés en groupe au MALG où nous avons trouvé Boussouf, Bentobal et les officiers supérieurs des wilayas II et V. Nous avons très clairement et très fermement condamné les divergences existant entre les trois

« B », réaffirmé notre indépendance de jugement et proposé une solution à la crise en scindant l'équipe dirigeante en deux : CCE et GPRA. A ce jour, j'éprouve toujours la même émotion que ce jour-là quand Bentobal, sans entrer dans le détail et sans vouloir nous entendre plus, nous dit : « Krim, Boussouf et Bentobal sont indispensables à la révolution dont ils sont les promoteurs, mais sont également responsables de la crise actuelle. J'accepte toute solution que vous voulez proposer sans l'entendre au préalable. Je fais confiance à votre patriotisme. Je me retire avec Boussouf pour laisser les officiers supérieurs de toutes les wilayas élaborer la ligne politique à suivre. » Un silence s'établit pendant quelques secondes. Bentobal et Boussouf sortirent.

Le colonel Lotfi fit une proposition : puisque les militaires et les ministres du GPRA étaient incapables de s'entendre, que les arbitres « les cinq historiques » ne voulaient pas intervenir, pourquoi ne pas remettre le destin de la révolution entre les mains d'un CNRA remanié de fond en comble ?

Entre-temps, deux équipes désignées par les officiers supérieurs des wilayas se sont attelées à l'élaboration de textes politiques (première plate-forme de Tripoli) et de restructuration de l'ALN tant à l'intérieur, qu'à l'extérieur, pour réaliser enfin l'unité de commandement.

Tripoli fut choisi comme lieu du conseil. Les Libyens avaient tout mis en œuvre pour nous faciliter les choses. Nous logeâmes à l'hôtel Albergo Mehari. Le 16 décembre, Ferhat Abbas ouvrit le conseil. Le GPRA ayant démissionné, Ferhat Abbas en tête soumit à la critique des soixante-cinq membres de l'assemblée les résultats de ses activités depuis quinze mois. Critique acerbe. Vive empoignade.

Débats au CNRA

Ah, qu'elle était belle la République sous l'empire ! Aujourd'hui on essaie de comparer l'incomparable, les congrès du FLN après l'indépendance et les assemblées issues de ce parti avec le CNRA. Ce dernier comptait peu d'intellectuels, mais il pratiquait la démocratie réelle lors des débats. Nous étions tous égaux. Pas de premier parmi les égaux. La critique souvent acerbe était acceptée. Les dépassements regrettés étaient tolérés car par-dessus tout, par-dessus les divergences, les contradictions personnelles, l'intérêt national primait. Le destin de la patrie, la reconquête de la souveraineté populaire étaient pour tous tabous. Il n'y avait aucun suivisme, même si tout naturellement certains jouissaient d'une plus grande influence que d'autres. Paris vaut bien une messe. Les Assemblées du parti du FLN, après 1962, les congrès étaient marqués par un unanisme stérilisant. Ah, les âmes mortes de Gogol ! Le chef sait tout, prévoit tout et décide de tout. C'est la démission. Le cimetière de la pensée.

Fin 1958, je me trouvais au PC de la wilaya IV avec Si M'Hamed et Omar Oussedik, quand un message radio de Ouamrane, émis de la Tunisie, nous appris la mort de Abane Ramdane. A cette annonce, le visage de Omar se crispa mais il ne fit aucun commentaire. Je croyais évidemment comme tout le monde que Abane avait été tué au combat. Mais au cours de notre voyage en wilaya III, quelques mois plus tard, une réflexion de Omar me troubla. Nous étions assis sous un arbre et bavardions de choses et d'autres quand je parlai de Abane. Mon compagnon hocha la tête.

— Qu'as-tu ?

— Je te fais le pari que Abane a été zigouillé et que Krim Belkacem, Boussouf et Ben Tobbal ne sont peut-être pas innocents dans cette histoire. Au moins sont-ils au courant de la vérité.

— Voyons, ce n'est pas vrai ce que tu me racontes !

— Tu verras bien à Tunis ce que sont le grenouillage et les luttes politiques.

A peine né à la politique, il m'en était soudain révélé les aspects les plus sordides, et je ne pouvais concevoir que nos responsables adoptassent des méthodes expéditives pour régler des comptes sans rapport, selon moi, avec les buts que nous assignait la révolution. J'étais d'autant plus mal à l'aise que j'avais récolté en wilaya III d'inquiétantes informations sur les purges. Aux questions que je lui posais à propos des « traîtres » qui, disait-on, infestaient la Kabylie, un vieux villageois, de Tiroual, m'avait répondu, résumant la situation : « Je n'ai pas beaucoup d'expérience mais mon âge me permet de vous répondre ceci : chaque peuple, chaque société, compte dans ses rangs des traîtres. Il faut les démasquer et se protéger contre eux mais en aucun cas nous ne devons accepter que des innocents paient. Je vous jure que mon frère, malheureusement emporté lors de la bleuïte était un patriote, un ancien militant nationaliste. Je vis une tragédie. Je dois continuer le combat noble menant à l'émancipation, mais que vienne rapidement l'indépendance. Il ne faudrait pas qu'elle traîne en longueur ; car sinon le jour de l'Istiklal (indépendance), il ne restera ici qu'Amirouche et Dieu ! »

C'est au Viêt-nam que nous avions lu dans *l'Humanité*, un article annonçant la mort d'Amirouche et du colonel Abderrezek. J'avais éprouvé de la peine, et le problème des purges n'était pas pour autant réglé. C'est avec la ferme intention d'intervenir sur ce sujet que j'assistai à la réunion du CNRA. La gangrène des purges avait, en effet, gagné la wilaya IV et plusieurs jeunes du commando, entre autres, avaient été éliminés. Omar, porte-parole des wilayas, gêna d'emblée le GPRA en parlant au nom des combattants de l'intérieur. Or, un télégramme arriva curieusement à point pour indiquer au Conseil national que Omar Oussedik aurait été impliqué dans les purges. Krim, Boussouf et Ben Tobbal saisirent cette trop belle occasion pour essayer de clore le bec à Omar Oussedik, lequel, bien entendu, ulcéré par ces fausses accusations, se défendit avec véhémence, mais sans réussir à dissiper le doute. Je me jetai alors dans la bagarre avec toute l'inconscience et la violence dont peut être capable un chef de guerre peu enclin à suivre le jeu de politiciens retors :

« De jeunes djounoud, montés au maquis entre quinze et vingt ans, ont été victimes des purges. Je les connais mieux que vous pour les avoir côtoyés quatre ans durant sur le champ de bataille. Ils sont idéalistes et courageux. Ils ont fait leurs preuves au combat. Ils ne savent pas et n'ont pas le temps de comploter. Au maquis, le seul vrai problème, c'est celui de la survie : se battre, manger, marcher, dormir, se battre, se reposer, trouver un peu de semoule... Les responsables des wilayas à l'intérieur peuvent certes se tromper car, eux, ils ont la main dans la pâte. Mais il y a des erreurs pardonnables et d'autres qui ne sauraient être pardonnées. En l'occurrence, le plus grand criminel, c'est vous, le GPRA ! » Et je montrai du doigt le président Ferhat Abbas, sachant bien qu'il n'avait pas d'autorité sur ses ministres, les trois « B ». Je poursuivis : « Si vous n'êtes pas assez courageux pour entrer en Algérie et faire une enquête sérieuse sur les purges, envoyez au moins une commission d'enquête du GPRA. Vous vous contentez de féliciter les chefs de ces wilayas pour leur vigilance révolutionnaire. Et des jeunes djounoud qui n'ont eu que l'audace de monter au maquis sont chaque jour exécutés. Messieurs, je vous accuse de la mort de tous ces jeunes pleins de foi. Je ne sais pas trahir, mais, placé dans des circonstances semblables, je prendrais le maquis à la fois contre les Français et contre ceux qui ont décidé de la mort de ces jeunes en wilaya IV et ailleurs. Je deviendrais un mouchaouïche (un dissident...). »

Mon intervention fut accueillie par un silence chargé d'émotion.

Mohamed Sédik Ben Yahia, qui connaissait très bien des étudiants liquidés pendant les purges, n'a pas pu achever l'intervention qu'il voulait faire. La gorge prise, les larmes aux yeux, il s'est trouvé dans l'obligation de s'arrêter. Le commandant Ali Mendjli lui aussi est intervenu pour attaquer avec la violence qui le caractérise les trois « B ». Ensuite un consensus s'est dégagé pour condamner les purges. Il est évident que des accusations graves avaient été portées par Amirouche contre de nombreux dirigeants et même des ministres du GPRA. Ce rapport avait été mis sous le boisseau par Boussouf qui ne pouvait pas ne pas comprendre toute sa légèreté et les dangers qu'il comportait. C'est par la suite que j'en prendrai connaissance au sein de l'EMG. Ferhat Abbas ne put cacher son émotion et Ahmed Françis pleura.

Ben Khedda demanda l'allégement de l'appareil extérieur du FLN, afin que fût établi un lien plus organique avec la résistance intérieure. Les colonels Sadek et Lotfi allèrent plus loin encore en réclamant une direction unique politico-militaire à l'intérieur de l'Algérie. Suggestion qui fut repoussée. Le CNRA devant désigner les nouveaux membres du GPRA, une « commission de consultation », composée de Saâd Dahlab, Houari Boumediene et Mohamedi Saïd, rendit visite à tous les délégués afin de recueillir leurs avis sur la composition et la structure des instances dirigeantes de la révolution. La liste des membres du nouveau gouvernement fut proposée collectivement. Ferhat Abbas fut reconduit à son poste de Président du gouvernement, ainsi qu'Ahmed Françis (Finances) et Yazid (Information). Krim Belkacem fut nommé ministre des Affaires étrangères et vice-président du Conseil. Mohamedi Saïd devint ministre d'État comme les cinq « chefs historiques » détenus en France, Ben Bella étant nommé vice-président du Conseil.

Le communiqué final, publié à la fin de ce Conseil national de la révolution algérienne, dont les délibérations avaient duré trente-trois jours, annonça la constitution, au sein du Gouvernement provisoire de la République algérienne, d'un comité interministériel de la Défense nationale, présidé par Krim Belkacem, avec Boussouf (Liaisons et communications, Armement) et Ben Tobbal (Intérieur). Était rattaché à ce comité un état-major général, confié à Houari Boumediene, homme ferme, manœuvrier et réservé. Il savait écouter et choisissait le rôle d'arbitre dans les conflits entre les cadres. L'autorité de cet état-major s'exerçait directement sur l'armée des frontières et s'étendait formellement sur l'ensemble des wilayas.

Le colonel s'entoura de trois adjoints. Kaïd Ahmed (le commandant Slimane) était un ancien exploitant agricole et un notable de

Tiaret, dans l'Oranais. Ancien militant de l'UDMA d'Abbas, Kaïd Ahmed s'était engagé en 1956 et, de son PC de Figuig dans le Sud marocain, il avait commandé la zone 8 de la wilaya V. Large d'épaules et le visage rond, c'était un personnage haut en couleur, volubile et tonitruant.

Ali Menjli, trente-huit ans, ancien cafetier de Jemmapes, s'était engagé dans l'ALN, en wilaya II, qu'il avait quittée quelque temps plus tard pour rejoindre la Tunisie où il avait exercé des responsabilités de plus en plus importantes. Interlocuteur de poids et animateur de qualité, il était cependant perpétuellement excité, et je l'estimais à mon goût trop orgueilleux et impulsif. J'étais le quatrième « mousquetaire » de l'équipe, dont Boumediene fixa les quartiers généraux opérationnels à Ghardimaou, sur la frontière algéro-tunisienne, et à Oujda, au Maroc.

L'armée des frontières

Le 15 février 1960 eut lieu à Oued Mellègue, au sud-ouest du Kef, une conférence exceptionnelle des cadres militaires de l'ALN. Houari Boumediene y développa ses objectifs.

Silhouette d'échassier à la huppe rousse plantée en désordre, visage taillé en arêtes, pommettes saillantes, mâchoire anguleuse, sourire âpre et voix saccadée, tout était tranchant, aride, chez Boumediene. Mais sa froide réserve, son attention fiévreuse et son calme, fascinèrent les officiers qu'il avait rassemblés à Oued Mellègue. Trente-cinq ans, né à Guelma dans la modeste famille des Bou Kharouba, il avait choisi pour nom de guerre celui du célèbre mystique soufi, savant et saint musulman, dont le sanctuaire est à Tlemcen. Ses références religieuses, sa volonté de construire sur les frontières un appareil militaire moderne, ses convictions nationalistes, sa réserve naturelle teintée de timidité, son élocution simple et claire lui permirent d'acquérir la confiance de tous les officiers des frontières. Les anciens maquisards étaient confortés dans leur engagement révolutionnaire et les officiers déserteurs de l'armée française séduits par les perspectives de construction d'une armée moderne. Il arrivait ainsi à concilier les inconciliables en évitant d'ouvrir un débat général d'où naîtraient les divergences.

Et l'état-major général s'attaqua à une tâche hardie . la transformation radicale de l'ALN.

L'ALN de Tunisie et du Maroc ne comptait à l'époque que

douze mille hommes, dont seulement quatre mille disposaient d'armes modernes. L'état-major général s'efforça d'abord de changer ce conglomérat de combattants, éparpillés sur des centaines de kilomètres, en une véritable armée. Il gonfla ses effectifs en recrutant intensément à l'étranger les jeunes Algériens émigrés, qu'il dota en un temps record d'un matériel moderne.

Pour former toutes ces recrues, l'EMG créa des centres assurant la promotion de cadres qualifiés, des écoles formant politiquement et militairement de nouveaux djounoud. Boumediene sut aussi s'entourer de jeunes conseillers : Médeghri, Chérif Belkacem et Abdelaziz Bouteflika qui lui étaient totalement dévoués et constitueront avec Tayebi Larbi un noyau fermé qu'on appellera le groupe d'Oujda. Ce groupe concentrera entre ses mains tous les pouvoirs après la révolte du chef d'état-major, le colonel Tahar Z'Biri en décembre 1967. C'est à ce moment, que des fissures, qui deviendront divergences, apparaîtront en son sein car chacun voulait être le second pour s'inscrire dans une possible succession.

Le complot des colonels contre le GPRA

Il me demanda de m'occuper des prisons où s'étiolaient des cadres condamnés lors du « complot des colonels ». En novembre 1958, quelques officiers supérieurs qui avaient violemment critiqué les faiblesses du GPRA et contesté le commandement de l'ALN à l'est, perturbé par des chicaneries régionalistes et des rivalités personnelles entre chefs militaires, s'étaient retrouvés en cabane. Boumediene, tout en refusant d'admettre qu'au sommet de la hiérarchie des responsabilités, des colonels pussent mettre en péril, par des actions hasardeuses et des complots, l'unité encore fragile de l'ALN, avait compris la révolte de certains cadres de l'armée des frontières, ulcérés par les dissensions de leurs chefs. Quatre colonels avaient été fusillés au camp d'El Djenen, le 16 mars 1959. Jugeant les autres récupérables, il me chargea de vider les prisons de Beja, de Den-Den, de Mornag. Ce que je fis avec succès. La réussite était facilitée par la position que nous avions prise, Omar Oussedik et moi-même, à notre sortie du maquis. Les colonels Boumediene et Si Sadek nous avaient demandé d'assister au procès. Nous demandâmes le report du procès de quelques jours pour étudier le dossier et entendre les accusés. Nous ne pouvions juger sans entendre et condamner sans comprendre. Le principe d'autorité ne peut ignorer un autre principe tout aussi cardinal : l'équité. Le procès ne fut pas reporté et les accusés, informés de notre position, ont été profondément sensibles à notre attitude, sauf Ahmed Draïa qui me persécuta lorsqu'il fut membre du Conseil révolutionnaire et patron de la Sûreté nationale.

Lutte contre l'anarchie

L'une des conditions essentielles de cette réorganisation était, en effet, de rétablir la confiance et l'unité du commandement à tous les niveaux. Or, le long des frontières, bon nombre de chefs locaux, acceptant mal les ordres et le contrôle de la direction de la révolution à Tunis, se battaient presque pour leur propre compte. Une discipline rigoureuse mit fin à l'anarchie.

Dans cette perspective, je réorganisai le Sud. Il ne fallait pas que se répétât l'affaire Ali Hambli qui, ayant refusé de se plier aux ordres de Krim Belkacem, s'était, fin 1958, réfugié avec son bataillon dans les djebels Haraba et Sidi Hamed, aux confins algéro-tunisiens. Une offensive menée en janvier 59 par Si Nacer, épaulé par des soldats tunisiens, n'avait pu l'en déloger. Mais, en mars, Ali Hambli fut de nouveau encerclé. Pour échapper à ses poursuivants, il se rendit au 3e hussards. Ce « ralliement » fut exploité par les Français qui promenèrent Ali Hambli sur les marchés, dans les meetings. « Parle au peuple, dis-lui pourquoi tu as abandonné l'ALN », lui ordonnait-on. Et lui, courageux malgré ses erreurs, criait en arabe à la foule : « Je suis un singe, ne m'écoutez pas. J'ai trahi. Je suis un traître à la révolution. Les Français m'utilisent et se moquent de vous. » Ses cerbères le bastonnaient. Il continua de hurler sa honte. Quand les Français s'aperçurent qu'Ali Hambli ne leur servait plus à rien, ils le tuèrent.

Des unités du Sud rechignaient à obéir à la discipline imposée par l'EMG, refusant, par exemple, d'entrer dans les écoles de cadres. Je dus user de mille ruses pour les y mener sans un coup de feu. Je fixais rendez-vous à une unité réticente, l'avertissant qu'un membre de l'état-major tiendrait une réunion. Des unités fidèles montaient sur les crêtes environnantes comme si elles s'apprêtaient à partir en opération. L'unité en dissidence arrivait et je sonnais le rassemblement. Elle était encerclée, désarmée, et ses cadres étaient emprisonnés quelques jours. Je les envoyais ensuite dans une école. Aucun d'eux ne s'en plaignit. Les cadres déserteurs de l'armée française furent aussi reconvertis et non plus tenus à l'écart comme des brebis galeuses. Mutés dans tous les services et au « bureau technique », ils préparaient minutieusement les actions. Chacune d'elle était réfléchie, étudiée sur carte. Grâce à ce bureau, les troupes des frontières évitèrent maintes fois des casses inutiles. D'autres cadres issus de l'armée française furent mutés dans des unités combattantes.

Je ne me souciais pas uniquement de l'organisation militaire de ma région. Le jeune officier Aouchiche, ancien de la wilaya IV dans la Mitidja, me suggéra de créer le « Foyer du Moudjahid ». Les djounoud se rendaient dans les épiceries pour acheter, avec leur maigre solde, le superflu agréable à chaque soldat. Or, ils y bavardaient, répandant des bruits, parlaient des opérations auxquelles ils devaient participer. Et certains épiciers tunisiens renseignaient les Français. Il fallait créer un lieu où les combattants pussent trouver tout ce dont ils avaient besoin. Aouchiche et moi, nous fîmes dans un premier temps fabriquer de la limonade avec une vieille machine. Nous étions très fiers : première industrie algérienne en territoire étranger ! Puis le « Foyer du Moudjahid » se développa et vendit à bas prix aux combattants tout ce qu'ils désiraient.

Les services de santé, l'intendance, le commissariat politique, etc., furent aussi réorganisés et fonctionnèrent excellemment.

Nouvelles tactiques face au barrage

Avant la création de l'état-major général, l'ALN lançait périodiquement à l'assaut des lignes Morice et Challe des forces considérables qui étaient décimées (70 à 90 % de pertes). L'EMG procéda de façon plus intelligente et plus efficace. Fidaïyine et agents de liaison continuèrent de franchir le barrage pour maintenir le contact avec la résistance intérieure. Mais les groupes d'assaut furent réduits et entraînés à la lutte antibarrage. D'autre part, les unités stationnées le long des frontières harcelèrent en permanence l'adversaire avec de plus en plus d'agressivité, à l'aide de mortiers et de canons. Les fantassins engagèrent des combats courts mais très violents. Ce harcèlement intensif avait pour but de fixer à l'est comme à l'ouest le maximum de forces ennemies pour que la résistance intérieure, comptant de toute façon sur elle-même, eût à combattre un adversaire moins nombreux. Ce qui fut réalisé dans une certaine mesure. Les grandes offensives montées par les Français à l'intérieur, « Jumelles » (en wilaya III) et « Pierres Précieuses » (en wilaya II), limitèrent les possibilités de réorganisation de l'ALN en Kabylie, dans le Constantinois et dans l'Algérois. Les unités opérationnelles des wilayas éclatèrent en commandos légers et mobiles, pour exécuter des actions de harcèlement et échapper aux « commandos de chasse » ennemis.

Crise entre l'EMG et le GPRA

L'état-major devint très vite un véritable pouvoir homogène, avec ses propres administrations, transports, transmissions, intendance, centres de formation et de perfectionnement. L'armée des frontières aligna plus de vingt-cinq mille hommes, disciplinés, bien armés, encadrés par des officiers et des sous-officiers plus dévoués à l'EMG, qu'aux ministres du GPRA. Force militaire et politique, l'EMG traita d'égal à égal avec le Gouvernement provisoire. Ce que celui-ci ne supportait pas. Le feu couva sous la cendre jusqu'à ce que la crise éclatât. Sur un prétexte.

Un Mystère, bi-réacteur français, piloté par le lieutenant Frédéric Gaillard, vint un jour mitrailler et bombarder le centre d'instruction de Mellègue, commandé par le capitaine Ben Abdelmoumen. L'avion fut descendu par notre DCA. Le lieutenant Gaillard avait réussi à sauter en parachute. Encerclé, il se rendit. Le colonel Boumediene assista au premier interrogatoire de l'aviateur. Mais les Tunisiens exigèrent de le récupérer. Nous refusâmes. Ils nous coupèrent l'eau, le ravitaillement. Mouvements de troupes, menaces. Nous frôlions le pire. Ben Tobbal me téléphona :

— Azzedine, le président Bourguiba réclame le prisonnier pour le rendre à la France. Paris est intervenu. Il ne faut pas que cet incident prenne des proportions démesurées. Ça gênerait les négociations.

Sachant que les Tunisiens avaient branché une table d'écoute sur la ligne de l'EMG, je répondis au ministre de l'Intérieur :

— Le lieutenant Gaillard est mort. Son corps est calciné.

— Donne-leur quand même le cadavre.

— C'est impossible. La propagande va s'en emparer, montrer de l'ALN une image affreuse.

— Azzedine, les Tunisiens affirment que Frédéric Gaillard est vivant!

— Qui crois-tu ? Eux ou nous ? Viens voir toi-même !

Le lendemain, Ben Tobbal et Boussouf arrivèrent en trombe à Ghardimaou. Je leur dis :

— Pourquoi voulez-vous rendre le prisonnier aux Tunisiens ? N'est-il pas préférable que ce soit une initiative algérienne ?

— Rendez-le aux Tunisiens immédiatement. C'est un ordre.

— Je m'en fous de votre ordre. Si vous prenez le lieutenant Gaillard, considérez-nous comme démissionnaires.

La veille, Boumediene, Slimane, Menjli et moi, nous avions décidé de démissionner.

— En vertu de quoi, commandant Azzedine ? Parles-tu au nom de l'équipe ?

— Nous sommes unis, soudés, et nous avons des explications à vous donner, des questions à vous poser. Vous serez contraints un jour ou l'autre de nous écouter. Ne touchez pas au prisonnier, c'est notre dernier mot.

— Nous l'emmenons à Tunis.

Le lieutenant Frédéric Gaillard fut discrètement remis aux Tunisiens qui, tout aussi discrètement, le rendirent aux Français, sain et sauf.

Le conflit EMG-GPRA s'aggrava. L'armée, du simple djoundi au cadre supérieur, n'accepta pas notre démission. Et nous dûmes attendre la réunion suivante du CNRA pour trancher nos problèmes. Celle-ci eut lieu en août 1961, à Tripoli, l'EMG obtint gain de cause sur ce point. Le GPRA fut remanié, car Ferhat Abbas, malgré toute l'autorité qui lui avait été donnée par le précédent CNRA, n'avait pas pu s'imposer à ses ministres issus du PPA. Deux écoles politiques se heurtaient. Ben Khedda, qui avait effectué quelques visites discrètes à l'état-major général, allait prendre la tête du nouveau GPRA à la veille de la conférence des non-alignés à Belgrade au cours de laquelle la révolution algérienne effectuera une percée diplomatique remarquable (reconnaissance *de jure* du GPRA par Sihanouk, Makarios et le maréchal Tito entre autres). Deux pays européens s'engageaient enfin à nos côtés.

Retour au maquis

Mais j'en avais assez. Ne me sentant pas à l'aise ni utile aux frontières, je décidais de rentrer me battre à l'intérieur. J'étais profondément perturbé. Les populations civiles dans les villes avaient repris le flambeau de la lutte en affrontant à mains nues l'armée coloniale. Le grand peuple d'Alger avait initié le soulèvement, commencé dans ce quartier cher à mon cœur qui était Belcourt. C'est d'El-Aguiba, ruelle combien fiévreuse, que tout était parti. Toutes les grandes villes du pays suivront. Chaque jour nos femmes, nos enfants, nos jeunes se lançaient, drapeau en tête et hymnes à la bouche à l'assaut des troupes coloniales. Les manifestations de décembre constituent une des plus belles pages de notre marche vers l'indépendance. Il m'était impossible de rester l'arme au pied pendant que les civils tombaient. C'est une des raisons fondamentales qui a décidé ma position.

J'ai quitté la Tunisie le 23 janvier 1962 pour la Suisse. Je loge à Genève chez Keramane, avec mon compagnon de lutte, le commandant Si Moussa. Nous voulons rentrer en Algérie. Comment ? La Fédération de France nous a proposé d'utiliser le réseau de Farès. En fait, il y a deux filières : celle de la Fédération, et celle, parallèle, de Philippe Bernier. C'est celle que nous suivrons. Philippe Bernier, directeur d'une agence de presse de gauche (d'Astier de La Vigerie est l'un des actionnaires) qui diffuse les informations provenant du FLN et soutient l'idée de la décolonisation en Algérie et en Afrique noire, s'est rendu à Alger, où il est pourtant interdit de séjour. Raymond Bonardi, dit Reda, qui travaille dans le réseau, dissimulé sous l'égide de la Force ouvrière, lui a fourni sept feuilles de permission en blanc et un cachet officiel fauchés dans une gendarmerie. Manquent sept cartes d'identité, indispensables pour franchir les frontières. Bernier a contacté le frère d'un député algérien de Sétif converti au FLN, un journaliste de la radiodiffusion : « Ne connais-tu pas un moyen de nous procurer des cartes d'identité ? » Le journaliste l'a envoyé chez un de ses cousins, sous-préfet entre Sétif et Constantine. Bernier n'a pas précisé la raison de sa démarche. Le secrétaire général de la sous-préfecture, sympathisant du Front, imagine que les cartes sont destinées à des maquisards.

— Je suis français, a précisé Philippe. Mais je suis pour la paix en Algérie. Je crois qu'elle ne viendra que par le FLN. J'ai besoin de cartes d'identité.

— Avez-vous des photos ?

— Oui, bien sûr. Mais je ne vous les montrerai pas et je les scellerai moi-même. Vous ne saurez pas non plus les noms des gens auxquels ces cartes sont destinées.

L'autre ne s'est pas formalisé. En une nuit, Bernier a rempli les cartes avec des noms méditerranéens, Hernandez, Serano, Lopez,

Paraga, etc., membres des « forces de l'ordre », pieds-noirs, rappelés en Algérie après un séjour en France. Muni des faux papiers, Philippe Bernier est rentré en France, via l'Espagne, et nous a rejoints à Genève.

Il a été prévenu que nous sommes recherchés et que la police française possède une liste de sept noms d'officiers de l'ALN, dont Boualem Oussedik, Omar Oussedik, Si Sadek… Le réseau Farès est brûlé. Il faut filer, et vite, Bernier nous remet les fausses permissions et les fausses cartes d'identité. Je m'appelle Georges Serano et je suis gendarme auxiliaire. Boualem Oussedik, qui rentre de Scandinavie, du Mali, du Ghana et de Guinée, où il a été un efficace ambassadeur itinérant, se voit attribué le grade d'adjudant-chef et le nom de Juan Paraga. Si Moussa et moi, nous sommes les premiers à partir. Nous passons la frontière franco-helvétique dans deux voitures, dont l'une, une 404, est conduite par l'épouse de Jacques Derogy, le journaliste de *L'Express*. Il neige. Les flocons font un rideau opaque devant les vitres embuées. Notre voiture chasse et percute la barrière de la douane. Un douanier sort de sa guérite et nous aide à la pousser. Il jette un coup d'œil distrait sur nos papiers : « Ça va… » Nous buvons un café à la buvette de la douane. Les consommateurs nous regardent de travers. Nous les intriguons. Et si tout allait capoter ?

Nous prenons le train à Bellegarde. Bernier nous planque dans l'appartement qu'il a spécialement loué près des Invalides pour héberger les militants du FLN et stocker les armes de la Fédération, récupérées dans un garage après l'arrestation de Farès. Cette mesure avait été arrêtée pour éviter que des attentats ne viennent troubler les négociations ouvertes à Évian, qui paraissaient enfin devoir aboutir à un accord de cessez-le-feu.

Si Moussa et moi, nous passons nos journées à démonter et à graisser les armes. Enfin Bernier nous accompagne à l'aéroport d'Orly. Claude, sa secrétaire, est du voyage. Elle a caché dans ses sous-vêtements nos ordres de mission du GPRA. Elle est ma fiancée pour l'occasion. Contrôle des bagages. Philippe nous observe, anxieux, de l'escalier. Un douanier triture mes chemises achetées au Caire et à Tripoli, mais heureusement démarquées à Paris. Il ouvre ma trousse de toilette. Je ronchonne : « Merde alors ! En Algérie, on nous tire dessus, et ici on ne nous respecte même pas. C'est un comble, quoi ! » Le douanier boucle ma valise : « Je m'excuse, chef… Ce sont les consignes. » J'ai la frousse, mais je grommelle un vague : « Ouais, mais faites gaffe la prochaine fois. »

L'aéroport d'Alger Maison-Blanche est sinistre. Les paras y campent et déambulent en bâillant, mitraillette sur le ventre. J'ai glissé sous mon bras des journaux de droite et vais boire un verre au bar. Une « tête de lézard » sirote une bière. Claude revient des toilettes. Elle commande un jus de fruit et se colle à moi. Elle me passe un journal dans lequel elle a glissé nos ordres de mission. Je devrais maintenant brûler mes faux papiers de gendarme auxiliaire. Tant pis, je les garde. Une Panhard rouge nous attend sur le parking de l'aéroport. Le pilote est à son volant. Nous grimpons dans la voiture sans mot dire. Claude se débrouillera seule pour rentrer à Alger. Adieu, ma jolie fiancée... Nous passons la nuit à Alger, en pleine effervescence. « Algérie française ! Algérie française ! » Les casseroles se veulent carillons nocturnes. Une explosion, au loin. Un plastiquage. La population musulmane se terre dans ses quartiers. La ville est aux activistes. Depuis 1958, deux cités s'opposent, s'affrontent. Les compromissions des socialistes ont permis à la droite colonialiste de récupérer les militants de la gauche française, de les mobiliser sous le slogan de « l'Algérie française ». Les quartiers européens sont totalement dominés par les comités de salut public d'abord, et par l'OAS ensuite, quand de Gaulle obligera l'armée à obéir au pouvoir politique. Les quartiers musulmans, bien que frappés un moment par une apathie consécutive à une terrible répression des parachutistes, reprendront après les manifestations de décembre 1960 leur place d'honneur dans le combat pour la libération. Cette cassure, cette coupure n'étaient pas aussi apparentes avant le vote des pouvoirs spéciaux à Guy Mollet et le règne du proconsul Robert Lacoste.

L'organisation nous attend. Nous prenons des voies secondaires. Un motard nous précède et nous permet de contourner les barrages. C'est jour de marché à Larbaâ. Un harki se fait poignarder par un fidaï devant la maison où nous nous reposons. L'armée boucle le quartier, mais nous réussissons à fuir par le jardin. Le lendemain, notre agent de liaison nous emmène au maquis.

Mon djebel ! Sur les sommets, la neige fond. Je n'ai plus l'habitude de marcher et mes chaussures civiles n'ont pas la souplesse des pataugas. Que s'est-il passé ? La montagne est vide. Les frères sont tombés par milliers. Quelques anciens me reconnaissent et m'embrassent. Nous grimpons les crêtes à reculons, pieds nus, en effaçant nos traces avec des branches. Moi qui voulais toujours être à l'air libre pour voir la nuit venir, je m'accroupis au fond d'un trou. Il n'y a plus de compagnies, mais des groupes de cinq ou six djounoud qui se cachent dans des terriers. Des pistes dessinées par les bulldozers quadrillent le djebel et sur chaque crête se dresse un poste ennemi.

J'arrive au PC de la wilaya IV. Le temps n'est plus aux élans fraternels. Je rencontre le colonel Youssef Khatib, dit Si Hassan, ancien étudiant en deuxième année de médecine, un beau type, style vedette de cinéma, timide mais expéditif, et violent. Nos rapports sont plutôt froids. Lorsque j'avais quitté la wilaya IV en janvier 1959 pour Tunis, il était responsable d'une infirmerie en zone 4. Il a escaladé rapidement les échelons de la hiérarchie à la faveur des purges. Comment cet étudiant a-t-il pu participer à la liquidation d'autres jeunes étudiants ? Cette attitude me dégoûte et Hassan le sait.

La guerre psychologique, les manœuvres d'infiltration et d'intoxication des services français du BEL (services de renseignements, Bureau d'études et de liaisons) ont semé la zizanie à la tête de la wilaya IV. Ils nous ont mis sur la touche et nous avons sans doute de vieux comptes à régler. Mais ce n'est pas le moment. Si Sadek et Omar Oussedik arrivent au maquis.

Ali Lounici et Boualem Oussedik sont à leur tour parmi nous grâce au réseau Bernier. Boualem est très joyeux :

— Azzedine, j'ai une bonne nouvelle à t'annoncer!

— Et quoi donc? L'horizon me paraît bouché.

— Tu es papa d'une fille!

J'ai déjà un fils prénommé Lakhdar en souvenir de mon meilleur ami, mort dans mes bras à Belgroune.

— Hé Azzedine, ne te réjouis pas trop vite. Il y a un petit ennui...

— Quoi?

— Elle a un œil rouge et l'autre vert.

— C'est pas vrai!

— Si!

Il rigole. J'ai failli le croire.

De retour à Tunis de mon voyage en Chine, je m'étais marié à une jeune fille algérienne vivant à Tunis. Elle m'avait donné un fils, Lakhdar. La nouvelle que m'annonce Boualem me remplit de joie. J'appellerai ma fille Rosa, le prénom de ma mère que je n'ai pas connue.

Organisation de la ZAA

Je redescends à Alger avec mes amis Ali Lounici, Boualem et Omar Oussedik ainsi que Bouchafa Mokhtar, qui depuis son évasion se morfondait dans une inaction insupportable. Cet homme de terrain m'a fait comprendre ce que peut être l'attachement à la vie, lui qui a vécu de longs mois en prison dans les quartiers des condamnées à mort.

La vue d'une fleur, le souffle d'une brise, le chant de l'oiseau étaient pour lui des merveilles quotidiennes à savourer intensément. Nous sommes tous les deux enfants d'un même quartier, Belcourt, et il m'était agréable de discuter longuement avec lui de tout et de rien. Le colonel Si Sadek et le commandant Si Moussa, quant à eux, restaient en wilaya IV pour assumer leurs responsabilités.

L'organisation du FLN dans la capitale était dans un état déplorable. Pour des raisons évidentes les wilayas III et IV étaient les mieux implantées, avec des visées sur la capitale.

Les wilayas I, II et VI y tenaient des antennes pour collecter des fonds, du ravitaillement et des renseignements. Les différentes organisations se côtoyaient sans collaborer et sans unifier leur action. Les deux communautés se dressaient l'une contre l'autre. Tout Européen était un terroriste en puissance pour le FLN. Tout Algérien, pour l'OAS, une victime éventuelle.

Sitôt en place, nous nous installons dans une villa au cœur de Belcourt (appartenant au regretté Hamoud Boualem, célèbre limonadier créateur du « sélecto », si apprécié des pieds-noirs, qui s'est toujours inscrit dans le nationalisme moderne et a toujours été disponible pour le pays). C'est dans son local que s'est tenu le congrès du PPA de février 1947 qui mettra en place à côté du PPA clandestin et du MTLD l'organisation para-militaire : l'OS. De cette dernière naîtront le CRUA et le FLN, elle sera le PC de la ZAA. Nous informons le GPRA, nous écrivons à toutes les wilayas que nous créons la Zone autonome d'Alger. Le Gouvernement provisoire donne son accord. Nous rencontrons des réticences au niveau de certains responsables locaux qui auraient aimé une totale autonomie en raison de l'éloignement des PC de wilayas dont ils dépendaient, et de l'absence de contrôle que la zone, elle, exercera presque quotidiennement. Avec l'aide du commandant Bouragra, de la wilaya IV, nous récupérons dans un premier temps la structure organique de la wilaya IV avant de procéder à une refonte qui permettra aux cadres des autres wilayas de trouver leur place dans la nouvelle organisation.

Pour nous les problèmes d'intendance restaient mineurs, et cela d'autant plus que la signature du cessez-le-feu permettait d'accumuler rapidement les moyens indispensables à une action politique que nous devions privilégier avant tout. Un parti, un mouvement politique ne sont que les instruments d'une politique dont nous devions très rapidement définir les grands axes. L'objectif fondamental de la ZAA était de donner une capitale à un GPRA toujours installé à Tunis. Il fallait également contrecarrer l'OAS, qui voulait créer le chaos et provoquer une reprise des hostilités en exacerbant les contradictions entre les deux communautés. Nous devions aussi mobiliser toutes les énergies pour maintenir l'activité économique, renforcer la solidarité, éviter la naissance d'une bourgeoisie compradore qui voulait racheter à des prix dérisoires leurs biens aux Français décidés à retourner outre-Méditerranée. On pouvait acquérir une voiture 404 neuve au prix de 50 F (5 000 centimes).

Par ailleurs nous avons initié un travail politique qui, rapidement donnera des fruits : isoler l'OAS et casser son emprise sur la communauté européenne. Ce sont là quelques tâches qui permettront au FLN de mobiliser le peuple d'Alger. Je pense aujourd'hui que je dois tracer les grandes lignes de l'action menée, pour permettre aux lecteurs de mieux saisir les réalités qui ont permis en juillet 62 au GPRA de s'installer au Palais du gouvernement, et à son président d'occuper le palais d'Été comme résidence.

Le gouvernement français avait construit toute une cité administrative à Boumerdes — ex-Rocher noir — avec des résidences pour installer l'exécutif provisoire, afin de le soustraire à la pression de la rue et aux menaces de l'OAS. Est-il permis de penser que ce même gouvernement envisageait peut-être une passation de pouvoir au GPRA, à Boumerdes ? Toutes les suppositions sont possibles. De notre côté, nous n'avons pas à notre disposition des archives apportant une réponse précise. Il est vrai qu'il y eut des fuites de capitaux. Il est établi que des œuvres d'art faisant partie du patrimoine algérien se trouvent aujourd'hui en Europe. Des usines ont été démontées. L'ALN ne pouvait rien pour empêcher ces vols, ce dépouillement. Mais ce qu'il y a lieu de regretter le plus, c'est le crime contre notre mémoire. Les archives disparaîtront. Pendant la conquête, bien des bibliothèques algériennes ont été brûlées ou transférées outre-Méditerranée. A son retrait l'armée française emportera avec elle les archives de cent trente-deux années. Les répressions contre les mouvements clandestins, avant et pendant la guerre de libération, ont toujours été suivies de la saisie des documents et des journaux. On peut dire que ce crime contre la mémoire et l'histoire est aussi atroce que des assassinats d'hommes, de femmes et d'enfants innocents. La France nous rendra-t-elle un jour ces archives ? Même dans ce cas, je crains qu'elles ne soient expurgées de données gênantes, qu'elles ne soient mutilées.

Cette digression toute pleine de tristesse ne doit cependant pas m'éloigner du sujet. L'analyse de la situation à Alger est la suivante : Vitalis Cros, préfet de l'IGAME, très proche de l'Élysée, détient en principe tous les pouvoirs. Il a autorité sur l'armée, les services de police et l'administration publique. Ces trois corps sont cependant pénétrés par l'OAS et n'exécutent pas les ordres qu'ils reçoivent. Ils entretiennent une complicité tenace avec l'OAS. De Boumerdes, l'exécutif provisoire exerce un pouvoir fictif sur la capitale comme sur l'ensemble du territoire national.

La Zone autonome est consciente de la complexité de cette situation et de la nécessité de briser l'OAS pour permettre un changement politique dans l'ordre, avant l'indépendance. Le service de renseignement mis en place permet aux fidaïyine de porter quelques coups durs à l'OAS. Nous arriverons même à infiltrer cette organisation et à mettre en place un fichier très important. Nos contacts quasi quotidiens avec l'exécutif provisoire, et hebdomadaires avec Vitalis Cros, nous permettront de mettre à leur disposition des listes de responsables de l'OAS et parfois même de localiser certains PC. C'est ainsi que nous apporterons une contribution à l'arrestation du général Salan. L'impuissance de l'exécutif et de l'IGAME nous obligent à descendre sur le terrain et à compléter le travail politique par l'action militaire. L'information, dirigée par Boualem Oussedik, joue un rôle important aussi bien en direction des Européens, qu'on devait arracher à l'emprise de l'OAS, qu'en direction des Algériens, dont il fallait contenir la rage, la colère après chaque attentat terroriste. Les services sociaux dirigés par Ali Lounici se dévoueront pour secourir les blessés, les malades, les pauvres et les chômeurs.

Une date phare est à retenir : 14 mai 1962. A la suite d'une série d'attentats, les Delta lynchent, assassinent, multiplient les « ratonnades », tuent à la mitraillette dans le cœur du « Château royal » six fonctionnaires des centres sociaux, dont l'écrivain Mouloud Feraoun, tirent de Bab-El-Oued des obus de mortier sur la place du Gouvernement, détruisent la clinique du Beaufraisier et mitraillent dans leur lit les malades, tuent les facteurs puis les marchands de quatre-saisons, les pharmaciens, les boulangers, font sauter ou brûlent les bâtiments administratifs, les hôpitaux, les écoles, les lycées. L'OAS pratique la politique de la terre brûlée. Alger la blanche baigne dans le sang. Le 2 mai, à six heures et demie du matin, l'OAS fait exploser, en bas du front de mer, une voiture piégée emplie de « bouts de ferrailles » au milieu de 600 dockers attendant l'embauche : 63 morts, plus de 150 blessés. C'en est trop. Le 14 mai 1962 la zone autonome décide de frapper brutalement et de placer toutes les autorités, y compris le GPRA, face à leur responsabilité. La branche armée de la ZAA est chargée de l'attaque de 17 endroits à Alger : bars, cafés et restaurants fréquentés par les membres de l'OAS, surtout au quartier du Ruisseau. Un fidaï jette à chaque fois des grenades dans l'établissement visé, les deux autres fidaïyine mitraillent : 17 morts, 35 blessés.

L'action ne devait durer que quatre minutes, de 18 h à 18 h 04. Elle fut couronnée de succès. Mais pour la zone, l'action politique et psychologique dépassaient et de très loin l'action militaire. Dans une conférence de presse, devant de très nombreux journalistes étrangers, j'ai déclaré, ce qui était faux, que j'avais le soutien des wilayas et l'aval du GPRA. Par ce bluff j'ai placé dans une très grande gêne le ministre de l'Information M'Hamed Yazid qui avait déclaré que l'action était l'œuvre des contre-révolutionnaires messalistes. Dans le communiqué remis lors de la conférence de presse, il était dit que les hostilités allaient reprendre, que les accords d'Évian étaient devenus caducs, puisque l'OAS avait toute liberté d'action. « Les services d'ordres » gangrénés ne pouvaient assurer la sécurité, du moins celle des Algériens. Farès était bouleversé. L'exécutif provisoire, l'IGAME, l'Élysée s'attendaient au pire. La ZAA accepta le principe d'une réunion regroupant des membres de l'exécutif provisoire, de l'IGAME et de nous-mêmes pour trouver une solution à une crise susceptible de bloquer le processus de paix. Le Conseil élargi de la ZAA, qui avait pris la décision de l'action, a tenu une réunion de 21 h jusqu'à 5 h du matin pour préparer le dossier. Au petit matin, Boualem « Rocher noir » et Omar Oussedik se rendront à Boumerdes, où ils devaient retrouver les autres partenaires. Seule la ZAA avait préparé un travail concret. Son ordre du jour et ses suggestions seront retenus. Notre ligne politique sera totalement acceptée. Le soir, le bulletin d'information s'ouvrira sur les déclarations de Abderrahmane Farès et de Vitalis Cros qui réaffirmeront leur fidélité aux accords d'Évian. Le préfet annoncera certaines mesures qui auront l'effet d'une bombe sur la communauté européenne. Les partisans de l'OAS espéraient — comme par le passé — une réaction de l'armée française contre la zone autonome, une nouvelle bataille d'Alger. Ils apprennent avec stupeur et frayeur que 45 bars seraient fermés le lendemain. En outre :

— Des centaines de fonctionnaires de l'administration civile, de la police et de l'armée, sont mis à la disposition de Paris et devront quitter immédiatement Alger

— Une force locale composée d'Algériens prendra la relève de l'armée française dans certains quartiers.

— Une nouvelle police, ATO (agents temporaires et occasionnels), composée de 5 000 recrues algériennes, va être formée pour assurer la sécurité

— Le contrôle des barrages dans les quartiers musulmans sera assuré par des Algériens munis d'un brassard vert et blanc.

D'autres mesures ont été prises mais elles auront une portée moindre. Dès le lendemain, c'est la ruée des familles européennes vers le port et l'aérodrome de Maison-Blanche. Si je savoure la défaite de l'OAS, j'éprouve de la tristesse devant la détresse de ces personnes qui partent alors que la zone autonome ne les menaçait pas. Il est vrai que pour rester il fallait accepter l'ordre nouveau, le pouvoir de la majorité et le principe : un homme, une voix. Ceux qui partaient étaient-ils prêts à accepter les règles de base de la démocratie ? Je n'en suis pas sûr. L'OAS considéra qu'elle venait d'être lâchée, abandonnée par le pouvoir gaulliste. Ses dirigeants ne pouvaient ni entrer en France, ni accepter l'indépendance à laquelle ils s'étaient opposés en ne reculant devant aucun crime. C'est à partir de ce moment que se forme dans leur esprit l'idée d'une négociation avec le FLN. Le 18 mai, Jean-Jacques Susini, tête politique de l'OAS, obtient un entretien avec Abderrahmane Farès et Mostaphaï Chouki à l'Alma. L'OAS baisse les bras. Mostaphaï Chouki vient à Alger pour nous sonder. Il n'est pas très clair et souhaite, par sous-entendu, obtenir un aval que la ZAA refusera de donner. Nous ne pouvions pas en toute logique révolutionnaire cautionner un accord qui effacerait des crimes contre l'humanité. La tactique, chez Farès et Mostaphaï, a prévalu. Je ne porte aucun jugement de valeur sur leur position.

Jusqu'à l'indépendance et immédiatement après, le travail de la Zone autonome va privilégier et tenter de relancer des organisations qui pourraient favoriser le débat politique. L'UGTA, l'organisation de la jeunesse FLN (JFLN), l'Union des Femmes, vont se structurer en bénéficiant du soutien matériel de la zone et d'une totale autonomie. C'est là qu'apparaîtront les limites d'une action à l'échelle nationale et les faiblesses de la direction du FLN. Les organisations de masse se heurteront au wilaysme et ne pourront pas exercer une autorité réelle en dehors de la capitale. Chaque wilaya s'érigera en entité administrative et politique. Cette quasi-autonomie trouvera le champ libre en raison des divergences entre le GPRA et le BP (Bureau politique). Les luttes de personnes accentueront le désarroi des masses. Le mythe d'une direction unie, ferme et capable d'assumer le destin de la nation, va très vite s'écrouler. Et pourtant tout était possible. Un peuple qui venait de vivre une épopée sanglante mais noble dans la marche des nations vers l'indépendance, va pour la première fois se laisser pénétrer par le doute et se poser des questions. Pas d'autorité centrale forte : tel est l'amer constat.

Tragique destin de Khider

Dans le conflit GPRA-BP, Ben Bella fera preuve de plus d'audace et de volonté. Les wilayas I, V et VI se rangeront derrière lui. Cependant, c'est l'armée des frontières qui lui ouvrira la voie royale mais meurtrière, vers le pouvoir. Tout le pouvoir. Évidemment des malentendus provoqueront d'autres soubresauts et prépareront l'instauration du pouvoir personnel. Le secrétaire général du FLN, Mohamed Khider, se heurtera à Ben Bella en voulant assumer sa responsabilité politique et sera, contraint à l'exil où il sera assassiné dans des conditions tragiques. Quel destin ! Militant PPA en 36, arrêté en 37, député à l'Assemblée française en 46 avant de partir en exil au Caire, vice-président du GPRA, secrétaire général du FLN à l'indépendance, le voilà qui reprend le chemin de l'exil en 64 pour mourir en Espagne.

Dans l'ombre, Boumediene, le chef d'état-major devenu premier vice-président du gouvernement et ministre de la Défense, se prépare. En 1962, il ne pouvait pas aspirer au pouvoir suprême. Son alliance avec Ben Bella était pour les deux hommes un simple moyen pour atteindre un objectif identique, la même ambition. Pendant que le populiste Ben Bella parcourt le pays et multiplie des discours souvent contradictoires, Boumediene soigne ses appareils (ANP et SM) et tente de gagner à sa cause des hommes politiques que Ben Bella ne ménage pas. Nous connaissons la suite. Le 19 juin 1965, Ben Bella se retrouvera dans une cave et Boumediene mettra en place un Conseil de la Révolution où la collégialité ne sera plus qu'un leurre. Tout le pouvoir sera concentré entre les mains du groupe d'Oujda. J'aimerais ici rappeler un article écrit, avec tout l'humour qui est le sien, par Boualem Oussedik en 1958. Dans une analyse pertinente, qui m'avait marqué, il traitait du triumvirat mis en place à Paris après la chute de la IVe République. Soustelle-Salan-de Gaulle donnaient l'impression de constituer un triangle équilatéral, alors que chacun d'entre eux songeait à un triangle isocèle dont il serait le sommet et les deux autres la base. Nous connaissons la fin. Et pourtant en 1962, après la victoire, un même scénario se reproduisit. Lorsqu'il prendra tout le pouvoir, Boumediene traitera sans ménagement ses alliés d'un moment.

La fin de la ZAA

Pouvions-nous connaître un meilleur destin ? Pouvions-nous taire nos contradictions partisanes pour ne songer qu'à l'édification d'un État, au développement économique et social, à panser les blessures et à redonner à un peuple tous les droits que le régime colonial lui avait confisqués ? Il aurait fallu beaucoup d'amour et accepter aussi de se remettre en question. Avec beaucoup de naïveté, mais aussi sans fausse modestie, la Zone autonome envisageait une solution. Je voudrais rendre un hommage particulier à tous les cadres de la ZAA qui avaient assumé les responsabilités dans la cité, dans les prisons et les camps de « regroupement » des maquis, et qui ont pris l'habitude du débat d'idées et de la confrontation constructive. Pendant plusieurs jours, trente à trente-cinq militants responsables vont réfléchir à l'issue à proposer aux instances supérieures. Nous voulions à l'époque élargir notre cercle en faisant appel à des hommes connus comme Amar Ouzgane, Abdelmalek Temmam, etc. Mais nos efforts n'aboutirent pas, car la ZAA n'avait que des pouvoirs limités sur un territoire exigu. Nous militions pour un congrès national qui préparerait une assemblée constituante. Ce qui sous-tendait cette idée, c'était l'incapacité du CNRA à assumer ses responsabilités après juillet 1962. Depuis 1956 le CCE d'abord et le CNRA ensuite furent l'autorité suprême de la Révolution. Tous ses membres étaient restés des patriotes passionnés, mais la plupart manquaient de formation politique et ne pouvaient saisir toute la complexité de la situation nouvelle. Les changements au sein du CNRA se faisaient par cooptation. Les wilayas fournissaient l'essentiel. Pendant sept ans et demi, un peuple allait se forger une âme révolutionnaire et développer son sens politique. Des cadres moyens, dans les unités combattantes, dans les prisons, dans les camps et la clandestinité, allaient mûrir. Pour la ZAA, il fallait, avant l'élection d'une Constituante et le choix d'une direction politique procéder à une large consultation. Cette approche sera présentée aux membres du gouvernement et du Bureau politique qui viendront à Alger. Lors de la réunion élargie de l'état-major de zone, Mohamedi Amar, dit Si Mehdi, défendra avec beaucoup de brio cette conception. Mohamed Oukid, Bouzar, Flici Mohamed et bien d'autres interviendront avec clarté et concision dans les débats. Nous étions naïfs. Les ministres comme les membres du BP ne tinrent aucun compte de la position mais tentèrent d'obtenir un alignement de la ZAA. Un langage de sourd. Un simple débat, même pas académique. Ceux avec qui nous avons discuté ont été par la suite tous écartés du pouvoir. Inutile d'ajouter que depuis 1962 le commandant Azzedine a, lui aussi, été mis sur la touche. Pendant longtemps je devais en souffrir, avant de pouvoir m'épanouir dans d'autres domaines. Il me reste mon passé. Je suis toujours un observateur, un observateur politique.

Amer constat

Alger autonome. La capitale où s'étaient installés tous les partis politiques nationalistes révolutionnaires ou réformistes. Alger la blanche, palpitante de vie, et qui avait lancé la grève des dockers contre les bateaux en partance vers le Viêt-nam. Alger du 1er Mai 1945 qui verra la mort de Belhafaf brandissant notre drapeau, qui flottera ensuite sur toutes les montagnes de 54 à 62. Alger des manifestations de décembre 60, qui feront plier de Gaulle. Alger sera par la suite, au lendemain de l'indépendance, réduite à jouer un rôle marginal. Dans sa philosophie de l'histoire, Ibn Khaldoun mettra en évidence les deux concepts de civilisation qui s'opposeront au Maghreb. El Omrane El Madani et El Omrane El Badaoui. Civilisation urbaine et civilisation nomade (rurale).

La modernité privilégie la culture, la ville, la civilisation urbaine. Alger, Oran, Constantine, nos trois grandes métropoles du centre, de l'Ouest et de l'Est donneront peu de responsables politiques. Leurs enfants seront confinés dans les tâches administratives et de gestion. Les campagnes ont tout raflé : pouvoir politique, armée, sécurité, gouvernement. Jamais le problème de la relève n'a été envisagé d'une façon saine. Des milliers, des dizaines de milliers de cadres ont été formés dans le pays et à l'étranger. Au nom d'une soi-disant légitimité révolutionnaire, les dinosaures du FLN voulurent les cantonner dans des rôles d'exécutions. Quelle tristesse ! Aujourd'hui on assiste à une fuite des cerveaux. Devant cinq mille étudiants en post-graduation à l'étranger, un secrétaire permanent du CC du FLN tint un langage combien pénible. C'était le temps des vaches grasses. Il dit : « Nous vous assurerons toute l'intendance mais le pouvoir politique, la direction de l'État appartiendront à la génération de novembre 1954 jusqu'à son extinction. » D'abord cette génération a vu presque tous ses membres marginalisés. Et ensuite se pose la question : la finalité de son combat visait-elle le pouvoir comme butin ou la reconquête de la souveraineté populaire à rendre au citoyen ? Quel gâchis !

Big Brother

Ainsi donc, à partir de 1962, le parti unique construira pierre par pierre un régime qui prendra pour modèle les systèmes des pays de l'Est, où le culte de la personnalité a fini par scléroser la pensée. Le chef voit tout, le chef sait tout. Big Brother est génial tant qu'il est au pouvoir mais devient le mal absolu dès qu'il tombe dans la trappe. Les principes directeurs du FLN évolueront : de la collégialité on passera insensiblement mais sûrement vers le centralisme démocratique, dont on ne retiendra que le premier terme, le centralisme. Puis l'engagement politique du militant sera évalué en terme de fidélité à ce que l'on appellera le pouvoir révolutionnaire, le pouvoir du chef. On passera ensuite à la démocratie responsable, pour priver le citoyen des moyens d'interventions dans les affaires de la cité. On choisira pour lui le chef de cellule FLN, le chef de kasma, le mouhafed, le membre du comité central. On programmera les urnes. On s'arrangera pour qu'elles désignent les exécutifs des APC, des wilayas et des assemblées nationales. On parachèvera l'œuvre en obligeant les cadres administratifs et gestionnaires à adhérer au FLN au nom des fameux articles 120 et 121 des statuts du parti.

La boucle est bouclée. Le système est cohérent. Toute velléité d'opposition est sévèrement réprimée au nom d'une légalité élaborée pour assurer la pérennité du pouvoir. L'auto-satisfaction est de rigueur. On demande aux masses d'adhérer, tant il est vrai que pour certains la politique est un art pour empêcher les citoyens de réfléchir et de résoudre les problèmes qui les concernent. Que restera-t-il du slogan « par le peuple et pour le peuple », si ce peuple est considéré comme mineur ? Les secousses qui ont marqué le pays et fissuré le système étaient donc « normales » (*sic*).

Solidarité

Ces réflexions m'ont quelque peu éloigné des questions que je voulais évoquer et qui concernent les activités de la ZAA. Je tiens à souligner que les soutiens ne nous ont pas manqué. Pour résoudre les problèmes sociaux les plus urgents, nous avons fait appel à la solidarité nationale et internationale. Pour m'acquitter d'un devoir moral, il me faut rendre hommage à tous ceux qui ont donné sans mesurer, en particulier aux mandataires d'Alger, ainsi qu'à la petite bourgeoisie nationale, qui nous ont permis d'aider les chômeurs et les pauvres. On peut tout obtenir quand on fait appel au cœur et qu'on ne s'inscrit pas dans la revanche sociale. Les médecins et les pharmaciens ont soigné gratuitement et fourni des médicaments au prix coûtant. Les artistes et les jeunes du FLN donnaient chaque soir des représentations. L'enthousiasme et la foi en l'avenir ont bouleversé la société. Il n'y avait ni vol, ni agression, ni ivrognerie. Chacun s'imposait une conduite. Les prêches dans les mosquées restaient sereins et l'église chrétienne dirigée par Monseigneur Duval obtint une aide matérielle (médicaments et habillement) importante des églises plus riches. La fédération de France nous fournit elle aussi une aide conséquente, grâce à la mobilisation de médecins et chirurgiens qui travaillèrent bénévolement et sans relâche. Que ceux qui ne seront pas cités m'excusent. Ils méritent notre respect. A travers les noms du professeur Khan, du docteur Bache, des professeurs Lacan et de Léon Poutre, c'est à tous les hommes de bonne volonté à qui nous rendons hommage. L'homme peut et doit transcender certains clivages (race, religion, dogme politique) pour son dépassement.

Notre tâche au quotidien continuait mais avec une tension un peu plus faible car l'indépendance était pour demain. Certains reproches ont été adressés à la ZAA qui tenta une promotion sociale en détruisant les bidonvilles et en relogeant leurs occupants, « les gueux », dans les immeubles abandonnés par les Européens. Ces derniers étaient convaincus que les crimes commis par l'OAS les plaçaient dans l'obligation de quitter l'Algérie. Pour la ZAA, deux impératifs l'ont guidée dans cette opération de relogement. L'un, d'ordre social et politique : que peut signifier l'indépendance à un habitant des bidonvilles, s'il n'a pas une promotion légitime ? Les appartements existent. Ils devaient y pénétrer. Ils étaient certes légalistes, ils ne voulaient pas se servir et attendaient l'attribution que délivraient les comités de relogement de quartier. D'aucuns auraient aimé que ces appartements soient réservés aux cohortes qui allaient déferler sur Alger à la suite du GPRA et du BP. La ZAA en a décidé autrement et tous ses membres ont choisi des logements modestes.

Le deuxième impératif est d'ordre militaire. L'habitant du bidonville acceptait le relogement avec les risques que cela pouvait comporter. En face de certains immeubles, parfois, des desperados de l'OAS échangeaient des coups de feu avec les fidaïyine soutenus par les nouveaux locataires. Si on avait laissé le vide, des no man's lands auraient ainsi bloqué la situation. Les actions meurtrières de l'OAS, les ripostes non moins efficaces, continueront jusqu'au mois de juin, mais petit à petit la ZAA étendait son emprise. Alger se fardait de tous ses atours pour recevoir le GPRA. L'exécutif s'éteignait lentement tandis que l'état-major de l'OAS s'empressait de rejoindre l'Espagne avec vraisemblablement un butin de guerre.

J'aimerais ici reprendre leur dernier tract, dans lequel ils essaient de justifier leurs actions terroristes. Il est du mois d'avril : « Certains s'interrogent sur le sens des destructions actuellement opérées dans les grandes villes d'Algérie par les commandos spéciaux de l'OAS, et se demandent quel est le but de cette action apparemment négative : “à quoi bon détruire, dit-on, si l'on entend rester ?” Mais à la réflexion, ceux-là s'apercevront bien qu'il n'y a nulle contradiction entre la volonté de rester et une politique de destruction. Les Français entendaient bien rester à Verdun, les Britanniques à Singapour, les Soviets à Stalingrad. Ils y sont toujours. Lors des invasions napoléoniennes, Cosaques, Russes et guerilleros espagnols entendaient bien rester dans leur pays, même en appliquant la politique dite de la terre brûlée ; de même, les FFI et les FTP sous l'occupation hitlérienne. Cela ne les empêcha nullement de pratiquer destructions systématiques et payantes. »

Leur cause n'était pas juste, car pour eux l'Algérie était une grosse prairie et non une patrie. Ils ont frappé. Frappé fort. Des milliers d'innocents sont morts. Après quoi ils sont partis en assurant leurs arrières. Les pieds-noirs n'étaient pour eux qu'une masse de manœuvre. Ils les ont abandonnés sans se soucier de leur devenir. Ils tourneront ensuite leur hargne contre de Gaulle, rendu responsable de leur défaite. Mais que pouvait faire de Gaulle contre un peuple, le peuple algérien décidé à arracher l'indépendance ? Le principe d'autodétermination imposé par plus de sept ans de guerre fournissait une issue pour les protagonistes. Pour les uns le vote menait fatalement à l'indépendance et pour les autres il offrait une sortie honorable. On pouvait devant l'opinion publique internationale parler du respect de la volonté populaire, et occulter quelque peu le long chemin de croix suivi depuis novembre 1954.

Alger se farde

Tout un peuple se préparait depuis des mois au référendum d'autodétermination. Il devait se dérouler dans le calme, dans la paix, dans la sérénité. Tous les quartiers nous étaient ouverts. On fit nettoyer toutes les rues et les fidaïyine reçurent pour consigne, dès le 15 juin, de protéger les Européens. Nous conseillions aux militants de renouer des relations interrompues depuis 1956. Petit à petit, la confiance renaissait. Des énergies issues de l'ombre s'improvisaient jardiniers, décorateurs. La ville n'était plus qu'un drapeau vert et blanc jeté sur les toits, les statues, les forteresses, les trottoirs lavés à grande eau.

La capitale semble une immense famille célébrant des retrouvailles. On vit, on se reconnaît, on s'embrasse. Coiffés de vert et de blanc, les enfants dansent sur les places. Il fait beau. Mon cœur s'ouvre à les regarder. Ils sont l'Algérie. Gluants de bonbons et ivres de fête, ils brandissent des fanions de papier. En sauront-ils un jour le prix?

Pour eux j'ai écrit ce livre. Ils n'y liront pas une fine analyse des événements. Il existe d'excellents ouvrages d'histoire qui l'ont déjà faite, ou des historiens qui s'en chargeront. Ils y apprendront néanmoins comment nous avons vécu au maquis. Comment leurs pères se sont battus pour que vive l'Algérie. Un million et demi de morts. Un peuple exsangue.

Zehor rentre chez elle

J'ai rendu visite à Tlidja et à ses enfants. Houria et Hanette sont fiancées. Jour de joie, jour de deuil. Je repousse les souvenirs... Mais Zehor enfin libérée est là pour les raviver. J'ai toujours eu pour elle un faible. Elle était l'intellectuelle de la famille et avait hérité de son père la fermeté et le courage dans ses engagements. A travers son visage marqué par la souffrance je vois celui de son père. Libérée le 21 avril, elle faisait partie des derniers « contingents » de détenus algériens. Ils étaient les « mains sales », comme l'avait tiré un grand hebdomadaire français. Les premiers libérés avaient été ceux dont la condamnation n'excédait pas vingt ans de travaux forcés, ceux inculpés d'« association de malfaiteurs », ou bien ceux assignés à résidence surveillée, à savoir les camps d'internement pudiquement qualifiés d'« administratifs ».

Zehor a été libérée de la prison de Rennes. Le collectif des avocats du FLN est allé la chercher et l'a ramenée à Paris, où elle a marché pieds nus, ayant perdu l'habitude des chaussures. De retour à Alger, via Tunis-Constantine-Sétif, elle a retrouvé son pays à travers la route qui mène de Sétif à Alger.

« C'est aux environs d'Azagza que je me suis sentie chez moi, se souvient-elle. Mohand Ou-El-Hadj tenait un meeting dans sa langue maternelle. Le voyage s'est passé dans une sorte de recueillement. Le frère qui m'accompagnait se taisait. J'ai appris plus tard que pour lui aussi c'était la fête sacrée des retrouvailles.

« Le silence était une forme de respect pour cette terre anoblie par le sang des meilleurs d'entre nous. Nous sommes arrivés à Alger à une heure du matin, le 1er juillet 1962. Je voulais participer au référendum. Mon bulletin de vote était pour moi le prix du sang et le billet pour un autre voyage.

« Belcourt était noir et le monoprix était encore le vivant témoignage des manifestations de décembre. A partir de là, il me fallut chercher où se trouvait ma famille. Nous habitions au Hamma, mais depuis quelque temps, j'envoyais mes lettres à la cité « Jolie vue » de Kouba, où ma famille s'était réfugiée après avoir été deux fois plastiquée.

« Après bien des péripéties, j'ai enfin pu sonner à la porte de chez moi. Ma mère ne m'a pas reconnue. Je crois que c'est à ce moment-là que j'ai voulu mourir.

« Mes sœurs étaient devenues de grandes jeunes filles, fiancées, à la veille de se marier. Mes deux frères, que j'avais laissés en culottes courtes, avaient un soupçon de barbe. Bien des choses avaient changé. J'avais l'impression d'appartenir à un autre monde, celui des morts.

« J'ai cherché à voir Azzedine, poursuit ma nièce, je l'ai vu, mais il n'était pas disponible. Dans le feu de l'action, il ne se donnait qu'à la naissance de l'État. Rien d'autre ne l'intéressait et surtout pas mes états d'âme.

« J'ai retrouvé Alger à travers un rideau de larmes. Aucun mot ne peut décrire la joie de mon peuple. Je ne garde de ces jours de juillet que le vaste ensemble d'un festival de couleurs, de danses, de baisers, d'émotions, de joies et de larmes... Les grands absents nous côtoyaient en silence.

« Bugeaud était coiffé d'une poubelle, Jeanne d'Arc voilée, et le duc d'Orléans brandissait l'emblème national. Les autres statues, dignes représentantes de la politique de la terre brûlée, étaient descellées et reprenaient le chemin honteux de la nuit d'où elles étaient venues. Ces opérations se faisaient en pleine nuit. Les autorités d'alors ne voulaient pas raviver la colère du peuple.

« Je pleurais alors que le peuple dansait. Les larmes étaient pour moi un don que m'offrait la liberté. J'étais redevenue un être humain. Je pouvais pleurer les miens sans serrer les dents. Personne ne me surveillait pour se délecter de ma souffrance. Les bourreaux étaient loin dans la nuit des temps perdus. Le peuple se donnait tout à sa joie. Hier était aussi loin que demain. Il n'y avait plus que la joie de ce jour. Un jour qui a duré quatre jours. La notion du temps n'appartenait alors qu'aux insensés... »

Transfert de souveraineté

Dès l'indépendance, des cadres de la ZAA prennent la tête de l'IGAME et de la préfecture. C'est Mohamdi Amar qui recevra de Vitalis Cros le transfert de souveraineté. Ce jour-là le marquera jusqu'à sa mort. Il éprouvera toujours une émotion indicible chaque fois qu'il franchira la porte du bâtiment où s'est déroulée la cérémonie officielle. Il ne restera pas longtemps responsable car il se voulait commis de l'État et refusa de faire acte d'allégeance à Ben Bella. Le pouvoir a tenté de l'allécher sans tenir compte de ce que fut l'essence de son engagement patriotique : servir le pays et non un homme, si haut placé soit-il.

Nous poursuivîmes sans relâche la réorganisation méthodique de la zone, la qualité de l'esprit public étant tributaire de la marche normale de la vie sociale. Nous renforçâmes les organisations existantes, en en créant d'autres : ramassage des ordures ménagères, contrôle de la circulation, rondes, etc. Le 5 juillet, tôt levé, je me rendis à Sidi-Ferruch où stationnaient plusieurs unités de la wilaya IV. C'est là qu'il y a plus d'un siècle débarquèrent les troupes françaises.

J'éprouvais un bonheur infini, malgré des angoisses qui me tenaillaient devant la montée des périls provoqués par la crise au sommet. Le peuple chantait. J'en étais issu, mais nous lui avions caché certaines vérités pour ne pas provoquer une démobilisation. Toute la rhétorique démocratique utilisée depuis la naissance de l'ENA jusqu'à cette date du 5 Juillet 1962 était souvent bafouillée, en raison de la clandestinité et des rudes lois de la guerre. Entre le sommet et la base les échanges restaient maigres par la faute du culte de la personnalité. Je savais que les jours de la ZAA étaient comptés car elle avait condamné les luttes pour le pouvoir et s'était donc aliéné le BP et le GPRA. Notre inquiétude trouvait sa source dans les craintes des violences à venir, des dérapages et de la confiscation par le leader de la souveraineté populaire, pour laquelle les larges masses avaient consenti tous les sacrifices. Joie, doute, fierté et appréhensions.

Au Conseil de la ZAA nous parvenaient des nouvelles alarmantes. L'état-major général lié à Ben Bella avait ordonné à ses troupes de franchir les frontières Est et Ouest pour converger sur la capitale et asseoir Ben Bella au pouvoir. Les wilayas III et IV préparaient la résistance. Le rapport des forces restait inégal car les troupes de l'EMG armées, équipées et instruites en Tunisie comme au Maroc, avaient en face d'elles des forces exsangues, mal encadrées, dont les effectifs avaient augmenté depuis le cessez-le-feu grâce à l'armement récupéré sur la force locale.

Sur un communiqué de presse repris par les agences étrangères, la ZAA affirma son opposition à la guerre civile et son refus d'utiliser ses armes pour maintenir son autorité, et ce d'autant plus que le GPRA se trouvait sur place. Les cadres, dans une réunion au cinéma Dounyazed, prêtèrent serment de ne pas tirer sur d'autres militants au cours des luttes qui s'annonçaient. Alger devenait ville ouverte, objet de toutes les convoitises, car chacun pensait assurer son pouvoir sur le pays à partir de cette cité prestigieuse. La wilaya IV, qui entourait totalement la capitale, nourrissait de vives ambitions excitées par certains conflits de personnes. C'est dans de telles circonstances que deux de mes adjoints, Si Ali Lounici et Mohamed Belkacem Oukid, seront victimes d'un attentat. L'un porte toujours les stigmates de blessures sur son corps alors que l'autre y laissera sa vie. Oukid est mort. Il a vécu l'allégresse de l'indépendance pour laquelle il a combattu dès son enfance. Libéré de prison en France, il a choisi de venir à Alger pour participer au démantèlement de l'OAS. Il rêvait de servir l'État naissant, de revoir son village natal, de consacrer ses jours au bonheur des siens. Je ne puis l'oublier.

Pour mes compagnons de lutte et pour moi-même, nous considérons notre mission comme terminée. Alger est libre. Nous restons disponibles sans offrir nos services. La capitale est ouverte à tous les Algériens. Chacun peut y entrer. La wilaya IV d'abord et l'EMG ensuite s'y précipitent. Alger ma ville, Alger mon âme, Alger du devenir, qui sera ton maître ?

DES MÊMES AUTEURS

PAR LE COMMANDANT AZZEDINE

Alger ne brûle pas, Stock, 1978

PAR JEAN-CLAUDE CARRIÈRE

AUX ÉDITIONS ROBERT LAFFONT
Lézard, roman
L'Alliance, roman
Les Vacances de M. Hulot
Mon oncle
(d'après les films de Jacques Tati)
Viva Maria, roman
Le Retour de Martin Guerre,
avec Daniel Vigne et Nathalie Z. Davis
Le Pari, essai
Mon dernier soupir, de Luis Buñuel

En collaboration avec Pierre Etaix :
Le Petit Napoléon illustré

En collaboration avec Guy Bechtel :
Le Dictionnaire de la bêtise
Le Livre des bizarres

AUX ÉDITIONS J'AI LU
Les Plus Belles Lettres d'amour, anthologie
Humour 1900

AUX ÉDITIONS BALLAND
Credo, roman
Les Petits Mots inconvenants, illustré par Pierre Etaix

AUX ÉDITIONS BELFOND
Conversations sur l'invisible, avec Jean Audouze
et Michel Cassé
Le Mahabharata, récit

AUX ÉDITIONS 1900
L'Humour 1900, anthologie

AUX ÉDITIONS LE PRÉ AUX CLERCS
La Paix des braves, récit

Les Mots et la Chose
La controverse de Valladolid

CHEZ GALLIMARD
Milou en mai, avec Louis Malle

CHEZ ÉRIC LOSFELD
Le Moine, avec Luis Buñuel

CHEZ GILBERT SALACHAS
Stars Système, avec Pierre Etaix

CHEZ GÉRARD OBERLÉ
Chemin faisant, poèmes

AUX ÉDITIONS PAPIERS
L'Aide-Mémoire, théâtre

AUX ÉDITIONS DE LA BOUGIE DU SAPEUR
101 Limericks français, illustrés par l'auteur

L'œuvre théâtrale est publiée aux Éditions du CICT, une grande partie de l'œuvre cinématographique à L'Avant-Scène.

Cet ouvrage a été composé par Eurocomposition
et imprimé par la SEPC à Saint-Amand-Montrond (Cher)
pour le compte de la Librairie Plon, Paris
le 23 février 1993

Dépôt légal : décembre 1992
N° d'éditeur : 12222 - N° d'impression : 543

Imprimé en France